# DIREITO CONCORRENCIAL

## AS ESTRUTURAS

CALIXTO SALOMÃO FILHO

# DIREITO CONCORRENCIAL

## AS ESTRUTURAS

*3ª edição*

MALHEIROS EDITORES

*DIREITO CONCORRENCIAL*

*AS ESTRUTURAS*



*1ª edição, 1998 — 2ª edição, 2002.*

ISBN 978-85-7420-803-9


*MALHEIROS EDITORES LTDA.*
*Rua Paes de Araújo, 29, conjunto 171,*
*CEP: 04531-940 – São Paulo - SP*
*Tel.: (011) 3078-7205 – Fax: (011) 3168-5495*
*URL: www.malheiroseditores.com.br*
*e-mail: malheiroseditores@zaz.com.br*

*Composição*
*Scripta*

*Capa*
Vânia Lúcia Amato

Impresso no Brasil
*Printed in Brazil*
04.2007

*A meus pais,*
*por tudo.*

# *SUMÁRIO*

# *PREFÁCIO À 1ª EDIÇÃO*

O trabalho, ora publicado, pretende ser o primeiro volume de uma obra ampla sobre o Direito Concorrencial.

Seu objeto específico são as suas estruturas concorrenciais. Por detrás desse título, à primeira vista esotérico, esconde-se uma idéia bastante simples: a prevenção dos ilícitos concorrenciais por meio do controle das concentrações e de diferentes tipos de acordos visando à cooperação entre concorrentes.

A metodologia é despretensiosa. O que se busca, em primeiro lugar, é a explicação e definição dos fundamentos constitucionais, legais e econômicos do Direito Concorrencial, para, sobre essas bases, desenvolver a teoria e analisar a prática do controle das estruturas econômicas.

O desenvolvimento do tema é, ao contrário, bastante pretensioso. Acreditei poder explicar e desenvolver, em um só volume e relativamente a cada tópico tratado, as duas teorias que até hoje se confrontam no Direito Concorrencial: a chamada Teoria Liberal da Escola de Chicago e a Teoria Ordo-Liberal da Escola de Freiburg. Os resultados práticos, aparentemente opostos, a que levam cada uma das teorias aplicadas à análise das concentrações e cooperações econômicas são exemplificados em diferentes casos decididos pelas cortes americanas e européias. Finalmente, a teoria e os resultados obtidos são utilizados para a análise e crítica do sistema concorrencial brasileiro, como tem sido aplicado até o momento. Se o produto final não passou de uma vã pretensão ou resultou em um sistema analítico coerente cabe agora ao leitor responder.

Para essa resposta e para o julgamento do autor e de sua obra um dado é importante. A filosofia por trás do presente trabalho é absolutamente otimista. O oposto exato do pessimismo machadiano. Ao contrário do que afirma Brás Cubas no famoso capítulo "Das Negativas" de suas *Memórias Póstumas*, aqui tudo se tentou. Procurou-se aprofundar as pesquisas e abordar os problemas chaves. Se esses não foram corretamente identificados ou foram irracionalmente resolvidos, não é possível esconder-se atrás do famoso empate machadiano. O balanço final será necessariamente negativo e o autor é o único e exclusivo culpado. Por outro lado, se o resultado for positivo, os méritos devem necessariamente ser divididos.

Mais do que lugar comum ou falsa modéstia, o presente trecho, substituto otimista do capítulo machadiano, é um justo e necessário tributo a quem o fez por merecer. Seu título: "Dos agradecimentos".

O primeiro deles, por ordem cronológica, vai para meus verdadeiros guias, respectivamente, no sistema antitruste americano e na análise econômica do direito, os Professores George Priest e Guido Calabresi, que tanto me auxiliaram e tão bem me acolheram na Universidade de Yale. O segundo, vai para os Drs. Jürgen Samtleben e Rainer Kulms, que fizeram o mesmo no Max Plack Institut de Hamburgo. A essa instituição, de resto, vai todo o agradecimento pelo apoio financeiro da pesquisa, em forma de bolsa de estudos, durante o período em que estive na Alemanha.

A seguir é preciso lembrar os componentes de minha banca examinadora para o concurso de Livre-Docência em Direito Comercial na Faculdade de Direito da Universidade de São Paulo, Professores Fábio Konder Comparato, Luis Gastão Paes de Barros Leães, Washington Peluso Albino de Souza, Alfredo de Assis Gonçalves Neto e Jorge Lobo, cujas sugestões e críticas muito contribuíram para o aperfeiçoamento da obra.

Então, é preciso agradecer meu sócio Dr. Jorge Eduardo Prado Levy e meu colega de profissão Dr. Fernando Herren Aguillar pela leitura e revisão crítica dos manuscritos. O mesmo deve ser feito em relação ao Sr. Lior Pinsky pela ajuda na pesquisa de atualização e na elaboração dos índices. Com relação ao último ponto, deve ser mencionada também a importante contribuição do Sr. Marcos Barbosa Pinto.

Por último vai talvez o primeiro agradecimento, à inestimável ajuda de minha esposa Simone que com carinho, compreensão e rigor, empreendeu a árdua tarefa de rever o primeiro e segundo capítulos do trabalho com olhos de jornalista e deles expurgar os exageros acadêmicos e lingüísticos, tornando a obra de mais fácil e agradável leitura.

São Paulo, agosto de 1997

O Autor

# *PREFÁCIO À 3ª EDIÇÃO*

Toda e qualquer revisão e atualização exige ao menos dois focos de atenção.

De um lado, a revisão específica, com revisão gramatical das edições anteriores e atualização jurisprudencial. Para essa, o autor contou com a valiosa contribuição do Dr. Aurélio Marchini Santos, a quem muito agradece.

Uma segunda revisão, mais geral, é a de idéias. Nesse respeito o autor procurou rever trechos que há muito lhe incomodavam. Exemplos são o tratamento neoclássico generalizado em doutrina da definição de mercado e a ausência de preocupação específica com as concentrações verticais. Daí a introdução de novos itens como 1.4.3 (Poder econômico e subdesenvolvimento: perspectiva jurídica neo-estruturalista); 2.3 (Poder de mercado e assimetria de informação); e 2.4.4 (Estruturas de informação concentrada).

Mas, mais do que tudo, pretendeu-se incluir nessa nova edição uma breve introdução de um tema que ocupará o autor nos próximos anos. Trata-se de algo que se pode chamar *neo-estruturalismo jurídico*.

Trata-se de tema de extrema importância jurídico-social.

A sensação é que os vários movimentos jurídicos compensatórios – direitos humanos, direitos sociais – vêm tendo muito menos eficácia que seus altos objetivos se propõe, porque desacompanhados de mudanças estruturais na esfera econômica.

Fundamentais para o desenvolvimento social, tais movimentos devem ser acompanhados de mudanças estruturais que toquem nas verdadeiras raízes das estruturas iníquas. São elas organizações e estruturas seculares e conformadoras de nossa própria história econômica.

Obviamente, um livro sobre direito concorrencial não pode ter a pretensão de conter toda essa análise. Uma introdução breve das raízes do problema pode e deve ser tentada e foi proposta (item 1.4.3) na medida em que (i) influencia o direito concorrencial, em especial a análise das estruturas relevantes para esse ramo do direito, e (ii) é capaz, ainda que de forma incipiente, de direcionar a discussão das estruturas econômicas para novos rumos, revelando novas inquietações que devem ser da ordem do dia para todos aqueles que se preocupam com as relações jurídicas e sociais.

São Paulo, março de 2007

O AUTOR

# *INTRODUÇÃO*

O presente trabalho adota a tradicional classificação da doutrina dos tipos de controle dos agentes econômicos com poder no mercado: o controle dos comportamentos e o controle das estruturas.

O primeiro tipo de controle visa a regulamentar e sancionar o chamado abuso do poder econômico, em suas mais variadas formas. Tem ele sido o objeto principal de atenção dos estudiosos brasileiros do direito concorrencial nos últimos tempos. Essa maior preocupação se justifica. O direito antitruste brasileiro, até mesmo por influência constitucional, se originou dos dispositivos tendentes à proteção dos consumidores contra o abuso do poder econômico.

Só muito recentemente, por força sobretudo da nova lei concorrencial, passou-se a conjugar à preocupação com o controle dos comportamentos também a preocupação com as estruturas. Não se quer dizer com isso que o poder no mercado seja agora punido *per se*, em função de sua pura e simples existência. Significa, no entanto, que a formação daquelas estruturas que possam vir a gozar de poder no mercado só será autorizada caso acompanhada de justificativas que permitam afastar o perigo de abuso. Essa preocupação moderna do direito concorrencial está absolutamente em linha com os desenvolvimentos da teoria microeconômica, que, com base no estudo da racionalidade econômica do comportamento dos agentes no mercado, afirma ser possível presumir que uma posição de excessiva concentração de poder tenderá a ser utilizada de forma abusiva.

É ao estudo dessa perspectiva estrutural que se dirige o presente trabalho. Para sua correta compreensão é necessário, em primeiro lugar, situar a regulamentação do poder no mercado histórica e sistematicamente dentro do direito concorrencial. O controle do poder econômico no mercado, mesmo compreendido em seus dois aspectos, comportamental e estrutural, é matéria importante, mas não objeto exclusivo de preocupação do direito concorrencial. Esse será o objeto do primeiro capítulo.

A seguir passa-se à formulação da teoria geral do poder no mercado, que ocupará os capítulos 2 e 3. Neles serão definidos os critérios econômicos e jurídicos para a identificação e o sancionamento do poder no mercado.

Finalmente, no capítulo 4 proceder-se-á à análise das formas de estruturação do poder econômico no mercado. Duas são as formas básicas: a concentração e a cooperação econômica entre empresas.

Uma análise das estruturas do poder no mercado não ficaria, entretanto, completa sem o estudo da disciplina jurídica das estruturas de poder no mercado que preexistem à atuação do órgão de controle. Sobretudo tendo em vista a realidade econômica brasileira, onde a concentração do poder empresarial tem raízes históricas, esse estudo é fundamental. A ele se procederá no final do capítulo 4, sob o título de controle *meramente* estrutural.

# *Capítulo 1*
# *O DIREITO CONCORRENCIAL E O PODER ECONÔMICO NO MERCADO*

## *1.1 Direito concorrencial e Constituição Econômica*

A idéia de regulamentação do poder econômico no mercado tem origem em uma premissa sócio-econômica fundamental: todo agrupamento social, por mais simples que seja, organizado ou não sob a forma de Estado, que queira ter como fundamento básico da organização econômica a economia de mercado deve contar com um corpo de regras mínimas que garantam ao menos o funcionamento desse mercado, ou seja, que garantam um nível mínimo de controle das relações econômicas.

Esse conjunto de regras constitui aquilo que a doutrina chamou de Constituição Econômica,[1] onde o termo constituição deve

1. O termo, intimamente ligado ao pensamento ordo-liberal, foi utilizado por Franz Böhm, sendo desenvolvido posteriormente por seu discípulo H. J. Mestmäcker em "Markt-Recht — Wirtschaftsverfassung", in *Zeitschrift für das gesamte Handelsrecht und Wirtschaftsrecht* 137 (1973), pp. 97 e ss. Note-se que o termo, no sentido aqui utilizado, não se identifica com a noção de Constituição Econômica utilizada pelos teóricos do direito econômico. Aquela vai relacionada mais freqüentemente à Constituição em sentido formal (por isso fala-se em *Constituição Econômica em sentido formal*); v., para a distinção entre Constituição Econômica formal e material, E. R. Grau, *A ordem econômica na Constituição de 1988 (interpretação e crítica)*, 3ª ed., São Paulo, Malheiros Editores, 1997, p. 62, e para uma aprofundada análise da Constituição Econômica brasileira em sentido formal, W. Peluso Albino de Souza, "A experiência brasileira de Constituição Econômica", in *Revista Brasileira de Estudos Políticos* n. 67-68 (janeiro-julho 1992), pp. 93 e ss. O mesmo termo, quando utilizado pelos ordo-liberais, liga-se a noção de *Constituição Econômica em sentido material*. É, por-

ser entendido como indicativo do nível mínimo de regulamentação para o funcionamento do sistema escolhido. A tradição Smithiana da economia de mercado, que, transportada para o direito, ganhou sua expressão máxima na escola ordo-liberal alemã de Freiburg, identifica esse tipo de regra às normas de direito concorrencial.[2] A natureza constitucional econômica das regras concorrenciais, no sentido supramencionado, pode ser demonstrada pelo exemplo positivo mais acabado do pensamento ordo-liberal existente: o Tratado de Constituição da Comunidade Econômica Européia.[3] Nele, a regulamentação da concorrência é eleita como regra central de organização econômica, em um sistema que prescinde de um Estado organizado e em que, portanto, a força político-institucional é bastante reduzida. O elemento impulsionador da organização e da integração econômica, na ausência do agente estatal (ou na presença de agente estatal com poderes reduzidos), sem o qual as forças centrífugas sócio-políticas ficam evidentemente enfraquecidas, são as regras de concorrência.

tanto, possível que essas regras estejam ou não na Constituição. Basta observar que no sistema americano, por exemplo, as normas concorrenciais jamais fizeram parte da Constituição. A expressão não é aplicável, portanto, a crítica doutrinária à teorização da "Constituição Econômica" feita pelos teóricos do direito econômico; v., a respeito, E. R. Grau, *A ordem econômica,* cit., pp. 61 e ss.

2. É importante notar, nesse ponto, que a referência é feita a regras mínimas. Não se propugna, portanto, nem que esse seja o conteúdo ou o objetivo único das regras de concorrência, nem que qualquer das relações acima referidas possa ou deva ser regulamentada exclusivamente pelas regras concorrenciais. Trata-se, portanto, de padrões de conduta necessários mas não suficientes. É indiscutível, no entanto, que, ao tentarem identificar a ordem concorrencial à Constituição Econômica (em sentido material), os ordo-liberais revelam seu espírito antiintervencionista, avesso a qualquer intervenção na ordem econômica que não seja através do direito concorrencial. Interessante notar que essa perspectiva, aparentemente liberal extremada, releva-se no campo concorrencial como bastante intervencionista (exatamente porque vê em uma "concorrência administrada" a forma básica de organizar um sistema econômico; v., a respeito, a obra de H. J. Mestmäcker, de título bastante revelador, *Der verwaltete Wettbewerb*, Tübingen, Mohr, 1984), constituindo, como será visto a seguir, a contestação mais importante à onda liberal (no sentido clássico) representada pela Escola de Chicago.

3. Típica manifestação do pensamento ordo-liberal é a preocupação com os pressupostos da concorrência traduzida no Tratado através da garantia das liberdades fundamentais de *circulação*. Isso porque para os ordo-liberais, assim como para Adam Smith, as denominadas liberdades naturais do homem são, também, pressupostos funcionais para a concorrência; v. H. J. Mestmäcker, *Europäisches Wettbewerbrecht*, München, Beck, 1974, pp. 176 e ss.

Em presença do Estado, no entanto, a proteção da concorrência não se pode resumir à garantia do funcionamento da mão invisível Smithiana. Nesse caso não é possível propugnar pela coincidência entre Constituição Econômica (em sentido material) e direito concorrencial. O Estado introduz, pelo menos em certas áreas, uma forma de organização das relações econômicas que não se rege pela lógica concorrencial. Aliás é exatamente a divisão de esferas entre o Estado regulador e intervencionista e aquele que se limita a organizar as forças de mercado através da aplicação do direito concorrencial que melhor define o ordenamento econômico existente ou, se assim se preferir, a Constituição Econômica de cada ordenamento.[4]

Em um sistema de tal tipo, qualquer análise do sistema econômico sob a perspectiva do direito concorrencial deve ser, necessariamente, dúplice. Em primeiro lugar é obviamente necessário estudar as regras aplicáveis a particulares ou ao Estado enquanto exerce atividade econômica. Mas isso não é suficiente. Importa, também, analisar a relação entre os poderes estatais típicos (regulamentar e fiscalizatório) e o sistema concorrencial. Isso significa tentar determinar o correto inter-relacionamento entre os dois setores: o setor regulamentado pelo Estado e aquele auto-regulamentado pelo mercado, onde o Estado deve, teoricamente, apenas assegurar o correto funcionamento do sistema e impedir abusos, através da aplicação da legislação concorrencial. É preciso determinar até que ponto a regulamentação é capaz de excluir a aplicação do direito concorrencial e, para aqueles casos em que isso não é possível, até que ponto os princípios concorrenciais podem servir de parâmetro para controle da ação estatal ou da conduta do particular autorizada pelo poder estatal.

Ambas as perspectivas serão levadas em consideração na análise estrutural a que se procederá a seguir. Pressuposto para

4. A noção de Constituição Econômica aqui utilizada é claramente aquela de natureza estatutária (por oposição à programática ou diretiva, na classificação de L. Cabral de Moncada, *Direito Económico*, 2ª ed., Coimbra, Coimbra Editora, 1988, pp. 82 e ss.), ou seja, o conjunto de direitos fundamentais e garantias institucionais que conformam o sistema econômico. A definição do regime de exercício de cada atividade econômica — regime concorrencial, de serviço público ou misto — é nada mais nada menos que a definição de um conjunto de garantias institucionais da ordem econômica.

ela é, no entanto, a definição do objeto e função das normas concorrenciais. É o que se procurará verificar a seguir.

## *1.2 Direito concorrencial: as várias concepções*

Não basta apenas afirmar a natureza constitucional econômica das normas de concorrência para compreender seu significado e definir o âmbito de sua aplicação. Se é verdade que as normas de concorrência são essenciais para orientar o comportamento econômico dos agentes, deve-se, em seguida, perguntar em que sentido elas indicam.

É na resposta a essa pergunta que se encontra a mais importante divergência da teoria econômica em matéria de sistema antitruste. A tradição econômica neoclássica, desenvolvida nesse campo sobretudo na Universidade de Chicago (e por isso denominada *Chicago School*),[5] responde a esse pergunta com uma

5. Pode-se dizer que a chamada "Escola de Chicago" nasce nos anos 50 com os trabalhos de um economista chamado Aaron Director. Seu trabalho se resume à aplicação, ainda bastante simplificada, da *price theory* ao direito antitruste, em uma época em que os estudos econômicos sobre a matéria eram assistemáticos e descritivos. Nos anos 60 e 70 esse trabalho será desenvolvido sobretudo por R. Bork e R. Posner, com aplicação rigorosa da teoria marginalista ao estudo do direito antitruste. A principal característica dessa escola é a ênfase dada à eficiência produtiva (significando primordialmente produção a baixo custo). Para esses autores, a eficiência produtiva é sempre uma justificativa para a obtenção ou manutenção de posições dominantes.

Até o final dos anos 60 essa escola encontra forte oposição na "Escola de Harvard", também chamada escola estruturalista (os principais representantes dessa escola são C. Keysen e D. Turner). Os defensores dessa teoria dão ênfase ao estudo da estrutura de mercados individuais para a aplicação do direito antitruste. Para esses autores, a estrutura do setor determina predominantemente a performance da indústria respectiva. Em uma indústria concentrada, as firmas estão protegidas da competição por barreiras à entrada, consistentes em economias de escala, exigências maiores de capital, *know-how* escasso e diferenciação dos produtos.

Para esses pensadores, existindo apenas alguns vendedores no mercado, diminuem os custos e as dificuldades de uma atuação concertada. Em tais estruturas industriais, através de acordos de atuação concertada tácita ou explícita, as firmas acabarão por diminuir a produção e aumentar os preços. A preocupação é muito menos com a eficiência e mais com a existência efetiva de concorrência.

A partir sobretudo do final dos anos 70 pode-se dizer que a "Escola de Harvard" simplesmente desaparece, já que seus representantes aceitam gran-

expressão que para os seus seguidores (e para as Cortes americanas, que desde o começo dos anos 80 adotaram, inteiramente, a teoria neoclássica) já se tornou sinônimo de sistema antitruste: "eficiência". Para os teóricos neoclássicos, esse valor se sobrepõe e elimina qualquer outro objetivo que possa ter o direito concorrencial, inclusive a própria existência da concorrência. Os teóricos neoclássicos de Chicago não hesitam em admitir a existência de monopólios ou de restrições à concorrência, caso esses sejam instrumentais relativamente ao objetivo definido: a maximização da eficiência. O conceito neoclássico de eficiência será analisado mais aprofundadamente no capítulo 3. Por enquanto, basta observar que, para os economistas neoclássicos, eficiência é a habilidade de produzir a custos menores[6] e, *conseqüentemente,* reduzir os preços para o consumidor.

Essa última constitui, sem dúvida, a passagem mais artificiosa dessa teoria. Da redução dos custos é derivada diretamente a redução dos preços. A eficiência é associada diretamente ao bem-estar do consumidor. O único princípio norteador do direito antitruste passa, então, a ser a proteção do bem-estar do consumidor, no sentido específico definido pelos economistas neoclássicos. Segundo esses teóricos, basta que o direito antitruste se preocupe com a eficiência. A distribuição eqüitativa dos benefícios com o consumidor é presumida, derivando, necessariamente, da "racionalidade" monopolista. Como se verá, esta última afirmação é o ponto mais contestável dessa teoria, já que não é de modo algum certo que o monopolista queira "dividir seus lucros" com o consumidor, baixando os preços na mesma proporção do ganho de "eficiência" ocorrido.

de parte dos pressupostos da Escola de Chicago, que hoje domina a doutrina e tem enorme influência nas Cortes; v., a respeito, das duas escolas R. Posner, "The Chicago School of antitrust analysis", in *University of Pennsylvania Law Review* 127 (1979), p. 925. É importante observar, no entanto, que, apesar de ainda predominante em matéria de controle das estruturas, a Escola de Chicago sofre hoje importante críticas doutrinárias tratando-se de disciplina dos comportamentos. Nesse campo ela é, na realidade, considerada superada, chegando-se a falar em uma era "pós-Chicago".

6. Não se deve confundir "eficiência" com "desenvolvimento tecnológico". Apesar de poder ser decorrência desse último, a eficiência a que os neoclássicos se referem como parâmetro para aplicação do direito antitruste é a chamada eficiência produtiva, decorrente de ganhos de escala induzidos pela produção em massa.

Para identificar a situação de bem-estar do consumidor basicamente com o preço reduzido do produto, os teóricos de Chicago utilizam a tradicional teoria microeconômica neoclássica, também, conhecida como teoria marginalista.[7] A definição excessivamente limitada de *consumer welfare* (bem-estar do consumidor), que desconsidera importantes fatores objetivos e subjetivos a afetar a satisfação do consumidor, é, como se verá, outra importante crítica que se faz à teoria neoclássica.

Uma vez identificada a eficiência a um objetivo de política legislativa praticamente incontestável como é a proteção do bem-estar do consumidor, é possível opô-la aos demais objetivos do direito antitruste. É o que fazem os neoclássicos. Segundo eles, a existência e co-utilização de outros objetivos além do bem-estar do consumidor (no sentido definido acima) na aplicação das normas de concorrência são criadoras de uma situação paradoxal, já que, por vezes, bem-estar do consumidor e defesa da concorrência indicam soluções opostas. O exemplo clássico do choque entre os dois interesses são as concentrações econômicas. Nelas, a proteção de ambos os interesses, desde que levada a extremos (e, como se verá, caso a sua interação não tenha sido completamente compreendida), pode levar a soluções opostas. Assim, a proteção exclusiva da competição pode levar a concluir pela ilicitude de uma concentração econômica que, contando com ganhos de produtividade e eficiência, poderia ser benéfica para os consumidores. O inverso é igualmente verdadeiro, isto é, a preocupação exclusiva com o interesse dos consumidores pode levar a aprovar concentrações que levem a forte dominação de certos

7. Essa teoria apareceu no final do século XIX na Inglaterra (elaborada inicialmente por Jevons, Menger e Walras) e sua principal contribuição (motivo pelo qual ficou conhecida como revolução marginalista) foi demonstrar que o preço de um produto não era determinado por seu custo de produção, como imaginavam os economistas clássicos (Ricardo e Mill), mas pelo valor dado a ele pelo consumidor marginal (isso é, o último consumidor disposto a comprar a mercadoria). Esse valor é a chamada utilidade marginal. Os fatores de produção necessários à fabricação daquele produto teriam seu preço determinado pela sua utilidade marginal, que é exatamente sua participação na produção do bem final. Portanto, também, os preços dos fatores de produção eram determinados pelo valor dos bens finais a cuja produção se destinam, e não pelos seus custos. A utilidade marginal do consumidor é a chave para a determinação de todos os valores na economia; v., entre outros, T. W. Hutschinson, *A review of economic doctrines, 1870-1929*, Oxford, Clarendon Press, 1953, pp. 183 e ss.

agentes econômicos sobre o mercado, o que pode ser bastante prejudicial aos concorrentes. Esse aparente paradoxo demonstra, segundo os teóricos de Chicago, que ambos (bem-estar do consumidor e defesa da concorrência) não podem conviver.

O passo seguinte é, sem dúvida, o dotado do maior grau de arbitrariedade. Utilizando-se da tradicional teoria da maximização de riqueza[8] desenvolvida pelos teóricos da vertente liberal da análise econômica do direito e ao mesmo tempo argumentando com a intenção do Legislativo na formulação do *Sherman Act*, os neoclássicos concluem pela prevalência ou, mais precisamente, pela necessidade de consideração exclusiva do interesse do consumidor (no sentido de promoção da eficiência) pelo direito concorrencial.[9]

A maior contestação a essa teoria vem da chamada Escola Ordo-Liberal ou Escola de Freiburg. A Escola de Freiburg nasce nos anos 30 na Alemanha, como reação aos fracassos econômicos da República de Weimar e como crítica à concepção econômica nazista que começava a ser aplicada. Os componentes dessa Escola identificam no livre jogo dos monopólios e cartéis na Alemanha dos anos 30 um dos grandes motivos para o fracasso econômico da República de Weimar e a ascensão do nazismo.[10] Para seus representantes a garantia da competição é fundamento

8. V., a respeito, notas 18 a 21 e texto.

9. Cfr. R. Bork, *The antitrust paradox*, 2ª ed., New York, The Free Press, 1993, pp. 50 e ss.

10. A Escola de Freiburg surge das preocupações comuns de um grupo de professores de direito e economia que lecionavam na Universidade de Freiburg nos anos 30. Trata-se da primeira experimentação existente de análise econômica do direito. As figuras mais importantes desse período inicial são, sem dúvida, Walter Eucken, Hans Grossmann-Doerth e Franz Böhm, o primeiro professor de economia e os dois últimos de direito. Em 1936, Böhm, Eucken e Grossmann-Doerth se juntaram para escrever o chamado Ordo-Manifesto, no qual estabeleceram as bases principiológicas para seus trabalhos subseqüentes. Após a guerra, a supremacia acadêmica da Escola de Freiburg diminui em face da introdução na Alemanha de princípios econômicos anglo-americanos que se fazem sentir na lei antitruste alemã de 1958 (*GWB*). Nos anos 60 e 70 a tradição se renova através de expressivos nomes, sobretudo Friedrich von Hayek e Hans Joachim Mestmäcker, o primeiro criando uma nova vertente, menos intervencionista, da escola ordo-liberal (por esse motivo incluído por muitos na chamada *Escola Austríaca*) e o segundo concentrando-se no estudo jurídico do sistema antitruste, sobretudo o comunitário europeu, do ponto de vista ordo-liberal.

essencial para garantia do funcionamento econômico de uma economia de mercado. A organização ideal da ordem privada é aquela que permita a "autocoordenação" e o "autocontrole". O direito deve criar as condições para que ambas as garantias se efetivem: a "autocoordenação" é garantida através das transações privadas, para as quais o direito de propriedade e o direito das obrigações são elementos organizativos fundamentais. Já a segunda ordem, "autocontrole", "becomes effective as soon as the potential partners to a transaction have moved into a position which allows them to assess the conditions of an exchange in view of the possibility of substituting partners to (and objects of) a transaction", isto é, "as soon as effective competition is possible. The transitory patterns of allocation and of distribution produced by self coordination and self control reflect a spontaneous order".[11] É esse tipo de preocupação — a possibilidade de efetiva competição — que deve ter guarida no direito concorrencial.

Em presença de tal definição de rumos do direito concorrencial, não é de se espantar que essa teoria se oponha à neoclássica. São, com efeito, duas as críticas fundamentais ao pensamento neoclássico formuladas no seio do pensamento ordo-liberal. A primeira, que não interessa analisar no momento, é referente aos pressupostos econômicos da definição de bem-estar do consumidor, que são, segundo esses doutrinadores, meramente teóricos, insuscetíveis de ocorrer na realidade. A segunda, de interesse imediato, é relativa ao próprio conceito de concorrência. Para os representantes da Escola de Freiburg não é possível atribuir ao direito concorrencial qualquer tipo de objetivo econômico predeterminado, como a eficiência, por exemplo. Isso porque o sistema concorrencial não é um sistema cujos efeitos, todos eles, podem ser previstos e aqueles desejáveis selecionados, de modo a orientar a feitura e aplicação da lei.

As bases para essa afirmação são diversas. A primeira delas vem, sem dúvida, da primeira crítica mencionada acima, ou seja, da hoje largamente reconhecida (inclusive entre os próprios teóricos neoclássicos) inaceitabilidade de muitos dos pressupostos do sistema de concorrência perfeita por eles idealiza-

11. Cfr. M. Streit, "Economic order, private law and public policy the Freiburg School of law and economics in perspective", in *Journal of Institucional and Theorethical Economics* 148 (1992), p. 677 (683).

do. Pode-se dizer que hoje há consenso no meio econômico de que ao menos duas das premissas básicas desse modelo, a homogeneidade dos produtos e a informação completa dos agentes, são inexistentes e irrealizáveis.[12] Ora, negadas as premissas, porque inexistentes na realidade, o modelo passa a ter utilidade apenas como critério de determinação de relações causais em matéria econômica, mas não como forma de orientação de condutas. Trata-se, assim, de uma teoria com valor no máximo analítico, mas não preceptivo. O modelo neoclássico oferece para os ordo-liberais um conveniente exemplo dos riscos da fixação de objetivos legais com base em dados puramente econômicos.

Mas mais do que baseada em uma crítica à teoria neoclássica, a afirmação ordo-liberal da imprevisibilidade dos efeitos do sistema concorrencial está baseada em uma concepção fundamental. Para os ordo-liberais, a grande vantagem do sistema concorrencial está, exatamente, no fato de que, através da transmissão da informação e da existência de liberdade de escolha, o sistema de mercado permite *descobrir* as melhores opções existentes e o comportamento mais racional a adotar.[13] É clássica a definição

12. Os próprios teóricos da Escola de Chicago aceitam a incontestável crítica aos pressupostos da teoria neoclássica (sobretudo homogeneidade de produtos e informação perfeita). Entre aqueles mais ortodoxos usam-se artifícios verbais para escapar às críticas. R. Bork, por exemplo, ao analisar os sentidos da palavra *competição*, critica a utilização da noção neoclássica de "situação em que o vendedor ou o comprador individualmente considerado não pode influenciar o preço do produto" (concorrência perfeita), com base na irrealidade de seus pressupostos. No entanto, identifica sua noção preferida de concorrência em "any state of affairs in which consumer welfare cannot be increased by moving to an alternative state of affairs" (*The antitrust paradox*, cit., p. 61). Ocorre que em seu modelo a situação ótima de bem-estar do consumidor (ou seja, a situação em que seu bem-estar não pode ser acrescido) é definida a partir do modelo de concorrência perfeita. Assim sendo, sua definição é apenas uma fórmula verbal que lhe permite escapar das fraquezas, por ele mesmo detectadas, da tradicional fórmula neoclássica.

13. Assim explica F. Hayek o processo competitivo: "Competition is essentially a process of the formation of opinion: by spreading information, it creates that unity and coherence of the economic system which we presuppose when we think of it as one market. It creates the views people have about what is best and cheapest, and it is because of it that people know at least as much about possibilities and opportunities as they in fact do. It is thus a process which involves a continuous change in the data and whose significance must

de Hayek do sistema concorrencial como um *Entdeckungsverfahren* (processo de descoberta).[14] Ora, fundamental para a existência de um processo de livre escolha e de descoberta das melhores opções do mercado não é apenas a existência de um preço não alterado por condições artificiais de oferta e de demanda, que, portanto, represente a utilidade marginal do produto (como querem os neoclássicos), mas, também, que exista efetiva pluralidade real ou potencial de escolha entre produtos, com base em preço, qualidade, preferências regionais, etc. A possibilidade de escolha assume, portanto, um valor em si mesmo. Note-se, no entanto, que como para o ordo-liberal a possibilidade de escolha estende-se a todos os agentes do mercado, consumidores e produtores, a existência de concorrência não é obrigatória. Basta que seja potencial. Daí por que conceito fundamental para a teoria ordo-liberal na análise das posições de poder sobre o mercado é a verificação da criação ou não de barreiras à entrada de outros competidores no mercado. Segundo eles, esse tipo de barreira é um dos maiores males de qualquer sistema concorrencial, pois limita a liberdade de escolha tanto de consumidores quanto de produtores.[15] A elas será o caso de retornar no capítulo 3.

### *1.3 Interesses protegidos: o falso paradoxo*

Das considerações acima decorre uma constatação muito interessante. Para os ordo-liberais, a proteção da existência da concorrência é vista não só na perspectiva do concorrente, mas também na perspectiva do consumidor. A preocupação com a liberdade de escolha e decisão do consumidor é, aliás, a chave para responder a uma das principais críticas dos neoclássicos à inclusão da defesa da concorrência entre os valores a serem perseguidos pela legislação antitruste. Essa crítica consiste em afirmar que a consideração da concorrência como um valor em si mesmo im-

therefore be completely missed by any theory which treats these data as constant". Cfr. F. A. Hayek, *Individualism and economic order*, Chicago, The University of Chicago Press, 1948, p. 106.

14. É evidente a vinculação de tal concepção econômica ao pensamento idealista da filosofia do conhecimento de Kant, à qual a teoria ordo-liberal, evidentemente, se filia do ponto de vista filosófico.

15. Nesse sentido, v. M. Streit, "Economic order", cit., p. 681.

plica necessariamente prejuízo ao consumidor (o paradoxo de Bork), pois em nome da defesa da concorrência impede-se a formação de economias de escala, que são benéficas ao consumidor (na medida em que, reduzindo custos, permitem a redução de preços) e, portanto, *eficientes*.

O conceito de eficiência, aplicado ao direito antitruste, será discutido com mais profundidade no capítulo 2. Independentemente de análise mais profunda dos conceitos econômicos que fundamentam essa afirmação, com base na simples intuição e bom senso (e são esses, talvez, os melhores guias tanto para o operador do direito quanto para o agente econômico), é possível contestar a crítica neoclássica. Se um dos fundamentos do bem-estar do consumidor é a sua liberdade de escolha entre várias opções diferenciadas, objetiva e subjetivamente, por preço, qualidade, quantidade, etc., não há como considerar uma regra aplicada explicitamente com o objetivo de proteger a competição "ineficiente" do ponto de vista do consumidor.

Note-se que, do ponto de vista da teoria geral do direito (a análise econômica do direito se caracteriza, expressamente, segundo seus defensores, como uma teoria geral do direito), a atribuição de apenas um objetivo à regra jurídica, com base na correção indiscutível e matemática de pressupostos econômicos, é de difícil aceitação. O que a teoria neoclássica aplicada ao direito pretende é, na verdade, atribuir valor absoluto às premissas econômicas, capazes de indicar diretamente o sentido das regras jurídicas, sem que isso possa ser contestado com base em considerações valorativas ou distributivas. Isso é feito através da utilização de conceitos econômicos aos quais se pretende atribuir certeza matemática.

Essa construção contém dois sérios equívocos, um conceitual, outro lógico. O equívoco conceitual está em pensar que, demonstrada a interdisciplinaridade entre direito e economia naquelas áreas como, por exemplo, o direito antitruste, em que o operador do direito deve necessariamente levar em consideração as relações causais sugeridas pela teoria econômica, a aceitação das premissas teóricas utilizadas para desenvolver a teoria deva ser automática. Ou seja, o mesmo modelo teórico utilizado para explicar as relações causais deve ser utilizado para determiná-las pois, uma vez aceita a veracidade das relações causais, a aceitação dos pressupostos implica necessariamente concordância com os resultados. Tal pretensão claramente desconsidera o momento valorativo tanto da criação quanto da aplicação de qualquer norma jurídica, seja em matéria econômica ou não.[16]

O erro lógico só adquire real significado quando analisado relativamente a cada um dos distintos postulados econômicos utilizados no direito antitruste. De forma muito simplificada (e, portanto, necessariamente imperfeita), pode-se dizer que o postulado básico de que parte a Escola de Chicago — e que sustenta toda a sua crença na análise econômica do direito[17] como critério indicativo da regra jurídica mais adequada para a sociedade — é que toda regra jurídica (ou interpretação de regra jurídica) que impeça ou dificulte transações privadas em que a vantagem dos beneficiados é maior que a perda dos prejudicados é ineficiente e

16. V., nesse sentido, H. J. Mestmäcker, *Macht-Recht-Wirtschaftsverfassung*, cit., p. 101, afirmando expressamente: "Je nachdrücklicher damit auf die Interdisziplinarität von Rechts - und Wirtschaftswissenschaften hingewiesen ist, desto entscheidender wird es die Selbständigkeit der Funktionen des Rechts gerade auch gegenüber dem Wirtschaftlichen zu explizieren und durchzusetzen. Das Recht nimmt wirtschaftliche Regelzusammenhänge in Bezug, es entnimmt ihnen wichtige inhaltliche Momente für die Normen, aber die Selektion dieser Momente, ihr Verhältniss zueinander, die Anerkennung freien Handels oder die Notwendigkeit seiner Einschränkung muss es durch die Gesetzgebung und in der Auslegung der Normen selbst bestimmen. Die gründsätzliche systematische und praktische Bedeutung des Rechts der Wettbewerbsbeschränkungen liegt darin, das es dieses inhaltliches Spannungsverhältniss von ökonomischer und rechtlicher Eigengesetzlichkeit in demjenigen Zusammenhang thematisiert, in dem Marx den Beweis für den antagonischen, kriegerischen und gewalttätigen Charakter des Systems erblick".

17. A análise econômica do direito nasce exatamente do direito antitruste, onde a conjugação do instrumental analítico econômico e do instrumental jurídico, valorativo e sistematizador é indispensável. Por longo tempo permanece restrita a esse campo. Somente no início dos anos 60 (com o artigo de R. Coase, "The problem of Social Cost", in *Journal of law and economics* 3 (1960), p. 1, e o de G. Calabresi, "Some thoughts on risk distribution and the law of torts", in *Yale Law Journal* 70 (1960), p. 499) surge a chamada nova análise econômica do direito, primeiramente no campo dos ilícitos civis, expandindo-se subseqüentemente para o direito contratual e societário e hoje incluindo quase todas as áreas do direito, inclusive direito penal e constitucional; v. R. Posner, *Economic analysis of law*, Boston, Toronto, London, Little, Brown and Company, 1992, p. 21. Deve-se dizer, no entanto, que já há alguns anos vem sendo a análise econômica objeto de severas críticas, relacionadas sobretudo à pouca realidade de seus pressupostos.

deve ser removida.[18] Isso porque a sociedade ideal, eficiente, é aquela que atinge estado de equilíbrio em que a vantagem dos beneficiados é idêntica à perda dos onerados. Esse é o chamado princípio de maximização de riquezas, ou ótimo de Pareto.[19-20]

Teoricamente, portanto, remover as barreiras, isto é, as normas jurídicas, contratuais ou legais, que dificultam as transações privadas não implicaria custo social, seria economicamente neutro e juridicamente incontestável. O teórico do direito nada mais poderia fazer do que aceitar tal remoção como dado matemático. O problema dessa afirmação é mais do que evidente: preocupa-se exclusivamente com a maximização da riqueza global, excluindo completamente de consideração a forma de distribuição dessa riqueza,[21] isto é, os diferentes interesses individuais envolvidos na relação jurídica a que aquela norma se aplica. Assim, portanto, é óbvio que a regra que prevê barreiras às transações privadas pode e deve estar protegendo terceiros interesses, isto é, interesses de sujeitos não diretamente envolvidos na transação ou negócio, senão não existiria. Ou seja, não existe uma regra vazia sem uma pretensão ou um

18. V. R. Posner, "The ethical and political basis of the efficiency norm in Common Law adjudication", in *Hofstra Law Review* 8 (1979-1980), pp. 487 e ss.

19. O referido teste foi criado pelo famoso economista italiano Vilfredo Pareto (1848-1923). Pareto, no entanto, em nenhum momento de sua obra afirma que esse teste pudesse ser válido na orientação da política legislativa. Não é possível encontrar em sua obra sequer uma tentativa de utilização do teste como forma de demonstrar a neutralidade (do ponto de vista valorativo) da análise econômica. Os primeiros lineamentos dessa construção são devidos ao economista inglês Lionel Robbins em sua obra *The nature and significance of economic science*.

20. V., a respeito, G. Calabresi, "The pointlessness of Pareto: carrying Coase further", in *Yale Law Journal* 100 (1991), p. 1.211 (1.216).

21. Para os teóricos de Chicago os indivíduos ou grupos de indivíduos em cada relação jurídica não são importantes como centro de interesses, mas apenas como instrumento de maximização da riqueza global. Nesse sentido se afirma que esses estudiosos trataram de uma teoria que se preocupa com a produção, mas não com a forma de distribuição da riqueza. No ambiente anglo-saxão tal teoria sofre críticas, tanto daqueles iusfilósofos que entendem ser a redistribuição o único objeto de preocupação da norma jurídica (v. R. Dworkin, "Why efficiency: a response to professors Calabresi and Posner", in *Hofstra Law Review* 8 (1979-1980), pp. 563 e ss.) como daqueles que entendem ser função da norma compatibilizar maximização da riqueza global e redistribuição (v. G. Calabresi, "About law and economics: a letter to Ronald Dworkin", in *Hofstra Law Review* 8 (1979-1980), pp. 553 e ss.)

interesse a proteger[22] (e aqui volta-se, como num círculo vicioso, ao erro conceitual, relativo ao próprio conceito de norma jurídica, mencionado há pouco). A remoção das referidas barreiras tem, um custo, consistente no prejuízo dos interesses de algum terceiro.

Esse pequeno desvio teórico pode agora ser concluído, aplicando o que foi dito acima ao problema da definição dos interesses envolvidos no direito concorrencial. A utilidade da discussão acima desenvolvida é demonstrar que a aplicação da lei antitruste no sentido propugnado pela teoria neoclássica, isto é, exclusivamente no interesse do consumidor, predefinindo-o como interesse à eficiência econômica (que, por sua vez, em termos grosseiros, pode ser conceituada como produção a baixo custo), não é sempre conveniente, sequer para o consumidor.

É impossível garantir a persecução do interesse de um determinado grupo através de considerações que *levem, em teoria, apenas* à maximização da riqueza global. Mesmo excluindo de consideração o interesse dos concorrentes (e todos os interesses sociais a eles relacionados) e considerando exclusivamente o interesse dos consumidores, a questão não está resolvida. Não é possível saber se a maximização da eficiência atende a seus interesses. É impossível garantir que não haja qualquer perda social, isto é, não se pode dizer que todas as perdas sociais ocasionadas por uma concentração que exclui concorrentes do mercado encontrarão suficiente compensação no benefício para os con-

22. V., nesse sentido, G. Calabresi, "The pointlessness of Pareto", cit., p. 1.217. É interessante notar que essa posição de Calabresi de valorização da norma e da esfera jurídica como importante em si mesma, quase intuitiva para um estudante de direito em um país de tradição jurídica romanística é ainda minoritária nos EUA. Ao contrário, a predominância da consideração do momento econômico, sobretudo em matérias ligadas à vida da empresa, como direito societário, obrigacional e concorrencial, leva esses teóricos a se autoqualificarem *lawyer-economists* e faz do ensino jurídico uma exposição predominante de teorias econômicas de explicação de comportamentos e representação de interesses no campo jurídico, sendo ainda considerada por esses teóricos como uma das maiores razões para a *eficiência* da *Common Law*; v., nesse sentido, R. Posner, "The ethical and political basis", cit., pp. 502 e ss. Note-se que a própria defesa feita por Calabresi da consideração em separado do momento jurídico e de seus *distributional aspects*, através da consideração pelo aplicador da norma dos vários interesses nela representados, parece nada mais ser do que uma adaptação à *Common Law* do que a *Interessenjurisprudenz* propunha na Alemanha no início deste século.

sumidores consistente na diminuição de preço decorrente de algum ganho de escala. A diminuição da possibilidade de escolha do consumidor (talvez não por preço, mas por qualidade do produto) e a concessão de poder sobre o mercado a um produtor que pode vir a utilizá-lo no futuro para aumentar os preços de forma a suplantar o benefício decorrente de sua própria redução de custos, são custos para o consumidor que não podem ser desconsiderados.

Conseqüentemente, não se pode confiar exclusivamente na eficiência econômica para garantia dos interesses dos consumidores. É preciso ter certeza de que esses ganhos de eficiência serão efetivamente repartidos com os consumidores e não simplesmente apropriados pelo monopolista. Assim, andou bem o legislador brasileiro que, ao tratar do controle das concentrações, impôs como requisito para sua aprovação não apenas a demonstração do ganho de eficiência (art. 54, § 1º, inc. I, letra "c", da Lei n. 8.884, de 11 de junho de 1994), mas, também, que os benefícios decorrentes da concentração (entre eles os benefícios decorrentes da eficiência econômica, representados pela diminuição de custos) "sejam distribuídos eqüitativamente entre os seus participantes, de um lado, e os consumidores ou usuários finais, de outro" (art. 54, inc. II).

Ocorre que a única maneira efetiva de garantir essa repartição de benefícios com os consumidores é a proteção do sistema concorrencial, isto é, da existência de concorrência, efetiva ou ao menos potencial. Só ela pode garantir a preocupaçao constante dos agentes econômicos com a redução de preços, melhoria da produtividade e qualidade dos bens e serviços.

Mas não apenas do ponto de vista do consumidor a proteção do sistema concorrencial (isto é, da existência de concorrência) é necessária. Afetando o direito concorrencial os interesses de todos os participantes do mercado, isto é, sendo necessariamente não neutro em relação a todos eles, é, necessário e não paradoxal incluir entre os titulares dos direitos subjetivos dele decorrentes todos os componentes do mercado, isto é, tanto os consumidores como os concorrentes. A explícita inclusão de interesses conflitantes é necessária à aplicação da norma.[23] Essa inclusão se tor-

23. A insistência da doutrina e a aceitação pelas Cortes (pelo menos no momento) da necessária consideração de um único interesse no momento da

na tanto mais fácil quando se nota que, uma vez entendido o processo concorrencial como um processo de escolha racional, os interesses de concorrentes e consumidores, ao contrário de conflitantes, são reciprocamente instrumentais. Sob essa perspectiva, a resolução de eventuais conflitos que possam aparecer em casos específicos se resume a verificar, relativamente a uma determinada situação, que interesse o legislador considerou predominante e se a proteção desse interesse é passível ao menos em tese de ser instrumental à proteção do remanescente.[24] Nesse

aplicação da lei tem, também, suas raízes na estrutura do sistema da *Common Law*. É exatamente o poder do Judiciário da *Common Law* (particularmente, no caso dos EUA, da Suprema Corte) de criar precedentes vinculantes — isto é, de decidir não apenas o caso concreto — que cria o receio de confusões entre a esfera judiciária e legislativa, com a assunção pelo Judiciário de funções legislativas por natureza. Em alguns casos, particularmente no direito antitruste, isso acaba por resultar em uma procura exclusiva e exagerada da intenção do legislador no momento da feitura da norma (procura que para o estudioso dos sistemas da *Civil Law* às vezes relembra até mesmo os primórdios da escola exegética). No caso do direito antitruste essa preocupação se faz sentir em muitas decisões judiciais e com bastante ênfase na doutrina — v., a respeito, R. Bork, *The antitrust paradox*, cit., pp. 50 e ss. Ao contrário, nos sistemas da *Civil Law*, é a limitação da decisão do juiz ao caso concreto e seu maior apego à norma (ao menos teoricamente) que lhe permitem uma maior criatividade interpretativa. Os resultados não são, no entanto, sempre positivos. Algumas vezes essa maior disposição do Judiciário dos sistemas de base romanística de interpretar os interesses conflitantes cria um incentivo para o legislador simplesmente se abster de definições claras, legislando exclusivamente através de fórmulas genéricas que dão margem a interpretações absolutamente opostas, e, assim, se abstendo da responsabilidade política decorrente da verdadeira solução legislativa do conflito entre os vários interesses em jogo. Sobretudo em campo econômico essa prática gera indesejáveis incertezas. Vê-se, portanto, que os grandes sistemas jurídicos, em sua aplicação prática, acabam às vezes por ter resultados aplicativos absolutamente opostos relativamente à forma como tradicionalmente são caracterizados a partir da simples contemplação e observação *de suas regras*. Trata-se, portanto, de mais um exemplo da verdadeira circulação dos sistemas operada pela análise comparatística, ao analisar seu verdadeiro funcionamento, suas regras em aplicação; v. a clássica teoria de R. Sacco a esse respeito em *Introduzione al diritto comparato*, 4ª ed., Torino, Giappichelli, 1990, esp. pp. 47 e ss.

24. Como se verá, os critérios microeconômicos para analisar as restrições à concorrência, quaisquer que sejam (inclusive os neoclássicos), oferecem no máximo tendências prováveis de comportamento do mercado e da influência sobre seus participantes de uma determinada restrição. A aplicação das normas nesses casos (em que não há proibição *per se*) é determinada por critérios

caso, não há como negar a racionalidade da aplicação estrita da norma.[25]

O constituinte e o legislador brasileiro claramente encamparam a tese do reconhecimento e representação dessa pluralidade de interesses na legislação antitruste. Assim é que o art. 170 da Constituição Federal prevê como princípios gerais da ordem econômica, a orientar a aplicação de toda a legislação nessa área, a livre concorrência (inc. IV) e a defesa do consumidor (inc. V). Essa pluralidade de interesses é repetida na própria Lei n. 8.884, que, segundo seus próprios dizeres, orienta-se pelos ditames constitucionais da "liberdade de iniciativa, livre concorrência, função social da propriedade, defesa dos consumidores e repressão do abuso do poder econômico". Livre concorrência e proteção do consumidor convivem como objetivos da legislação antitruste brasileira.

de razoabilidade e bom senso que nada têm de matemáticos e cuja precisão não pode ser medida. A utilização do critério de razoabilidade é, de resto, marca característica do direito concorrencial. Várias são as razões para isso. Em primeiro lugar, a forte presença da lógica econômica relativiza as formas jurídicas, tornando qualquer tentativa de construção do raciocínio em termos estritamente jurídico-formais inútil. A seguir, a presença no direito concorrencial de uma pluralidade de interesses (consumidores, concorrentes), como visto, nem sempre coincidentes e cuja prevalência, repita-se, não pode ser estabelecida ou deduzida da norma com base em critérios puramente jurídico-formais, impõe uma delicada convivência entre critérios valorativos jurídicos e critérios lógico-econômicos no momento de aplicação da norma. Daí a necessidade constante de elaboração de regras da razão, típicas do raciocínio concorrencial, que, como se verá mais adiante, flexibilizam os critérios valorativos jurídicos com base nas exigências econômicas, usando metodologia bastante semelhante às correntes menos positivistas da *Wertungsjurisprudenz*; v., a respeito dessa última, K. Larenz, *Methodenlehre der Rechtswissenschaft*, 6ª ed., Berlin, Springer, 1991, pp. 119 e ss.

25. Não é conveniente nesta introdução dar exemplos detalhados do que se afirma, cuja compreensão depende da explicitação de certos fundamentos microeconômicos. Genericamente, no entanto, pode-se dizer que o que foi dito acima aplica-se a qualquer norma cuja única justificativa imediata seja a proteção dos interesses dos concorrentes (reais ou ao menos potenciais) e na qual a proteção dos interesses dos consumidores seja decorrente exclusivamente dos benefícios futuros que a existência de concorrência e de escolha possa oferecer (mas não onde não existam benefícios imediatos, já que, por hipótese, a restrição da concorrência é "eficiente", isto é, potencialmente criadora de economias de escala e, portanto, também, potencialmente capaz de induzir reduções de preços).

De um lado, o termo "livre concorrência" invoca a idéia ordoliberal do sistema concorrencial, preocupada, como visto *retro*, com a igualdade de condições mínimas de concorrência, ou mais precisamente, com a liberdade de acesso e permanência no mercado. Conseqüência direta dessa concepção, imanente ao objetivo declarado na Constituição e na lei de defesa da livre concorrência, é a preocupação com estruturas ou práticas que possam limitar ou falsear a igualdade de condições mínimas em suas duas vertentes, liberdade de acesso e liberdade de permanência no mercado. A liberdade de acesso ao mercado é também salvaguardada pela proteção da liberdade de iniciativa[26] que, como os demais princípios, é prevista em sede constitucional (art. 170, parágrafo único) e legal (art. 1º da Lei n. 8.884). Limitadora da liberdade de acesso é a existência de barreiras (naturais ou artificiais) à entrada de concorrentes. Falseadoras da liberdade de permanência são as práticas predatórias, tendentes a excluir artificialmente os participantes do mercado.

De outro lado, a defesa dos consumidores, incluída expressamente na lei como objeto de proteção do sistema concorrencial (Lei n. 8.884, art. 1º), leva à consideração dos consumidores como titulares imediatos das regras concorrenciais. Conseqüência dessa concepção é a preocupação necessária com a eficiência econômi-

26. Essa *parcial* coincidência entre os efeitos práticos dos conceitos é, na verdade, reflexo da relação de instrumentalidade e complementaridade existente entre os conceitos. Nesse sentido a observação de L. G. P. B. Leães: "Com efeito, a livre iniciativa e a livre concorrência são conceitos distintos, se bem que complementares. O primeiro não é senão a projeção da liberdade individual no plano da produção, circulação e distribuição das riquezas, significando a livre escolha e o livre acesso às atividades econômicas. Já o conceito de livre concorrência é um conceito instrumental daquele, significando o princípio econômico segundo o qual a fixação dos preços dos bens ou serviços não deve resultar de atos de autoridade, mas sim do livre jogo das forças em disputa no mercado" ("O *dumping* como forma de abuso do poder econômico", in *Revista de direito mercantil* 91 (julho-setembro 1993), p. 5 (8). T. Sampaio Ferraz, também, vê uma relação de complementaridade semelhante entre os dois conceitos, identificando na liberdade de iniciativa um pressuposto para a liberdade de concorrência, exatamente porque ela é que garante o livre acesso ao mercado, que é pressuposto para a existência da *competitividade*, fulcro da livre concorrência. A competitividade é identificada pelo autor à igualdade de oportunidade de todos os agentes econômicos; v. T. Sampaio Ferraz, "A economia e o controle do Estado", in *O Estado de São Paulo*, 4.6.89, *apud* E. R. Grau, *A ordem econômica*, cit., pp. 228-229.

ca e com a correta distribuição de seus benefícios entre produtores e consumidores, na forma há pouco explicitada.

Entre essa perspectiva e a defesa da livre concorrência não existe qualquer incompatibilidade. Existe, isso sim, uma relação de instrumentalidade. Fica afastada, portanto, a possibilidade de configuração do paradoxo borkiano.

A discussão a respeito da eventual conflitualidade entre interesses dos consumidores e interesses dos concorrentes é útil, pois põe em destaque um ponto muito importante. A defesa do sistema concorrencial, entendida como defesa da existência da concorrência, não pode ser confundida com a proteção da existência de um tipo particular de concorrente ou de uma estrutura específica do mercado. Não é possível, portanto, incluir como objeto específico do direito concorrencial a defesa de uma estrutura empresarial formada por pequenas empresas. Esse objetivo, sim, poderia conflitar com os interesses dos consumidores.[27]

A implementação generalizada de uma política de incentivo à existência apenas de estruturas empresariais pequenas e médias poderia entrar em choque direto com os interesses dos consumidores, na medida em que desconsideraria as exigências estruturais específicas de cada mercado. Existem certos tipos de bens que por sua própria natureza requerem altos investimentos em tecnologia e cuja forma de produção é especialmente sensível a economias de escala. Nesse caso, capacidades financeira e produtiva maiores das empresas participantes são uma exigência natural e uma vantagem para os consumidores, na medida em que são aptas — desde que utilizadas em forma competitiva — a gerar produto de maior qualidade e de menor custo.

Essa diferença entre defesa da livre concorrência e defesa da pequena empresa foi reconhecida pelo legislador nacional. Ao

27. É interessante notar que Bork parte de uma crítica a essa defesa da pequena empresa em detrimento da estrutura natural do mercado, em especial à opinião expressa pela Suprema Corte americana em *Brown Shoe Co. vs. United States* 370 U.S. 294 (1962). Deixa, no entanto, de fazer a necessária diferença entre defesa das pequenas estruturas empresariais e defesa da concorrência. Para ele, qualquer tipo de preocupação com o concorrente incentiva a existência generalizada de pequenos e "ineficientes" concorrentes; v. R. Bork, *The antitrust paradox*, cit., pp. 3 e ss. É dessa sua confusão conceitual (provavelmente determinada pelos pressupostos *iuspolíticos* dos quais parte o autor) que o leva a defender a centralização das atenções do direito concorrencial exclusivamente na eficiência, muitas vezes em detrimento mesmo da concorrência.

contrário dos outros interesses aqui mencionados, a proteção da pequena e média empresa, ainda que prevista na Constituição como princípio geral da ordem econômica (art. 170, inc. IX), não vem repetida na lei concorrencial. A conseqüência dessa omissão não é a inconstitucionalidade da lei. Os princípios do art. 170 são orientadores da ordem econômica como um todo, e não necessariamente apenas do direito concorrencial. Princípios constitucionais especificamente concorrenciais podem ser considerados apenas os do art. 173, § 4º.

Em conseqüência, não se pode considerar as pequena e média empresas titulares privilegiadas dos interesses tutelados pela lei. Seus interesses são defendidos como qualquer empresa, não merecendo proteção especial ou favorecimento em função de suas dimensões reduzidas.

A lei concorrencial protege qualquer tipo de concorrente. Não deve e não pode ter preferência por qualquer tipo de agente econômico. Não pode privilegiar uma determinada estrutura de mercado.[28] Isso significa dizer que ao direito concorrencial é dado, por exemplo, controlar o comportamento paralelo dos oligopolistas, mas não é permitido intervir no mercado, obrigando a venda de unidades empresariais, simplesmente porque aquele mercado estruturalmente pode requerer a presença de participantes de grande porte, dotados de capacidade financeira suficiente para investimentos em tecnologia ou melhoria de eficiência. Como se verá, na lei brasileira atual *essa intervenção* é um recurso de última instância, e, mesmo assim, apenas admissível em função da existência de reiterados comportamentos abusivos ou tendentes a consolidar a dominação do mercado através da exclusão de

28. Nesse sentido, enfáticos U. Immenga e H. J. Mestmäcker, *Gesetz gegen Wettbewerbsbeschränkungen — Kommentar*, München, Beck, 1992, p. 41: "Das GWB normiert, welche Wettbewerbsbeschränkungen verboten, verbietbar oder erlaubnissfähig sind und inwieweit sie der kartellbehördlichen Missbrauchsaufsicht unterstehen. *Das Gesetz normiert* dagegen *nicht, welcher Wettbewerb oder welche Unternehmen geschützt* oder gefördert *werden sollen*" (grifos no original). ("A lei contra as limitações à concorrência regula quais tipos de limitação da concorrência serão proibidos, quais serão passíveis de proibição e quais poderão ser eventualmente permitidos, além de estabelecer a extensão em que estas limitações estão submetidas ao órgão responsável pelo controle das concentrações. A lei não regula, no entanto, qual concorrência e quais empresas deverão ser protegidas ou incentivadas".)

concorrentes. Jamais pode ser baseada em dados meramente estruturais do mercado.

Outra conseqüência dessa neutralidade do direito concorrencial com relação às dimensões societárias é a necessária diferenciação entre critérios de identificação do poder no mercado e critérios de sancionamento. Essa diferença será focalizada nos capítulos seguintes. No presente momento basta observar que, se as dimensões da empresa constituem critério para fiscalizar seu comportamento, não são critério para sancioná-lo. Para isso é necessário um poder no mercado, por assim dizer, qualificado (v. *infra*, capítulo 2), que permita ao agente econômico impedir a entrada de novos concorrentes e exercer seu poder livremente em face e em prejuízo dos consumidores.

## *1.4 Novas perspectivas do direito concorrencial*

Para uma completa compreensão do sistema concorrencial brasileiro faz-se necessário ainda mencionar dois novos fenômenos econômico-políticos de grande relevância para o direito concorrencial. É, na verdade, em função principalmente do primeiro deles que ganha força a teoria econômica neoclássica como meio de resolver o, como visto, falso paradoxo do direito concorrencial. Ambos os fenômenos têm inúmeras conseqüências em diversos aspectos do direito concorrencial analisados nesse trabalho. Nessa introdução serão apenas alinhavados os motivos e formas de manifestação genérica desses fenômenos, deixando a análise dos efeitos específicos para os tópicos respectivos.

### *1.4.1 O livre comércio e a cooperação Estado-empresas privadas*

O primeiro desses fenômenos consiste na internacionalização das preocupações concorrenciais. Duas são suas causas. Em primeiro lugar, a nova onda de liberalismo comercial que se faz sentir a partir do início dos anos 80. A segunda causa é em parte conseqüência da primeira. Trata-se da vertiginosa ascensão da economia japonesa e do crescente poderio tecnológico e concorrencial das empresas daquele país. O sucesso econômico das empresas japonesas é imputável e imputado em grande parte à visão menos ortodoxa do direito concorrencial ali vigente. Ali, a existência do poder econômico é tolerada (estima-se que 60% da economia japonesa sejam controlados por seis grandes grupos). A contrapartida disso é a verdadeira direção econômica exercida pelo MITI, sigla em inglês pelo qual é conhecido o famoso Ministério do Comércio Internacional e da Indústria, espontaneamente aceita (pelo menos até agora) por esses grupos privados.[29] Os objetivos de política industrial claramente se sobrepõem aos interesses concorrenciais.

A mesma tendência, ainda que bem mais atenuada, verifica-se na Alemanha. A Alemanha, como o Japão, é uma nação que teve seu crescimento econômico baseado na formação de grandes conglomerados e cuja cultura sócio-econômica pouco se adaptava à legislação de mercado contorno anglo-saxão introduzida no imediato pós-guerra. Como se verá no item subseqüente, essa legislação jamais foi verdadeiramente aplicada e já em 1970 a Alemanha introduzia importantes alterações em sua lei concorrencial, algumas delas permitindo expressamente a subordinação dos interesses concorrenciais à política industrial e em especial à promoção da competitividade internacional da indústria alemã.[30]

29. O sistema japonês é talvez único no mundo, e sua fórmula é baseada numa estrita integração entre grupos privados e governo. As decisões consideradas de interesse de todos são tomadas em conjunto pelos homens de negócios mais importantes e funcionários graduados do MITI. A própria afinidade de pensamento entre os funcionários do MITI e os executivos mais importantes das empresas privadas, ambos geralmente provenientes das mesmas universidades e com a mesma origem social, facilita a observância espontânea das decisões tomadas. Assim é que a lei antitruste japonesa, emanada do imediato pós-guerra sob forte influência americana, sempre foi considerada pelos japoneses como tendo raízes no individualismo anglo-saxão e totalmente contrária à *cooperative business philosophy of Japan* (cfr. "Trustbusting in Japan: cartels and government-business cooperation", in *Harvard Law Review* 94 (1981), p. 1.064 (1.072). A lei foi sempre virtualmente ignorada e a *Fair Trade Comission*, órgão encarregado de aplicá-la, permanece e permanecerá de mãos atadas enquanto as diretivas para formação e organização de cartéis ou conglomerados partam, ou sejam feitas com a concordância do MITI, que baseou toda sua política desenvolvimentista do pós-guerra no fortalecimento dos grandes conglomerados industriais; v., a respeito das relações MITI-empresa privada, suas razões e influência na lei de concorrência, M. Matsushita, *International Trade and Competition Law in Japan*, Oxford, Oxford University Press, 1993.

30. Trata-se do § 24, Abs. 3 *GWB* que dá ao Ministro da Economia competência para aprovar um ato de concentração vedado pelo *Bundeskartellamt*,

O direito concorrencial, antes visto como uma ordem autônoma, cujo único objetivo parece ser a proteção do sistema concorrencial, passa a ser influenciado por, e até em alguns casos, submetido a objetivos de política industrial, nos moldes nipônicos. Muitas legislações européias (em especial a inglesa e a francesa, que claramente incorporam esses objetivos) seguem esse modelo. Até mesmo a CEE (UE), tendo ultrapassado a fase de consolidação do mercado comum e procurando ganhar unidade em sua política industrial, passou a incorporar entre os objetivos comunitários, a partir da assinatura do Tratado de Maastricht, a promoção da competitividade internacional das empresas européias (art. 3, letra "m" da versão modificada do Tratado de Roma) e outros objetivos de política industrial.[31]

Nos EUA, esses desenvolvimentos internacionais e, sobretudo, a pressão das poderosas economias japonesa e européia levaram a uma grande preocupação com a competitividade das em-

desde que isso corresponda aos interesses nacionais, fazendo menção especial à promoção da competitividade internacional das indústrias alemãs: "Der Bundesminister für Wirtschaft erteilt auf Antrag die Erlaubnis zu dem Zusammenschluss, wenn im Einzelfall die Wettbewerbsbeschränkung von gesamtwirtschaftlichen Vorteilen des Zusammenschlusses aufgewogen wird oder der Zusammenschluss durch ein überragendes Interesse der Allgemeinheit gerechtfertigt ist; hierbei is auch die Wettbewerbsfähigkeit der beteiligten Unternehmen auf Märkten ausserhalb der Geltungsbereich dieses Gesetzes zu berücksichtigen. Die Erlaubnis darf nur erteilt werden, wenn durch das Ausmass der Wettbewerbsbeschränkung die marktwirtschaftliche Ordnung nicht gefährdet wird. Die Erlaubnis kann mit Beschränkungen und Auflagen verbunden werden. Diese dürfen sich nicht darauf richten, die beteiligten Unternehmen einer laufenden Verhaltenskontrolle zu unterstellen. § 22 bleibt unberuhrt". ("O ministro da economia concede, quando requisitado, a permissão para a concentração, contanto que no caso concreto as limitações à livre concorrência ocasionadas pela concentração sejam compensadas por benefícios para a totalidade da economia ou que a concentração represente um benefício inestimável à coletividade; leva-se em consideração também a capacidade de concorrência das empresas envolvidas nos mercados localizados fora do território de incidência desta lei. A permissão só pode ser concedida quando a extensão da limitação à livre concorrência não prejudicar a ordem econômica. A permissão pode se acompanhada de limitações e exigências, embora estas não possam ter o objetivo de se transformarem em um controle contínuo das condutas das empresas envolvidas. O § 22 permanece inalterado".)

31. V., a respeito, U. Immenga, *Die europäische Fusionskontrolle im Wettbewerbpolitischen Kräftefeld*, Walter Eucken Institut, Vorträge und Aufsätze, n. 141, Tübingen, Mohr, 1993, p. 22.

presas americanas. Ainda que sem se vergar completamente ao novo sistema de inspiração nipônica, completamente incompatível com seu espírito liberal, o direito antitruste americano mudou completamente seu rumo. A proteção da concorrência e, sobretudo, do pequeno concorrente através do direito concorrencial, decantada nos anos 50 e 60 como um dos principais objetivos do direito concorrencial,[32] passa a ser vista como seu principal defeito.[33] Na proteção concorrencial da pequena empresa identifica-se a principal razão da perda de competitividade das empresas americanas. O sistema concorrencial deve ser remodelado de forma a permitir a promoção da competitividade interna e internacional das empresas americanas.

O poder econômico, de quase um mal em si, passa a ser visto como uma necessidade, desde que apto a promover a "eficiência econômica", aqui ainda entendida no sentido mais genérico de produção em escala a baixo custo unitário. Estão, portanto, abertas as portas para o predomínio do que a Escola de Chicago vinha postulando já há algum tempo. Essa tendência não tarda a influenciar a Suprema Corte americana. Com efeito, nos anos 80 tanto as cortes quanto o ambiente acadêmico americano vêem simplesmente desaparecer qualquer oposição importante aos princípios centrais da Escola de Chicago. É interessante notar que a 2ª edição do livro de R. Bork (1993), representante maior do pensamento liberal de Chicago, traz em seu prefácio um elo-

32. Manifestação dessa tendência é o chamado *Celler Kefauver Antimerger Act 1950*, que alterou a *Section* 7 do *Clayton Act*, onde a preocupação com a descentralização dos centros de poder fica clara nos trabalhos preparatórios à promulgação da lei; v., a respeito, R. Pitofsky, "The political content of antitrust", in *University of Pennsylvania Law Review* 127 (1979), p. 1.051 (1.054) e a decisão de 1962 da Suprema Corte americana em *Brown Shoe vs. United States* (370 U.S. 294), onde a Corte afirmou, comentando o *Celler Kefauver Act*: "Congress was desirous of preventing the formation of further oligopolies with their attendant adverse effects upon local control of industry and upon small business. Where a business was composed of numerous independent units, Congress appeared anxious to preserve this structure ... It is competition, not competitors, which the Act protects. But we cannot fail to recognize Congress' desire to promote competition through the protection of small, locally owned businesses. Congress appreciated that occasional higher costs and prices might result from the maintenance of fragmented industries and markets. It resolved these competing considerations in favor of decentralization".

33. V., nesse sentido, R. Bork, *The antitrust paradox*, cit., p. 210, qualificando a decisão de *Brown Shoe* como *the worst antitrust essay ever written*.

gio às cortes e sobretudo à Corte Suprema americana, que desde a 1ª edição do livro (1978) — e, imodestamente, sugere Bork, em função dele — tinha mudado totalmente seu entendimento, aceitando grande parte dos postulados da Escola de Chicago.[34]

O principal mérito da Escola de Chicago, e, sem dúvida, a principal razão da aceitação pelas Corte de suas teses, está no fato de ter sido capaz de adaptar objetivos tão claramente de política econômica (como é a defesa da competitividade das empresas americanas) a uma teoria econômica aparentemente preocupada exclusivamente com a defesa do consumidor, e, portanto, de grande apelo teórico e até político-ideológico. Com efeito, como foi visto, a eficiência é identificada à promoção do bem-estar do consumidor. Através dessa definição extremamente engenhosa dos objetivos (ou, para os neoclássicos, do *único* objetivo) é possível, ainda, compatibilizar a nova teoria político-econômica de promoção da competitividade internacional com a proteção do consumidor contra os monopólios, claramente o objetivo principal do *Sherman Act* (v. *infra*, n. 1.6.1).

O legislador brasileiro, como não poderia deixar de ser, procurou incorporar essas "novidades", todas elas (e a um só tempo!), à nossa legislação. A Lei n. 8.884/94 dá ao conceito de eficiência posição de grande destaque. Essa noção está, como se verá, ao centro da "regra da razão" do direito concorrencial brasileiro, permitindo a justificação tanto das situações de domínio de mercado já existentes (art. 20, § 1º) quanto de posições dominantes em formação (art. 54, § 1º, I, "c").[35]

Por outro lado, o modelo nipo-europeu não é transcurado. Em primeiro lugar, o próprio § 1º do art. 54 prevê justificativas para os atos de concentração tipicamente de política industrial, como o desenvolvimento tecnológico e econômico. Finalmente, o art. 54, § 2º, traz fórmula extremamente semelhante à alemã permitindo a aprovação das concentrações desde que existam

34. V. R. Bork, *The antitrust paradox*, cit., em sua nova introdução denominada sugestivamente "The passing of the crisis".

35. A palavra *eficiência* aparece pela primeira vez na legislação concorrencial brasileira no art. 13 da Lei n. 8.158, de 8 de janeiro de 1991. Ela é, ainda aí, apenas uma justificativa para as concentrações, só se tornando justificativa comum tanto para posições de domínio já existentes como para concentrações com o advento da atual lei.

"motivos preponderantes da economia nacional e do bem comum e não impliquem prejuízo ao consumidor ou usuário final". Com essa fórmula atribui-se ao CADE competência para decidir sobre a política industrial brasileira, competência essa muito pouco compatível com seus objetivos, sua composição e a desejada independência do Poder Executivo.

### *1.4.2 Os blocos econômicos regionais e sua influência no direito concorrencial*

Outra tendência econômica importante, de raízes mais antigas, ganha força sobretudo no final dos anos 80 e começo dos anos 90. Trata-se da formação de blocos econômicos regionais (Mercosul) ou aprimoramento dos já existentes (como é o caso da CEE, hoje UE). Essa tendência traz consigo princípios concorrenciais de certa forma opostos aos acima expostos.

A idéia que está à base da formação dos mercados comuns é a de constituição de uma comunidade econômica em que, como o próprio nome sugere, o elemento agregador central é o econômico e não o político. Aliás, a não existência de uma congregação política é muitas vezes elemento essencial para o próprio sucesso da comunidade econômica, na medida em que permite a preservação das soberanias nacionais. Essa afirmação é comprovável em medidas diversas pela observação das estruturas da CEE (agora UE).[36]

Nesse tipo de comunidade o direito concorrencial desempenha papel fundamental. Inexistindo um poder estatal organiza-

36. As estruturas institucionais do Mercosul e da CEE (UE) são profundamente diversas. Enquanto na última a estrutura institucional é razoavelmente forte e independente, o funcionamento do primeiro é baseado primordialmente no consenso entre os Estados Membros, gozando os órgãos comunitários "de pouquíssima independência funcional"; v., a respeito, J. Samtleben, C. Salomão Filho, "O mercado comum sul-americano — Uma análise jurídica do Mercosul", in J. Grandino Rodas, *Contratos Internacionais*, 2ª ed., São Paulo, Ed. RT, 1995, p. 239 (248). Obviamente, a força institucional da CEE é devida em grande parte às circunstâncias históricas de sua criação, isto é, ao fato de que após a segunda guerra mundial os países europeus não só foram estimulados a abrir mão de parte de sua soberania, mas, também, estavam mais dispostos a isso, como forma de impedir uma nova confrontação. Mesmo assim, o processo foi longo até que a maioria dos membros da UE decidisse adotar uma moeda comum, expressão maior de sua união econômica.

do ou com força suficiente para dirigir e sequer fiscalizar a atividade econômica na esfera comunitária, o mercado basicamente deve se auto-controlar. Daí a predominância, nesse tipo de estrutura, da idéia ordo-liberal do direito concorrencial como corpo de regras necessárias para garantir o autocontrole da esfera privada. Esse autocontrole é necessário para que a garantia das liberdades comunitárias de circulação seja real e não meramente formal. De nada adianta afirmar a liberdade de circulação de mercadorias ou então, afirmar a liberdade de circulação de capitais se se permite a criação ou a utilização de posições dominantes de maneira a criar barreiras à entrada de produtos de concorrentes de outro Estado Membro.

O direito concorrencial assume, assim, caráter de verdadeira constituição econômica, corpo de regras mínimas visando à garantia de igualdade de condições de concorrência entre os agentes econômicos que atuam no espaço econômico comum. A principal preocupação do direito concorrencial de origem comunitária é a garantia das condições estruturais da concorrência, isto é, as condições de acesso e permanência no mercado dos agentes.[37]

Não há, ao contrário da primeira tendência acima analisada, típica dos ordenamentos estatais, qualquer preocupação com a eficiência. Na medida em que se amplia a massa territorial envolvida e em que o espaço econômico torna-se mais auto-suficiente, não é mais necessário preocupar-se tanto com a proteção dos mercados contra a concorrência internacional através do direito concorrencial. Isso é feito através da própria existência de preferências aduaneiras para os produtos produzidos nos Estados Membros e condições favorecidas de estabelecimento para empresas oriundas de Estados Membros. O que o direito concorrencial deve garantir é a igualdade de condições de concorrência entre regiões econômicas em que vigorem condições econômicas muito diversas, tarefa essa, já por si só, bastante complicada.

37. É interessante observar que a própria definição comunitária de mercado relevante é totalmente diferente da definição neoclássica. Em *United Brands* (*United Brands Co. and United Brands Continental BV vs. Comission* [1978] ECR 207) a Corte de Justiça da Comunidade Econômica Européia definiu o mercado como sendo a área em que *the objective conditions of competition must be the same for all traders.*

Essa segunda tendência moderna também influencia o sistema concorrencial brasileiro, na medida em que começa a ser implementada no Mercosul. O Tratado de Assunção contém uma regra, logo em seu art. 1º, que claramente leva em consideração o conceito acima mencionado. Afirma o dispositivo que o Mercado Comum implica a eliminação de qualquer restrição não alfandegária à circulação de mercadorias. Uma vez entendido esse dispositivo no sentido de incluir restrições concorrenciais (e, como se verá, deve ser entendido nesse sentido), pode constituir substancial limite à aprovação de concentrações ou mesmo de atos restritivos à concorrência que tenham relevância para o "Mercado Comum" e que, por serem "eficientes", possam encontrar guarida no direito interno brasileiro (o que é teoricamente possível em face da Lei n. 8.884/94).[38] O conflito entre as normas é, portanto, teoricamente possível.

Por trás dessa diferença entre o direito comunitário e o estatal está sem dúvida uma questão básica de princípio. Exatamente por ser constitutiva do sistema comunitário, a proteção concorrencial é uma garantia institucional, não sujeita a ditames de política econômica.[39] Disso resulta que o sistema concorrencial comunitário deve conter cláusulas institucionais gerais facilitadoras da adequação legal e introdutoras de um robusto princípio concorrencial institucional. Também não deve permitir o seu uso meramente político.

A primeira medida em favor da criação de uma regulação da concorrência e garantia de funcionamento do livre-mercado no Mercosul foi adotada apenas em 1994. A decisão CMC/Dec. n. 21/94 estabeleceu algumas regras comuns para a defesa da concorrência, bem como estabeleceu que a Comissão de Comércio

38. Note-se que na medida em que não firam qualquer dispositivo constitucional e tenham todas as condições para sua autoaplicabilidade, as normas do Tratado de Assunção *têm efeito direto* nos ordenamentos internos; v., a respeito, J. Samtleben, C. Salomão Filho, "O mercado comum sul-americano", cit., p. 270.

39. O ideal é que isso ocorra também nos sistemas nacionais. Porém, a atual tendência é clara no sentido da utilização do direito antitruste como instrumento de política econômica. Sobre a possibilidade e a necessidade de compatibilização da concorrência como garantia institucional com as políticas econômicas, v. Calixto Salomão Filho, *Regulação da Atividade Econômica (Princípios e Fundamentos)*, São Paulo, Malheiros Editores, 2001, Capítulo V.

iria elaborar um Estatuto de Defesa da Concorrência no Mercosul, a ser entregue em junho de 1995 (art. 3º). Em dezembro de 1996 o Conselho do Mercado Comum aprovou o Protocolo de Defesa da Concorrência no Mercosul (CMC/Dec. n. 18/96), denominado *Protocolo de Fortaleza*. Esse Protocolo deverá orientar, em um primeiro momento, a harmonização das legislações de defesa da concorrência; no âmbito do controle de atos e contratos o prazo é de dois anos (art. 7º). O Protocolo de Fortaleza foi ratificado pelo Paraguai e após a ratificação pelo Brasil entrou em vigor entre os dois países em 8 de setembro de 2000.[40]

O Protocolo de Fortaleza impõe duas etapas para a regulação concorrencial: um primeiro momento de harmonização das legislações – portanto, o estabelecimento de regras comuns; e um segundo momento de incorporação das regras comuns à legislação nacional. É necessário apontar os principais pontos da regulação proposta, nos quais o Protocolo de Fortaleza se amolda à legislação brasileira.

O Protocolo sujeita à sua tutela "todos os atos praticados por pessoas físicas ou jurídicas de direito público ou privado ou outras entidades que tenham por objeto produzir ou que produzam efeitos sobre a concorrência no âmbito do Mercosul e que afetem o comércio entre os Estados-Partes" (art. 2º). Os ilícitos são, como na legislação brasileira, considerados independentes de culpa, sendo eles "os atos, individuais ou concertados, sob qualquer forma manifestados, que tenham por objeto ou efeito limitar, restringir, falsear ou distorcer a concorrência ou acesso ao mercado ou que constituam abuso de posição dominante" (art. 4º). Além da definição supracitada, há um rol exemplificativo de condutas anticoncorrenciais, como na legislação brasileira e na argentina. O Protocolo tratou também do problema da competência para regulação dos atos anticoncorrenciais. Primeiramente, afirmou o Protocolo que a regulação dos atos de empresas situadas em seu território cujos efeitos restrinjam-se aos seus territórios são de competência privativa do Estado-Parte (art. 3º). A questão resolveu-se, portanto, com base no critério dos efeitos: determinar-se-á a competência através do local de produção de efeitos do ato.

40. Ratificação pelo Paraguai em 30 de outubro de 1997 e pelo Brasil em 9 de agosto de 2000. Em nosso país o Protocolo de Fortaleza foi promulgado pelo Decreto n. 3.602, de 18 de setembro de 2000.

No entanto, fica ainda na competência dos órgãos nacionais dos Estados-Partes: realizar a investigação dos atos representados, emitir parecer conclusivo para a Comissão de Comércio do Mercosul, garantir o cumprimento dos atos de cessação, bem como a aplicação das multas e demais sanções previstas pelo Protocolo.

Uma análise crítica do referido Protocolo revela uma série de dificuldades que demonstram que nele não está presente ainda a perspectiva institucional de defesa da concorrência.

O primeiro problema relaciona-se ao procedimento. A formação do Comitê para a Proteção da Concorrência e suas relações diretas com os respectivos órgãos dos Estados-Partes interferem na independência do processo.

Em segundo lugar, as condutas listadas pelo Protocolo de Fortaleza são muito próximas das condutas listadas na Lei 8.884/94. Isso não pode ocorrer num processo de integração pela diferença de função da legislação nacional e da legislação comunitária antitruste, que já foi acima abordada. Muito melhor teria sido a adoção de uma forte cláusula geral que poderia contribuir para a adequação legal dos países-membros do Mercosul.

Outro sério problema relaciona-se à existência de termos amplos – como, por exemplo, "eficiência" –, que possibilitam o seu uso político. Uma política legiferante coerente e comum deveria apresentar uma clara definição institucional do termo "concorrência", esvaziando a possibilidade de interpretações políticas de termos econômicos vagos e imprecisos como, por exemplo, "eficiência".

A tentativa de transformar regras *antidumping* em direito concorrencial, como está previsto no Protocolo, resulta em diversos problemas. O art. 6º, XII, do Protocolo define o *dumping* como a venda de mercadorias abaixo do preço de custo. Esse tratamento dado à questão só será possível após uma efetiva coordenação das políticas macroeconômicas dos diversos países-partes. Até então a comparação de preços no *dumping* não poderá ser transformada em comparação de custos. O motivo é que, mesmo ignorando as tarifas alfandegárias, a política econômica dos países-membros ainda apresenta enormes disparidades entre si, o que influencia diretamente a estrutura de custos das empresas. Por outro lado, também não se pode utilizar sem adequação o sistema tradicional de *dumping*. O *dumping* é um sistema de proteção da indústria nacional. Portanto, não se ajusta indiscriminadamente a processos de integração. Nestes, muito maior relevância adquirem as regras *antidumping* comunitárias, que servem para proteger o Mercosul como um todo. Essas regras poderiam utilizar o sistema preço-custos, no entanto deverão levar em conta as diferentes políticas econômicas dos países-partes.

Por fim, um importante ponto a ser destacado é que o Protocolo de Fortaleza, ao contrário das leis brasileira e argentina, não prevê regras sobre o controle das concentrações. Prevê apenas no art. 7º que algum tipo de controle será instituído no prazo de dois anos. Essa lacuna é preocupante, na medida em que retira a força institucional da tutela. O controle das estruturas, medida maior de tutela da existência de concorrência, é princípio institucional por excelência.

### *1.4.3 Poder econômico e subdesenvolvimento: perspectiva jurídica neo-estruturalista*

Na verdade, mais importante que as tendências anteriores, todas de uma forma ou outra gestadas na academia e na prática das economias desenvolvidas, é tentar identificar e desenvolver teoria que ajude a explicar a gênese e efeito da concentração de poder econômico em economias subdesenvolvidas como a brasileira. Esse esforço leva necessariamente à compreensão do quanto as estruturas de poder econômico existentes ainda servem de barreira ao processo de desenvolvimento brasileiro.

Obviamente, não se pretende que a explicação apresentada, baseada no predomínio histórico e estrutural, nessas economias, de poder econômico, seja a única para o subdesenvolvimento. Não há dúvida de que muitas das preocupações trazidas pela escola neoclássica, pela nova economia institucional e pela economia evolucionista envolvem aspectos interessantes que devem ser levados em conta pelos teóricos do desenvolvimento. Ocorre que esses aspectos são, segundo a tese aqui defendida, de importância secundária em comparação com as características estruturais, conformadoras das economias dos países subdesenvolvidos.

Recorrentemente mencionada já nesta introdução, o termo "estrutura" merece ser bem esclarecida. É intuitivo relacioná-lo aos famosos movimentos estruturalistas dos anos 50 e 60, sobretudo na América Latina. A ligação metodológica sem dúvida existe, mas é bastante limitada, pois deve conviver com fundamentais diferenças de fundo e conteúdo.

Existe, sim, a intenção de identificar estruturas, *i.e.*, traços formadores e constitutivos do sistema econômico e do funcionamento das relações econômicas que influenciam e determinam essas relações. Há duas diferenças fundamentais, no entanto, uma no método, outra no conteúdo. Em primeiro lugar, inexiste a crença de que as estruturas são exógenas ao sistema. Elas, como as demais variáveis por ela influenciadas, são endógenas. O que há é que essas estruturas, historicamente determinadas, de tão importantes para a organização dos sistemas econômicos de países subdesenvolvidos, tornaram-se extremamente enraizadas e não mais podem ser alteradas por modificações no sistema produtivo (tecnológicas, forma de produção etc.), até porque são capazes de resistir a elas. Essa é a razão pela qual o estruturalismo que aqui se propõe pode ser chamado de "novo estruturalismo jurídico". As variáveis influenciadas e que podem influenciar as estruturas não são mais apenas as econômicas, mas, sim – e, talvez, principalmente –, as jurídicas.

A segunda distinção está no conteúdo. O estruturalismo que aqui se propõe não pretende identificar na dependência externa sua base central. Ainda que possa ser a raiz histórica de muitos dos problemas, é nas estruturas internas, criadas a partir da herança colonial (de dependência, sem dúvida), que devem ser identificados os problemas a serem resolvidos.[41]

41. Assim há diferença importante de visão tanto em relação aos teóricos da dependência (v. F. Henrique Cardoso e E. Faletto, *Dependency and development in Latin America*, Berkeley, University of California Press, 1979), quanto aos teóricos originais do estruturalismo (v. R. Prebish, *The economic development of Latin America and its principal problems*, New York, United Nations, 1949). Ambos vêem nas relações de comércio exterior e nas relações de troca desiguais a principal razão da concentração de renda e, em última análise, do subdesenvolvimento. Daí o pessimismo dos últimos quando a política de substituição de importação por eles imaginada, de um lado não gerou o desenvolvimento desejado e de outro gerou ainda mais dependência (em função da importação de bens de capital) e mais desequilíbrio externo. Não identificando a origem do subdesenvolvimento em estruturas internas (como logicamente deveria se concluir de suas próprias análises), não podiam compreender como a ênfase no mercado interno não podia ser transformadora, mas, ao invés, intensificadora

Essa última observação resolve um problema e cria outro. Permite que esse novo estruturalismo (jurídico) seja por assim dizer menos pessimista e talvez mais propositivo que o anterior. Coloca, portanto, parte importante do ônus das mudanças nas próprias sociedades subdesenvolvidas. Cria outro, no entanto. É preciso diferenciá-lo claramente do novo institucionalismo econômico. Novamente aqui há uma diferença de conteúdo e também uma importantíssima diferença de método.

D. North, idealizador e representante mais famoso do neo-institucionalismo econômico, também utiliza o termo estrutura. Ocorre que, para ele, estruturas são as características da sociedade que acreditamos ser os determinantes básicos do desempenho econômico.[42] Destaca entre elas o direito de propriedade e o Estado (sobretudo por sua influência sobre os direitos de propriedade) além de outros determinantes econômicos e culturais, como tecnologia e ideologia. Instituições são, portanto, regras que não afetam a distribuição de poder ou renda, mas, sim, o comportamento econômico dos indivíduos. Ora, estruturas, na concepção aqui defendida, são exatamente as formas de distribuição de poder e renda, estas, sim, constitutivas de uma sociedade e, em última instância, elementos fundamentais na definição de seu comportamento econômico.

Essa a distinção de fundo. A distinção metodológica, já aventada, está em que o esforço que ora se propõe baseia-se nas experiências dos países subdesenvolvidos e não naquelas dos países desenvolvidos, como pretendem os neo-institucionalistas.

da dependência. Daí também o realismo exacerbado dos segundos que viram na ligação com as economias centrais a única possibilidade de desenvolvimento periférico. Essas políticas foram as maiores responsáveis pelo desastre neoliberal dos anos 90, particularmente no Brasil e na Argentina. Na hipótese aqui defendida, as relações de troca desiguais são apenas uma das conseqüências da herança colonial monopolista. É, portanto, conseqüência e não causa do subdesenvolvimento. Da estrutura econômica interna, monopolista e concentradora de renda, é que decorrem todos os reais problemas, inclusive, e principalmente, os verificados na substituição de importações. A estrutura industrial monopolista desses países não foi, e não será, obstáculo para o crescimento, mas, sim, para a distribuição de renda.

42. Cfr. D. North, *Structure and change in economic history*, New York-London, Norton, 1981, p. 3, ao definir "estrutura" em seu sentido institucional.

a) Poder econômico e distribuição de renda como determinantes estruturais das economias dos países subdesenvolvidos

Algo muito importante deve ser dito a respeito das economias dos países subdesenvolvidos. Também essa proposição não é nova, mas suas conseqüências para a economia e para o ordenamento jurídico interno dos países subdesenvolvidos foram desconsideradas pelos trabalhos estruturalistas iniciais e continuam sendo menosprezadas.

Trata-se do fato de que o poder econômico, diferentemente dos países hoje desenvolvidos, foi constitutivo das relações econômicas nos países subdesenvolvidos. A maioria, senão a quase totalidade deles, tem sua história intimamente ligada à colonização européia. E aí está um elemento muito importante a enfatizar. A condição de colônia, muito além da dependência externa, criou estruturas internas de poder no campo econômico que marcaram e marcam todo o processo de desenvolvimento (ou subdesenvolvimento) dessas sociedades.

Essa é a razão pela qual parece possível recontar o processo de desenvolvimento a partir das estruturas de poder econômico criadas e da estrutura de distribuição de renda que as acompanha. São elas, de acordo com a tese aqui defendida, as causas principais do subdesenvolvimento de tais países. Os laços de dependência colonial que as motivaram, ainda que sejam sua raiz original, não são a causa última do subdesenvolvimento. E isso por uma razão simples, mas que deve ser bem compreendida. São as estruturas econômicas internas que possibilitam, ou não, nos momentos necessários, o rompimento de situações de dependência. Como bem sabido, isso raramente ocorreu na história dos países subdesenvolvidos. A não ser em situações raras e excepcionais, nesses países os laços de dependência não são jamais contra-atacados, e por que não dizer, rompidos. Isso em função da estrutura interna de poder e distribuição de renda que se beneficia, ainda que indiretamente, desses laços.

É, portanto, nessas estruturas que se deverá focar a análise. Desde já é necessário adiantar um ponto ao qual se retornará mais tarde, à luz da evidência histórica. Trata-se da relação entre poder econômico e distribuição de renda. A relação é intensa e muito diversa daquela que se estabelece nos países desenvolvidos.

Nos países desenvolvidos a relação também existe, mas refere-se basicamente ao valor do lucro extraordinário do monopolista que é retirado da sociedade de consumo via cobrança de preços monopolistas. Como já demonstrado em pesquisas empíricas, esse valor não é desprezível e responde por montante relevante de concentração de renda.[43]

Nas sociedades subdesenvolvidas, essa relação é muito mais extensa e profunda. De um lado, ela é mais extensa no mercado de produtos, afetando a própria organização industrial. Além do desequilíbrio nas relações entre consumidores e produtores, com as conseqüentes ineficiências alocativas e distributivas, leva a

43. Essa relação foi objeto de alguns trabalhos empíricos importantes nos anos 1970. O mais importante e mais citado deles é, sem dúvida, o trabalho de W. Comanor e R. Smiley, "Monopoly and the distribution of wealth", in *The Quarterly Journal of Economics* 89, 2 (1975), pp. 177 e ss. Os autores fazem uma comparação entre a situação vigente (à época) nos EUA e a que existiria em ausência de monopólio. Admitindo que o lucro monopolista correspondesse, à época, a 3% do PIB americano (essa conclusão foi obtida por F. Scherer em seu famoso trabalho *Industrial market structure and economic performance*, Chicago, Rand McNally, 1970, p. 409). Os resultados sobre a distribuição de renda são impressionantes. No ano de 1962, lares com mais de meio milhão de dólares representavam 0,27% do total. Estes respondiam por 18,5% da riqueza total. Na ausência de monopólio e nas condições do modelo apresentado, o percentual da riqueza total detido por esse grupo diminuiria para 3 a 10% do total. Nas camadas intermediárias (mais de U$100.000,00), que correspondiam a 2,4% do total de lares, a diferença era ainda maior. De uma concentração de 40% da riqueza total passar-se-ia a algo entre 16,6 e 27,5% do total. Inversamente, nas camadas inferiores da população, representando 28,25% do total de unidades, a riqueza total deixaria de ser inferior a zero passando a percentuais variando entre 1 e 2% (no modelo dos autores a variação do percentual depende da expectativa de vida do monopólio subsistente, que é presumida). Também bastante interessante nesse trabalho é a referência a dados empíricos que sugerem que a concentração de riqueza tornou-se menos desigual nos EUA entre 1890 e 1963, o que coincide exatamente com o período de aplicação mais incisiva da legislação antimonopólio. Outros trabalhos interessantes na mesma linha seguiram-se (v. nesse sentido I. Powel, "The effect of reduction in concentration in income distribution", in *The Review of Economics and Statistics* 69, 1 (1987). Infelizmente, a partir de meados dos anos 1980, com a prevalência das idéias neoliberais, esses estudos escassearam, não havendo dados recentes disponíveis. De todo modo, é possível, a partir desses dados tomados em uma economia de base acionária bem mais diluída que a brasileira (essa base é relevante porque é nas sociedades anônimas que se distribui o sobrevalor retirado da sociedade por meio do sobrepreço monopolista), inferir que na realidade brasileira os efeitos sobre a concentração de renda dos monopólios são bem mais negativos.

uma absoluta desproporção entre setores econômicos. O setor dinâmico da economia é geralmente concentrado nos produtos primários ou manufaturas de baixa tecnologia exportados e nos bens de consumo duráveis a serem consumidos internamente pelos extratos de alta renda da população. Esses dois setores, monopolizados ou oligopolizados, concentram inversões e ganhos de produtividade (a partir, como se verá abaixo, sobretudo da redução de salários reais). Drenam, portanto, recursos do sistema econômico ou diretamente, por meio de lucros monopolista obtidos de seus fornecedores ou então indiretamente, a partir de atração direta de investimentos que seriam, de outro modo, investidos em outros setores (de agora em diante denominados setores econômicos periféricos).

Os efeitos são também mais profundos. Além do mercado de consumo e dos setores econômicos periféricos, há também forte interferência no mercado de trabalho. Assim é que, como se verá ao se tratar da história econômica, nesses países, em grande parte, senão na maioria deles, o que ocorre é que a concentração de renda acaba por se tornar condição fundamental para o crescimento econômico.[44] Exatamente porque baseados na fabricação de produtos primários e matérias-primas com baixo grau tecnológico, seja para o mercado interno ou o externo, o ganho de produtividade nessas economias não pode ser obtido apenas a partir de melhorias tecnológicas (que são insuficientes, em muitos momentos, nesses setores de baixa tecnologia).

Para que exista o ganho de produtividade, fundamental para o crescimento econômico, deve ele, então, basear-se em aumento de produtividade da força de trabalho, o que se faz por meio do rebaixamento dos salários reais ou então da redução efetiva da força de trabalho (fonte primeira das chamadas economias de escala obtidas com a concentração econômica). Esse movimento só se torna possível, no entanto, pelo alto grau de monopolização do sistema econômico, que torna os grandes conglomerados também monopolistas no mercado de trabalho. Como já mencionado, não só porque são poucas, e pouco relevantes, as empresas concorrentes em seu próprio setor, mas também porque nas economias subdesenvolvidas o padrão colonial monopolista faz com

44. Cfr. F. de Oliveira, *A economia da dependência imperfeita*, 5ª ed., Rio de Janeiro, Graal, 1989, pp. 127 e ss.

que não haja grande concorrência entre setores econômicos. São poucos e concentrados aqueles com verdadeiro dinamismo econômico, capazes de acumular capital e absorver mão-de-obra.

Só assim é possível haver acumulação de capital e, portanto, investimento produtivo que leve ao crescimento. Ora, tal padrão de crescimento requer para sua própria existência uma redistribuição de renda ao inverso, com empobrecimento (relativo para os trabalhadores empregados e absoluto para aqueles que perdem o emprego) do extrato social inferior e também com empobrecimento relativo dos setores econômico periféricos.

Colocar o foco nas estruturas implica, também, não aceitar a preponderância de explicações sociológico-individualistas das razões do subdesenvolvimento. Essas explicações são freqüentemente incorporadas nos raciocínios neo-institucionalistas para elucidar as razões do subdesenvolvimento e acabam por ajudar a justificar as soluções propostas. Assim, sendo a motivação individual dos colonizadores da América Latina e Ásia, de exploração colonial, diversa dos imigrantes da América o Norte e da Oceania, isso se refletiu em toda a estrutura institucional da sociedade. Esse tipo de afirmação peca pelo excesso e pela falta, ao mesmo tempo. Deste modo, de um lado, exagera as diferenças no espírito individual dos colonizadores. Interessantes estudos vêm demonstrando que, na verdade, a experiência colonial é mais rica em diversidade do que essa distinção parece sugerir. Dentro das mesmas colônias coexistiam regiões de mera exploração extrativa com regiões onde os colonizadores se estabeleciam com intenção de permanência. Ambas conviviam nos países colonizados da América Latina, Ásia e mesmo África (África do Sul, por exemplo). Nessas regiões, seja na Argentina, na Austrália ou na Índia, o espírito colonial capitalista era semelhante.[45]

Essa última observação nos traz diretamente à falta há pouco identificada. O que essas teorias sociológico-individualistas deixam de lado é exatamente o estudo das estruturas econômicas criadas pela colonização extrativa. Essas estruturas, e não a motivação individual, são os principais fatores que levam a diferenças entre economias baseadas no monopólio extrativo e socie-

45. Cfr. D. Denoon, *Settler capitalism: the dynamics of dependent development in the southern hemisphere*, Oxford, Clarendon Press, 1983, pp. 18 e ss.

dades em que essas estruturas não prevaleceram. Elas acabam por determinar os ciclos econômicos e influenciam todo o sistema social e econômico, sobrepondo-se a diferenças que regiões de estabelecimento definitivo das populações e regiões meramente extrativas podem ter do ponto de vista da motivação individual dos exploradores. Assim regiões de espírito colonizador semelhantes, como as de Buenos Aires na Argentina e Sidnei na Austrália, acabam por resultar em países e regiões de grau de desenvolvimento econômico e social absolutamente díspar.

### b) A hipótese: seu método de pesquisa e suas principais conseqüências

A hipótese principal do presente tópico é, portanto, de que a concentração estrutural de poder econômico nas economias periféricas produz efeitos sobre todo o sistema, concentrando a renda entre setores industriais e entre extratos sociais. Essa concentração de poder e renda faz também com que o padrão de crescimento econômico desse tipo de economia mude substancialmente. O crescimento passa a se fundamentar fortemente (entre outros fatores) em ganhos de produtividade baseados em redistribuição inversa de renda, da força de trabalho (tanto a da empregada quanto a de reserva) para a dos grandes conglomerados (e seus poucos acionistas).

Essa hipótese deverá ser investigada por meio da análise histórica e de dados empíricos. Por ser considerada hipótese geral decorrente do próprio conceito de colonização, é preciso descrever linhas da história econômica do subdesenvolvimento (da mesma forma que se faz com os países desenvolvidos) destacando-se, apenas quando necessário, as peculiaridades de particulares processos históricos. Essa forma descritiva não denota exagero de pretensão, mas, sim, a profunda convicção de que o processo de subdesenvolvimento é um processo estrutural nas colônias, decorrente dos monopólios privados e públicos que ali se instalaram, que acompanha, em sentido e direção inversos, o processo de desenvolvimento das nações do Norte. Como tal, unitariamente, portanto, deve ser descrito. As conclusões deduzidas do processo histórico serão então submetidas à verificação empírica em países considerados emblemáticos.

É importante observar desde já que essa hipótese, se demonstrada, pode ajudar a resolver dois aparentes paradoxos da história econômica contemporânea, ambos, aliás, diretamente correlacionados.

O primeiro consiste na reprodução da situação de subdesenvolvimento (com deterioração absoluta, ou ao menos relativa, dos principais indicadores sociais e de distribuição de renda), mesmo em países que experimentam taxas importantes de crescimento econômico. Admitida a hipótese da concentração de poder econômico como geradora de distribuição inversa de renda no mercado de consumo, de trabalho e interindustrial nos países subdesenvolvidos, então é possível entender a razão do crescimento econômico com deterioração dos índices sociais. O crescimento se dá exatamente a partir da distribuição de renda ao inverso, ou seja, a partir de ganhos de produtividade decorrentes de perda de salário real. O resultado final é a existência de economias constantemente subdesenvolvidas, em que, por mais que, e até mesmo quanto mais crescem os agregados econômicos, mais pobreza e desigualdade social se produz.

O segundo aparente paradoxo está na convergência de preços relativos entre países desenvolvidos e subdesenvolvidos identificada por recentes trabalhos empíricos.[46] Segundo esses estudos, é possível demonstrar uma correlação positiva entre convergência internacional nos preços de *commodities* e convergência de preços relativos de fatores de produção (em especial salário e preço da terra, o chamado *wage-rental ratio*). Essa convergência é acompanhada – e aí estaria o aparente paradoxo – por um aumento das diferenças entre padrão de vida no mundo desenvolvido e subdesenvolvido. Obviamente não basta, como fazem esses estudos (v. nota 52), invocar o fator tecnológico para explicar esses resultados. A aproximação dos preços das *commodities*, acompanhada da aproximação dos *wage-rental ratios*, deveriam levar à aproximação e não a maiores discrepâncias nos padrões de vida, mesmo em presença de tecnologias diversas. Afinal, preço de *commodities* e preço da terra respondem por boa parte das necessidades básicas associadas à elevação dos indicadores econô-

46. Cfr. J. Williamson, "Land, labor and globalization in the third world, 1870-1940", in *The journal of economic history*, n. 62 (1), março de 2002, pp. 55 (68); v. também trabalho anterior do mesmo autor "Globalization, convergence and history", in *The journal of economic history*, n. 56 (2), junho de 1996, pp. 277 e ss.

micos da população. Ainda que existam outros fatores importantes a influenciar esses indicadores, seu sentido absolutamente discrepante só pode indicar que existe uma peculiar camada da população apropriando-se dos melhores *wage-rental ratios*.

Exatamente por corresponder a estágios econômicos diversos e sucessivos, típicos dos países subdesenvolvidos, em que a economia agrária é substituída por indústria de manufaturas e matérias-primas, esses dados na verdade são indicadores de concentração econômica e redistribuição ao inverso de renda e não de melhorias de padrão de vida. Nessas economias, no momento de industrialização, a redução do preço da terra é mais do que proporcional à redução dos salários reais, que, no entanto, continua existindo. Isso porque a procura por terra diminui mais em períodos de industrialização que a procura por trabalho e também porque nesse período ocorre o início da organização sindical na maioria dos países subdesenvolvidos, o que impede deterioração ainda maior dos níveis de salário real. Assim, na verdade, o que está acontecendo é a concentração de riqueza nas mãos das camadas mais favorecidas que podem, inclusive, acumular mais capital por meio da aquisição de terras. Isso explica, além da convivência entre melhores *wage-rental ratios* e piores indicadores sociais, também uma outra característica peculiar das economias subdesenvolvidas. Trata-se do fato de que, cinqüenta anos após o início do processo de industrialização da maioria dos países subdesenvolvidos vive-se um processo de reconcentração da propriedade agrária e de exclusão social no campo. A acumulação de capital, tendo-se feito de forma desigual, leva a que a melhoria (queda) do preço da terra possa ser apropriada apenas pelas camadas mais favorecidas. Para o operariado, empregado e mesmo desempregado, não há acesso possível à propriedade agrária. Daí a permanência e caráter endêmico dos conflitos agrários nessas economias, apesar da abundância relativa de terras.

Mas não é só. Como dito acima, a história da colonização e a estrutura monopolística que a partir dela se estabelece impacta de tal forma as sociedades do sul do hemisfério a ponto de constituir estruturas sociais e econômicas que vão marcar todo o seu processo de desenvolvimento econômico futuro.

A menção a estruturas sociais e econômicas é proposital. Não se considera correto partir de uma predefinição unilateral do sentido do comportamento humano, movido exclusivamente por uma racionalidade econômica, como quer G. Becker[47] ou predominantemente social, como tão apaixonada e eficazmente defendeu K. Polanyi.[48] A definição entre essas duas tendências, em se tratando de estudo sobre o (sub)desenvolvimento, é de resto desnecessária. Ambas se associam na indução do processo e, assim, devem ambas ser aprofundadas.

Na verdade, a colonização deixa profundas marcas não só nas estruturas econômicas, mas, também, nas sociais, conformando ela própria essas próprias estruturas. O apego à cultura e aos padrões de vida dos países desenvolvidos e o certo desprezo nutrido pelas classes abastadas e até mesmo pelas classes médias por sua própria civilização é característica comum desses países. Mais importante do que isso: o monopólio do saber econômico introduzido pelos monopólios coloniais lança raízes na estrutura social, esgarçando os tecidos sociais e dificultando a cooperação. Essas crenças e estruturas dificultam, e muito, o processo de desenvolvimento.

Uma última e importantíssima ressalva deve ser feita. Salientar a importância central da estrutura monopolística criada nas colônias para o seu processo de subdesenvolvimento não implica dizer que o que se busca é sempre o seu oposto, *i.e.*, a existência generalizada na economia de estruturas econômicas descentralizadas. Trata-se de erro comum, e talvez proposital, entre os teóricos neoclássicos, opor os grandes conglomerados monopolísticos a uma estrutura econômica (ineficiente, segundo eles) de pequenas e médias empresas.

Sequer, do ponto de vista lógico, existem apenas essas duas alternativas. Na verdade, a real alternativa ao poder econômico concentrado é uma estrutura econômica equilibrada (em matéria de informação e capacidade de barganha) entre oferta e demanda. Estudar a correta organização das forças de oferta e demanda, e não apenas a melhor conformaçao da estrutura industrial de oferta, é o real objetivo do sistema econômico e das leis que procuram protegê-lo.

47. Cfr. G. Becker, *The economic approach to human behavior*, Chicago, The University of Chicago Press, 1976.

48. K. Polanyi, *The great transformation*, Boston, Beacon Press, 1957, esp. p. 46.

Também não implica dizer que o combate às estruturas monopolísticas seja suficiente, por si só, para o desenvolvimento econômico. Em particular, é preciso ressaltar que as estruturas econômicas afetam características estruturais da sociedade e não dados quantitativos. Assim, a idéia dos monopólios não é muito eficaz para explicar porque, dentre os países subdesenvolvidos, há diferentes graus de crescimento relativo. Para isso são decisivos outros fatores, como crescimento populacional, importância e valor relativo que o produto principal de cada país tem para o mercado internacional.[49]

O desenvolvimento e pesquisa dessas hipóteses, *i.e.*, da tese "neo-estruturalista" do poder econômico integra uma das principais linhas de pesquisa do autor para os próximos anos.

## *1.5 Direito concorrencial e poder econômico no mercado*

### *1.5.1 Considerações iniciais: o poder no mercado na realidade brasileira*

Definidos o sentido e os interesses protegidos pelas regras de concorrência e analisadas superficialmente as novas tendências a influenciar os rumos do direito concorrencial, é hora de retornar ao problema mencionado no início: a relação entre direito concorrencial e poder econômico no mercado.

Se o direito concorrencial funciona como um corpo de regras mínimas de organização da ordem privada, que deve oferecer a seus agentes a possibilidade de livre escolha e, conseqüentemente, de descoberta da melhor opção de conduta, deve ele garantir, no mínimo, (a) liberdade de escolha e (b) máxima precisão possível das informações transmitidas.

Ora, para atender a esses dois requisitos mínimos, o conteúdo central (mas não exclusivo) do direito concorrencial deve ser a regulamentação do poder econômico no mercado. É intuitivo que

49. V., a respeito, a interessante descrição dos diversos graus de crescimento obtidos pelos países latino americanos no século XIX em função da *commodity lotery* (loteria dos produtos extrativos) (v. Victor Bulmer-Thomas, *The economic history of Latin America since independence*, Cambridge, Cambridge University Press, 1994, esp. pp. 43 e ss.).

a existência de agentes com poder sobre o mercado, quando levada ao ponto máximo do monopólio, elimina por completo a possibilidade de escolha por parte dos consumidores. Mas mesmo antes disso o poder econômico pode ser entendido como limitador da liberdade de escolha (de todos os agentes, consumidores e produtores) quando é suficientemente grande para criar barreiras à entrada de concorrentes.

O poder econômico é capaz de falsear as informações sobre o mercado, sobretudo através do instrumento fundamental do mercado, verdadeira representação da "mão invisível" de Adam Smith: o preço. O preço em uma situação normal deve ser representação da escassez relativa de um produto. Em uma situação de monopólio, no entanto, o preço não transmite para o consumidor informação sobre a real escassez do produto. É decorrência, isso sim, do poder do agente econômico, que, sendo responsável por grande parte da produção, é capaz de reduzir a oferta de forma a obter aumento de preços e, conseqüentemente, o chamado "lucro monopolista".

Portanto, para uma ordem econômica que pretende se autocontrolar, o poder econômico no mercado deve ser fiscalizado e, quando excessivo ou abusivo, reprimido. Caso contrário, estar-se-á apenas substituindo a excessiva ingerência do Estado, que se pretende limitar (mas de maneira alguma eliminar) através da garantia de correta atuação das regras de mercado, por uma dominação do "mercado" pelo poder privado, o que é, evidentemente, a pior solução, já que quanto a esse não é possível sequer fazer a presunção de persecução do interesse público que se faz com relação ao Estado.

No Brasil, em particular, o estudo dos efeitos econômicos e políticos do poder econômico nos mercados é de extrema relevância. A estrutura econômica do país foi historicamente construída a partir do poder econômico externo, que de início se sobrepõe ao próprio poder estatal interno. Essa sobreposição do poder econômico estrangeiro, de origem estatal e não estatal, ao poder governamental interno é, de resto, característica imanente à exploração colonial. Basta lembrar, por exemplo, que a forma básica da exploração do Brasil-Colônia era o monopólio da metrópole para o fornecimento dos produtos de consumo.

O grande problema é que essas origens criam raízes e se perpetuam nos sistemas econômicos. A dependência estrutural da economia do poder econômico se perpetua após a independência. No Brasil independente, ainda uma monocultura exportadora inteiramente dependente do exterior, a importação dos bens de consumo, não mais obrigatória da metrópole, passa a ser monopolizada pelos grandes comerciantes de escravos, que impõem preços e que, de tão fortes financeiramente, afugentam do mercado quaisquer potenciais concorrentes.[50] O mercado interno continua, portanto, diretamente dependente de agentes com poder monopolista.

Tampouco a passagem para uma economia industrial traz consigo a democratização da vida econômica. Com efeito, são sobretudo os grandes exportadores que têm capitais suficientes para investir na industrialização.[51] O grande volume de capitais necessários para investir na substituição de importações faz com que o poder financeiro obtido através da exploração da monocultura exportadora transforme-se diretamente em poder econômico na economia industrial brasileira. Essa tendência só faz se acentuar após os planos desenvolvimentistas brasileiros, desti-

50. Sobre esse ponto, digna de nota é a descrição de J. Caldeira da situação à época: "A rota africana dava lucros crescentes, tornando-se uma espécie de negócio ideal do momento. Envolvia o giro de mercadoria de três continentes, centralizado nas mãos do traficante. Essa posição de peça central de ligação, sem concorrentes que pudessem perturbar as transações, permitia a ele cobrar um "pedágio" sobre cada produto comercializado, multiplicando os lucros em cascata. O traficante ganhava na compra do tabaco, na distribuição dos importados, nos juros cobrados dos parceiros africanos e na venda dos escravos no Brasil. Ao mesmo tempo que proporcionava ganhos elevados, o controle completo do circuito comercial ajudava a afastar eventuais concorrentes. Nenhum aventureiro obtinha a mesma rentabilidade, pois nunca conseguia lucrar em tantas transações como os donos do mercado. Se por acaso aparecesse algum, bastava sacrificar temporariamente parte dos lucros para condená-lo à falência com a baixa nos preços. Ninguém tentava. No mercado africano, cujo passaporte de entrada — um bom navio e dinheiro para equipamento — custava caro, uns poucos comerciantes do Rio de Janeiro tinham possibilidade de arriscar a sorte. E os bem sucedidos, como acreditavam que o método do monopólio era mesmo o melhor, tentavam repeti-lo em outras operações" (*Mauá — Empresário do Império*, São Paulo, Companhia das Letras, 1995, pp. 88 e ss.).

51. V., a respeito da passagem da monocultura exportadora para a economia industrial, C. Furtado, *Formação Econômica do Brasil*, 21ª ed., São Paulo, Companhia Editora Nacional, 1986, pp. 195 e ss.

nados a proporcionar nosso salto industrial. Sua política-mestra é o incentivo da grande empresa brasileira, de modo a proporcionar-lhe poderio econômico e escala suficiente para competir com as empresas estrangeiras.[52] Reforçam-se, portanto, ainda mais, as estruturas de poder econômico no mercado.

### *1.5.2 O Estado e o poder econômico no mercado*

Apesar de ter como objetivo principal a obtenção do maior grau possível de autocontrole da ordem privada através das forças de mercado, e exatamente por ter esse objetivo principal, o controle do poder econômico no mercado cumpre importante função na regulação das relações entre ordem econômica privada e Estado.

De um lado, serve de proteção da própria ordem privada com relação ao Estado. Obviamente, uma ordem econômica em que o poder privado não tem limite não pode se autocontrolar. O Estado deve exercer poder de direção constante. Exemplo recente dessa necessidade de controle é o do Japão (v. *supra*, nota 29).

Na maioria dos países esse controle se manifesta de maneira muito menos pacífica e indolor que na experiência japonesa.

52. Essa é a política expressamente declarada tanto do primeiro quanto do segundo PND. Com respeito a esse último são muito eloqüentes e dignas de nota as observações feitas no tópico "Fusões e Conglomerados", nao pela sua avaliação da realidade, que é bastante viesada, mas pela clareza dos seus objetivos:

"A avaliação dos riscos resultantes de uma política de estímulos à emergência de estruturas fortes e dinâmicas, através de fusões, incorporações e conglomerados, deve considerar os seus efeitos quanto à grande concorrência no mercado e quanto à distribuição de renda.

"Antes de tudo, releva salientar que, nas estruturas de mercado, a tendência no Brasil — na indústria, no comércio, no sistema financeiro — foi sempre o inverso do que prevaleceu, neste século, por exemplo, nos Estados Unidos e que determinou toda a legislação antitruste.

"Em nosso país sempre se tendeu à excessiva proliferação de empresas, desprovidas de poder de competição, pela insuficiência de escala. Mais ainda, como revelam estudos do IPEA e de outros órgãos, em grande número de ramos industriais, o que se via era a presença de uma ou poucas empresas estrangeiras, com escala satisfatória, ao lado de uma multiplicidade de empresas nacionais, pequenas e fracas", cit. in M. Carvalhosa, *A nova lei das sociedade anônimas — Seu modelo econômico*, 2ª ed., Rio de Janeiro, Editora Paz e Terra, 1977, p. 146.

Em alguns casos, como no Brasil, a crença na incapacidade de autocontrole do mercado, somada à aplicação de planos desenvolvimentistas executados pelo setor público, acaba resultando em um açambarcamento pelo Estado de parte da atividade produtiva que normalmente seria exercida pelo setor privado. Quando isso ocorre acaba sendo necessário, *como ocorreu no Brasil*, incluir o próprio Estado e suas empresas como sujeitos passivos da lei concorrencial (v. art. 15 da Lei n. 8.884/94). Com isso não se está desvirtuando a lei antitruste, que continua a se aplicar apenas à regulação do mercado de bens e serviços e fatores de produção. Ocorre que o "mercado" considerado conta com agentes estatais dotados de apreciável poder e que não podem ser desconsiderados.

De outro lado, o controle do poder econômico serve, também, como garantia do Estado contra a ordem econômica privada. O poder econômico no mercado, quando excessivo, tende à criação de verdadeiros centros políticos de poder paralelo, com interesse próprio e que procuram (e freqüentemente conseguem) influenciar o centro estatal de decisões políticas. A ameaça à ordem democrática é evidente. Já Thomas Jefferson entrevia esse perigo ao colocar o controle dos monopólios como questão central para a preservação das liberdades democráticas dos indivíduos.[53]

Entre vários outros efeitos do poder econômico nos mercados sobre os centros decisórios estatais vale mencionar dois, por sua maior proximidade às preocupações do presente trabalho. O primeiro deles consiste na forte influência do poder econômico, quando exageradamente concentrado, sobre a atividade normativa do Estado, principalmente em matéria de regulação da ati-

53. V., a respeito, carta de Thomas Jefferson para Samuel Kercheval (12.7.1816), in *The writings of Thomas Jefferson*, A. E. Bergh, 1907, p. 38: "In government, as well as in every other business of life, it is by division and subdivision of duties alone, that all matters, great and small, can be managed to perfection. And the whole is cemented by giving to every citizen, personally, a part in the administration of the public affairs". Em outro trecho, comentando as insatisfações políticas na França, refere-se à revolta que a excessiva concentração de poderes em qualquer nível pode causar: "Nor should we wonder at this pressure [for a fixed constitution in France] when we consider the monstrous abuses of power under which this people were ground to powder; when we pass in review the weight of their taxes, and ... the shackles of commerce by monopolies; on industry by guilds and corporations" (in *The life and selected writings of Thomas Jefferson*, A. Koch and W. Peden, 1944, pp. 88-89).

vidade econômica. Muitas vezes consegue-se ou procura-se conseguir, através de agências governamentais, regulamentação setorial ou ao menos aprovação de acordos que criem ou legitimem verdadeiros cartéis entre produtores. Com isso procura-se obter imunidade governamental à aplicação da lei antitruste. Uma legislação antitruste coerente deve dar resposta a esses abusos. Esse problema voltará a ser discutido na análise da relação entre poder regulamentar, poder fiscalizatório e imunidade antitruste que será feita no capítulo 3.

O segundo problema é a conhecida maior capacidade de resistência dos monopólios às tentativas de implementação de medidas macroeconômicas por parte das autoridades governamentais. A mais conhecida e discutida delas é a relação entre poder econômico no mercado e processo inflacionário. Muito estudada nos EUA nos anos 70, essa relação foi inicialmente considerada como um *one-shot affair*. Segundo essa teoria, a concentração de poder econômico no mercado não deveria ser temida do ponto de vista macroeconômico, pois, segundo demonstrado pela teoria microeconômica neoclássica, o aumento de preços só ocorreria no momento da criação do monopólio, quando a empresa procuraria atingir o equilíbrio (como se verá, consistente no ponto em que a receita marginal iguala o custo marginal). Uma vez atingido esse equilíbrio, a empresa não mais aumentaria seus preços.[54] Essa teoria encontra-se, hoje, em grande parte ultrapassada. Sabe-se (dados empíricos o demonstram) que o comportamento dos monopólios é exatamente o inverso das empresas em concorrência perfeita em caso de oscilações macroeconômicas. Em épocas de recessão, por exemplo, diminuindo as vantagens de escala (por diminuição da demanda e conseqüentemente da produção), o custo médio dos produtos tende a subir. Os monopólios, que têm, ao contrário das empresas em concorrência, capacidade de influenciar os preços de mercado, tendem a fazer esse preços subirem (ao invés de caírem), para se protegerem contra a perda de receita decorrente dos custos crescentes.[55] Assim, monopólios

54. V. C. E. Mueller, "Monopoly power as the cause of inflation: an introduction to the one-shot affair", in *Antitrust & Macroeconomics Review*, v. 1, n. 1 (1975), pp. 81 e ss.

55. V. D. Stutsman, "A theory of inflation and recession: monopoly power and resource immobility", in *Antitrust & Macroeconomics Review*, v. 1, n. 2 (1975), pp. 41 e ss.

e oligopólios são mais resistentes a medidas governamentais recessivas objetivando reduzir a inflação. Têm, portanto, importante influência na ocorrência da chamada "estagflação" (estagnação ou mesmo recessão econômica acompanhada de inflação).[56]

É importante observar, afinal, que a referência feita nesse parágrafo à instrumentalidade do direito antitruste para a proteção do Estado contra a sociedade, e vice-versa, apesar de justificar a concentração das atenções do direito antitruste sobre o poder econômico no mercado, não transforma o direito antitruste em instrumento de tutela direta dos particulares contra o Estado, e vice-versa. A proteção das liberdades particulares contra a interferência estatal em matéria econômica é função primária das normas da Constituição *que definem os direitos fundamentais individuais e sociais e indiretamente daquelas que regulam a ordem econômica*.[57] O direito antitruste só será utilizado em caso de desvirtuamento das duas formas possíveis de atuação do Estado no campo econômico: através da prática direta de atividade econômica ou através da atuação normativa. No primeiro caso, o direito antitruste só será invocado quando o Estado passar a exercer atividade econômica relevante no mercado de bens, serviços e fatores de produção.

A aplicação da legislação antitruste quando a intervenção do Estado na ordem privada é feita por via regulatória é bem

56. Cfr. W. Möschel, *Recht der Wettbewerbbeschränkungen*, Köln-Berlin-Bonn-München, Carl Heymanns, 1983, p. 8.

57. Para entender a diferença basta relembrar o conceito de lei antitruste como "constituição econômica" desenvolvido acima. Sobre a diferença entre lei antitruste (constituição econômica) e Constituição em sentido próprio comenta a doutrina ordo-liberal moderna: "Behind this is a well developed theory of economic constitutionality. The meaning of this term, which has been coined by Franz Böhm, and which many misunderstand, is not directed at whether a concrete, historical constitution, for example the constitution of the Federal Republic of Germany, safeguards a particular economic system constitutionally and accordingly hinders the ordinary legislator form intervening — an economic constitution in a formal sense. It is concerned, rather, *with when* structural parallels exist between the political constitution on the one hand and free trade on the other. These problems should be seen as legal problems requiring solution. The common point should be regarded as being the problem of power" (W. Möschel, "Competition policy from an ordo point of view", in *German neo-liberals and the socialmarket economy*, New York, St. Martins Press, 1989, p. 142 (151).

mais complicada, por envolver diretamente a resolução de um conflito entre normas e entre esferas de competência governamental. Sua análise será feita no capítulo 3. Pode-se adiantar, no entanto, que aqui também a lei antitruste só poderá ser aplicada à atuação estatal quando esta estiver desnaturada e orientada à facilitação de criação de poder sobre o mercado, através da admissão de acordos entre particulares (ou entes estatais exercendo atividade econômica no mercado) que visem à criação de restrições à concorrência.

As considerações feitas ajudam a explicar a utilização do termo *poder econômico no mercado* nesta introdução.

Com essa expressão pretende-se ligar as preocupações antitruste *precipuamente* à garantia de um mercado de bens, serviços e fatores de produção dotado de regras de conduta que garantam o maior grau possível de autocontrole. O controle deve ser exercido sobre todos aqueles que tenham poder de influenciar o mercado, sejam eles agentes privados, estatais no exercício de atividade econômica ou estatais exercendo atividade normativa ou fiscalizadora, quando essa for dirigida à proteção de interesses particulares no mercado. O conceito central é o exercício de influência sobre o mercado, qualquer que seja sua origem.

## *1.6 Segue: direito concorrencial e poder econômico no mercado: aspectos históricos*

As considerações feitas acima induzem importante indagação. Se é verdade que o poder econômico no mercado é preocupação central do direito concorrencial, é possível existir infringência ao direito concorrencial por parte de agentes não dotados de poder sobre o mercado? Ou, em outras palavras: resume-se o direito concorrencial à regulação do poder econômico no mercado?

A resposta a estas indagações, obviamente, não poderia ser absoluta. Depende, antes de tudo e como freqüentemente ocorre no direito, dos pressupostos *iuspolíticos* dos quais se parte. Para alguém convicto de que basta ao direito garantir a existência de concorrência, que o mercado se encarregará de fazer com que esta concorrência respeite os padrões éticos de uma determinada sociedade em determinado momento, a resposta, obviamente, será sim. Para outros que, ao contrário, desconfiam da autolimitação da ganância humana, entendendo que mesmo em sistemas em que se garanta a existência de concorrência (ou, na criticada expressão dos neoclássicos, onde exista concorrência perfeita) é necessário garantir que essas forças de mercado, em posição de paridade e exatamente porque se encontram em posição de paridade, concorram lealmente, a resposta será, evidentemente, não.

A história, sem dúvida o melhor laboratório de testes de teorias jurídico-sociais, parece apontar, decisivamente, no sentido da segunda tese.

Para ilustração, serão abordadas, antes da análise do direito brasileiro, duas das mais relevantes histórias legislativas deste século em matéria de direito concorrencial. Em primeiro lugar, a história do direito americano, onde o direito da concorrência recebeu seu primeiro reconhecimento legislativo e cujos princípios são, ainda hoje, parâmetro para muitas outras legislações (inclusive a brasileira).[58] A outra é a história legislativa alemã, de valor paradigmático, pois, como é sabido, foi ali que os *trusts* e cartéis mais proliferaram e também onde tiveram suas conseqüências mais nocivas.

### *1.6.1 "Sherman Act" e "Clayton Act": da proteção contra os monopólios à proteção da competição*

Para entender o significado do *Sherman Act* é necessária rápida análise do estado da economia e da sociedade norte-americana no final do século passado. Na segunda metade do século passado, época do início do movimento antitruste, que levou à promulgaçao do *Sherman Act*, três fatores influenciavam decisivamente a vida econômico-social norte-americana. Em primeiro lugar, como conseqüência direta da guerra civil, tinha-se verificado um grande fortalecimento e uma grande concentração industrial, sobretudo no nordeste dos Estados Unidos. A maior tolerância dos Estados em aceitar tarifas altas por parte de todas

58. É famosa e absolutamente verdadeira, a ponto de sugerir extremo cuidado na transposição de conceitos nessa área, a afirmação de F. D. Roosevelt em carta ao Secretário de Estado Cordell Hull (6 de setembro de 1944): "The Sherman and Clayton Acts have become as much a part of the American way of life as the due process clause of the Constitution"; v. H. B. Thorelli, *The federal antitrust policy*, London, George Allen & Unwin Ltd, 1955, frontispício.

as indústrias direta ou indiretamente relacionadas ao esforço bélico foi, sem dúvida, um fator de grande estímulo às concentrações. Em especial, dois setores foram objeto de fortíssima concentração: telégrafos e estradas de ferro. No setor telegráfico, a famosa *Western Union* já em 1866 tinha adquirido quase a totalidade dos concorrentes.[59]

O monopólio das estradas de ferro, por outro lado, vincula-se diretamente ao segundo dos fatores acima mencionados. É ele o descontentamento do setor agrário. O setor rural americano é tido como um dos principais responsáveis pela promulgação do *Sherman Act*.[60] O descontentamento do setor rural com o setor industrial tem origens, antes de tudo, em animosidades regionais. O norte, industrializado, acabava de vencer uma guerra contra o sul, de economia predominantemente voltada para a agricultura. O ressentimento latente encontrava expressão sobretudo contra as grandes manufaturas do norte e as estradas de ferro, empreendimento que mais crescia à época e que, também, era controlado por capitais do norte industrializado e vencedor.

Além disso, também, entre os agricultores do oeste crescia o descontentamento contra as grandes redes de estradas de ferro. Como é sabido, já no período da guerra a rede de estradas de ferro vinha se expandindo graças, em grande parte, à cooperação entre o setor público e o privado. As estradas eram construídas por grandes empresas privadas, nas quais tinham grande participação cada um dos Estados por ela beneficiados e, ainda, os próprios particulares. Com efeito, os agricultores tinham sido grandemente estimulados a comprar ações dessas empresas, que indiretamente os beneficiariam.

Ora, a má gestão de muitos desses empreendimentos e as freqüentes fraudes levaram a problemas financeiros muitas vezes sérios. Os agricultores não só não recebiam dividendos de

59. Cfr. H. B. Thorelli, *The federal antitrust policy*, cit., p. 56.

60. V., por todos, H. B. Thorelli, *The federal antitrust policy*, cit., pp. 58 e ss.; v., também, com posição contrária, minoritária na doutrina norte-americana, afirmando a posição secundária do movimento agrário na germinação do Sherman Act, G. Stigler, "The origin of the Sherman Act", in *The political economy of the Sherman Act*, New York-Oxford, Oxford University Press, 1991, p. 32.

sua participações, como, ainda, viam aumentar os impostos em razão dos problemas financeiros dessas empresas, freqüentemente cobertos por seus principais financiadores, os Estados.[61] Essa última observação revela uma das principais preocupações que estão na origem do movimento antitruste americano: a influência política dos grandes monopólios. Os problemas acima descritos, separadamente toleráveis, se tornavam insuportáveis quando os agricultores verificavam que os monopólios ferroviários, por eles indiretamente financiados, não protegiam seus interesses, mas, ao contrário, cobravam os preços mais altos que sua situação de monopolistas lhes permitia.

Finalmente, o terceiro fator determinante do movimento antimonopolista é a rápida transformação da economia americana, ocorrida a partir de 1865. De uma economia baseada na pequena empresa e no espírito empresarial individual, os EUA, após a guerra, começam rapidamente a transformar-se em uma economia em que a concentração de capitais é cada vez mais necessária. É a era da produção em massa, que requer investimentos fixos elevados, os quais, por sua vez, limitam o número de novas empresas no mercado. Por outro lado, a verdadeira idolatria pela grandeza que essa expansão industrial vigorosa causa no meio industrial estimula o uso de práticas desleais contra os concorrentes e os abusos em relação aos consumidores.[62]

61. Dito popular muito comum na época e que revela o nível de contaminação do setor privado pelo setor público na mente popular é que: *The tariff is the mother of all trusts*. Outra representação da cultura popular, o desenho satírico e caricatural, também, é revelador. Em um dos mais comuns da época, Joseph Keppler representa o senado americano, fazendo sobressair em seu topo, em posição de dominação, posudos e estabelecidos senhores, representando cada qual um dos grandes *trusts* da época (*Standard Oil Trust*, *Copper Trust*, etc.); para ambas as referências v. H. Thorelli, *The federal antitrust policy*, cit., pp. 62 e 70. É interessante notar que o uso da palavra *trust* popularizou-se para designar qualquer tipo de situação de concentração de mercado, mesmo aquela não organizada sobre a forma jurídica do *trust* propriamente dito. Na verdade, apenas poucas concentrações de empresas eram organizadas na forma de *trust* antes da passagem do *Sherman Act*. Acontece que, como salienta Thorelli (*The federal antitrust policy*, cit., p. 161) entre elas estavam algumas das maiores e ao mesmo tempo mais espoliativas e odiadas concentrações como o *Standard Oil Trust* e o *Sugar Trust*. Daí a generalização de seu uso, do qual se originou a expressão *direito antitruste*.

62. V., nesse sentido, R. H. Lande, "Wealth transfers as the original and primary concern of antitrust: the efficiency interpretation challenged", in E. T. Sullivan, *The political economy of the Sherman Act*, New York-Oxford, Oxford

Esses três fatores conjugados foram, sem dúvida, determinantes do movimento antitruste e decisivos para a promulgação do *Sherman Act*. Nas suas diferentes motivações encontram-se os diferentes escopos do *Sherman Act*. Esses escopos são de suma importância para a própria interpretação da referida lei, em função da redação genérica dada a seus dispositivos, que pode dar margem a interpretações bastante diversas.

A exposição dos fatores político-econômicos relevantes para aprovação do *Sherman Act* permite focalizar corretamente a questão. Em primeiro lugar, fica bastante evidente que a maior preocupação relativamente aos monopólios naquela época eram os efeitos econômicos negativos sobre o consumidor. Nesse ponto, portanto, incontestável é a argumentação de Bork e dos demais defensores das teses da Escola de Chicago.[63] O problema é, evidentemente, a noção de interesse do consumidor que a teoria neoclássica pretende transportar dos anos 80 do século XX para os anos 80 do século XIX. Os senadores americanos não tinham em mente as noções hoje tão em moda e tão utilizadas pela teoria microeconômica neoclássica. Não estavam preocupados com a preservação da eficiência alocativa ou produtiva. Mais do que isso, existem evidências bastante fortes de que sequer a eficiência como noção intuitiva motivou o legislador americano. Com efeito, Sherman em uma passagem expressamente leva em conta a maior eficiência da grande empresa, subordinando-a, no entanto, aos interesses redistributivos (para utilizar o termo consagrado pela análise econômica), ou seja, à necessidade de prevenir lucros excessivos dos monopolistas às custas dos consumidores. Referindo-se às concentrações empresariais, afirma: "It is sometimes said of these combinations that they reduce prices to the consumer by better methods of production, but all experience shows that this saving of costs goes to the pockets of the producer".[64]

University Press, 1991, p. 71 (81) e, também, H. Thorelli, *The federal antitrust policy*, cit., pp. 63 e ss.

63. Uma ótima coletânea dos mais importantes trabalhos a respeito dos interesses determinantes da promulgação do *Sherman Act* e dos interesses por ele protegidos pode ser encontrada em E. T. Sullivan, *The political economy of the Sherman Act*, cit.

64. Cfr. 21 Cong. Rec. 2492 (1890), cit. in R. H. Lande, "Wealth transfers as the original and primary concern of antitrust", cit., p. 78, nota 12.

A preocupação principal é, portanto, com o poder dos monopolistas exercido sobre os consumidores. Não só o poder econômico, também o poder político. Por outro lado, não é possível distinguir uma preocupação central, motivadora da lei, com a proteção da pequena empresa. Há, isso sim, uma preocupação institucional com a defesa da competição. Mas aí trata-se de competição entendida como sistema competitivo, instrumental necessário à proteção do consumidor.[65]

Essas preocupações dos legisladores traduzem-se no conteúdo material do *Sherman Act*. A *Section* I, que declara ilegal qualquer *contract, combination in the form of trust or otherwise, or conspiracy* que possa criar dificuldades ao comércio interestadual.[66] A *Section* II, por sua vez, declara ser crime a monopolização ou tentativa de monopolização do mercado.

Dificuldades logo surgiram com os termos genéricos empregados pelo *Sherman Act*. Sobretudo o termo "monopolização", utilizado na *Section* II, deu origem a muitas incertezas. A melhor expressão dessas incertezas está, sem dúvida, na decisão pela Suprema Corte americana do caso *Standard Oil Co. of New Jersey vs. United States*.[67] Tratava-se, na hipótese, de sucessivas aquisições de ações de companhias de petróleo feitas pela família Rockfeller, que já controlava a *Standard Oil Co. of Ohio*. O pro-

65. Essa vinculação instrumental entre os dois objetivos fica clara em outro trecho dos discursos do Senador Sherman em defesa da constitucionalidade de seu projeto. Referindo-se aos *trusts* afirma: "The sole object of such a combination is to make competition impossible. It can control the market, raise or lower prices, as will best promote to selfish interests (...) Its governing motive is to create the profits of the parties composing it. The law of selfishness, uncontrolled by competition, compels it to disregard the interest of the consumer. It dictates terms to transportation companies, it commands the price of labor without fear of strikes, for in its field it allows no competitors. Such a combination is far more dangerous than any heretofore invented, and, it embraces the great body of all the corporations engaged in a particular industry in all of the States of the Union, it tends to advance the price to the consumer of any article produced", 21 Cong. Rec. 2492 (1890), cit. in R. H. Lande, "Wealth transfer as the original and primary concern of antitrust", cit., p. 79, nota 14.

66. A menção ao comércio interestadual é necessária porque já na época os EUA contavam com várias leis estaduais antitruste, cuja aplicação era bastante discutida — aí está, aliás, uma das razões para a promulgação do *Sherman Act*.

67. Supreme Court of the United States, 1911; 221 U.S. 1.

cesso de concentração culminou com a formação de um *trust* (*Standard Oil Trust*) para administração das ações de todas as companhias (40), que, na prática, acabou por deter mais de 90% do mercado. Finalmente, as ações detidas por esse *trust* foram transferidas para a *Standard Oil Co. of New Jersey* e a *Standard Oil Co. of New York*, que passaram, portanto, a funcionar como *holdings* de todo o grupo. Na demanda referida discutia-se a possibilidade de dissolução dessas companhias, com base na existência de monopolização violadora da *Section* II do *Sherman Act*.

A Suprema Corte americana, claramente insegura a respeito dos critérios para qualificar a "monopolização", acabou por aplicar critério *per se*, considerando a *holding* ilegal com base "apenas" no fato de que essa controlava 90% do mercado. Fala-se em insegurança da Corte não por ter sido a decisão contrária à *Standard Oil*. De há muito se sabia que o processo de concentração que tinha dado origem ao mencionado grupo de empresas tinha sido irregular segundo os mais elementares padrões éticos e jurídicos. Ocorre que esse processo tinha se verificado antes da existência do *Sherman Act*, estando, portanto, imune à aplicação daquela lei.[68]

Assim sendo, faltava à Corte uma justificativa para considerar que estava havendo uma "monopolização do mercado". Não era possível impugnar o ato de concentração, ocorrido antes da entrada em vigor do *Sherman Act*. Em sua ausência sobrava apenas a vaga redação da *Section* II, que não deixava claro se a monopolização consistia em uma série de atos encadeados tendentes a formar o monopólio ou se, para que se configurasse o ilícito, bastaria a existência de monopólio. Como se verá mais adiante, não havia o reconhecimento na lei (como há, hoje, na maioria das legislações, incluindo o direito brasileiro) de que a monopolização do mercado não é ilícita sem que sua causa, também, o seja. Monopólios naturais ou monopólios construídos a partir de crescimento interno baseado em maior "eficiência" não são puníveis.

Àquela época esses conceitos, ainda, não tinham estruturação teórica. Sua necessidade prática se fazia sentir, no entanto. É exatamente com base nela e como direta decorrência das incertezas criadas pela interpretação do *Sherman Act*, consubstancia-

68. V., nesse sentido, R. Posner, F. Easterbrook, *Antitrust — Cases, economic notes and other materials*, 2ª ed., St. Paul, West Publishing Co., 1981, p. 410.

das na decisão de *Standard Oil*, que têm origem duas novas leis já em 1914:[69] o *Clayton Act* e o *Federal Trade Comission Act*. No primeiro se definem práticas entendidas como desleais, como discriminação de preços, contratos de exclusividade, etc. Já o segundo, além de criar a *Federal Trade Comission*, dá a ela poderes para, interpretando a *Section* V, novas práticas desleais de concorrência.

O interesse dessa evolução para a questão central aqui tratada (relação entre direito concorrencial e poder sobre os mercados) é evidente. O *Sherman Act* é uma lei promulgada em um contexto político-econômico de proteção do consumidor contra o "excessivo poder econômico no mercado". É essa sua única preocupação. Não há uma preocupação inicial com a proteção do concorrente contra "práticas desleais" do outro concorrente.

Em pouco tempo fica claro, no entanto, que essa regulamentação não é suficiente para garantir o regular funcionamento do mercado. E esse é um dos fundamentos principais para a elaboração do *Clayton Act* e do *Federal Trade Comission Act*. A concorrência não deve ser apenas livre, ela deve ser, também, leal, para garantir os interesses do próprio consumidor contra o poder econômico no mercado. Há consenso entre os economistas da época de que práticas destrutivas e desleais são o maior obstáculo para a entrada de novos concorrentes no mercado.[70] Eliminando-se os competidores já existentes e os potenciais — aqueles que poderiam entrar caso não existissem barreiras à entrada —, abre-se caminho para a monopolização dos mercados.[71] Em 1914, época

69. Cfr. R. Posner, F. Easterbrook, *Antitrust — Cases, economic notes and other materials*, cit., p. 31.

70. V., para um apanhado das doutrinas econômicas da época, B. J. Klebaner, "Potential competition and the American antitrust legislation of 1914", in G. Burgess Jr., *Antitrust and Regulation*, Cambridge, Cambridge University Press, p. 69.

71. Essa utilização do sistema de garantia contra a concorrência desleal como forma indireta de impedir a formação de monopólios incipientes (daí porque essa teoria ser conhecida como *incipiency*) fica clara nos escritos das autoridades da época. Já em 1903, o *Attorney General* Philander C. Knox expressava a convicção de que o monopólio seria impossível nos EUA "if competition were assured a fair and open field and protected against unfair, artificial and discriminating practices" (v. *Senate Documents*, 57º Cong., 2ª Sess, n. 73, p. 16); v. B. J. Klebaner, "Potential competition and the American antitrust legislation of 1914", cit., pp. 85-86.

da promulgação das duas novas leis citadas, os EUA, ainda estão, até mais que em 1890, envolvidos pela campanha antimonopólio. O *Standard Oil Case*, assim como seu similar *Northern Security Case*,[72] são característicos desse período.

Na verdade os dois fundamentos acima mencionados da elaboração das novas leis — quais sejam, (a) a definição das incertezas relativas à noção de monopólio criadas pela Suprema Corte na decisão do caso *Standard Oil* e (b) a proteção contra práticas desleais — teoricamente se coligam intimamente e na prática se identificam. De um lado, a definição das práticas desleais (como se verá, aliada à existência de poder econômico no mercado) é uma forma de identificar casos de monopolização. Mas muito mais importante que isso: a definição de certas práticas desleais como ilícitos *per se* à concorrência é uma forma de impedir que esses monopólios se criem. É a teoria conhecida como *incipiency* no direito americano, segundo a qual é necessário sancionar os monopólios já no seu início, impedindo a prática de atos desleais que permitam a conquista ilegal de fatias do mercado, que teoricamente possam levar uma empresa a se tornar monopolista.[73]

Ainda que originariamente devidos a essa preocupação com o controle dos monopólios, é evidente que muitos dispositivos, sobretudo aqueles que claramente contêm previsão de ilegalidade *per se* da conduta, tornam-se independentes e passam a tutelar exclusivamente a concorrência como padrões éticos de comportamento. Mas sua origem é inegavelmente ligada à sua necessária instrumentalidade para proteção dos consumidores contra os monopólios.

### *1.6.2 UWG e GWB: da proteção da lealdade da competição à proteção da liberdade de competir*

A evolução alemã segue caminho exatamente contrário, daí seu grande interesse. O direito concorrencial nasce com regras que protegem exclusivamente a lealdade da competição (*UWG*). Não há qualquer preocupação com a existência da concorrência em si, mas apenas com a forma (leal) do seu exercício. Não há

72. Supreme Court of the United States, 1904; 193 U.S. 197.
73. V. R. Bork, *The antitrust paradox*, cit., pp. 48 e ss.

qualquer preocupação com a formação incipiente dos monopólios e cartéis, até porque, inicialmente, os monopólios não são considerados economicamente negativos.[74] São só os resultados catastróficos do nazismo, cujo ascensão foi ao mesmo tempo causa e conseqüência do domínio da economia pelos monopólios e cartéis privados, que acabam por impor a promulgação de uma lei efetivamente repressora das concentrações (*GWB*).

Assim é que a primeira lei concorrencial alemã visa a proteger a regularidade da concorrência e garantir que essa se processe com respeito a padrões éticos pelos concorrentes. Trata-se da *UWG* (*Gesetz gegen den unlauteren Wettbewerb*) de 7 de junho de 1909. O conteúdo dessa lei pode ser resumido praticamente ao artigo 1º, fórmula clássica do direito da concorrência alemão, que considera ilegal todos aqueles atos *die gegen die guten Sitten verstossen* (contrários às boas práticas comerciais). A fórmula genérica, escolhida propositadamente para permitir grande liberdade ao Judiciário na definição de novas formas de concorrência consideradas desleais, foi inicialmente muito criticada, pela incerteza jurídica que criava. O maior problema que criou foi, porém, causado pelo que não regulou.

Ficando a normativa da concorrência limitada à garantia do respeito a padrões éticos (*die guten Sitten*), sem se preocupar com a manutenção da concorrência em si, abriu-se o caminho para a formação indiscriminada de monopólios e cartéis. Somando-se a isso a posição favorável do *Reichsgericht* relativamente às formas de cooperação econômica entre concorrentes,[75] a Ale-

74. Na Alemanha do final do século XIX a mentalidade corporativa ainda está muito presente. Assim é que o *Bayerischen Landesgericht* afirma em 1888 que não constitui prática desleal a celebração, por produtores pertencentes a ramos da indústria que sofrem os efeitos da recessão econômica, de acordo no qual se regula a forma de superar os efeitos negativos da crise. Esse procedimento seria, ao contrário, obrigatório para os homens de negócio prudentes. Em 1897, o *Reichsgericht* afirma que os cartéis atendem aos interesses não só dos produtores, mas, também, dos consumidores, pois se os preços caíssem muito rapidamente a própria sociedade sofreria; v., para um relato das decisões, M. Keller, "Regulation of large enterprise: the United States experience in comparative perspective", in G. Burgess, *Antitrust and Regulation*, cit., p. 14 (17). A justificativa dada pela Corte não faz mais que confirmar a verdadeira presunção de legalidade de que gozavam os cartéis naquela época.

75. V. RGZ 28 (1890), pp. 238 e ss.; decisão em que a Corte admitiu a formação de um cartel de preços entre os editores de livros.

manha acabou por se transformar no início do século no "país dos cartéis".[76]

Nos anos seguintes a situação só se agravou. A cooperação entre os grupos privados e o *Reich* tornou-se uma constante na Alemanha no período anterior à primeira guerra. O *Reich* participava e ajudava na consolidação do poder dos grandes grupos, que considerava fundamental a seu esforço de guerra (é conhecida, por exemplo, a participação direta do *Reich* alemão no *Rheinischen — Westfalischen Kohlensyndicat* e no *Kalisyndicat*). Esse trabalho conjunto do Estado com grandes grupos privados tornou-se tão intenso e tão enraizado na mentalidade pública alemã que mesmo durante a República de Weimar, quando da explosão inflacionária do início dos anos 20 (em grande parte inegavelmente atribuível ao domínio dos monopólios e cartéis sobre a economia), o governo acabou por não aplicar efetivamente uma política antitruste. A chamada *Kartellverordnung* de 2 de novembro de 1923, primeira lei antitruste alemã, foi muito mais tímida do que o esperado, limitando-se, na prática, a exigir a forma escrita para os acordos de tipo cartel e permitindo ao governo intervir nos cartéis considerados contrários ao interesse público — o que nunca ocorreu.[77]

O agravamento da situação econômica decorrente da inação do governo e seus reflexos sobre a ascensão (e queda) do nazismo são bem conhecidos.

Após a derrota e invasão da Alemanha pelas potências aliadas, começa a ser implementada a política de descartelização da indústria alemã, de resto expressamente prevista no acordo de Potsdam de 2 de agosto de 1945. Essa política era composta por duas diferentes linhas de procedimento. De um lado, o chamado *Entflechtungsverfahren*, processo de cisão[78] compulsória dos principais grupos econômicos. Esse processo, posto em prática basicamente entre os anos de 1945 e 1950, não tinha um fundamen-

76. A expressão (*Land der Kartelle*) é aqui utilizada por W. Möschel em sentido propositadamente técnico, englobando tanto os monopólios e oligopólios quanto os cartéis. Referindo-se ao ano de 1907 o autor cita os seguintes índices de concentração: Carvão — 82%; Siderurgia — 50%; Papel — 90%; Cimento — 48% (*Recht der Wettbewerbsbeschränkungen*, cit., p. 19).

77. V. W. Möschel, *Recht der Wettbewerbsbeschränkungen*, cit., p. 19.

78. O termo aqui é utilizado no sentido econômico e não jurídico, podendo compreender qualquer forma jurídica de ruptura da estrutura grupal.

to legal específico (além da cláusula genérica do acordo de Potsdam) e acabou por se fazer com base em negociação e consenso, tendo efeitos práticos muito reduzidos.[79] Já nos anos 50 as concentrações horizontais na Alemanha tinham retomado seu fôlego. De outro lado, puseram-se em prática as chamadas *allgemeine Dekartellisierungsgesetze*[80] das potências aliadas do ano de 1947. Também essas leis, sempre vistas como direito estrangeiro, acabaram por ter limitada aplicação (atingidas, por exemplo, foram certas empresas do grupo Bosch).[81]

O direito antitruste só ganhará verdadeira eficácia na Alemanha (e na Europa) a partir da promulgação concomitante da *GWB* (*Gesetz gegen Wettbewerbsbeschränkungen*) e do Tratado de Roma, ambos contendo severas regras disciplinadoras do poder nos mercados. Princípios importantes de ambos os sistemas serão analisados com mais profundidade quando do estudo

79. A única cisão realmente levada a efeito foi a do IG Farben Konzern, do qual se originaram três empresas: Bayer, Höechst e Basf; v. W. Möschel, *Recht der Wettbewerbsbeschränkungen*, cit., p. 21.

80. É importante observar que o termo alemão *Dekartellisierung* tem significado genérico, sendo sua tradução correta "desconcentração". Essa ressalva é importante pois a regulamentação introduzida na Alemanha através da *GWB* (sobretudo a partir de sua modificação de 1973) visava a coibir as concentrações, continuando os cartéis sujeitos a um regime razoavelmente permissivo de autorizações governamentais. Com efeito, o § 1º *GWB*, introduzido em 1957, contém a proibição de acordos entre concorrentes, à exceção dos casos permitidos em lei. Ocorre que os parágrafos sucessivos estabelecem um número tão grande de exceções que acabam quase por permitir a formulação de regra geral em sentido inverso. São elas: *Konditionskartelle* (§ 2º) acordos a respeito de condições de venda; *Rabattkartelle* (§ 3º) acordos para dar desconto uniforme ao consumidor; *Strukturkrisenkartelle* (§ 4º) acordos para proteção aos seus participantes contra crises estruturais; *Rationalisierungskartelle* (§ 5º) acordos para racionalização das condições de produção e/ou comercialização; *Spezialisierungskartelle* (§ 5º, "a") acordos para especialização da produção; (§§ 6º e 7º) acordos entre importadores e exportadores. A muitos desses incisos correspondem justificativas para acordos entre concorrentes admitidas, também, no nível comunitário. O que torna o sistema alemão particular e permite caracterizar aquela quase inversão da regra geral do § 1º há pouco mencionada é o disposto no § 8º a respeito dos *Sonderkartelle*. São eles acordos que não se encaixam em quaisquer das categorias antes mencionadas, mas que podem ser autorizados pelo Ministro da Economia quando considerados de interesse público. A existência de tal dispositivo torna o sistema alemão marcadamente político e, portanto, potencialmente permissivo em relação aos cartéis.

81. Cfr. W. Möschel, *Recht der Wettbewerbsbeschränkungen*, cit., p. 22.

dogmático levado a efeito nos próximos capítulos. No momento, importa notar que tanto o legislador alemão quanto o legislador comunitário se defrontaram com uma situação de fato bastante paradoxal. As grandes estruturas empresariais ao mesmo tempo eram necessárias para o auxílio da reconstrução econômica de países que, como a Alemanha, haviam sido destruídos pela guerra e deviam ser controlados, como a amarga experiência histórica havia demonstrado.

A forma escolhida por ambos para resolver esse impasse foi estabelecer um duplo sistema de controle. Em primeiro lugar, estabeleceram-se sistemas de controle e/ou sancionamento de concentrações que pudessem levar ao domínio dos mercados. Várias foram as formas jurídicas escolhidas para regular tais situações quando da inicial elaboração desses sistemas, mas hoje todas convergem no sentido de um controle preventivo das concentrações.[82]

82. O controle das concentrações por um órgão independente, com poder para proibi-las, foi pela primeira vez previsto na Europa através do Tratado de Constituição da Comunidade Européia do Carvão e do Aço (art. 66), concluído na época da adoção da política de força por parte das potências ocupantes. A idéia era influenciar a adoção, pelas legislações nacionais, desse tipo de dispositivo; v. H. J. Mestmäcker, *Europäisches Wettbewerbrecht*, cit., p. 74. Em face dessa sua vinculação à política de força do período da ocupação e das decorrentes dificuldades de sua implementação, acabou sendo reproduzido de forma mais suave na legislação alemã, que de resto já em 1958 encontrava-se em pleno processo reconcentracionista. Para isso contava com o pleno apoio dos EUA, que naquela época viam no renascimento econômico da Alemanha na Europa e do Japão no Oriente barreira à expansão do comunismo. Assim é que na *GWB* 1958 há uma simples obrigação de informar o *Bundeskartellamt* sobre a existência de negócio que pode levar à concentração de forças no mercado. Também no Tratado de Roma não foi possível prever expressamente o controle das concentrações. A ainda reduzida força política dos órgãos comunitários no momento de sua conclusão, e o caráter politicamente delicado da questão relativamente à soberania dos países-membros, levaram à opção pela não inclusão. Em ambos os ordenamentos, tanto o alemão quanto o comunitário, a tendência se reverteu. Hoje, ambos têm sistemas de controle formais ou ao menos informais das concentrações. Assim, na Alemanha em 1973 foi a lei alterada (através da *Zweite GWB Novelle 1973*), introduzindo-se formalmente o controle das concentrações (§ 24 *GWB*). No âmbito europeu desde a decisão em 1973 do caso *Continental Can* pela Corte de Justiça da Comunidade Econômica Européia (para a versão em inglês v. *Common Market Law Review* 199, p. 23; v., também, o comentário de F. K. Comparato a respeito da questão em *O poder de controle na sociedade anônima,* Rio de Janeiro, Forense, 1983, p. 389), que admitiu *em*

Quanto às situações de domínio do mercado já existentes, a regulamentação centrou-se no conceito de "comportamento no mercado" (*Marktverhalten*). Esse princípio, em linhas gerais, permitiu a manutenção das concentrações já existentes, utilizando como critério para distinguir entre bons e maus monopólios e sancionar os últimos (sanções que podem chegar, inclusive, no caso alemão, à cisão compulsória) o comportamento no mercado. Trata-se do tão conhecido e reproduzido (inclusive pelo legislador brasileiro) conceito de abuso de posição dominante (contido tanto no art. 86 do Tratado de Roma quanto na *GWB* alemã). Nessa categoria incluem-se ilícitos específicos, que só podem ser praticados por agentes econômicos dotados de poder econômico no mercado. Esses delitos são fundamentalmente diferentes dos delitos de concorrência desleal, cujo sujeito ativo pode ser qualquer agente econômico, inclusive aquele desprovido de qualquer poder sobre o mercado.

Importante é notar que, com o advento das novas leis, a definição dos comportamentos ilícitos passa a ter como objeto a defesa da liberdade de concorrência e não apenas de padrões éticos de competição. Definitivamente ultrapassado está o período em que se acreditava que a simples fórmula geral do art. 1º *UWG*, garantindo a lealdade da competição, seria capaz de tutelar o mercado. Firma-se a concepção de que a mera garantia da lealdade da competição não assegura a sua permanência, isto é — o que para um observador atual parece bastante óbvio —, que a proteção da *existência* da competição é um *prior* lógico, e não uma conseqüência natural da proteção de *lealdade* dos métodos competitivos.

### *1.7 Segue: direito concorrencial e poder econômico no mercado: considerações à luz do direito brasileiro*

Com a breve análise de dois processos evolutivos diversos imagina-se ter demonstrado dois postulados lógico-jurídicos muito

*tese* a aplicação do art. 86 do Tratado às concentrações de empresas (ainda que tenha negado a existência de abuso de posição dominante no caso concreto), a Comissão CEE vinha exercendo um controle de fato e posterior sobre as concentrações. Finalmente, em 21 de dezembro de 1989, através do Regulamento do Conselho CEE n. 4.064/84, criou-se formalmente o sistema de controle das concentrações pela Comissão CEE.

simples: é difícil imaginar que um sistema concorrencial possa se organizar sem um controle da formação de estruturas econômicas com poder sobre o mercado. Não bastam, no entanto, essas regras para garantir o funcionamento do sistema concorrencial (ou, para usar a expressão ordo-liberal, para garantir o "autocontrole" do mercado). Fazem-se necessárias regras que garantam a lealdade do comportamento dos agentes econômicos, sem as quais a concorrência, ainda, que existente e livre, desandaria em um processo autofágico que favoreceria o restabelecimento de estruturas monopolistas e oligopolistas.

Esses dois tipos de regra, regulando, de um lado, a "liberdade" e, de outro, a "lealdade" da competição, formam um todo que se pode chamar de direito concorrencial. A unicidade do sistema não significa que não exista certa tensão entre esses dois tipos de regras. Na medida em que se expande o alcance do conceito de lealdade, tornando mais rigorosas ou mais amplas as regras de concorrência desleal, a liberdade de atuação dos agentes sofre certa restrição. De outro lado, um princípio de liberdade mais amplo no campo econômico tende a restringir o número de comportamentos considerados desleais. É importante tentar encontrar o correto ponto de equilíbrio entre essas necessidades por vezes opostas.

Elemento fundamental para esse equilíbrio é a consideração concreta da pluralidade de interesses envolvidos no direito concorrencial. Isso significa que, para determinar o correto ponto de equilíbrio entre a liberdade que se deve dar aos concorrentes e os padrões éticos de comportamento que deles é preciso exigir, faz-se necessário ir além da relação entre os concorrentes e verificar se aquele específico comportamento pode limitar ou de qualquer forma falsear a liberdade de escolha do consumidor. É a consideração dos interesses do consumidor ao lado dos interesses do concorrente que permite resolver eventuais impasses.

Uma interpretação considerada muito restritiva da liberdade de iniciativa adquire imediato sentido ao se verificar o potencial prejuízo ao consumidor que determinadas condutas podem causar. Assim, por exemplo, mesmo um ambiente de liberdade extremada em relação aos procedimentos de mercado, que considerasse normal nas relações entre concorrentes a utilização de meios artificiais para provocar oscilação de preços de terceiros, reprovaria tal tipo de comportamento se considerasse a perspectiva do consumidor. A utilização de meios artificiais para fazer oscilar preços implica transmitir informação falsa ao consumidor a respeito da utilidade do produto (representado pelo seu preço), levando-o a deixar de adquirir produto que em condições normais compraria. A definição ordo-liberal de concorrência como processo de descoberta das melhores opções de mercado ganha, portanto, aqui, sentido prático.

A utilização do interesse do consumidor como critério de resolução de impasses deve ser, no entanto, cuidadosa. O fato de o consumidor ser o destinatário econômico final das normas concorrenciais não o transforma em seu destinatário jurídico direto. Muitas vezes é através da proteção da "instituição" concorrência que o seu interesse será protegido.

No Brasil a preocupação com ambos os aspectos do direito concorrencial (garantia da liberdade e da lealdade da concorrência) sempre se fez presente. Talvez seja otimismo exagerado atribuir esse fato a uma acurada análise pelo legislador pátrio das experiências históricas estrangeiras. Nossa primeira lei antitruste é quase exclusivamente influenciada pela experiência americana. Isso em um período em que no próprio sistema americano, ainda, havia dúvida quanto aos verdadeiros objetivos do direito concorrencial. É o autor da primeira lei antitruste brasileira em sentido próprio (Lei n. 4.137, de 10.9.62) a afirmar expressamente a influência direta do direito americano.[83] Tendo-se em vista a pouca familiaridade do legislador brasileiro da época com conceitos econômico-jurídicos e com as necessidades de uma economia concorrencial, e considerando a própria forma casuística e assistemática de tratamento dos conceitos legais no sistema americano, típica da *Common Law*, é

83. A lei referida é a Lei n. 4.137, de 10.9.62, e o autor de seu projeto, Agamenon Magalhães, assim se pronunciou, entre outras passagens: "O projeto n. 122, que apresentamos em 15 de abril de 1948 na Câmara dos Deputados, adota as diretrizes da legislação dos Estados Unidos com as modificações impostas pelas nossas condições econômicas e políticas", cit. in B. Shieber, *Abusos do poder econômico*, São Paulo, Ed. RT, 1966, pp. 18 e ss., com várias outras referências, demonstrando as influências da legislação norte-americana em diversos pontos da lei brasileira. Para uma completa perspectiva do histórico legislativo que precedeu a Lei n. 4.137 v., também, J. I. G. Franceschini e J. L. V. A. Franceschini, *Poder econômico: exercício e abuso*, São Paulo, Ed. RT, 1985, pp. 7 e ss.

razoável pressupor que o que ocorreu foi mais uma transposição de conceitos do que uma análise crítica e comparativa dos sistemas.

Assim, a dualidade de caráter do direito concorrencial brasileiro deve ser atribuída à sua origem histórico-legislativa interna. Como destaca B. Shieber, o direito concorrencial brasileiro teve origem nos dispositivos constitucionais e penais de proteção à economia popular.[84] O ponto de partida é, portanto, uma perspectiva eminentemente de proteção do consumidor contra qualquer tipo de falseamento de seu processo de escolha. Ora, como visto, tal proteção, para ser coerente e completa, deve incluir regras de garantia de uma concorrência não só *livre*, mas, também, *leal*.

Coerente com esse objetivo, a Lei n. 4.137, de 10.9.62, incluiu em seu art. 2º as três categorias de ilícitos dos sistemas de direito concorrencial mais experimentados: a constituição indevida de posição dominante (inc. I), o abuso de posição dominante (incs. II, III, IV) e a concorrência desleal (inc. V). Mais do que isso: cada uma das categorias de ilícitos trazia uma especifica-

84. "No direito brasileiro, a gênese da Lei *Antitrust* encontra-se nos dispositivos que tratam dos crimes contra a economia popular. O primeiro dispositivo legal a usar o termo 'economia popular' foi o art. 117 da Constituição de 1934 que dispôs: 'A lei promoverá o fomento da economia popular, o desenvolvimento do crédito e a nacionalização das empresas de seguros, em todas as modalidades, devendo constituir-se em sociedades brasileiras as estrangeiras que atualmente operam no país'. A Constituição de 1937 já deu mais significado à proteção da economia popular. No seu art. 141 estatuiu: 'A Lei fomentará a economia popular, assegurando-lhe garantias especiais. Os crimes contra a economia popular são equiparados aos crimes contra o Estado, devendo a lei cominar-lhes penas graves e prescrever-lhes processo e julgamento adequado à sua pronta e segura punição'. Este dispositivo foi regulamentado pelo Decreto-lei n. 869, de 18 de novembro de 1938, em que foram enumerados os crimes contra a economia popular. Neste Decreto-lei, com normas definindo e punindo crimes contra a economia popular, tem-se a primeira norma jurídica antitruste brasileira. O fato de que uma das finalidades do Decreto-lei n. 869 era servir como legislação antitruste foi explicitado pelo então Ministro da Justiça, Sr. Francisco Campos, em uma entrevista de 28 de novembro de 1938. Disse ele: 'O segundo fim da lei é evitar o bloqueio da concorrência por meio de arranjos, combinações ou organizações destinadas a estabelecer o monopólio em certos ramos da economia pública ou a restringir a livre competição, indispensável ao desenvolvimento industrial e comercial do País'" (B. Shieber, *Abusos do poder econômico*, cit., p. 4).

ção dos vários ilícitos a ele ligados — e só a ele ligados. Assim, os ajustes entre empresas (incluindo concentração empresarial e cartel — inc. I, letras "a" e "c") e os comportamentos que implicassem criação de dificuldade à constituição, ao funcionamento ou ao desenvolvimento da empresa só poderiam configurar ilícitos caso tivessem a efetiva possibilidade de levar à dominação do mercado. A "retenção, em condições de provocar escassez, de bens de produção ou de consumo" (letra "c" do inc. III), pela própria redação da lei só poderia configurar ilícito quando caracterizado o abuso de poder econômico, isto é, quando praticado por agente em posição dominante no mercado. Por outro lado, "a combinação prévia de preços ou o ajuste de vantagens na concorrência pública ou administrativa" (inc. V, letra "b") vinha definida como uma forma de exercício de concorrência desleal. Era, portanto, punível detivesse ou não o agente posição dominante no mercado.

O legislador de 1994 (Lei n. 8.884 de 11.6.94) não foi tão feliz nesse aspecto. Se, de um lado, introduziu, um sistema moderno de controle das concentrações, destacando-o da normativa geral de obtenção de posições dominantes, não distinguiu claramente as hipóteses caracterizadoras das três categorias de ilícitos citadas: atos tendentes à dominação dos mercados, abuso do poder econômico e concorrência desleal. As razões para isso são várias.

Em primeiro lugar, com o advento da Lei n. 8.158, de 8 de janeiro de 1991, que complementou e revogou apenas em parte a Lei n. 4.137, havia-se criado uma dualidade indesejável de legislações concorrenciais. Ambas as leis continham a definição de ilícitos concorrenciais. A consolidação, na nova lei, de todos os ilícitos em um só artigo visou, como expressamente declarado na Exposição de Motivos, eliminar esse problema.[85]

Uma segunda preocupação do legislador de 1994 era encontrar uma via intermediária entre a regra da razão, considerada eficaz e flexível, mas pouco adaptável ao "formalismo civilista", e regra *per se*, considerada exageradamente rígida.[86] Era o que

85. V. *Relatório* do Deputado Fábio Feldman sobre o Projeto de Lei n. 3.712, de 1993 (que acabou por se transformar na Lei n. 8.884, de 11.6.94), pp. 13-14.

86. Esse entendimento fica claro pelo comentário de J. I. G. Franceschini e J. L. V. A. Franceschini a respeito da aplicação da regra da razão no sistema brasileiro na vigência da Lei n. 4.137: "exige-se do intérprete da Lei Antitruste

vinha-se tentando fazer sem sucesso, desde 1962, através da interpretação das leis anteriores. Com a nova lei viu o legislador uma oportunidade de construir um tipo legal que constituísse essa via intermediária. Imaginou que consolidando todos os ilícitos em um só artigo (art. 21) e subordinando sua caracterização àquelas três categorias (dominação dos mercados, abuso do poder econômico e concorrência desleal) consolidadas no dispositivo anterior (art. 20) conseguir-se-ia, ao mesmo tempo, (a) dar liberdade suficiente para o juiz na formulação de uma regra da razão dentro dos limites estabelecidos pelos princípios do art. 20, (b) dificultar, através da fixação dos princípios gerais (art. 20), a contestação constitucional da tipologia aberta que se estava criando,[87] e (c) fornecer aos agentes econômicos suficiente segurança jurídica através da declaração expressa de um certo número —, ainda, que não fechado — de infrações puníveis (art. 21).[88-89]

a convivência com a ambigüidade e a flexibilidade de adaptação de conceitos tão díspares entre si, como os da *equity* do direito *anglo-saxão* e o da tipicidade; entre o formalismo civilista e o pragmatismo da "regra da razão"; v. *Poder econômico — Exercício e abuso*, cit., p. 2. A participação ativa do primeiro dos autores na Comissão de elaboração da nova lei constitui forte indicação de que houve uma tentativa de resolução do problema por via legislativa.

87. O *caput* do art. 21 deixa claro que outros ilícitos além dos ali previstos poderão se caracterizar desde que "configurem hipótese prevista no art. 20 e seus incisos".

88. Essa solução corresponde a clamores já anteriormente manifestados na doutrina no sentido da necessidade de aliar a garantia representada pelo princípio da legalidade à agilidade e maior espectro sancionatório decorrente da existência de tipos abertos ou conceitos juridicamente indeterminados (como é o caso daqueles mencionados no art. 20 da nova lei, eles sim componentes de uma tipologia fechada); v., nesse sentido, a percuciente análise de J. A. T. Guerreiro, "Formas de abuso de poder econômico", in *Revista de direito mercantil* 66 (abril-junho 1987), p. 41 (46-47).

89. Muito tem se discutido em doutrina a respeito da tipicidade ou não das normas do art. 21 da Lei n. 8.884. A linha que defende a tipicidade estrita dessas regras, afirma que as referidas normas têm natureza penal e, portanto, não podem ser simplesmente exemplificativas. Afirma, ainda, que o art. 20 não pode conter a lista de ilícitos, pois as hipóteses ali previstas seriam excessivamente amplas e genéricas; v., no sentido da natureza penal da lei antitruste, entre outros, J. L. G. Franceschini, *Introdução ao direito da concorrência*, São Paulo, Malheiros Editores, 1996, p. 47; L. G. Paes de Barros Leães, "O *dumping* como forma de abuso de poder econômico", in *Revista de direito mercantil* 91 (julho-setembro 1993), p. 5 (9). Dois são os argumentos que se podem opor a esse tipo de opinião. Em primeiro lugar, contestar o próprio caráter penal das

Como sempre, quando se procura disciplinar em um único dispositivo hipóteses bastante diversas entre si, os dispositivos têm conseqüências insuspeitadas e indesejáveis. No caso dos dispositivos analisados, o grande problema é a impossibilidade de relacionar claramente as formas de manifestação dos ilícitos previstas no art. 21 às três hipóteses de ilícitos mencionadas no art. 20.[90] Isso porque, segundo o art. 21, as condutas enumeradas caracterizam infração da ordem econômica desde que "configurem hipótese" (leia-se qualquer hipótese) prevista no art. 20. Como esse dispositivo prevê os três ilícitos — dominação do mercado (inc. II), abuso de posição dominante (inc. IV) e concorrência desleal (inc. I)[91] —, a distinção das condutas enumeradas no

normas administrativas. Aliás, no campo do direito concorrencial, a existência de criminalização expressa de certas condutas demonstra que ambas as esferas não se confundem. Mas o argumento mais forte para contestar a aplicação ao direito antitruste da regra da tipicidade estrita é o segundo. Mesmo em se aceitando o caráter penal do direito concorrencial, não há motivo para não admitir que o art. 20 contenha, como expressamente declara, a definição dos ilícitos, sendo o art. 21 meramente exemplificativo. A razão é simples. A doutrina penal reconhece pacificamente a existência de *tipos anormais* caracterizados por conterem *elementos normativos* e *elementos subjetivos*. Aqui interessam-nos os primeiros. São eles palavras, locuções ou orações cujo significado a própria ordem jurídica oferece ou decorre de dados culturais a que a lei penal se reporta. Tais tipos, como refere a doutrina, para sua verificação em concreto exigem um juízo de valor dentro do próprio plano da tipicidade (v. J. Frederico Marques, *Curso de direito penal*, v. I, São Paulo, Saraiva, 1956, p. 81), ou elementos para cujo entendimento não basta o simples emprego da capacidade cognoscitiva, mas cujo sentido tem de ser apreendido através de particular apreciação por parte do juiz (v. Aníbal Bruno, *Direito penal*, v. I, t. I, 2ª ed., Rio de Janeiro, p. 332). Ora, se é possível usar expressões genéricas cujo conteúdo vai ser determinado pela capacidade valorativa do juiz ou por elementos sociológicos ou culturais (ex: mulher honesta) o que não dizer da lei que se vale de expressões as quais a ciência econômica é capaz de atribuir significado razoavelmente preciso (domínio do mercado) ou a cultura empresarial imprimiu um significado razoavelmente definido (aumentar arbitrariamente os lucros ou limitar a livre concorrência).

90. A figura ilícita faltante do "aumento arbitrário dos lucros" (inc. III) nada mais é que uma hipótese particular de abuso de posição dominante; v., a respeito, *infra*, n. 2.1.4, letra "b", em especial a nota 15 e texto.

91. O inciso I, na verdade, dá ao intérprete certa liberdade de formulação da "regra da razão". Pode-se afirmar, no entanto, com segurança, que atos de concorrência desleal, isto é, atos que visam exclusivamente a prejudicar o concorrente (como, por exemplo, a utilização de meios enganosos para provocar a oscilação de preços do concorrente — art. 21, inc. IX) claramente configuram um "falseamento" e um "prejuízo" para a livre concorrência. A menção ao inciso

art. 21 se torna impossível, ao menos tendo em vista exclusivamente a interpretação literal dos dispositivos. Esse fato tem conseqüências exegéticas indesejáveis. A principal delas seria a necessidade de incluir todas as hipóteses do art. 21 na cláusula mais ampla do art. 20 (pois, como visto, o art. 21 refere-se à caracterização de "qualquer das hipóteses" do artigo anterior). Essa hipótese seria aquela prevista no art. 20, inciso I, ou seja, "limitar, falsear ou de qualquer forma prejudicar a livre concorrência ou a livre iniciativa".

Ocorre que muitas das hipóteses previstas no art. 21 claramente só fazem sentido caso se caracterize o abuso do poder econômico. Tomem-se, por exemplo, os incisos XX e XXI, que consideram ilegal respectivamente, interromper ou reduzir em larga escala a produção e cessar parcial ou totalmente as atividades da empresa, ambas sem justa causa comprovada. A não ser em um cenário de direção econômica absoluta, que não é factível imputar à imaginação do legislador brasileiro, não faz sentido considerar ilícito tal tipo de ato se praticado por produtor que tem pouca ou nenhuma influência sobre o volume de produção de mercado. Note-se, no entanto, que, seguindo a letra fria da lei, chegar-se-ia a essa conclusão ilógica.

Outros casos ainda existem em que a configuração do ilícito só é possível se o ato for realmente apto a levar à formação de uma posição de poder no mercado (que na lei é chamada de "dominação dos mercados"). Assim, todo e qualquer acordo entre concorrentes (de preços, quantidade produzida, etc.) só chega a representar um perigo para o sistema concorrencial (consumidores + concorrentes) quando puder efetivamente levar à formação de uma posição de poder nos mercados. Só assim será possível atingir o objetivo final desse tipo de acordo, impor preços mais elevados ou reduzir a qualidade do produto sem perda substancial de clientela. Apenas nesse caso será possível criar dificuldades reais ao funcionamento ou ao desenvolvimento dos concorrentes.

Finalmente, existe um terceiro tipo de caso que não pode ser justificado por qualquer regra da razão. A ilicitude se verifica qualquer que seja a posição do agente, por constituir prática de

II, justifica-se na teoria da *incipiency* acima exposta. Evidentemente, qualquer ato de concorrência desleal, na medida em que pode prejudicar o concorrente, pode potencialmente ter como objeto ou levar o agente a "dominar os mercados".

concorrência desleal. Assim, por exemplo, a utilização de meios enganosos para provocar a oscilação de preços de terceiros (inc. IX). O sistema de proteção contra a concorrência desleal não se esgota, no entanto, nos casos previstos na Lei n. 8.884. Grande parte, se não a maioria das práticas de concorrência desleal, vem prevista como crime de concorrência desleal (art. 195 da Lei n. 9.279, de 14 de maio de 1996 — Novo Código da Propriedade Industrial). O fundamento da previsão de tal tipo de ilícitos é a proteção ao sistema concorrencial ou, dito de outra forma, a proteção da existência da competição.[92] É necessário garantir o respeito a padrões mínimos de conduta ética, sem os quais a concorrência necessariamente desencadearia um processo antropofágico de disputa do mercado que, em última instância, levaria à formação daquelas posições de poder tão temidas pelo direito concorrencial. A peculiaridade dos ilícitos de concorrência desleal em relação àqueles atos que visam ao domínio dos mercados é que naqueles, ao contrário desses últimos, não é necessário inquirir da posição de poder que deles poderá advir. É interessante notar que exatamente esse fato revela, de maneira particularmente evidente, aquela independência do momento valorativo jurídico em relação à lógica econômica há pouco mencionada. O valor lealdade da competição é aqui protegido, ainda, que a lógica econômica possa indicar no sentido de que aquele ato específico pouca ou nenhuma relevância tem para o mercado. A ela se

92. Nem sempre foi assim. Como relata T. Ascarelli (*Teoría de la concurrencia y de los bienes inmateriales*, Madrid, Bosch, 1970, p. 178) durante muito tempo a doutrina comercialista, sobretudo por influência da doutrina alemã do século passado, entendeu que o objeto da proteção dos ilícitos de concorrência desleal era a clientela do empresário. Esse ponto de vista, de marcada influência privatística, apesar de hoje superado, ainda se faz sentir em algumas (poucas áreas) do direito concorrencial. Assim é que, por exemplo, ainda hoje a jurisprudência em peso afirma a legalidade das cláusulas de não restabelecimento do sócio retirante com base na necessidade de preservar o *good will* da empresa, deixando de lado completamente a análise do efeito provável de tal tipo de proibição sobre aquele mercado específico; v., nesse sentido, a título meramente exemplificativo: *RT* 325/226, afirmando que a cláusula de não concorrência está implícita no trespasse da empresa, *JTACSP* 117/48, afirmando que a concorrência desleal se configura com a "retirada de clientela", e mais recentemente Apelação Cível n. 203.158-2, Acórdão de 4.3.93, da 11ª Câmara Cível do Tribunal de Justiça de São Paulo, afirmando a constitucionalidade e licitude da cláusula de não concorrência.

substitui o bom senso jurídico, sugerindo que não basta a criação de padrões mínimos de comportamento leal para que se evite a concentração e a monopolização. Também só com a preservação desses padrões mínimos o mercado será capaz de transmitir informações verdadeiras aos consumidores a respeito de qualidade e preço dos produtos. Assim, pode-se entender a garantia contra a concorrência desleal como uma *garantia sistêmica da ordem concorrencial*.[93]

O problema é que, repita-se, da maneira como está redigida, a lei permite classificar todos os incisos do art. 21 como hipóteses de concorrência desleal. Com efeito, uma interpretação meramente gramatical dos arts. 20 e 21 levaria a afirmar que todas as hipóteses previstas no art. 21 são capazes de "limitar, falsear ou de qualquer forma prejudicar a livre concorrência e a livre iniciativa" (art. 20, inc. I). A redação extremamente ampla desse dispositivo pode levar a desconsiderar as diferenças substanciais entre os ilícitos previstos no art. 20 e implicar soluções absolutamente ilógicas do ponto de vista econômico e injustas do ponto de vista jurídico.

Ponto de partida para o estabelecimento das diferenças entre essas hipóteses é a correta definição do significado e das formas de manifestação do poder no mercado. É o que se fará no capítulo seguinte.

93. Essa garantia sistêmica concorrencial guarda indiscutível paralelismo com as *garantias institucionais* do direito constitucional, nas quais se baseia. Essas últimas (como, por exemplo, a separação de poderes ou a independência da magistratura) são indispensáveis para a preservação de direitos fundamentais dos cidadãos, assim como a garantia da lealdade da competição é indispensável para a defesa dos direitos básicos de escolha e informação por parte dos consumidores (que só podem ser efetivamente tutelados se o sistema de mercado não for falseado pela transmissão incorreta de informações — exemplo: art. 21, inciso X da lei concorrencial — ou pela inexistência de liberdade de escolha); v., na literatura brasileira, para uma exposição e análise da teoria das garantias institucionais no direito constitucional, P. Bonavides, *Curso de direito constitucional*, 4ª ed. (refundida do *Direito Constitucional*), São Paulo, Malheiros Editores, 1993, pp. 449 e ss.

# Capítulo 2
# *A IDENTIFICAÇÃO DO PODER ECONÔMICO NO MERCADO*

Até agora prescindiu-se de uma definição rigorosa do conceito de poder no mercado. E isso por uma razão muito simples: pressuposto para a compreensão da definição econômica e das implicações jurídicas do poder no mercado é a determinação de sua correta posição e importância sistemática dentro do direito concorrencial. Feito isso, é possível passar a discutir seu conceito.

Para tal determinação é necessário ter em mente a famosa observação epistemológica de Karl Popper segundo a qual certos conceitos são de tal maneira fundamentais e constitutivos para uma ciência que sua definição é axiomática. Deve-se indagar de suas formas de revelação, ao invés de procurar defini-los.[1] Como exemplo cita a clássica comparação feita por B. Russell entre a importância do poder para as ciências sociais e da energia para a Física. Para a Física, a pergunta o que é energia? É uma pergunta metafísica, sem significado. A questão correta seria: como ela se revela? O mesmo ocorre com o poder nas ciências sociais.[2]

1. V. K. Popper, *Die offene Gesellschaft und ihre Feinde*, v. I ("Der Zauber Platons"), Bern, 1957, p. 61.

2. A comparação entre as duas noções é feita por B. Russell (B. Russell, *Power — A new social analysis*, London, 1938, p. 10) que afirma que o poder é o conceito chave das ciências sociais, assim como a energia é o conceito chave da Física. A observação de Popper é um comentário (crítico) a essa famosa afirmação de Russell; v., a respeito, dessa última F. K. Comparato, *O poder de controle*, cit., p. 2, mencionando, também, o caráter mutante do poder como demonstração da impossibilidade de sua definição.

Essa observação aplica-se perfeitamente à análise concorrencial do poder no mercado. Não se trata de defini-lo, mas de encontrar na teoria econômica formas de identificar as condições necessárias para sua manifestação. Uma vez identificadas essas condições, poder-se-á, com base nos objetivos fixados em lei, identificar as formas ilegais de poder no mercado.

## 2.1 *Poder no mercado e sua medição*

Segundo a teoria neoclássica, a principal forma de manifestação do poder econômico nos mercados está na faculdade (poder) de aumentar preços através da redução da oferta de bem ou serviço. A tal ponto que — retomando o que foi dito na introdução a esse capítulo — o poder no mercado vem definido como o poder de aumentar preços.

Segundo os neoclássicos, a possibilidade de aumentar preços, mais do que uma manifestação, é uma conseqüência necessária da existência de poder no mercado. Aumentar preços é o "comportamento racional" dos agentes, cuja importância no mercado é grande a ponto de poder influenciar o preço através de uma diminuição de produção.

Essa, na verdade, é uma definição bastante simplista do poder no mercado, cujo único objetivo é ressaltar o problema relevante para o direito antitruste na perspectiva neoclássica. A ela devem ser acrescentadas, já de início, algumas correções e elementos adicionais.

Em primeiro lugar, a existência de poder para aumentar os preços não é um critério absoluto para a definição da existência de poder no mercado. Por vezes, a ausência do primeiro pode decorrer exatamente do exercício do segundo. Pode ocorrer que a empresa, por ser monopolista, já esteja cobrando preços tão altos e abusivos que lhe seja impossível aumentar ainda mais seus preços, sob pena de ver os consumidores imigrarem maciçamente para um substituto ou simplesmente deixarem de consumir aquele produto.[3]

3. Essa é a principal crítica manifestada pela doutrina contra a decisão da Suprema Corte americana em *United States vs. E. I Du Pont De Nemours & Co.* (Supreme Court, 1956 in 351 U.S. 377), onde a Corte derivou da existência de

Por outro lado, pode ser que a empresa seja capaz de diminuir, mas não de aumentar, seus preços, e, ainda, assim, tenha poder no mercado. Imagine-se o agente econômico que opera a um nível de preço de concorrência perfeita, mas é muito mais eficiente que seus competidores. Nesse caso, o seu poder se manifesta na possibilidade de diminuir seus preços, excluir todos os competidores do mercado e, ainda, assim, manter uma certa margem de lucro. Ele pode, ainda, escolher a primeira alternativa, ou seja, manter seus preços altos, ocupar espaço menor no mercado, mas obter uma maior margem de lucro na venda de cada produto.

Conclui-se, portanto, que a possibilidade de aumentar preços é condição não necessária para a existência de poder no mercado. Pergunta-se se é suficiente. A resposta é, também, negativa. Como se verá mais adiante, aumentos pretéritos de preços compõem apenas o dado comportamental, que deve ser aliado ao dado estrutural, para verificar a verdadeira existência de poder no mercado. É possível, por exemplo, que o agente econômico, mesmo sem poder no mercado, possa aumentar preços por ser muito mais eficiente que os demais (isto é, seja capaz de produzir a custo marginal bastante inferior) e estar bem abaixo do nível de preços por eles praticado. Assim, o aumento de preços deve ser sempre acompanhado da análise da estrutura do mercado (procedida a partir da definição do mercado) para que se caracterize o poder no mercado.

Deve-se concluir, então, que a definição teoricamente mais correta de poder no mercado não é a possibilidade de aumentar os preços, mas sim a possibilidade de escolher entre essas diferentes alternativas: grande participação no mercado e menor lucratividade ou pequena participação e maior lucratividade.[4] Essa forma de definir o poder no mercado é, de resto, a única capaz de explicar as situações de monopsônio e oligopsônio. Nesses casos,

um alto grau de elasticidade cruzada de demanda (isto é, de um alto grau de substituição do produto em caso de aumento de preços) a inexistência de poder no mercado, o que segundo a doutrina poderia representar exatamente o contrário; v., a respeito, W. Landes, R. Posner, "Market power in antitrust cases", in *Harvard Law Review* 94 (1981), p. 937 (961, texto e nota 43).

4. V., nesse sentido, R. Pitofsky, "New definitions of the relevant market and the assault on antitrust", in *Columbia Law Review* 90 (1990), p. 1.805 (1.811).

o poder dos agentes consiste exatamente na possibilidade de reduzir o preço através da redução de suas aquisições, o que, visto da perspectiva dos adquirentes, implica exatamente a alternativa acima definida (v. com maiores detalhes e mais precisão *infra*, n. 2.4.3).

A importância fundamental dada ao aumento de preços é decorrência da preocupação da teoria neoclássica exclusivamente com o bem-estar do consumidor (*consumer welfare*), no sentido definido no primeiro capítulo. É a preocupação exclusiva com que efeitos uma determinada restrição à competição pode ter sobre o preço do produto para o consumidor que dá o tom da análise, mesmo na relação entre competidores. Esse último aspecto pode, também, ser entendido como uma descrença na competição em si como meio de tutela dos interesses dos consumidores. Essa perspectiva, ainda que caracterizada como protetora do consumidor, muitas vezes acaba por ser mais branda e tolerante em relação à formação e manutenção do poder no mercado, desde que esse poder seja "eficiente". A conseqüência de sua aplicação acrítica pode ser o prejuízo para o consumidor, sobretudo a longo prazo.

### *2.1.1 Os conceitos marginalistas fundamentais*

Para compreender o significado dos postulados neoclássicos é preciso relembrar certos conceitos microeconômicos. Em primeiro lugar, é necessário ter em mente que, em um mercado em concorrência perfeita — ou seja, aquele mercado em que nenhum agente econômico pode isoladamente influenciar o preço da mercadoria — o ofertante maximiza lucros exatamente quando produz quantidade suficiente para igualar o preço ao custo marginal.[5] Isso porque, até esse ponto, cada unidade a mais produzida lhe proporciona maior receita total. Qualquer unidade produzida a partir daí implicará receita total decrescente, já que o custo marginal de produzi-la será maior que o preço. O fundamento econômico dessa afirmação é que, enquanto o custo marginal é crescente, em concorrência perfeita a receita marginal é constante. Dessa forma, após a intersecção o custo marginal será sempre maior que a receita marginal.

5. O termo "marginal" designa sempre o acréscimo (de custo, receita etc.) decorrente da produção ou venda de uma unidade adicional do produto.

Note-se que, em concorrência perfeita, preço e receita marginal são iguais, por isso é possível compará-lo ao custo marginal. Como visto, em concorrência perfeita o preço é um dado para o produtor (a curva de demanda é uma linha reta em função da quantidade). Dessa forma, o preço se traduz integralmente em receita marginal.[6]

O mesmo não acontece em um setor em que não existe concorrência perfeita, mas certas firmas têm poder no mercado. Imagine-se a situação em que uma empresa representa praticamente a produção total do mercado.[7] A empresa tem, então, influência sobre o preço. A curva de demanda é decrescente em função do preço oferecido. Mas, se a curva de demanda é decrescente, a receita marginal é necessariamente inferior ao preço. Isso porque, a não ser que o produtor possa diferenciar entre os consumidores (e no modelo mais simples se pressupõe que ele não pode), ele é obrigado a reduzir o preço de todos os produtos para poder vender uma quantidade maior. Assim, o seu prejuízo se reflete no preço de cada produto, e a receita agregada por cada unidade a mais vendida (a receita marginal) é inferior ao preço (a diferença entre ambos representa exatamente a perda em relação ao preço de todo o volume por ele produzido).

Aí está a explicação do sobrepreço obtido pela empresa com poder no mercado. O comportamento racional do agente é sempre igualar custo marginal e receita marginal. Isso porque, como visto acima, antes desse ponto, qualquer unidade a mais produzida lhe proporciona aumento de receita total. Ocorre que existindo agente ou agentes com poder no mercado (por hipótese, em situação de monopólio), o preço será necessariamente maior que a receita marginal (que, por sua vez, é bastante próxima, mas não idêntica ao preço em concorrência perfeita). O preço obtido por esse "comportamento racional" será, portanto, necessariamente superior ao preço vigente na situação de concorrência perfeita.

6. P. Areeda, J. Solow, H. Hovenkampf, *Antitrust law — An analysis of antitrust principles and their application*, v. II A, Boston, New York, Toronto, London, Little, Brown and Company, 1995, pp. 90 a 93.

7. A situação de poder que serve de parâmetro para a análise neoclássica é o monopólio.

Essa descrição econômica do comportamento dos agentes com poder no mercado pode ser entendida de maneira muito mais simples. É, na verdade, intuitiva. Se o agente sabe que pode influenciar os preços, procurará necessariamente encontrar a combinação de quantidade e preço que lhe proporcione o maior lucro.

A compreensão em termos econômicos do raciocínio marginalista é necessária pois tem conseqüências de extrema importância para a análise jurídica do domínio dos mercados que se pretende realizar. A seguir, as duas mais importantes conseqüências serão expostas com seus respectivos fundamentos econômicos.

### *2.1.2 Poder no mercado e participação no mercado*

A primeira das conseqüências do raciocínio marginalista decorre diretamente da própria definição (ou da forma principal de manifestação) do poder no mercado. Se esse poder manifesta-se através da possibilidade de aumentar preços, não basta observar uma grande participação percentual na produção total ou comercialização total de determinado produto para concluir que o agente tem poder no mercado. Mesmo uma empresa com grande participação nas vendas de determinado produto pode não ter qualquer poder de aumentar os preços. Basta que existam (a) vários substitutos para seu produto ou, então, (b) vários concorrentes prontos a entrar no seu mercado tão logo preços mais elevados tornem maiores as possibilidades de sucesso e de lucro daquele mercado. As letras "a" e "b" correspondem, respectivamente, aos conceitos microeconômicos de elasticidade cruzada da demanda (*demand cross elasticity*) e elasticidade cruzada da oferta (*supply cross elasticity*).

Uma demanda elástica (elasticidade > 1) é aquela em que a redução da quantidade demandada é mais do que proporcional ao aumento de preços. Num gráfico representativo da situação de concorrência perfeita, a curva de demanda seria uma linha reta paralela ao eixo horizontal que representa as quantidades. Portanto, a elasticidade da demanda, nesse caso, é infinita e o agente não tem qualquer poder no mercado. O contrário, no entanto, não é verdadeiro, e isso exatamente por causa das elasticidades cruzadas. Ainda que a demanda pelo produto seja totalmente inelástica e o monopolista (levando apenas em consideração a demanda por aquele produto) possa aumentar o preço infinitamente sem sofrer diminuição na quantidade demandada, não terá poder de mercado se as elasticidades cruzadas de demanda ou oferta forem altas. Em outras palavras, se a aumentos de preços de um determinado produto corresponder grande "fuga" de consumidores para produtos substitutos (resposta mais do que proporcional da demanda pelo produto substituto a aumentos no preço do produto originário — elasticidade cruzada da demanda > 1), o agente não terá o poder de aumentar os preços. Se o fizer, correrá o risco de perder grande parte de suas vendas para os produtores dos bens substitutos.

O mesmo ocorrerá se a um aumento de preços corresponder uma grande entrada de novos produtores no mercado. Nesse caso, em função da alta elasticidade cruzada da oferta, o produtor não poderá aumentar seus preços, sob pena de ver seu mercado inundado pelos novos concorrentes.[8] Assim sendo, é necessário encontrar um modelo de determinação do poder no mercado que leve em conta esses fatores. É o que se fará no item n. 2.2.

### *2.1.3 A racionalidade monopolística*

A segunda conseqüência da concepção econômica do raciocínio marginalista, que pode ser denominada "princípio da racionalidade monopolista", resume-se a um importante postulado: na teoria microeconômica neoclássica não existe poder no mercado não exercido. O agente econômico age necessariamente no sentido de maximizar o seu lucro. Se, como visto, a maximização de lucro implica a cobrança de preços acima do nível concorrencial, isso será feito. Para os economistas neoclássicos, se o poder econômico no mercado não está sendo exercido no sentido da racionalidade monopolista, isso significa que ele não existe. Pode

8. A literatura jurídico-econômica que trata do problema do poder no mercado é fartíssima. A descrição dos fundamentos econômicos da determinação do poder no mercado é discutida em várias obras de maneira semelhante, encontrando-se no mais das vezes diversidade de enfoque e diversos graus de ortodoxia, todos, porém, utilizando o instrumental analítico da teoria neo-clássica; v., entre outros, em grau decrescente de ortodoxia neoclássica, W. Landes, R. Posner, "Market power in antitrust cases", cit., pp. 937 e ss.; P. Areeda, J. Solow, H. Hovenkamp, *Antitrust law*, v. II A, loc. ult. cit.; R. Pitofsky, "New definitions of the relevant market and the assault on antitrust", cit., pp. 1.085 e ss.

ocorrer, por exemplo, a situação acima descrita, ou seja, uma empresa com grande participação no mercado que, no entanto, tem diante de si uma demanda por produtos substitutos bastante elástica e uma oferta cruzada também bastante elástica.

Conseqüentemente, a prática por longo prazo de preços concorrenciais por empresa que tem posição dominante é indício de inexistência de poder sobre o mercado. Para alguns, esse tipo de indício permite até mesmo uma presunção absoluta da inexistência de poder no mercado. Ainda que uma presunção desse tipo possa levar em certos casos a desconsiderar situações em que há efetivo poder no mercado, não seria possível para o aplicador da lei diferenciar as empresas que possuem das que não possuem tal poder. Os motivos "não racionais" (segundo os padrões de racionalidade dos agentes econômicos da teoria neoclássica) que podem levar a empresa a não utilizar seu poder para aumentar os preços, como, por exemplo, o interesse em aumentar as vendas e ganhar espaço no mercado ou o receio de regulamentação governamental do setor em caso de abusos, seriam de ocorrência prática extremamente rara e suas investigação e análise seriam extremamente difíceis e custosas. Tais motivos não poderiam, portanto, razoavelmente constituir padrão ou sequer ser levados em conta pelo aplicador da lei.[9]

Ainda que útil como critério indicativo do provável comportamento dos agentes econômicos, e, portanto, passível de levar à formulação de presunções (relativas), o princípio da racionalidade monopolista não leva ao resultado descrito no parágrafo anterior. Não é possível transportar os conceitos econômicos direta e acriticamente para o campo jurídico. A racionalidade, ainda que constitua critério identificador das situações de poder no mercado do ponto de vista econômico, não basta para distinguir as situações de poder lícitas das situações ilícitas. Como se verá mais adiante, a determinação da existência de poder de mercado ilícito requer a verificação de aspectos (a) da estrutura do mercado e (b) do comportamento no mercado. A aplicação desses critérios não é sempre cumulativa, de modo a permitir a exclusão da ilicitude quando da não verificação de um dos aspectos — no caso, a inexistência de comportamento abusivo (aumento de preços).

9. V., nesse sentido, P. Areeda, J. Solow, H. Hovenkamp, *Antitrust law*, v. II A, cit., p. 109.

Apenas para citar o exemplo mais óbvio, tratando-se de controle das concentrações, o comportamento passado é critério de pouca utilidade. Isso porque, nesse caso, trata-se não de analisar uma estrutura empresarial já existente, mas sim algo que virá a existir. O princípio da racionalidade monopolista coerentemente aplicado exigiria que da análise simplesmente da estrutura do mercado, como se configurará após a concentração, fossem tiradas as principais conclusões quanto ao comportamento futuro do agente econômico.

Mas mesmo com relação à análise do poder no mercado já existente pode-se criticar a construção baseada na racionalidade monopolista. Basta, por exemplo, notar que, por vezes, o poder no mercado pode se manifestar através da redução predatória dos preços. É o lucro monopolista obtido em outro segmento do mercado ou obtido no passado que permite financiar a "guerra de preços", que, de outra forma, seria suicida. Recentemente, aliás, sugeriu-se na literatura econômica que pode haver certa racionalidade por detrás da aparente irracionalidade dos preços predatórios. Três são as explicações sugeridas. Em primeiro lugar, o monopolista pode querer estabelecer uma reputação de comportamento agressivo em relação aos que tentam invadir seu mercado. Ele pode, ainda, simplesmente querer transmitir a falsa impressão ao mercado de que seus custos são menores do que os dos concorrentes, desincentivando a sua entrada. A terceira explicação é baseada no maior potencial financeiro do monopolista, que o faz crer poder forçar a empresa economicamente mais fraca a sair do mercado.[10] O comportamento aparentemente irracional ganha, portanto, três explicações bastante racionais.

### *2.1.4 Critérios de identificação do poder no mercado*

A definição de poder no mercado apresentada, que põe acento sobretudo nas suas formas de manifestação, aumenta a importância do problema tratado no presente tópico: as formas de

10. Essas três hipóteses são construídas a partir da aplicação da chamada teoria dos jogos ao direito; v., a respeito, o pioneiro trabalho de D. Baird, R. Gertner, R. Pickner, *Game theory and the law*, Cambridge-Massachusetts-London, Harvard University Press, 1994, pp. 178 e ss.

determinação da existência do poder no mercado. Existem várias teorias econômicas e econométricas que procuram fazê-lo. Não é relevante para os objetivos do presente trabalho analisálas a fundo, mas apenas descrever seus principais aspectos, que possam ser de relevância para a análise jurídica.

Existem vários critérios de mensuração do poder no mercado, que podem, basicamente, ser reunidos em dois diferentes grupos: aqueles não baseados na definição do mercado e o critério baseado na definição do mercado.

### a) Formas de determinação não baseadas na definição de mercado

As formas não baseadas na definição de mercado procuram mensurar o poder de mercado a partir de uma verificação direta da existência do sobrepreço típico do monopólio. Isso é feito de várias formas: ora derivando um índice de poder do mercado diretamente do sobrepreço monopolista, ora derivando o poder no mercado da chamada curva de demanda residual, em outra hipótese ainda, concluindo pela presença de poder no mercado em função da existência de discriminação de preços entre consumidores e, finalmente, usando como substituto do sobrepreço a existência de lucros abusivos.

A própria enumeração desses métodos deixa clara sua limitação. Seu fundamento está na verificação de comportamentos a partir dos quais imagina-se ser possível inferir ou mensurar aumento de preços para níveis de monopólio. Reduzem o comportamento monopolista exclusivamente ao aumento de preços. São, portanto, um útil teste quando esses aumentos efetivamente ocorrem, mas de pouca utilidade quando, como é freqüente, os aumentos não ocorrem ou não são comprováveis. Além disso, como já ressaltado, são completamente inúteis para o controle das concentrações, nas quais o dado comportamental pretérito é irrelevante e o futuro, desconhecido. Tudo isso faz com que, na verdade, sua utilização maior seja como substitutos do método baseado na definição de mercado, quando por algum motivo não é possível ou suficiente definir o mercado relevante.

O primeiro desses métodos tenta determinar o poder no mercado através da direta mensuração do sobrepreço monopolista.

Define-se o assim chamado *Lerner Index*, que consiste no quociente entre a diferença entre preço e custo marginal para o monopolista e o preço do monopolista (Li = (Pi - CMi)/ Pi). O índice varia entre zero e um, tendendo a um em caso de monopólio e tendendo a zero em caso de concorrência perfeita (pois, então, Pi = CMi). O problema desse tipo de medição é óbvio: a dificuldade na obtenção dos elementos componentes da fórmula. Mesmo o preço nem sempre é de fácil verificação. O preço de venda praticado por uma empresa para determinado produto não é algo constante. Varia freqüentemente de lugar para lugar e de consumidor para consumidor. Simplesmente tirar uma média de todos esses preços não é correto, pois desconsidera o fato de que uma firma é freqüentemente monopolista com relação a certos consumidores, operando em concorrência perfeita com relação a outros. A média poderia levar à conclusão de que a empresa não tem poder no mercado, o que pode não ser verdade com relação a certos grupos de consumidores.

Mas o principal problema do *Lerner Index* está na determinação do custo marginal. O custo marginal é uma unidade teórica, que não aparece na contabilidade empresarial. Sua mensuração requer uma profunda análise da estrutura de custos da empresa. Mas mesmo que essa análise possa ser levada a efeito pelo aplicador da lei, o que parece, na prática, bastante improvável, é duvidoso que se possa chegar a uma resposta conclusiva. Com efeito, se o custo marginal consiste no custo de produzir uma unidade a mais daquele determinado produto, para sua mensuração devem ser levados em consideração aqueles custos que variam com a produção, os chamados custos variáveis. Ocorre que na maioria dos casos a distinção entre custos variáveis e custos fixos é meramente temporal. O valor de uma máquina é, por exemplo, tipicamente um custo fixo. No médio prazo, porém, com o aumento significativo da produção, pode-se transformar em um custo variável. Na verdade, praticamente todos os custos variáveis transformam-se em fixos no longo prazo, sobretudo quando há necessidade de aumento de capacidade produtiva. Assim, é muito discutível a inclusão apenas do custo variável para cálculo do custo marginal. Por outro lado, incluir todos os elementos componentes do custo fixo em um determinado nível de produção para o qual se deseja calcular o custo marginal pode levar a uma superavaliação sensível do custo marginal da firma.

Fazer depender de um cálculo tão incerto, e, em última análise, arbitrário, a definição da existência de poder no mercado é bastante arriscado.[11]

O segundo método de mensuração do poder no mercado baseia-se na determinação da chamada "curva de demanda residual". Trata-se de método tão ou mais teórico que o primeiro. Supõe a existência de dados que permitam calcular a curva de demanda de todos os concorrentes da empresa que está sendo investigada. Além disso, é necessário ter a curva de demanda do mercado como um todo. Conhecendo ambas as curvas é possível obter por simples subtração a curva de demanda da empresa objeto de análise. A inclinação dessa curva fornece diretamente o nível de poder da empresa no mercado. Não é preciso dizer que conhecer a curva de demanda de todos os concorrentes e a curva de demanda do mercado, ambos conceitos puramente teóricos (nenhuma empresa sequer sabe a sua própria curva de demanda com precisão), é tarefa mais do que impossível.

O terceiro método é aquele que procura inferir o poder de mercado não a partir de dados sobre quantidade e preço, mas sim da existência de comportamento que por hipótese seria exclusivo e típico de agentes econômicos com poder no mercado. A diferença básica dos anteriores, que, como visto, procuravam sistematicamente, a partir da análise de certas variáveis econômicas, mensurar o poder de mercado, é que esse método não permite gradações dos diversos níveis de poder no mercado. Ele pretende apenas poder sugerir a presença de poder de mercado, quando todas as outras mensurações não são possíveis.

O grande problema é que a maioria dos fatos em função dos quais se pretende inferir o poder no mercado não indica necessariamente nesse sentido. É o caso, por exemplo, da estabilidade da participação dos componentes em um mercado com poucos concorrentes, freqüentemente utilizado para demonstrar a existência de acordo tácito entre oligopolistas. Parece claro que da premissa não decorre necessariamente a conclusão. A manutenção das participações pode ser conseqüência exatamente da for-

11. V., para a discussão, a respeito do *Lerner Index* e as críticas à utilização desse índice, P. Areeda, J. Solow, H. Hovenkamp, *Antitrust law*, v. II A, cit., pp. 96 e ss.

te competição e da paridade de forças entre os vários concorrentes, que não permite a nenhum deles ganhar espaço às custas do outro. O mesmo ocorre com a movimentação uniforme dos preços. Ela não é necessariamente indicativa da cartelização do mercado por parte dos oligopolistas. Pode, também, ser indicativa da paridade de forças entre eles.

Existe apenas um tipo de comportamento que permite inferir com um razoável grau de segurança a existência de poder sobre o mercado. Trata-se da discriminação de preços. Com efeito, se uma empresa é capaz de discriminar entre consumidores localizados em mercados geográficos diferentes e se não existem motivos (ex.: custos de transporte) a justificar essa discriminação, isso significa que no mercado em que cobra preços superiores a empresa é dotada de certo grau de poder.[12] A razão é que, nesse caso, o próprio agente econômico possibilita a comparação das situações de concorrência perfeita e monopólio, isto é, o *Lerner Index* pode ser calculado diretamente através da comparação dos diferentes preços cobrados pelo mesmo agente econômico. Isso porque, presumindo-se que o mercado em que o a agente tem menor participação opera em concorrência perfeita, CMi = Pii (onde Pii é o preço em concorrência perfeita), a fórmula do *Lerner Index* pode ser reescrita da seguinte forma: Li = (Pi - Pii)/ Pi (onde Pi é o preço na região em que se cobram preços monopolísticos e Pii é o preço na região em que opera em concorrência perfeita).

A pouca utilidade da verificação do comportamento no mercado para a determinação do poder não significa que não exista relação entre ambos. Na verdade, a relação entre poder no mercado e comportamento no mercado se dá muito mais no sentido inverso. O poder no mercado é, como já visto no capítulo 1 (n. 1.6), útil elemento para determinar a licitude ou não de determinados comportamentos. Ainda, que por vezes o comportamento seja indicativo do poder, na maioria dos casos o poder no mercado é critério de avaliação, e não conseqüência dos comportamentos dos agentes no mercado.

12. V. P. Areeda, J. Solow, H. Hovenkamp, *Antitrust law*, v. II A, cit., pp. 132 e ss.

b) O lucro excessivo

Resta analisar uma última forma de aferição do poder no mercado, não baseada na definição do mercado. Duas razões justificam seu tratamento separado das demais. Em primeiro lugar, é o único critério entre todos a utilizar dados efetivamente disponíveis sobre a empresa, o que obviamente aumenta a possibilidade de sua aplicação prática e, conseqüentemente, seu interesse. Mais do que isso, esse método é de especial importância para o observador brasileiro. Há muito está incorporado no sistema antitruste brasileiro, através da previsão em sede constitucional e legal da figura do "aumento arbitrário dos lucros".

A referida expressão aparece em todas as Constituições brasileiras, desde 1948, não como método de aferição do poder no mercado, mas como forma independente da caracterização do abuso do poder econômico (ao lado da dominação dos mercados e da eliminação da concorrência), constituindo, portanto, "uma das bases independentes sobre a qual o Congresso pode elaborar legislação antitruste".[13]

Ocorre que na elaboração concreta da legislação notou-se a imperfeição da terminologia constitucional. Com efeito, o aumento dos lucros só pode ser considerado arbitrário, e, portanto, só pode constituir ilícito independente, quando decorrente da exploração de uma situação de monopólio. Só então é que demonstra a utilização do poder no mercado para imposição de preços excessivos.

Em ausência de monopólio, o aumento dos lucros não chega a ser sequer arbitrário. Em situação de concorrência (ainda que não perfeita) o aumento dos lucros decorre necessariamente ou do aumento da eficiência produtiva (com diminuição de custos), ou então de alguma causa natural, temporária, não imputável ao produtor (por exemplo, a escassez temporária de um produto, que faz aumentar fortemente a demanda por seu substituto imediato). A imposição de preços excessivos não leva na concorrência perfeita a lucros extraordinários simplesmente porque implica perda de clientela mais que proporcional ao aumento de preços. A conseqüência é, portanto, prejuízo e não lucro. Essa realidade foi reconhecida pelo legislador brasileiro, que em 1962

13. B. Shieber, *Abusos do poder econômico*, cit., p. 189.

(Lei n. 4.137) vinculou o aumento arbitrário dos lucros à existência de monopólio (natural ou de fato) — art. 2º, inc. II.[14]

Pode-se afirmar que a vinculação perdura na nova lei (Lei n. 8.884). O aumento arbitrário dos lucros só se caracteriza em presença de poder no mercado, pela simples razão de que a arbitrariedade só se configura quando o aumento dos lucros decorre do aproveitamento de posição dominante no mercado (seja ela monopolista ou oligopolista). O fato de a dominação dos mercados e o aumento arbitrário dos lucros aparecerem na nova lei em incisos separados (II e III) do art. 20 não significa que possam ter configurações independentes. O que o legislador quis foi apenas desvincular os dois termos no sentido oposto, ou seja, deixar claro que o aproveitamento do poder no mercado não é ilícito apenas quando tem como conseqüência o aumento arbitrário dos lucros, mas, também, em outras hipóteses, muitas delas elencadas no art. 21.[15]

14. Como ressalta B. Shieber, a redação do art. 2º, incs. I e II da referida lei foi modificada pelo substitutivo do Deputado Alde Sampaio, que eliminou a utilização independente do aumento arbitrário dos lucros como ilícito, vinculando sua ocorrência obrigatoriamente aos casos de monopólio natural ou de fato. Referido deputado observou na justificativa de seu substitutivo: 'Também, por outro lado, cobrir todos esses atos pela figura do 'aumento arbitrário de lucros', não os caracteriza nem delimita porque em verdade todo e qualquer ato econômico, praticado por empresa, pode ser posto sob o objetivo de procura de aumento de lucro, com o que o ato realmente delituoso deixa de ser caracterizado. Nesse particular, só para as empresas em situação de monopólio, se pode admitir que o lucro seja procurado *por arbítrio da própria empresa* e, ainda assim, como uma conseqüência do aumento arbitrário dos preços e não como figura primária do ato que se quer condenar. De fato, o lucro é sempre uma conseqüência por natureza aleatória e não pode, portanto, jamais exprimir uma ação direta perceptível e condenável, e só nos casos de monopólio está em relação direta com a fixação arbitrária dos preços, que são de fato regulados pelo vendedor, em função do lucro que deles advém", cit. in B. Shieber, *Abusos do poder econômico*, cit., pp. 192-193. Criticável na redação da lei de 1962 é, porém, a redução das situações de poder no mercado à figura do monopólio, com desconsideração completa dos oligopólios, monopsônios e oligopsônios.

15. A exposição de motivos do Projeto de Lei n. 3.712, que se transformou na Lei n. 8.884, é enfática nesse sentido: "... Impor preços excessivos desde 1962 é considerado prática abusiva, quando a empresa que assim procede não estiver sujeita à concorrência efetiva por parte de outros produtores. *A dificuldade de aplicação da referida lei deveu-se apenas à vinculação da prática abusiva a um resultado concreto, o aumento de lucros*. Como não existem grandes dificuldades para a ocultação de lucros e sua distribuição disfarçada, a vinculação do aumento injustificado de preços ao resultado de aumento de lucros inviabilizou

Conclui-se, portanto, que quanto ao aumento dos lucros configura-se o mesmo problema identificado nos critérios de identificação do poder no mercado baseados no comportamento do agente econômico. A referida figura é muito mais uma conseqüência ilícita de uma posição de poder no mercado do que uma demonstração da existência mesma desse poder. É, sem dúvida, por servir a esse objetivo e, também, para manter a compatibilidade da lei com a previsão constitucional que a expressão "aumento arbitrário dos lucros" continua preservada na nova lei. Com efeito, sua utilidade aplicativa é mínima. Isso porque as hipóteses de dominação dos mercados e abuso de posição dominante, previstas nos demais incisos do art. 21, já permitem a sanção das hipóteses de aumento arbitrário dos lucros (dos agentes econômicos dotados de poder no mercado).

Como critério de verificação do poder no mercado a existência de lucros excessivos é relativamente pobre, não permitindo chegar a resultados seguros. Como visto acima, o aumento excessivo dos lucros pode decorrer de uma escassez temporária sem que seu titular disponha ou possa vir a dispor de poder no mercado. Tampouco a existência de lucros extraordinários comparativamente a concorrentes atuando no mesmo segmento do mercado indica necessariamente poder. Exemplo claro nesse sentido é o do produto extrativo que pode ser produzido a baixo custo por uma empresa (que, por hipótese, é proprietária de uma mina que permite produzir a baixo custo). Imagine-se, ainda, que a demanda pelo referido produto é muito maior que a capacidade daquela mina. Nesse caso, o produtor terá lucros extraordinários muito maiores que os da média do mercado, mas não poder no mercado, pois grande parte da produção (a maior parte) tem de ser suprida pelos seus concorrentes.[16]

Note-se que o critério dos lucros excessivos, também, é de pouca utilidade quando utilizado no sentido contrário. Ou seja,

a aplicação da lei. Nossa proposta é que sejam atualizados tais conceitos, utilizando-se a expressão mundialmente consagrada "posição dominante" em lugar dos termos utilizados pela Lei de 1962, "condições monopolísticas" e "monopólio de fato", que significam praticamente a mesma coisa, e que seja desvinculada a prática abusiva da comprovação de lucro em balanço obtido pela empresa"; v. Relatório do Deputado Fábio Feldman sobre o Projeto de Lei n. 3.712 de 1993, pp. 14-15.

16. V. P. Areeda, J. Solow, H. Hovenkamp, *Antitrust law*, v. II A, cit., p. 113.

da inexistência de lucros excessivos não se pode inferir a inexistência de poder no mercado. Em primeiro lugar porque altos lucros podem ser facilmente eliminados, e freqüentemente o são, através de técnicas de planejamento fiscal. Além disso, a maioria dos monopolistas, exatamente porque monopolistas, é ineficiente. Apesar de cobrarem preços supracompetitivos, os monopolistas podem não ter lucro, simplesmente porque seus custos são muito altos.[17] E finalmente existem fortes razões para crer que grande parte da receita derivada do sobrepreço monopolista é gasta para mantê-lo. Desse modo, acaba por não se transformar em lucro, mas sim em perdas sociais.

## 2.2 *Poder no mercado e definição do mercado*

Analisadas as fraquezas das demais formas de medição do poder de mercado, resta discutir o hoje dominante método teórico de acesso e medição do poder no mercado. Esse é, também, o método adotado no sistema brasileiro.

Essa conclusão decorre do emprego nos arts. 20, § 3º, e 54, § 3º, da lei concorrencial, da expressão "participação no mercado relevante". Que daí decorre a adoção legislativa do método de determinação do poder no mercado a partir da definição do mercado não parece haver dúvida. O referido método prevê exatamente isso: primeiro a definição do mercado relevante, através do estabelecimento dos limites geográficos e relativos ao tipo de produto, e, em seguida, a verificação da participação percentual do agente econômico nesse mercado. Note-se que, na lei brasileira, a definição do mercado é utilizada como instrumento de definição não só do poder já existente no mercado, para fins de apuração de eventual abuso desse poder (art. 20), mas, também, para mensuração do poder de mercado que virá a existir no futuro em função de uma determinada concentração, dentro do sistema de controle das concentrações econômicas (art. 54). Ora, nesse último caso nenhum método baseado na verificação de comporta-

17. Essa foi a conclusão do Juiz Hand no famoso caso *United States vs. Aluminum Company of America*, 148 F. 2d 416 (2d Circuit 1945), com a Corte Federal funcionando como Suprema Corte, na ausência de número suficiente nesta. Com base nela, a corte rebateu o ponto principal da argumentação da ré, *Alcoa*, que sustentava não ter poder no mercado.

mentos passados é efetivo. O acesso, ao menos aproximado, ao poder no mercado só é possível através de sua definição.

Uma correta definição do mercado deve levar em conta necessariamente três dimensões: a dimensão substancial (ou dos produtos), a dimensão geográfica e a temporal. Às tradicionais dimensões geográfica e do produto acrescenta-se, portanto, a dimensão temporal. Na verdade, a análise neoclássica tradicional leva em conta na definição do mercado o elemento temporal. Sua discussão é incluída nos mercados geográfico e de produtos, permitindo restringir ambas as definições (e, portanto, potencialmente indicar no sentido de um maior poder de mercado) em caso de existência de poder na perspectiva temporal, ou seja, em presença de barreiras à entrada.

A seguir será descrito e discutido o método neoclássico de definição do mercado, e sua forma tradicional. Isso não significa que se esteja abrindo mão da análise da perspectiva temporal. Ao contrário, ela é considerada tão importante que será objeto de um tópico independente. Trata-se do item referente às barreiras à entrada.

### *2.2.1 O método de definição do mercado*

A definição do mercado (tanto do mercado dos produtos como do mercado geográfico) leva em conta dois elementos distintos: os substitutos do lado da demanda e do lado da oferta. Isso significa dizer que, para determinar qual o mercado em que se encontra um agente econômico fabricando o produto "X", é necessário verificar (a) que produtos o consumidor (demanda) vê como substitutos de "X" e (b) quais novos produtores podem razoavelmente entrar no mercado de "X" para produzi-lo.

Em ambos os casos, e isso é fundamental para entender o presente método, para definir quais são os substitutos do lado da oferta e da demanda não é possível analisar o mercado como se encontra naquele exato momento. Para a definição do mercado não basta levar em consideração apenas os concorrentes presentes. É necessário projetar os efeitos de um determinado aumento de preços, conseqüência natural e necessária, como já visto, da formação ou da existência de uma situação monopolística. Deve-se, então, verificar (a partir da análise dos dados existentes a respeito de aumentos de preços pretéritos) se é possível concluir que o consumidor substituirá o produto "X" por um concorrente próximo (substituição de demanda) ou se novos produtores entrarão no mercado, passando a fabricar o produto "X".

Para que tal método possa ser válido como sistema de mensuração tanto para aquelas situações de poder de mercado já existente como para aquelas em que se projeta o nível de poder no mercado de um conglomerado de empresas que virá a se formar, é necessário que o patamar de preços sobre o qual se aplicarão os aumentos seja único. Dessa forma, os preços sobre os quais se devem calcular os aumentos hipotéticos são sempre os competitivos, independentemente de a empresa já se encontrar em um nível de preços supracompetitivo. Apenas caso seja impossível obter esses valores, por total ausência de dados sobre movimentação de preços no passado ou movimentação de preços de concorrentes e produtos substitutos (com a mesma estrutura de custos), pode-se utilizar o nível presente de preços, reduzindo-se (eventualmente até a zero) os aumentos de preço a serem projetados (caso já esteja ocorrendo abuso de preços).

Note-se que essa análise aparentemente complicada é necessária para fornecer a real dimensão do mercado e para avaliar o próprio poder no mercado. Só em uma perspectiva dinâmica o poder no mercado pode ser corretamente captado e mensurado. Isso porque só verificando os efeitos de um determinado aumento de preços é possível observar a movimentação dos consumidores no sentido de substituir um produto pelo outro. Essa análise dinâmica do mercado permite, portanto, ter uma idéia das elasticidades cruzadas, cujos valores não é possível calcular teoricamente.

Conclui-se, portanto, que a verdadeira composição do mercado em termos de produtos que o compõem e regiões que engloba só pode ser obtida a partir dos métodos acima definidos. Além disso, o método dos aumentos hipotéticos de preços baseia-se em presunções econômicas hoje unanimemente aceitas. A mais importante delas é a presunção do exercício necessário do poder no mercado no sentido de aumentar os preços. Aceita essa premissa, a conseqüência é que mesmo em um mercado em que já exista bastante concentração a empresa dominante não deixará de aumentar preços antes de atingir seu ponto de equilíbrio (v. *supra,* n. 2.1.3). Se ainda não o atingiu, mover-se-á nesse sentido brevemente; se o ultrapassou, será constrangida pelo mercado a reduzir seus preços. A melhor forma de avaliar o poder no mercado é, portanto, tentar projetar a estrutura desse mercado, uma vez atingido o ponto de equilíbrio monopolista.

Se em um determinado mercado se conclui que em função de um aumento de preços grande parte dos consumidores passará a consumir outro produto ou então que grande número de concorrentes entrará no mercado, o agente econômico, mesmo que detivesse grande participação nas vendas no nível de preços praticado naquele momento, perderia grande parte de seu mercado se aumentasse os preços. Nesse caso, não se pode dizer que existe poder no mercado, já que a forma principal de exercício desse poder — o aumento de preços — está bloqueada.

São três os problemas aplicativos centrais desse método.

a) *O nível de aumento de preços* — Como determinar o nível de aumento de preços a ser utilizado? Como visto, não é possível saber o valor do sobrepreço monopolista (se fosse, toda essa análise seria desnecessária, podendo-se calcular o poder no mercado diretamente através do *Lerner Index*). Por outro lado, de uma definição mais ou menos correta do aumento de preços depende a definição do mercado, e, conseqüentemente, a conclusão pela existência ou não de poder no mercado. Utilizar um nível muito elevado de aumento de preços implicaria definir um mercado excessivamente amplo e, conseqüentemente, concluir sempre que os agentes carecem de poder no mercado. Um nível muito baixo cria o risco inverso. Apesar de necessariamente arbitrário (como, de resto, é a própria fixação de participação no mercado) pode-se dizer que um percentual entre 5% e 10% de aumento de preços constitui valor bastante razoável.[18]

18. É esse o percentual utilizado pelo Departamento de Justiça Norte-americano nas Diretivas Reguladoras das Concentrações Econômicas de 1984 e 1992 (*Department of Justice Merger Guidelines*). Esse tipo de teste foi estabelecido pela primeira vez nas *Guidelines* de 1982, que previam o percentual de aumento de 5%. Aparentemente afetado pelas críticas de que o percentual era arbitrário, o Departamento de Justiça previu nas *Guidelines* de 1984 apenas que o aumento deveria ser "small but significant and non transitory". Com isso, na prática, no final dos anos 80, ainda, sob a forte influência da visão liberal (inclusive relativamente às concentrações) da era Reagan, o Departamento de Justiça acabava por aplicar um teste de 10%, valor esse, no entanto, calculado a partir do nível de preços competitivos; v. R. Pitofsky, "New definitions of the relevant market", cit., pp. 1.819-1.820. As recentes *1992 Horizontal Merger*

b) *A demonstração da existência de substituição* — O segundo problema refere-se à projeção dos efeitos de tais aumentos de preços. Aqui a questão é mais econômica do que jurídica. Sem entrar no detalhamento econométrico desses critérios (o método econométrico permite fazer inferências a partir de dados coletados no passado), é preciso explicitar os diferentes critérios de avaliação da provável reação dos compradores aos aumentos de preços.[19]

O primeiro desses critérios é a prova de que os compradores efetivamente substituíram ou consideraram a possibilidade de substituir o produto em função de mudanças nos preços ou outras variáveis competitivas. Esse é, sem dúvida, o mais confiável de todos os indícios. Sua demonstração pode ser feita através da análise econométrica dos dados quantitativos referentes ao consumo de cada produto no passado em conseqüência de aumentos de preços, ou ainda (em ausência desses dados) a partir da comparação dos movimentos de preços de ambos os produtos. A inexistência de movimento paralelo de preços entre produtos similares é indicação razoavelmente segura de que os consumidores não os vêem como substitutos. Afinal, a manutenção de nível estável de preços no produto tido como substituto indica que não há fluxo suficiente de consumidores do produto substituído (o produto "X" em nosso exemplo hipotético) para aumentar sequer marginalmente o preço. O contrário não é, no entanto, necessariamente verdadeiro. A existência de movimento paralelo de preços pode ser decorrência de pressões nos preços de insumos comuns

*Guidelines*, restabeleceram o percentual de 5%, fazendo-se, no entanto, logo a seguir a seguinte ressalva: "However, what constitutes a 'small but significant and non transitory' increase in price will depend on the nature of the industry, and the Agency at times may use a price increase that is larger or smaller than five per cent" (item 1.11); para o texto completo das *Guidelines* v. P. Areeda, H. Hovenkamp, *Antitrust law*, Supplement 1994, Boston, New York, Toronto, London, Little, Brown and Company, Appendix A. Em função desses dispositivos, o que vem ocorrendo na prática é a aplicação do teste de 10% relativamente aos preços competitivos ou de 5% relativamente aos preços efetivamente praticados no mercado, quando se sabe que esses preços são supracompetitivos mas não é possível inferir com segurança os preços competitivos. V., a respeito, também, P. Areeda, J. Solow, H. Hovenkamp, *Antitrust law*, cit., pp. 199-200.

19. São esses os critérios utilizados na *1992 Horizontal Merger Guidelines* do Departamento de Justiça Norte-americano (item 1.11); v. P. Areeda, H. Hovenkamp, *Antitrust law*, Supplement 1994, loc. cit.

para ambos os produtos, cuja ocorrência é bem provável, sobretudo tratando-se de produtos similares.[20] Conseqüentemente, a existência de movimentos paralelos de preços só é confiável como indicativo do poder no mercado se acompanhada de uma análise da movimentação das quantidades consumidas de cada produto (o que nos faz retornar ao ponto inicial, tornando a análise dos preços relativamente inútil) ou se acompanhada de um acurado estudo da movimentação histórica dos custos das empresas (o que, como já visto, é bastante difícil).

O segundo critério infere o poder no mercado a partir da comprovação de que os vendedores baseiam suas decisões negociais na perspectiva de substituição de produtos por parte dos compradores, em resposta a mudanças nos preços ou outras variáveis competitivas. Trata-se da verificação do poder no mercado a partir do planejamento empresarial que, inclui a verificação da importância dada pelo agente econômico ao comportamento de seus concorrentes. A absoluta desconsideração da existência de concorrentes em seu planejamento é comportamento típico do monopolista.[21] O problema é que ainda aqui não se podem tirar conclusões definitivas desse comportamento. Com freqüência é exatamente a consideração dos concorrentes no planejamento empresarial que pode indicar a existência de poder no mercado e a intenção de utilizá-lo para excluir os outros concorrentes.[22]

Além disso, como se verá quando da análise da teoria dos oligopólios, a consideração do comportamento dos concorrentes é exatamente um dos fundamentos principais daquela corrente doutrinária que vê nas estruturas oligopolistas uma ameaça de atuação concertada (que pode tender ao cartel). A conclusão é que no máximo o planejamento empresarial pode oferecer um indício de existência de poder no mercado, naqueles casos em que há ausência absoluta de consideração da concorrência. Trata-se, é conveniente salientar, de um mero indício, pois não se pode ter certeza de que a ausência de menção aos concorrentes

20. V., criticando inferências, no sentido positivo, R. Pitofsky, "New definitions of the relevant market and the assault on antitrust", cit., p. 1.840.

21. V. H. J. Mestmäcker, *Das marktbeherrschende Unternehmen im Recht der Wettbewerbsbeschränkungen*, W. Eucken Institut-Vorträge und Aufsätze, Tübingen, Möhr, 1958, Seção n. 2, pp. 15 e ss.

22. V. U. Immenga, H. J. Mestmäcker, *GWB Kommentar*, cit., p. 753.

seja conseqüência da inexistência de concorrentes relevantes. Pode decorrer de mero descuido ou de métodos falhos de planejamento, que obviamente não devem ser objeto de sanção em sede concorrencial. O contrário também não é verdadeiro. A consideração dos concorrentes no planejamento empresarial pouco ou nada pode sugerir a respeito do poder no mercado do agente econômico.

Um terceiro critério propõe a verificação da conveniência e dos custos da substituição de produtos (quando se tratar de substituição de demanda) ou de produção (quando se tratar de substituição de oferta). Como se verá a seguir (*infra,* n. 2.2.2), esse último é um elemento fundamental para a correta avaliação das possibilidades de substituição.

c) *O montante a ser incluído* — O último problema metodológico consiste em definir o montante a ser incluído do produto ou da produção substituta. A questão é bastante complicada, requerendo análise diferenciada para o mercado de produtos e para o mercado geográfico. Pode-se dizer que, como regra geral, tratando-se de substitutos da demanda, o volume inteiro de vendas do produto substituto deve ser incluído. Com efeito, se é o consumidor que expressa sua preferência por determinado produto, não existem, em princípio, limites para a expansão de demanda na direção do produto substituto. Todo o volume de produção de substitutos deve ser considerado parte do mercado do produto principal.

Tratando-se de substituição de oferta, ao contrário, só será possível incluir aquele volume que seja razoável supor que virá a ser redirecionado em função do aumento de preços. Por esse motivo afirma-se que enquanto no primeiro caso (substituição da demanda) ocorre uma redefinição do mercado, no último (substituição da oferta) trata-se de mero reajustamento.[23] A determinação do volume a ser incluído quando da substituição da oferta envolve questões complexas como a inclusão ou não da capacidade ociosa das firmas, o problema do redirecionamento de produtos no mercado internacional etc., que devem ser analisadas separadamente para o mercado de produtos e o mercado geográfi-

23. A terminologia é de R. Pitofsky, "New definitions of the relevant market and the assault on antitrust", cit., pp. 1.842 e ss.

co. Por essa razão essa questão será analisada nos tópicos seguintes.

### *2.2.2 O mercado dos produtos*

Seguindo o método descrito acima, cumpre em primeiro lugar verificar a existência de substitutos do lado da demanda, para depois passar-se à análise dos substitutos da oferta.

#### a) Substitutos da demanda

Certos cuidados devem orientar a análise da substituição da demanda. O mesmo tipo de dado pode indicar situações de poder no mercado completamente distintas, dependendo do custo que deverá suportar o consumidor caso queira substituir o produto. Produtos que para os consumidores servem absolutamente para o mesmo uso podem não ser substituíveis se a diferença de preço entre eles for muito grande. Poderão ser substituíveis, no entanto, se essa diferença de preço corresponder exatamente à diferença de qualidade a eles atribuída pelos consumidores (isto é, à diferença de utilidade entre ambos os produtos).

Podem existir, ainda, obstáculos de outra ordem, consistentes em custos extraordinários a serem incorridos em caso de substituição. Exemplo típico de caso em que esses custos são levados em consideração diretamente como forma de avaliar o poder no mercado é o chamado *lock in*. O caso típico de *lock in* é o mercado de manutenção de um determinado equipamento. O produtor do equipamento goza de substancial vantagem caso queira, como freqüentemente ocorre, fornecer a manutenção e a substituição de peças do produto. O produtor pode cobrar preços monopolistas no mercado de peças de substituição (e, no mercado de serviços de manutenção, vincular o fornecimento de peças de substituição à utilização dos serviços de manutenção) ainda que o mercado de equipamentos novos seja competitivo. Isso porque, em relação aos consumidores que já compraram seu equipamento, ele é monopolista no mercado de peças de reposição e de prestação de serviços de manutenção (*aftermarket*, na terminologia americana; pós-vendas, no Brasil).

O poder do produtor do equipamento no mercado de peças e serviços de manutenção deriva diretamente dos custos de substituição do produto (no caso, as peças de reposição e/ou os serviços de manutenção) para o consumidor. Consistem eles no valor do novo equipamento: para ter acesso a concorrentes no mercado de manutenção e peças de reposição o consumidor deve comprar um novo equipamento.[24]

O *lock in* é um caso extremo de limitação da liberdade do consumidor em um mercado por força de determinantes vindas de outro mercado. Existem outros casos em que a limitação da liberdade ainda que menos intensa, não pode ser desconsiderada. Exemplo típico é a influência exercida pela rede de distribuição sobre as possibilidades de substituição dos produtos distribuídos. Assim, por exemplo, a Suprema Corte americana considerou as verduras vendidas em supermercados como um mercado separado das verduras vendidas em armazéns, empórios, ou, mesmo, comerciantes exclusivos de verduras. Os custos de substituição, no caso, eram subjetivos e consistiam no fato de que só os supermercados respondem pelas necessidades periódicas genéricas dos consumidores. A maioria dos consumidores de supermercado é constituída por pessoas que devem fazer suas compras conjuntamente, não tendo tempo nem interesse em comprar cada um dos itens de necessidade imediata através de comerciantes especializados. Os custos de substituição do produto (verduras vendidas em supermercados) são, portanto, excessiva-

24. Essa questão foi objeto de aprofundada discussão pela Suprema Corte americana na recente decisão de *Eastman Kodak Company vs. Image Technical Services Inc.* 112 S. Ct. 2.072 (1992). Discutia-se o poder da *Kodak* no mercado de manutenção de seus produtos. No caso, além do *lock in*, havia, também, um *tying arrangement* (venda casada) das peças de reposição e dos serviços de manutenção. A decisão da Suprema Corte considerou existente o poder no mercado (que no sistema americano é fundamental para a caracterização da violação da *Section II* do *Sherman Act* — ilícito de monopolização do mercado) com base exatamente nos insuperáveis custos de substituição do produto decorrentes do *lock in*. Essa decisão despertou enorme controvérsia na doutrina americana, sobretudo entre aqueles autores que consideram a existência de concorrência no mercado dos produtos elemento suficiente para induzir à competição no mercado de peças de substituição. Segundo esses autores, o consumidor bem informado naturalmente já escolheria o produto levando em conta os custos do mercado secundário (mercado de peças de reposição), em que há monopólio. O problema dessa linha de raciocínio está, evidentemente, na presuposição da informação completa e da capacidade de barganha do consumidor a respeito das condições do mercado secundário (peças de reposição) já no momento da aquisição do produto, que dificilmente é verificável na realidade.

mente elevados para esses consumidores (consistindo em tempo perdido de trabalho ou lazer).[25]

Na verdade, esse último caso é nada mais nada menos que uma aplicação diferenciada do conceito de *cluster market*. O *cluster market* ("mercado agrupado") consiste exatamente em um agrupamento de produtos que, exatamente porque agrupados, tem maior atratividade para o consumidor. Em doutrina reconhece-se que, para poder ser considerado "agrupado", um mercado deve obedecer aos seguintes requisitos: (a) a maioria dos consumidores deve estar disposta a pagar preços mais elevados (monopolistas) pelo fato de ser possível comprar todos os produtos conjuntamente (preços, esses, que representam para os consumidores exatamente a maior utilidade decorrente da melhor rede de distribuição) *ou* (b) economias de escala proporcionadas pela estocagem comum tornam a cesta de produtos mais barata que a soma dos produtos dela componentes *e* (c) as empresas que fornecem os produtos singularmente no mercado não poderiam facilmente (isto é, com baixos custos de entrada e fornecimento) produzir ou comercializar a cesta.[26]

No caso acima relatado, da preferência do consumidor pelas compras em conjunto nos supermercados, deduziu-se que as verduras em supermercado eram um produto "diferente" das verduras vendidas pelo comércio especializado, exatamente porque o supermercado permite ao consumidor a compra de uma variedade de outros gêneros alimentícios.

Note-se, no entanto, que essa não é a aplicação mais comum do conceito. A noção de *cluster markets* surge da necessidade de agregar e não de desagregar mercados. Com efeito, a principal conseqüência da caracterização de um mercado como *cluster* é considerar a cesta de produtos como um produto único. A definição do mercado deve, então, englobar todos os produtos. No caso das concentrações pode, portanto, levar a considerar duas empresas produzindo ou prestando serviços aparentemente diferentes como componentes do mesmo mercado. A definição do mercado como "agrupado" levaria então a concluir por um menor poder no mercado, enquanto no caso anterior, como visto, a conclu-

25. *California vs. American Stores Co.* 495 U.S. 271 (1990).

26. V. P. Areeda, J. Solow, H. Hovenkamp, *Antitrust law*, v. II A, cit., pp. 275-276.

são foi inversa. Como é óbvio, tratando-se de concentrações, tanto maior será o poder no mercado quanto menor for o mercado relevante e vice-versa.

b) Substitutos da oferta

Aos produtores é aplicável, muito mais que aos consumidores, a presunção da racionalidade. Enquanto esses últimos têm seu comportamento direcionado por uma série de determinantes externos (muito deles decorrentes da própria estruturação do mercado, como no caso do *lock in*) e uma série de componentes subjetivos (isto é, a conveniência da rede de distribuição) — que não podem ser sequer aproximativamente captados pelo paradigma da racionalidade —, os produtores têm suas decisões predominantemente influenciadas por um padrão constante: a procura de lucros. Assim sendo, de um lado, dados passados a respeito de substituição de oferta são muito mais confiáveis, no sentido de quc muito mais confiável é a presunção da repetição dos comportamentos. De outro lado, pelos mesmos motivos relacionados acima, de análises estruturais podem-se tirar inferências mais precisas sobre o comportamento futuro dos agentes.

A conseqüência disso é fazer com que a questão mais relevante para a análise da substituição de oferta não seja a comprovação da efetiva existência de substituição, mas sim a determinação da quantidade que presumivelmente será redirecionada para a fabricação do produto. Existem três modos básicos de determinar a quantidade de produção substituta a ser incluída na definição do mercado. O primeiro deles é incluir a capacidade total de todas as firmas produzindo o bem a ser substituído (pressupondo-se ser possível demonstrar, com base nos critérios enumerados no n. 2.2.1, que essa substituição é possível e provável). Pode-se, em uma segunda alternativa, incluir apenas a capacidade de algumas firmas ou a parte da capacidade que se pode razoavelmente considerar que seria redirecionada. Finalmente uma terceira alternativa é não incluir qualquer parte da produção ou capacidade produtiva dos fabricantes do produto a ser substituído, mas analisar os resultados da definição de mercado em função da facilidade relativa de entrada no mercado.

Dominante na doutrina é a preferência pelo primeiro método.[27] O raciocínio econômico usado por seus defensores é bastante simples. O agente econômico estará disposto a redirecionar toda a sua produção, caso isso seja mais lucrativo que sua produção corrente. Ora, isso ocorrerá sempre que o preço que poderá cobrar pelo novo produto for maior que o preço do produto substituído mais os custos de substituição. Para os teóricos de Chicago não basta, no entanto, a simples possibilidade teórica. É necessário demonstrar que a substituição de produção efetivamente já ocorreu em função de um aumento de preços, ainda que apenas em um grau mínimo.

Essa não é, no entanto, a posição mais coerente. Não é possível supor que a empresa redirecionaria de forma duradoura toda ou grande parte de sua capacidade produtiva para um novo produto, deixando desatendido seu público consumidor originário. Se o fizesse, e imaginando que tenha certo poder em seu mercado originário, os preços imediatamente cresceriam, o que lhe daria um incentivo para retornar imediatamente. Mas muito mais convincente que essa argumentação marginalista, que, de todo modo, pressupõe certo poder no mercado por parte da empresa no mercado originário, são as razões sugeridas pela lógica negocial. Uma posição no mercado tem obviamente o seu valor (inclusive patrimonial — *good will*). Ao custo de transferência do agente econômico deveria ser somado o custo de oportunidade consistente na perda da posição no mercado e conseqüentemente na perda de lucratividade presente e futura.

Não por acaso, portanto, as *Merger Guidelines* americanas tomaram posição bastante cautelosa relativamente ao assunto. Prevê-se que, para determinar se uma firma é ou não participante do mercado, devem ser levados em consideração "the costs of substitution or extension relative to the profitability of sales at the elevated price, and whether the firm's capacity is elsewhere committed or elsewhere so profitably employed that such capacity likely would not be available to respond to an increase in price in the market" (item 1.321). A opção é clara pelo segundo método. Existe a crença na possibilidade de determinar, ainda que apro-

27. V. P. Areeda, J. Solow, H. Hovenkamp, *Antitrust law*, v. II A, cit., pp. 256-257; W. Landes, R. Posner, "Market power in antitrust cases", cit., p. 963.

ximativamente, o volume de produção que será efetivamente redirecionado para o mercado.

Na verdade, a construção de um sistema coerente requer uma diferenciação prévia entre a capacidade produtiva em uso e a capacidade ociosa. A primeira, como já visto, é a mais difícil de ser redirecionada, em função dos custos resultantes dessa operação (sobretudo o custo de oportunidade). Com relação à capacidade produtiva em uso, tão forte é o apego da empresa a seu mercado que, em ausência absoluta de dados quantitativos e de preço que permitam uma definição ao menos aproximada do montante a ser incluído, o melhor método para determinar a quantidade de produção a ser incluída na definição do mercado parece ser o último dos três supra aludidos. Deve-se, portanto, analisar os resultados à luz tão-somente da possibilidade de entrada. Isso deve ser feito não apenas a partir dos critérios aqui descritos (todos eles relacionados a elementos determinantes da disposição do produtor de transferir sua produção), mas também em função das barreiras existentes à sua entrada no novo mercado (tanto aquelas estruturais quanto aquelas decorrentes do comportamento do agente detentor — hipoteticamente — de poder no mercado). A existência de barreiras à entrada de concorrentes é um dos elementos-chave para identificação das situações de dominação dos mercados (v. *infra,* capítulo 3, n. 3.3.4).

Diferente deve ser o tratamento da capacidade ociosa. Com relação a ela sim pode-se formular uma presunção em sentido exatamente inverso, ou seja, em ausência de expressa demonstração da existência de barreiras à entrada[28] é conveniente simplesmente incluir toda a capacidade ociosa no mercado relevante. Também a chamada capacidade cativa deve ser considerada, ou seja, aquela produção utilizada como matéria-prima, em uma determinada estrutura empresarial integrada verticalmente, mas que pode ser redirecionada para um novo mercado, caso as condições naquele novo mercado se tornem atrativas. Aqui, claramente, os problemas são bastante semelhantes aos vistos anteriormente com relação ao redirecionamento da capacidade em

28. Essas barreiras podem consistir nos custos de colocação em funcionamento dessa capacidade. Por esse motivo, as *1992 Horizontal Merger Guidelines* admitem a consideração da capacidade ociosa desde que essa não seja "significantly more costly to operate than capacity currently in use" (item 2.22).

uso. A diferença principal é que o termo de comparação deve ser apenas a perda de lucratividade na comercialização do produto final produzido pelo grupo integrado verticalmente. Isso porque, ou o produto final deverá deixar de ser produzido por falta de matéria-prima, ou a matéria-prima deverá ser adquirida por preço por hipótese mais elevado do que os custos de produção interna. Não existirá, no entanto, o ônus maior correspondente à perda do mercado e do *good will* a ele relativo. Por isso essa situação está mais próxima da análise da capacidade ociosa do que da capacidade em uso.

### *2.2.3 O mercado geográfico*

A dimensão geográfica é a mais importante na definição do mercado. É ela que permite, no mais das vezes, ampliar o mercado a ponto de descaracterizar a existência de poder, mesmo em presença de altos níveis de concentração no mercado originário. Além disso, é na perspectiva geográfica da definição do mercado que se fazem sentir os efeitos das novas tendências do direito concorrencial enumeradas no capítulo 1 (n. 1.4).

O grande problema da dimensão geográfica está na maior dificuldade de distinção entre os planos de substituição da oferta e da demanda. Na definição do mercado dos produtos essa diferenciação é clara, já que há uma mudança material, mensurável fisicamente, respectivamente, na produção e no consumo dos componentes do mercado. Na definição do mercado geográfico, no entanto, essa mudança é muito menos evidente, já que ocorre meramente uma transferência de região. Os produtores passam a oferecer e/ou os consumidores passam a demandar em nova região. Como o mercado é exatamente o ponto de encontro entre esses dois fatores, surge a pergunta: como determinar quem se deslocou? A resposta não é difícil nas duas situações extremas: de um lado, aquela em que o produtor instala uma nova fábrica na região em estudo, em que se configura distintamente a substituição de oferta, e, de outro, aquela em que o consumidor se desloca para uma nova região a fim de adquirir o produto, quando se configura a substituição de demanda.

Na grande maioria dos casos, no entanto, não é isso que ocorre. Normalmente, verifica-se apenas a instalação de uma rede de distribuição na região em estudo, que passa a comercializar os bens fabricados pelo produtor. Note-se que a instalação de rede de distribuição independente é obra do mercado, e não dos produtores. Confundem-se, então, os fatores que permitiriam, com relação ao mercado de produtos, distinguir as formas de definir o mercado.

A dificuldade em diferenciar as situações cria uma situação complicada do ponto de vista jurídico-econômico: de um lado, a presença dos consumidores sugere menos escrúpulos com relação à inclusão de todo o mercado. Do ponto de vista da substituição de demanda, não há por que supor que os consumidores limitariam seus desejos a apenas uma parcela da produção da nova região.

De outro lado, analisada a situação como um caso de substituição de oferta, vêm à baila todos os problemas quantitativos enfrentados nesse tipo de caso. E não há como negar que a necessidade em si de uma rede de distribuição, sobretudo quando organizada e instalada pelo produtor, invoca a perspectiva da substituição da oferta.

Não por acaso, portanto, é na definição do mercado geográfico que se encontram as maiores e mais relevantes controvérsias doutrinárias a respeito do montante da produção "externa" a ser incluída. Nela se misturam problemas relacionados tipicamente à substituição da demanda, como a análise da preferência dos consumidores e a preocupação em geral com a questão de *se* é necessário ou não incluir o novo mercado, com problemas tipicamente de substituição de oferta, como os custos de transporte e a preocupação geral com a questão de *quanto* da produção "externa" incluir no cômputo do mercado relevante.

a) Considerações gerais

No primeiro capítulo viu-se como a nova onda de liberalismo restabeleceu uma conexão entre os sistemas antitruste dos diversos países. Agora, cumpre verificar quais os efeitos da abolição de barreiras comerciais nos sistemas antitruste internos de cada país. O maior impacto está, sem dúvida, na definição do mercado. A importância e o efeito de uma definição de mercado que inclua a produção internacional são evidentes: elimina-se ou diminui-se tremendamente a possibilidade de configuração do poder no mercado no âmbito interno. Não por acaso, portanto, é exatamente através da definição do mercado que se faz, na prática, prevalecer a idéia liberal do direito antitruste, defendida com ênfase pela Escola neoclássica de Chicago e que procura, como visto no primeiro capítulo (n. 1.4.1), fortalecer a competitividade internacional das empresas.

O representante mais tradicional das idéias da Escola de Chicago aplicadas à definição do mercado é R. Posner. Sua teoria é conhecida como *diversion approach* e sua principal característica é o tratamento absolutamente indiferenciado dos produtores nacionais e estrangeiros. Portanto, a teoria que se passará a discutir aplica-se, segundo seu criador, tanto à definição do mercado interno quanto à definição do mercado internacional.

Segundo R. Posner, se um produtor distante faz algumas vendas no mercado local, toda a sua produção deve ser incluída na definição do mercado. Isso porque a existência de vendas, ainda que em quantidade reduzida, demonstra que o agente econômico é capaz de transpor quaisquer eventuais barreiras existentes no mercado local. Assim, é razoável supor que o produtor, agindo racionalmente, seja capaz de redirecionar até mesmo toda a sua produção para o novo mercado, desde que o preço seja mais atraente que em seu mercado de origem.[29] Posner acrescenta ainda dois requisitos para que se possa pressupor esse redirecionamento ilimitado de produção: (a) que o acesso seja duradouro e não causado por condições especiais e transitórias de mercado; (b) que o produtor estrangeiro seja capaz de atingir aquele consumidor específico e não outro consumidor, situado em região distante do país.

Essa última ressalva, motivada pela preocupação do autor com a diferente penetração de produtos orientais na costa leste e oeste dos Estados Unidos, chama a atenção para um aspecto muito importante do problema da definição do mercado geográfico e que pode ser assim formulado: a inclusão da produção de fabricantes situados em países estrangeiros não pressupõe nem implica a inclusão de todo o mercado nacional no "mercado relevan-

29. V. W. Landes, R. Posner, "Market power in antitrust cases", cit., p. 963.

te". Basta que as barreiras ao transporte interregional sejam superiores às barreiras internacionais e grandes o suficiente para tornar inviáveis as vendas dos produtores internos da região por elas onerada, para ser obrigatório excluir estes produtores e incluir os produtores internacionais.

Essa situação não é teórica mas muito real, sobretudo em países de largas dimensões territoriais como o Brasil: sendo os custos do transporte terrestre (que o produtor de uma região interiorana, por exemplo, se vê obrigado a utilizar), via de regra, muito superiores aos do transporte marítimo, muitas vezes é muito mais interessante importar um produto do que comprá-lo internamente. Do mesmo modo e pelo mesmo motivo, na definição do mercado geográfico dessa região "encravada" não podem ser incluídos nem os produtos fabricados na região litorânea, nem os produtos importados por essa última região do exterior.

A teoria liberal de Posner foi encampada pelas *Merger Guidelines* americanas. Tanto as de 1984 quanto as de 1992, inspiradas pela filosofia liberal da era republicana e traduzindo a crescente preocupação com a perda de competitividade das indústrias americanas e com a verdadeira invasão do mercado americano pelos produtos orientais, tendem a uma análise bastante abrangente da definição de mercado geográfico. Em primeiro lugar, afirma-se expressamente que a definição do mercado aplica-se tanto a empresas nacionais quanto a empresas estrangeiras (item 1.0). Além disso, as diretivas adotam o chama do *all or nothing approach* típico da análise posneriana, segundo o qual, tratando-se de definição do mercado geográfico, ou a produção estrangeira é incluída por inteiro ou é excluída. Provada a efetiva existência de importação, ainda que em pequena quantidade (n. 2.2.2, b), toda a produção estrangeira é incluída.

A crítica à análise posneriana tem dois aspectos bem diversos. Em primeiro lugar, com relação ao mercado interno, suas conclusões são aceitáveis, necessitando apenas de alguns ajustes e certo refinamento, sugeridos pela própria teoria neoclássica. Já a extensão das conclusões ao âmbito internacional simplesmente não pode ser aceita, por superavaliar fortemente a possibilidade de expansão da participação da produção internacional no mercado interno. Esses aspectos são apresentados a seguir. Todas as observações feitas para o mercado interno são, também, aplicáveis ao mercado internacional, a não ser que essa aplicação seja expressamente excluída.

b) O mercado interno

Mesmo com relação exclusivamente ao mercado interno, a existência de importações de outras regiões no passado pode dar uma idéia falsa das reais possibilidades de importação. Essas só podem ser corretamente avaliadas a partir de uma acurada análise dos custos de transporte.

Diversos são os modelos explicativos do comportamento dos agentes em presença de custos de transporte.[30] Como regra geral, pode-se incluir todo o mercado externo (isto é, de outras regiões) apenas quando o preço na região exportadora mais os custos de transporte não superam os preços praticados pelos produtores concorrentes da região importadora. Mesmo nesse caso há uma importante exceção. Se essa diferença de preço for decorrente da incapacidade dos produtores do setor importador de fazer frente a toda a demanda doméstica pelo produto, incapacidade essa que está sendo suprida, a inclusão de todo o volume produzido na região exportadora pode ser enganosa. Isso porque, no momento em que as firmas locais aumentarem sua capacidade produtiva, os exportadores estrangeiros estarão automaticamente fora do mercado — desde que o preço nessa última situação, caindo para níveis concorrenciais, torne-se inferior ao preço da mercadoria no mercado exportador mais os custos de transporte. A questão acaba por se resolver, portanto, em uma comparação entre a eficiência produtiva das duas regiões. Com efeito, presumindo a concorrência perfeita em ambas, a região exportadora só poderá tornar seu produto viável na região importadora se a diferença na eficiência (isto é, diferença entre os custos de produção) for suficiente, no mínimo, para a cobertura dos custos de transporte.

Em uma primeira hipótese, o preço do produto no mercado exportador mais os custos de transporte é superior ao preço no mercado importador. É possível, então, que se verifiquem três situações diversas. Em primeiro lugar, é possível que o produtor

30. A análise mais acurada desses custos e de sua implicações para o direito concorrencial é, sem dúvida, a de P. Areeda, J. Solow, H. Hovenkamp, *Antitrust law*, cit., pp. 222 e ss.

da região exportadora venda na região importadora a preços superiores aos praticados naquela região. Se isso ocorrer, não há dúvida de que se trata de mercado distinto, pois, caso contrário, não seria possível vender a preços superiores. Trata-se, no entanto, de uma diferença entre produtos, ou seja, os exportadores seriam excluídos através da definição do mercado de produtos.[31]

Pode ser, ainda, que o produtor da região exportadora venda na região importadora por preço inferior ao por ele praticado em sua região de origem (de modo a cobrir os custos de transporte). Nesse caso, deve-se fazer ulterior distinção entre duas hipóteses. Imaginem-se as regiões "A" e "B". Se só a região "B" exportar para "A", admite-se a inclusão dos produtos de "B" desde que a exportação de seus produtos para a região "A" se faça com base em aproveitamento de capacidade ociosa. Isso porque, para aceitar logicamente a hipótese de venda dos produtos de "B" em "A" (tendo em vista os princípios marginalistas) é necessário supor que esses produtores não vendem abaixo de seu custo marginal. É impositivo, portanto, imaginar que o produtor de "B" tem algum tipo de lucro monopolista na sua região de origem, para que possa exportar para "A" a preços inferiores (por hipótese, competitivos) e, ainda assim, não ser obrigado a vender abaixo de seus custos marginais (como visto anteriormente, em uma situação de concorrência perfeita, o preço é por hipótese igual ao custo marginal). Note-se que mesmo nessa situação o exportador de "B" só terá incentivo para exportar aquele montante produzido a partir de sua capacidade ociosa. Isso porque toda vez que o produtor de "B" está exportando para "A" produto que poderia ser vendido na região "B", está perdendo, pois por hipótese, os preços naquela região são superiores.[32]

Finalmente, é possível que as exportações do produto sejam recíprocas entre as regiões "A" e "B". Nesse caso, se cada um dos produtores exporta para a outra região por preços inferiores aos cobrados em seu local de origem, o que estão fazendo é discriminar entre os consumidores. Ora, como já visto, a discriminação

31. Nesse ponto W. Landes e R. Posner concordam com a crítica de Areeda-Hovenkamp, ressaltando apenas que se trata de uma questão de definição do mercado de produtos, o que obviamente não implica qualquer diferença aplicativa relevante; v. W. Landes, R. Posner, "Market power in antitrust cases", cit., p. 970.

32. P. Areeda, J. Solow, H. Hovenkamp, *Antitrust law*, cit., pp. 234 e ss.

de preços entre consumidores é prova da existência de poder no mercado, pois revela diretamente a existência de lucros monopolistas em um dos mercados. Na verdade, portanto, a existência de discriminação de preços até dispensaria a definição do mercado. Mas mesmo levando adiante a definição, a possibilidade de discriminação sugere, como acima discutido, a existência de diferenças entre os produtos que impedem a substituição (diferentes mercados de produtos). Portanto, os exportadores respectivos não podem ser incluídos no mercado. Isso porque, se não houvesse diferença entre os produtos, não haveria razão para que os produtores das regiões "A" e "B" não ocupassem, respectivamente, os próprios mercados internos, em vez de exportar. Essa é a razão pela qual nesse segundo caso (exportação recíproca) configura-se a discriminação entre consumidores enquanto na hipótese anterior (exportação unilateral) isso não ocorre.

É também criticável na posição de Posner a completa desconsideração das preferências dos consumidores. Sobre elas não se podem fazer generalizações, mas é necessário reconhecer que existem casos em que essas preferências representam importante obstáculo ao comércio inter-regional e internacional. É verdade, por outro lado, que em certos casos, elas representam relevante incentivo. Aqui estão alguns exemplos. Tratando-se de bens de capital, principalmente os que envolvem tecnologia mais complicada, é freqüentemente indispensável a disponibilidade constante de assistência técnica. Assim, não parece realista supor a possibilidade de uma expansão ilimitada da demanda por produtos situados em regiões distantes mesmo em face de aumentos de preço. Para poder fazê-lo com segurança é necessário verificar a efetiva existência de ameaça à posição do produtor local, tentar determinar até que ponto é ou pode vir a ser economicamente viável para o produtor "de outra região" instalar uma rede própria de assistência técnica em região a ele estranha, com todos os custos que essa instalação possa implicar.

Também os bens de consumo exigem uma análise mais acurada da posição do consumidor. As preferências dos consumidores são freqüentemente influenciadas por gostos e peculiaridades regionais. Para o produtor "estrangeiro" superar essa verdadeira barreira à entrada ou à expansão de suas vendas são necessários fortes gastos em publicidade. Esses gastos devem ser levados em conta para avaliar a "ameaça" representada pelo produtor "estrangeiro".

É importante fazer uma ressalva relativamente ao mercado internacional. Tratando-se de bens de consumo que envolvem certo tipo de apelo tecnológico (mesmo que a tecnologia neles utilizada seja bastante simples), ainda que o produtor nacional disponha da mesma tecnologia, é parte da cultura terceiro-mundista considerar o produto estrangeiro superior.[33] Conseqüência disso é que esses produtos competem não quando seus preços são equivalentes, mas a partir do momento em que se atinge um certo diferencial de preços em favor do produto nacional. O consumidor, subjetivamente, atribui uma maior utilidade ao produto estrangeiro. Assim sendo, aumentos de preços do produto nacional, mesmo que o produto nacional permaneça, a um nível de preço inferior ao produto estrangeiro, podem dar origem a fortes movimentos migratórios da demanda.

Pode-se formular, portanto, uma regra geral para a definição do mercado da seguinte forma: a presença de vendas substanciais de produtos de outra região permite a inclusão do total de sua produção, a não ser que algumas das barreiras econômicas acima discutidas (basicamente custos de transporte e preferência dos consumidores) sejam claramente identificáveis. A presunção (simples) é, portanto, de que a existência efetiva de vendas indica no sentido da livre e ilimitada possibilidade de entrada caso se verifiquem aumentos de preço naquela região.[34]

33. O simples fato de essa afirmação pressupor a "irracionalidade" do consumidor não a invalida como elemento orientador de aplicação das normas antitruste, como querem os neoclássicos. O direito antitruste deve levar em conta os comportamentos prováveis sejam eles racionais ou não. É preciso notar que essa presunção de irracionalidade é aplicável apenas a consumidores menos sofisticados e com menor acesso à informação. Por isso, nela não se incluem os consumidores de bens de capital, relativamente aos quais pode-se presumir o pleno acesso a informações que permitam avaliar o produto com base em sua real qualidade. Tampouco será aplicável no ramo de bens de consumo toda vez que for possível demonstrar que seus consumidores têm pleno acesso à informação e plenas condições de avaliá-la.

34. O art. 2º da lei concorrencial determina que ela seja aplicável às práticas realizadas no exterior, desde que "produzam ou possam produzir efeitos" no território nacional. Atos de concentração econômica ocorridos no exterior devem ser incluídos em uma interpretação razoável desse dispositivo, na medida em que podem gerar limitações à livre concorrência no Brasil. A questão aqui consiste em determinar os critérios que permitam aferir a produção efetiva ou potencial de efeitos sobre o território brasileiro. A resposta é simples: se, de acordo com os parâmetros acima estabelecidos, for possível incluir a

c) O mercado internacional

Essa presunção deve, no entanto, ser formulada no sentido inverso quando o mercado potencial a ser considerado é o internacional. Existem certas peculiaridades do comércio internacional que não podem ser desconsideradas e que impõem essa conclusão. Em primeiro lugar, é importante ressaltar que o comprometimento do produtor com seu mercado de origem, já mencionado como óbice à aplicação do *diversion approach* (*v. supra*, n. 2.2.3, "a"), funciona com força particular no âmbito internacional. É absolutamente irreal imaginar que um produtor abandone totalmente seu mercado de origem, perdendo sua posição, para priorizar um mercado estrangeiro, principalmente quando sabe que ficará sujeito às incertezas decorrentes das mudanças da conjuntura internacional.

São exatamente essas mudanças de conjuntura o maior óbice à aceitação da teoria liberal. Decorrem elas da existência de diferentes Estados, todos eles dotados de soberania, que perseguem objetivos econômicos diversos. A soberania estatal influencia o comércio internacional de duas formas. Em primeiro lugar, não é razoável supor a existência de condições eqüitativas

produção das empresas estrangeiras no mercado local, tem-se que a concentração gera efeitos no território brasileiro e deve, portanto, ser apreciada pelo CADE, nos termos do art. 54 da lei concorrencial. Não obstante, a jurisprudência do CADE tem titubeado nessa matéria, deixando de apresentar critérios seguros para a apresentação de atos de concentração econômica ocorridos no exterior. A ausência desses critérios não é suprimida pelo § 1º do art. 2º da lei concorrencial (introduzido pelo art. 1º da Lei n. 10.149, de 21 de dezembro de 2000), segundo o qual "reputa-se domiciliada no território nacional a empresa estrangeira que opere ou tenha no Brasil filial, agência, sucursal, escritório, estabelecimento, agente ou representante". A redação do dispositivo é infeliz, por duas razões. De um lado, a referência a "operar no território nacional" é pouco esclarecedora. Persiste a dúvida sobre o que sejam tais operações – o mais razoável é que se trate de exportações ao Brasil, o que remete novamente à dúvida sobre o nível de operações que deve ser considerado suficiente para que a concentração empresarial ocorrida no exterior gere efeitos sobre a concorrência local. De outro lado, a menção a "filial, agência, sucursal, escritório, estabelecimento, agente ou representante" parece ter sido uma opção por um critério formal de apuração de efeitos no território nacional, ante a ausência de critérios materiais firmes. A opção foi infeliz, pois a presença de qualquer um desses tipos de atividade econômica nada diz sobre o nível de vendas da empresa estrangeira a consumidores brasileiros, nem leva em consideração a possível existência de barreiras que impeçam a entrada efetiva de seus produtos no território nacional.

de concorrência entre empresas situadas em regiões com políticas macroeconômicas e situações estruturais absolutamente diversas. Basta exemplificar com as diferenças cambiais. Uma persistente diferença de taxas inflacionárias entre dois países, influenciando diretamente o valor de troca entre as respectivas moedas, pode tornar subitamente os produtos do país com inflação mais alta extremamente competitivos no segundo país. O contrário também é verdadeiro: uma queda súbita da inflação em um país pode fazê-lo ser invadido por produtos de um país estrangeiro com inflação mais alta (foi o que ocorreu nas relações comerciais entre Brasil e Argentina após o sucesso do plano econômico argentino). Essas alterações conjunturais, bastante freqüentes no cenário mundial e inerentes à própria existência de soberanias diversas, fazem qualquer previsão sobre evolução de importações baseada em pressupostos marginalistas extremamente arriscada.

Aí está a razão para a coordenação das políticas macroeconômicas ser considerada condição fundamental para o sucesso dos mercados comuns. Sem ela não é possível estabelecer uma comunidade econômica de forma plena, porque não existem condições eqüitativas de concorrência. É exatamente isso o que prevê o Tratado de Assunção logo em seu art. 1º, terceira parte. A coordenação das políticas macroeconômicas e setoriais é mencionada como instrumento fundamental para o estabelecimento de condições eqüitativas de concorrência (v. *infra*, letra "d").

Mas existe um segundo efeito da existência de soberanias estatais a afetar as relações econômicas. Trata-se da possibilidade do estabelecimento direto de restrições às importações ou exportações. Não é realista imaginar que produtores de um determinado país possam aumentar ilimitadamente suas exportações para outro sem alguma forma de reação por parte do país importador.[35] Essa reação pode assumir duas formas distintas. Uma delas é o exercício de pressão sobre o governo do país exportador para estabelecer quotas de exportação ou outras restrições à ex-

35. Por maiores que sejam os esforços internacionais para aplicação dos Tratados de Livre Comércio (GATT) é bem sabido que a maioria dos países — sobretudo os mais desenvolvidos — só fazem aplicação deles quando não existem óbices econômicos e/ou políticos internos (por ex.: necessidade de proteção de certa indústria específica).

portação — é o que ocorreu no Japão, com relação aos automóveis, por força de pressões do governo norte-americano no começo dos anos 90 (v. R. Pitofsky, "New definitions of the relevant market and the assault on antitrust", cit., p. 1.858). É possível, ainda, que o governo do país importador eleve as tarifas de importação. Essa última reação se verificou há pouco tempo nas relações comerciais Brasil-Argentina. Por força do aumento expressivo das exportações brasileiras, o governo argentino pressionou e conseguiu reincluir na lista de exceções à aplicação das regras do Tratado de Assunção uma série de novos produtos que dela não constavam, exatamente aqueles que estavam sofrendo a maior pressão das exportações brasileiras.

Essas observações vinculam-se intimamente à perspectiva política do poder no mercado destacada no capítulo 1 (n. 1.5). A influência dos interesses particulares no Estado é tanto maior quanto maior for o poder no mercado. A perspectiva política do poder no mercado é fenômeno historicamente observável (v. a história do *Sherman Act*, no capítulo 1, n. 1.6.1) que leva à seguinte conclusão: quanto maior o poder econômico no âmbito interno, menos se pode contar com as pressões de eventual aumento das importações para solapá-lo, pois tanto maior será a possibilidade de o agente econômico detentor do poder obter do governo contramedidas alfandegárias que preservem sua posição.

Obviamente, essa afirmação não pode levar à desconsideração da importância da competição internacional nos mercados que estão a ela expostos. A recente desaceleração da inflação brasileira derivou, entre muitos outros fatores, da maciça entrada de produtos estrangeiros para competir com os produtos nacionais, que se seguiu à redução das tarifas alfandegárias. Isso comprova a importância da competição internacional para o estabelecimento de condições de mercado. É a própria lei brasileira a prever expressamente a necessária consideração da exposição do setor considerado à competição internacional (art. 58, § 1º, da Lei n. 8.884). Ainda que prevista apenas na definição do conteúdo do compromisso de desempenho, trata-se obviamente de um princípio necessário a ser considerado na definição do mercado relevante.

O que se pretende com essa afirmação é apenas demonstrar os riscos de se contar com *aumentos substanciais* do nível de importações em função de mudanças nos preços. Espera-se ter-se demonstrado que é claramente exagerado excluir toda a produção dos exportadores estrangeiros. Sobram as alternativas de considerar apenas o nível atual de exportações ou, então, definir um certo nível de aumento. Ambas as alternativas são arbitrárias e imprecisas. A questão é, evidentemente, escolher a menos arbitrária e mais precisa.

A solução parece simples, em face de tudo o que foi dito acima. Mais próximo da realidade é presumir um aumento das importações exatamente na mesma proporção do que vinha ocorrendo até então em função de aumentos de preços anteriores. Também a proporção em que o aumento de preços vem crescendo deve ser conservada.[36] Essa presunção, propositadamente discrepante dos resultados de uma análise exclusivamente econômica, tem como justificativa as variáveis políticas e conjunturais presentes no cenário internacional e capazes de contrabalançar, por hipótese nas mesmas proporções, as determinantes econômicas. Nega-se, assim, a presunção posneriana de que existe um ponto de inversão em que o preço se torna interessante a ponto de atrair quantidade ilimitada de produção internacional. Segundo o modelo aqui proposto, exatamente nesse ponto as pressões políticas para o estabelecimento de barreiras à entrada de produtos estrangeiros são tão grandes, que acabam por contrabalançar qualquer pressão econômica. A presunção é, portanto, sempre de uma evolução constante.

d) O mercado comum

A perspectiva da existência de uma comunidade econômica entre países influencia fortemente o direito concorrencial. Como visto no primeiro capítulo, a organização em blocos comerciais, ao lado da internacionalização das relações econômicas, é a principal tendência a orientar os novos rumos do direito concorrencial. Sua influência na definição do mercado merece atenção.

A primeira questão a ser resolvida refere-se à posição que deve ser atribuída aos países componentes de um mercado co-

36. Em termos formais, dir-se-ia que tanto a derivada primeira quanto a derivada segunda da curva representativa da quantidade de importações em função dos preços internos são constantes.

mum. Segundo a análise acima desenvolvida, a decisão sobre o quanto incluir da produção externa na definição de um mercado relevante nacional depende essencialmente da determinação da origem, nacional ou estrangeira (no sentido de proveniente de outro Estado), da produção. Mas o que dizer de uma comunidade econômica?

Antes de tudo é preciso diferenciar duas outras figuras, que não se confundem com a comunidade econômica (ou mercado comum). Trata-se da Zona de Livre Comércio e da União Aduaneira. A primeira caracteriza-se simplesmente pela abolição das barreiras alfandegárias internas à circulação de mercadorias. A segunda agrega à inexistência de barreiras internas uma tarifa externa comum. Exemplo recente dessas figuras é o Mercosul, até 1994 não mais que uma Zona de Livre Comércio e que, em função da gradual aproximação das tarifas externas deliberada na VI Reunião do Grupo do Mercosul, se aproxima cada mais de uma União Aduaneira.[37]

Já a comunidade econômica pressupõe a criação de um pleno espaço econômico comum, com a abolição de todas as restrições, *alfandegárias ou não*, à circulação de mercadorias. Para isso, impõe-se, como visto no primeiro capítulo, o estabelecimento de igualdade de condições concorrenciais entre todos os agentes econômicos originários de países da comunidade. Não basta, no entanto, a mera declaração da existência de condições idênticas de concorrência ou da intenção de criá-las. É preciso, isso sim, verificar a existência de condições materiais para que a concorrência se torne possível. Pode-se dizer que duas condições são fundamentais: (a) a convergência das políticas macroeconômicas e (b) a transferência a órgãos comunitários de competências decisórias estatais, sobretudo relativas à política alfandegária interna e externa.

Avaliadas segundo esses critérios, os fluxos de mercadorias entre países pertencentes às duas primeiras figuras mencionadas no parágrafo anterior (Zona de Livre Comércio e União Aduaneira) não se diferenciam qualitativamente do comércio entre países independentes não ligados por qualquer vínculo político

37. V. J. Samtleben, C. Salomão Filho, "O mercado comum sul-americano", cit., pp. 276 e ss.

ou econômico. Com efeito, permanecem ambas as características da soberania mais influentes na formação de barreiras ao comércio internacional, quais sejam, a disparidade e volatilidade das políticas macroeconômicas e a possibilidade de estabelecimento de barreiras à exportação ou importação de produtos. Poder-se-ia argumentar que essa última possibilidade não existe, na medida em que a zona de livre comércio e a união aduaneira pressupõem, ao menos teoricamente, a abolição de todas as barreiras alfandegárias internas. Na realidade, porém, o que se observa é que essas barreiras podem ser e são freqüentemente restabelecidas por pressões dos Estados Membros quando isso se demonstra necessário. Isso porque em muitos casos, como por exemplo, no Mercosul, essas estruturas caracterizam-se por contarem com órgãos comunitários compostos diretamente de representantes dos governos dos Estados Membros, sem qualquer independência com relação a eles. A existência desses órgãos, em vez de dificultar, até facilita e institucionaliza as pressões políticas dos Estados Membros sobre seus parceiros para o estabelecimento de quotas ou, então, a aceitação de novas barreiras alfandegárias.

É exatamente o que ocorre nesse momento no Mercosul. Em função da situação extremamente volátil das políticas macroeconômicas dos Estados Membros, as invasões do mercado argentino por produtos brasileiros e vice-versa não são raras. A evolução do processo de integração entre esses países tem sido possível apenas através de freqüentes reintroduções de restrições alfandegárias por decisão consensual.[38]

38. V., a respeito da natureza política e da íntima ligação dos "órgãos comunitários" do Mercosul aos governos dos Estados Membros, J. Samtleben, C. Salomão Filho, "O mercado comum sul-americano", cit., pp. 248 e ss. Sobre os fundamentos dessa característica marcante do Mercosul afirma-se: "A estrutura orgânica atual do Mercosul tem, portanto, propositalmente, caráter provisório. Ela não pode, conseqüentemente, ser comparada com a estrutura da Comunidade Econômica Européia. A sua composição por representantes dos governos bem como a necessidade da presença de todos os membros e de unanimidade nas decisões correspondem à tradição da ALADI, cujos órgãos se tornaram, em decorrência disto, dependentes dos Estados e limitados na sua liberdade de ação. A composição leva em conta, também, as experiências positivas do processo de integração Brasil-Argentina, que escolheu o princípio do entendimento para fazer com que o processo de adaptação não fosse traumático. Essa cooperação construtiva teve sua continuação no Mercosul, cujos órgãos assumiram

Uma maior segurança com relação à estabilidade das relações comerciais, apta a permitir a perfeita assimilação de tais estruturas ao mercado nacional, só existe quando os Estados estão dispostos a abrir mão de parte de sua soberania, sobretudo no que tange ao poder de decidir questões econômicas sensíveis para o direito concorrencial, em favor de órgãos comunitários dotados de independência. Note-se que, mesmo assim, é necessário ainda verificar a existência de similaridade nas políticas macroeconômicas para ser possível presumir a permanência da livre circulação no futuro. Sem ela, os fluxos migratórios de produção podem ser tão elevados que o risco será não apenas para a existência de competição, mas para a própria existência política da comunidade.

Seguindo esses critérios, pode-se dizer que apenas recentemente, após a assinatura do Tratado de Maastricht, a CEE (agora UE) adquiriu a configuração de uma verdadeira comunidade econômica, permitindo definir o mercado geográfico segundo as mesmas regras válidas para o mercado interno. Já o Mercosul é ainda, no máximo, apenas uma União Aduaneira (incompleta). As exportações de outros Estados Membros devem, portanto, ser tratadas, para fins de aplicação do direito antitruste brasileiro, segundo os mesmos critérios aplicáveis a países estrangeiros, isto é, demonstrada a existência de participação de exportador proveniente de um dos países membros no mercado interno de outro país membro, deve-se presumir um aumento constante de importações em função de crescimentos futuros de preços, não sendo possível simplesmente incluir o volume global de vendas do exportador em todo o Mercosul.

É importante que fique claro que a análise acima refere-se exclusivamente à definição do mercado para aplicação do direito concorrencial interno. O problema é diverso quando se trata de aplicar o "direito concorrencial comunitário". Esse último está sujeito a princípios diversos, fundamentados em objetivos dife-

suas funções, na prática, imediatamente após a assinatura do Tratado e antes mesmo de sua entrada em vigor. O Tratado de Assunção escolheu dessa maneira, para o período de transição, uma estrutura orgânica que garante em primeira linha o respeito aos interesses dos Estados Membros e que se baseia em uma tentativa de obter uma harmonização paulatina e coordenada das diferenças econômicas ainda existentes entre os países" (p. 249).

rentes. Como visto no primeiro capítulo, um dos principais objetivos do direito concorrencial comunitário é servir de força motriz para a criação de um espaço econômico comum. A existência de *condições eqüitativas* de concorrência é elemento garantidor da existência de uma liberdade real e não apenas formal de circulação de mercadorias e fatores produtivos.

Por esse motivo, ao direito concorrencial comunitário não é possível aplicar a definição de mercado nos moldes neoclássicos. Se a preocupação primeira é com a existência efetiva de igualdade de condições de concorrência e não com o poder de aumentar os preços, o mercado relevante não pode ser medido com base em aumentos hipotéticos de preços, mas sim a partir da existência ou não daquelas condições. Não causa espanto, portanto, que a clássica definição de mercado geográfico dada pela Corte de Justiça da Comunidade Econômica Européia no caso *United Brands vs. Commission*, como sendo a região onde "the conditions of competition are sufficiently homogeneous for the effect of the economic power of the undertaking to be evaluated",[39] tenha sido adotada e refinada pelo recente Regulamento do Conselho CEE (UE) sobre controle das concentrações.[40]

Sendo esse o conceito de mercado geográfico relevante, obviamente ganha especial destaque como critério prático para definição do mercado a verificação da existência de barreiras, tanto objetivas (diferenças de preços, necessidade de capital etc.) como subjetivas (preferências dos consumidores), à entrada de concorrentes (v., a respeito, *infra*, capítulo 3, n. 3.3.4).

Essa atribuição de valor central às barreiras à entrada tem uma conseqüência importante. Torna-se bem mais difícil a inclu-

39. *United Brands vs. Commission*, Case n. 27/76, decisão de 14.2.78, in *ECR* (1978), p. 207.

40. Prevê o art. 9º, n. 7 do Regulamento n. 4.064/89, de 21 de dezembro de 1989: "the geographical reference market shall consist of the area in which the undertakings concerned are involved in the supply of products and services, in which the conditions of competition are sufficiently homogeneous and which can be distinguished from neighboring areas because, in particular, conditions of competition are appreciably different in those areas. This assessment should take account in particular of the nature and characteristics of the products or services concerned, of the existence of entry barriers or of consumer preferences, of appreciable differences of the undertakings' market shares between neighboring areas or of substantial price differences."

são da produção estrangeira, especialmente a extracomunitária, no mercado relevante. A existência de importações, mesmo em volume significativo, não é suficiente para incluir toda a produção (mundial) no mercado relevante caso existam barreiras, ao menos em teoria, à entrada de produtos extracomunitários. Não é de causar espanto, portanto, que em toda a história do controle das concentrações por parte da Comissão CEE apenas em um caso o mercado relevante tenha sido considerado o mercado mundial.[41]

Tal conclusão tem uma conseqüência bastante indesejável. Caso a legislação nacional de um dos países membros da comunidade adote a visão posneriana de definição do mercado, repetir-se-á aqui, no âmbito da definição do mercado geográfico, a tensão já identificada no primeiro capítulo (n. 1.4) entre as tendências à internacionalização das preocupações concorrenciais e a formação dos mercados comuns. Obviamente, essa tensão tem de ser resolvida, sob pena de criar-se um sistema absolutamente paradoxal, no qual o mesmo ato de concentração, ou o mesmo ilícito cuja ocorrência requer a demonstração de posição dominante, pode ser avaliado segundo critérios absolutamente diferentes caso seja a decisão de competência de órgãos nacionais ou comunitários. Note-se que o paradoxo maior de tal sistema seria que a referida concentração — ou o referido ilícito, caso afetasse todo o âmbito comunitário — seria julgada segundo critérios mais rigorosos do que se afetasse o âmbito meramente nacional. Tal resultado seria de coerência duvidosa, já que a mesma concentração teria efeitos potencialmente muito menores caso o mercado considerado fosse todo o mercado comunitário.

A forma de compatibilização parece óbvia, a essa altura. É preciso levar em conta as barreiras à entrada no momento da

41. V., a respeito, P. Bos, J. Stuyck, P. Wyntick, *Concentration control in the European economic community*, London, Graham & Trotman, 1992, p. 222. A decisão citada é a de *Aérospatiale — Alenia de Havilland* (Case IV/ M.053), decisão de 2 de outubro de 1991, em que se considerou relevante "the world market excluding China and Eastern Europe". Em um outro caso relatado (*Aérospatiale / MBB — Case* IV/M. 053, decisão de 2 de outubro de 1991) afirmou-se que "the civil helicopter is from an economic point of view competition from a world market", daí concluindo, em termos muito gerais, que a competição externa deveria ser levada em consideração na avaliação do mercado. Não se decidiu, no entanto, se o mercado geográfico era o mundial ou não.

mensuração do *quanto* da produção estrangeira deve ser incluído no mercado, na forma há pouco descrita. Não se discute *se* essa produção deve ser incluída. Adotar uma visão ordo-liberal extremada, desconsiderando o dado concreto da existência de importações e simplesmente excluindo toda a produção dos países estrangeiros por causa da identificação de barreiras à entrada, seria incorrer no mesmo *all or nothing approach*, tão criticado na teoria de Posner.

Entendida dessa maneira a posição ordo-liberal, a conclusão que se deve tirar é a de que a existência de um mercado comum ou da intenção da conformação desse mercado constitui verdadeiro óbice jurídico à aplicação da teoria neoclássica de definição de mercado geográfico (na sua versão posneriana) ao mercado internacional. Impõe-se a aplicação de uma teoria como a aqui adotada, que, sem desconsiderar o dado concreto da existência de importações, permite fazer análise realista da evolução da participação do mercado externo no futuro. O mercado comum torna juridicamente imperativa a aplicação das atenuações à teoria posneriana expostas no item "c", supra. A única diferença é que ali o fundamento é apenas a racionalidade econômica enquanto aqui a razão é jurídica. A existência de previsão expressa no art. 1º do Tratado de Assunção torna jurídico o que era até então uma interpretação baseada numa particular concepção econômica.

Para essa conclusão não é necessário, no entanto, que o mercado comum esteja perfeitamente conformado. Diversamente da análise do mercado geográfico interno dos países que se estão integrando, quando se trata de uma questão concorrencial no âmbito comunitário não se deve observar a realidade existente, mas sim os objetivos do processo de integração. Um processo de integração que vise à formação de um mercado comum deve necessariamente ter nas regras de concorrência uma força centrífuga. Assim, basta a declaração, como ocorre no Mercosul, do objetivo de eliminar todas as restrições alfandegárias e não alfandegárias à circulação de mercadorias e fatores de produção (art. 1º) para ser obrigatória a adoção da supramencionada definição do mercado geográfico. Para os Estados Membros do Mercosul essa interpretação impõe-se, inclusive no seu direito interno, e antes mesmo da conformação final da regulamentação comunitária da concorrência,[42] caso, o ato de concentração analisado possa ter efeito comunitário.

### *2.2.4 A participação no mercado relevante como critério de identificação*

Os critérios discutidos acima permitem definir corretamente o mercado relevante de bens e serviços. Uma vez definido o mercado, é possível sobre ele aplicar esse mercado um determinado percentual que, uma vez ultrapassado pelo agente econômico, sujeita-o automaticamente a controle.

A discussão sobre o percentual a ser utilizado é inócua. Sobretudo porque aqui se trata de definir um critério de identificação, ou seja, determinar que tipo de estrutura econômica deve estar sujeita a controle, e não se determinada estrutura é ou não ilícita. Note-se que, de todo modo, mesmo quando a participação no mercado é utilizada como critério de sancionamento, a única certeza existente entre os economistas é que é impossível definir com precisão o nível de participação a ser utilizado.

Tratando-se de um critério de identificação, o elemento mais importante parece ser o interesse (jurídico-político) de submeter um maior número de estruturas ao controle.

A indefinição doutrinária e a conseqüente predominância de motivações políticas na determinação dos percentuais se fazem sentir na legislação nacional. Prova disso é a oscilação do legislador, que primeiro definiu na Lei n. 8.884 (arts. 20, § 3º, e 54, § 3º) o percentual de 30% do mercado, para depois reduzi-lo para 20% através de medidas provisórias. Esse percentual foi definitivamente incorporado à lei concorrencial por força do art. 78 da Lei n. 9.069, de 30 de junho de 1995, e do art. 1º da Lei n. 10.149, de 21 de dezembro de 2000.

Analisada em termos comparativos estritamente numéricos, a porcentagem adotada pelo legislador nacional parece razoá-

42. No momento o que existe é o Protocolo de Fortaleza, ratificado por Paraguai e Brasil e promulgado entre nós pelo Decreto n. 3.602, de 18 de setembro de 2000. O Protocolo estabelece normas gerais para o controle de condutas anticoncorrenciais no âmbito comunitário, mas não dispõe sobre o controle das concentrações empresariais. V., a respeito, Capítulo 1, item 1.4.2.

vel.[43] O problema é que a discussão sobre o valor numérico da participação, meramente opinativa e necessariamente inconclusiva, mascara os reais problemas a serem resolvidos para determinação do poder no mercado relevante. O primeiro deles refere-se ao objetivo da norma que requer a definição do poder no mercado. O segundo é a forma de revelação desse poder, ou seja, os diferentes tipos de estruturas em que ele se manifesta. Nenhuma das duas questões foi suficientemente resolvida na legislação nacional.

Quanto ao objetivo da norma, é preciso diferenciar entre os critérios utilizados para identificar estruturas e aqueles utilizados para qualificar condutas. Tudo o que foi dito acima aplica-se apenas aos casos em que o poder de mercado é mero elemento de identificação das situações que se devem sujeitar a controle. Quando utilizado como critério para qualificar condutas, completamente diferente deve ser o raciocínio. Nesses casos, a fixa-

43. Na Alemanha, para a definição do conceito de empresa com posição dominante no mercado (*marktbeherrschende Unternehmen*) utiliza-se a porcentagem de 33% quando se tratar de verificação do poder de uma firma isoladamente (monopólio). Tratando-se de exercício conjunto de poder no mercado por várias firmas (oligopólio), requer-se que até três controlem juntas 50% do mercado, e até 5 firmas controlem juntas 66% do mercado (§ 22 *GWB*). O aspecto distintivo não é o numérico, mas sim a preocupação central do legislador alemão em distinguir as situações de monopólio e oligopólio, o que não ocorre no caso brasileiro.

A mesma diferença se faz sentir com relação à regulamentação norte-americana. Ali, para identificação das concentrações que devem sujeitar-se a controle utiliza-se critério que permite uma avaliação (ainda que superficial) do mercado como um todo e de seu grau de concentração, e não apenas da participação das empresas que se estão concentrando. Trata-se do chamado *Herfindahl-Hirshmann Index* (*HHI*). Esse índice é constituído pela soma dos quadrados das participações de todas as firmas no mercado. Seu máximo é, portanto, 10.000 pontos, para o mercado totalmente monopolizado (uma única firma detendo 100% do mercado). Utiliza-se o quadrado e não o valor simples das participações para potencializar e dar maior importância relativa àquelas participações mais elevadas. As *Merger Guidelines* americanas de 1984 e 1992 adotam ambas o *HHI* como forma de medição da concentração do mercado. Segundo os critérios ali estabelecidos, índices de até 1.000 pontos representam mercados não concentrados, índices entre 1.000 e 1.800 pontos representam mercados moderadamente concentrados, e índices de mais de 1.800 indicam mercados altamente concentrados (v. *1992 Merger Guidelines*, item I.5). Para a análise matemático-econômica das funções do *HHI* v. P. Areeda, J. Solow, H. Hovenkamp, *Antitrust law*, v. II A, cit., pp. 23 e ss.

ção de uma porcentagem determinada é incorreta. Isso porque, como se verá, o poder no mercado, quando utilizado para qualificar condutas (em especial o abuso de posição dominante), é basicamente um critério para mensuração de sua eficácia. Existem certos tipos de comportamentos que, realizados por agentes sem poder no mercado, não têm qualquer efeito sobre os consumidores e o mercado em geral. Não podem, portanto, ser considerados ilícitos. Ocorre que a eficácia de um comportamento depende muito da estrutura de cada mercado. O critério para sua avaliação é, portanto, eminentemente variável. Assim, mesmo se baseado exclusivamente em uma porcentagem do mercado relevante, o referido critério deve ser dotado de certa flexibilidade, que permita adaptá-lo a cada estrutura de mercado específica.

Talvez reconhecendo essa necessidade, a própria Medida Provisória n. 542, de 30 de junho de 1994, que reduziu para 20% a porcentagem de participação no mercado relevante prevista no art. 54 da Lei n. 8.884, deu nova redação ao art. 20, § 3º, e só a ele, prevendo a possibilidade de alteração desse percentual pelo CADE para setores específicos da economia. Criou-se, assim, a desejada diferenciação entre essa hipótese e o sistema de controle das concentrações do art. 54, § 3º. Essa diferenciação foi mantida pelas Leis ns. 9.069/95 e 10.149/2000.

Não basta, no entanto, apenas a definição do objetivo da norma que faz uso do conceito de poder no mercado. Sua forma de identificação continua a parecer pouco convincente, em ausência de verificação de suas diversas estruturas. Um monopólio é muito diferente de um oligopólio, na essência. Também os riscos representados por ambas as formas para o mercado são bastante distintos. Essa necessidade de diferenciação é reconhecida em outros sistemas. A legislação alemã utiliza critérios numéricos diferenciados para identificar monopólios e oligopólios (mais rigorosos os primeiros que os últimos). Já, no sistema norte-americano, utiliza-se o *HHI Index* como critério de identificação das situações potencialmente danosas, cuja vantagem é exatamente permitir uma avaliação da situação do mercado como um todo, e não apenas das empresas que se estão concentrando (v. nota 43).

Esses elementos indicam no sentido da necessidade não apenas da definição e mensuração do mercado, mas, também, da análise de sua estrutura, para uma correta identificação dos casos em que existe real poder no mercado. Não basta, portanto, identificar o montante do poder no mercado que se deve sujeitar a controle. É preciso caracterizar a forma específica em que ele se estrutura. A inexistência de tal preocupação é uma das mais graves omissões da nova lei brasileira.

### *2.3 Poder de mercado e assimetria de informação*

Um dos resultados mais importantes do pensamento econômico moderno é exatamente pôr em dúvida a possibilidade de teorização do comportamento econômico. A principal razão para tanto é a convicção de que o conhecimento encontra-se disperso entre os indivíduos e que, conseqüentemente, em cada relação econômica, os diferentes indivíduos detêm diferentes parcelas, freqüentemente díspares, assimétricas, de informação. Isso faz com que todo e qualquer modelo sobre o funcionamento do mercado que pretenda indicar resultados esperados ou a serem atingidos com base em ampla difusão de conhecimentos e informações esteja necessariamente fadado ao fracasso.

Os modelos acima descritos têm por base estudos de teorias econômicas contemporâneas, em especial a teoria do conhecimento[44] e a chamada Economia da Informação.[45] Interessante é notar que ambos os modelos, quando bem compreendidos e desenvolvidos, acabam por levar a idéias profundamente reformadoras das estruturas.

44. A melhor explicação dessas idéias está, sem dúvida, em F. Hayek, "The use of knowledge in society", in *American Economic Review*, XXXV, 4 (1945), pp. 519-530.

45. Seus principais representantes são G. Akerloff, J. Stiglitz e M. Spence. O primeiro autor demonstra como, em certos setores, a incerteza sobre a qualidade pode levar ao desaparecimento do próprio mercado (v. G. Akerloff, "The market for lemons: quality uncertainty and the market mechanism", in *Quarterly Journal of Economics*, 89 (1970), pp. 488 e ss.), A principal contribuição de Stiglitz está, além de ter sistematizado a economia da informação, em ter demonstrado como as próprias ações têm efeito sinalizador, transmitindo informações (v. J. Stiglitz, "The contributions of the economics of information to twentieth century economics", cit., pp. 1.441-1.447). Já o trabalho de Spence consistiu no desenvolvimento da teoria dos sinais, *i.e.*, formas de transmitir informações entre agentes, reduzindo as assimetrias (cfr. M. Spence, "Signaling in retrospect and the informational structure of markets", *Nobel Prize Lecture*, 8 de dezembro de 2001).

Todas elas indicam no sentido de uma mesma conclusão. O raciocínio econômico não pode mais ser voltado à busca de resultados econômicos baseados em modelos teóricos. Seu objetivo é muito mais procurar garantir que os agentes adquiram conhecimento nas relações econômicas, o que não ocorre com os tradicionais instrumentos de mercado. Acrescente-se, não ocorre sobretudo em presença do poder econômico, que cria imensas distorções.

Tais distorções decorrem basicamente, de acordo com a doutrina acima citada, das assimetrias de informação e do conhecimento. Essas assimetrias são mais ou menos acentuadas em diversos mercados, mas – e isso é extremamente importante – não decorrem sempre, e nem predominantemente, de assimetrias naturais de informação. Na maioria das economias, especialmente em economias em desenvolvimento, decorrem de dificuldades sociais de acesso à informação e de dificuldades impostas em função do diferente poder que têm, no mercado, os agentes econômicos.

Não é simples interpretar e captar todas as conseqüências dessa conjunção de fatores: informação dispersa e distribuída de maneira assimétrica.

De um lado, é inegável que o risco do aproveitamento da dispersão de informações para acelerar e reforçar as assimetrias de informação é importante. A instrumentalidade do poder econômico para a criação dessas assimetrias é evidente.

Mas talvez mais importantes que essas conseqüências genéricas, relativamente óbvias, são as específicas sobre as disciplinas que se ocupam do poder econômico. No direito antitruste, a convicção da impossibilidade de teorizar e concentrar o conhecimento econômico põe em cheque muitas das presunções neoclássicas usadas para a definição de mercado. No fundo, a própria definição de mercado pressupõe o conhecimento e a concentração de informações sobre o funcionamento do mercado.

Se é verdade que essa concentração de informações é impossível, pois essas são dispersas e, além disso, alocam-se de forma assimétrica, então importante, para a definição de mercado e a mensuração do poder econômico, se torna o "mapa" da dispersão de informações. Quanto mais dispersas estiverem, menor a concentração; quanto mais distribuídas de forma assimétrica se encontrarem, maior será o poder econômico.

Assim, elementos tradicionais da análise antitruste, como definição de mercado e mensuração da participação no mercado, devem ter em conta, em alguns casos, de forma preponderante, o grau de assimetria de informação. Em certos casos, como, por exemplo, as concentrações verticais, a análise da concentração de informações é praticamente o único critério existente para a mensuração do poder.

Daí a razão de se procurar, nos próximos tópicos, abordar a questão da dispersão e alocação de informação sempre que for possível e útil para o elemento da análise concorrencial que se estiver desenvolvendo.

## *2.4 Formas de manifestação do poder no mercado*

No presente capítulo, foram inicialmente analisadas e criticadas formas diversas de medição do poder no mercado. Identificada a mais correta delas, definição do mercado relevante, partiu-se para a sua análise. Ocorre que, como visto, apesar de a definição do mercado determinar e fixar o âmbito em que o poder pode ser efetivamente exercido, ela, por si só, não determina a existência e as formas de manifestação do poder no mercado. Sobretudo essas últimas são de importância fundamental. O direito antitruste não sanciona o poder de mercado em si. Investe, isso sim, contra o poder de mercado estruturado de forma a prejudicar concorrentes e/ou consumidores.

Como mencionado, uma estrutura monopolística não é idêntica a um oligopólio em sua natureza e/ou efeitos sobre o mercado. Conseqüentemente, a correta avaliação do poder do mercado é aquela que permite não apenas mensurá-lo, mas, sim, identificar e distinguir suas formas de manifestação. Essa é exatamente a crítica feita pela doutrina àqueles critérios que visam apenas a mensurar o poder no mercado, como, por exemplo, o *Lerner Index* ou, então, seu substituto próximo, a mensuração do poder no mercado a partir da determinação das curvas de demanda e oferta. Tais critérios, ainda que economicamente correspondentes à definição de mercado — já que analisar a possibilidade de substituição de oferta e de demanda nada mais significa que determinar a elasticidade cruzada de ambas —, juridicamente com ela não se confundem. Eles permitem apenas mensurar o poder no mercado, mas não identificar sua estrutura e forma de manifestação, elementos fundamentais para a aplicação do direito antitruste.[46]

### 2.4.1 Os monopólios

Na verdade, grande parte da teoria dos monopólios já foi exposta. Tudo o que foi dito no tratamento dos conceitos marginalistas (n. 2.1.1) aplica-se diretamente aos monopólios. A teoria marginalista desenvolvida compara diretamente concorrência perfeita e monopólio.

O que aqui se fará, portanto, será apenas analisar os principais aspectos das estruturas monopolísticas que podem ser prejudiciais ao mercado e à sociedade, de modo a poder compará-los com as estruturas oligopolistas.

Em primeiro lugar, é importante fazer uma ressalva, para evitar uma confusão que freqüentemente decorre da utilização da expressão monopólio. A teoria do monopólio não se aplica exclusivamente àquelas empresas que detêm 100% do mercado, mas, também, àquelas situações em que um dos produtores detém parcela substancial do mercado (por hipótese, mais de 50%) e seus concorrentes são todos atomizados, de tal forma que nenhum deles tem qualquer influência sobre o preço de mercado. Essas situações são, em linhas gerais, idênticas em sua conseqüências ao monopólio *stricto sensu*.[47]

46. V., a respeito, P. Areeda, J. Solow, H. Hovenkamp, *Antitrust law*, v. II A, cit., pp. 156-160.

47. V. P. Areeda, D. Turner, *Antitrust law*, v. IV, Boston-Toronto, Little, Brown and Company, 1980, p. 910 que justifica essa possibilidade com base no fato de que para a porção competitiva do mercado, formada por produtores atomizados, o preço é um dado. Conseqüentemente, para o agente com participação no mercado é possível, tanto quanto para o agente que detém 100% do mercado, fixar seus preços em valores supracompetitivos. Tendo algum conhecimento do volume a ser produzido por essas firmas a cada nível de preços e tendo conhecimento da demanda total do mercado, o monopolista pode estimar a sua própria curva de demanda subtraindo o primeiro do segundo. Dessa forma, é possível para ele cobrar preços supracompetitivos. Obviamente, o ponto fraco desse monopolista é a capacidade das empresas competitivas aumentarem sua produção e, assim, erodir o sobre-preço cobrado por ele. Essa capacidade será tanto maior quanto maior for a participação desse grupo de empresas, considerado em seu conjunto, no mercado relevante.

São basicamente três as conseqüências dos monopólios relevantes para o direito antitruste. Em primeiro lugar, conseqüência dos monopólios é o chamado *dead-weight loss*. Como visto quando da análise dos conceitos marginalistas, a obtenção de uma posição monopolista leva o agente a aumentar os preços. Como conseqüência disso, certo número de consumidores simplesmente deixa de consumir o produto. O *dead-weight loss* é composto exatamente pela perda de utilidade para esses consumidores decorrente da impossibilidade de consumir o produto, acrescida do custo de oportunidade daqueles consumidores que continuam a consumir o produto e que para arcar com os preços supracompetitivos cobrados pelo monopolista têm de deixar de consumir ou reduzir o consumo de outros produtos.[48] Note-se que o conceito de *dead-weight loss* é marginalista. Segue, portanto, firmemente os postulados neoclássicos de maximização de riqueza global explicitados no primeiro capítulo. Assim sendo, não inclui qualquer preocupação com a distribuição de riqueza (que será analisada separadamente, a seguir). O *dead-weight loss* é, portanto, formado exclusivamente pela perda social consistente no montante de recursos que não fica com os consumidores nem é transferido à empresa monopolista, sendo apenas desperdiçado.

O segundo grande problema dos monopólios está na destinação dos recursos transferidos. Recentemente tem crescido na doutrina a preocupação com o destino do faturamento extra obtido pelo monopolista em função de sua posição no mercado. Na medida e na proporção em que cresce esse faturamento, cresce o valor para o monopolista de sua posição. Mais disposto estará ele, então, a utilizar parte ou até a totalidade desse faturamento adicional na manutenção de sua posição monopolista.[49] Esses gastos são claramente perdas sociais. Pode-se presumir que grande parte deles é utilizada para corrupção de órgãos governamentais, financiamento de campanhas de políticos vinculados aos in-

48. Pode-se presumir que produtos substitutos não têm a mesma utilidade para o consumidor pois, na definição do mercado todas as possíveis substituições já foram levadas em consideração e, ainda assim, conclui-se (sempre por hipótese) que o agente tem posição monopolística.

49. Essa conseqüência dos monopólios, durante muito tempo negligenciada pela doutrina, vem sendo crescentemente reconhecida desde sua veemente descrição e justificação por R. Posner, *The law and economics of antitrust*, Chicago-London, The University of Chicago Press, 1976, p. 12, que a qualifica como a "tendency of monopoly profits to be converted into social costs".

teresses do monopolista ou, mais genericamente, ao *lobbying* perante agências governamentais. Ou seja, é exatamente o faturamento extraordinário obtido pelo monopolista e o sobrevalor objetivo representado por sua posição privilegiada no mercado que dão a dimensão política ao poder econômico no mercado. Aquelas preocupações externadas no primeiro capítulo a respeito da dimensão política dos monopólios ganham, portanto, uma justificativa econômica.

Essa conseqüência quase que necessária da existência dos monopólios tem, ainda, como efeito tornar quase inútil o tradicional parâmetro de medição de existência do poder no mercado (sobretudo no Brasil): a existência de lucros extraordinários. O fato de as empresas monopolistas não apresentarem lucros muito superiores aos das empresas competitivas explica-se muitas vezes exatamente pelos altos custos de manutenção da posição monopolista.

A terceira conseqüência nociva dos monopólios é o desestímulo à inovação e à melhoria da eficiência decorrente de uma posição monopolística. Esse ponto é bastante discutido na teoria econômica e não pode ter aqui solução satisfatória. Pode-se no máximo indicar as diferentes posições e seus principais fundamentos. Em jogo está o principal dos argumentos dos teóricos neoclássicos em favor dos monopólios: a eficiência decorrente da economia de escala. O que a teoria aqui apresentada defende é a consideração concomitante de um outro lado dos monopólios. Se é verdade que os monopólios podem representar ganhos de escala em um primeiro momento, logo a seguir há uma tendência à acomodação, desaparecendo a preocupação com os concorrentes em função de sua posição privilegiada no mercado (daí por que, como visto, indício da existência de monopólio é a desconsideração da existência de concorrentes no planejamento empresarial). Obviamente isso só ocorre se o monopolista for capaz de criar barreiras à entrada de concorrentes, de modo a manter sua posição no mercado a despeito de sua crescente ineficiência. As barreiras à entrada têm, portanto, posição de destaque. Entre elas inclui-se, sem dúvida, a pressão política para obtenção de "barreiras legais à entrada de concorrentes."[50]

50. V., em sentido contrário, R. Posner, *The law and economics of antitrust*, cit., p. 15, para quem a competição pode reduzir o estímulo a investir em tecno-

Finalmente, o último ponto a ser destacado é o efeito nocivo dos monopólios na distribuição da renda social. Evidentemente uma situação de monopólio que permita o aumento supracompetitivo dos preços implica uma transferência de renda dos consumidores para os sócios da empresa monopolista. Essa tese é bastante criticada pelos neoclássicos, crentes na mão invisível do mercado. Para eles, não é possível manter a posição monopolista a não ser que parte dos lucros obtidos seja dividida com os consumidores através da diminuição de preços. Novamente aqui a resposta a esta crítica está na diferença entre a formação do monopólio e seu comportamento posterior. É concebível que mesmo uma posição monopolista atingida exclusivamente através de ganhos de eficiência passe a ser explorada de maneira ineficiente. Para que essa "acomodação monopolista" ocorra basta a existência de barreiras à entrada.

### *2.4.2 Os oligopólios*

Os oligopólios têm especificidades que devem ser levadas em consideração e não permitem seu tratamento conjunto e indiferenciado com os monopólios. O problema central é exatamente verificar se existe um "comportamento típico oligopolista", ou seja, verificar se é possível identificar um comportamento "racional" do oligopolista que possa justificar uma presunção idêntica à que foi feita para os monopólios.

Nos anos 60 acreditava-se que sim. Em 1962, D. Turner afirmava categoricamente que tal comportamento existia e era objetivamente identificável.[51] Para ele, a racionalidade oligopolista consiste em adotar comportamentos paralelos em relação aos preços. O poder recíproco dos participantes do mercado obriga seus componentes a adotar comportamentos paralelos. Não há incentivo para que qualquer dos membros reduza seus preços,

logia e aumentar a eficiência, pois o agente sabe que qualquer avanço tecnológico pode, em face da imperfeição do sistema de patentes, ser prontamente copiado pelo concorrente. Obviamente, o argumento não é convincente, pois se algo demonstra é a imperfeição do sistema de patentes e não a eficiência dos monopólios.

51. V. D. Turner, "The definition of agreement under the Sherman Act: conscious parallelism and refusals to deal", in *Harvard Law Review* 75 (1962), p. 655.

pois sabe que seu comportamento será prontamente acompanhado pelos outros participantes do mercado. Em conseqüência, ele não ganhará qualquer espaço no mercado. A única conseqüência será, então, a perda de lucratividade para todos. O incentivo é, portanto, ao contrário, para um aumento paralelo e progressivo de preços, seguindo o comando (*price leadership*) de algum dos componentes do oligopólio.

Outros comportamentos típicos dos oligopolistas seriam a diferenciação entre produtos e a manutenção de participações estáveis no mercado.

O primeiro deles é decorrência direta do desaparecimento da competição de preços. Em ausência dessa competição, as diferenças entre os participantes no mercado devem ser estabelecidas e os estímulos aos consumidores devem ser dados através de diferenciação dos produtos. Essa diferenciação de produtos e o desaparecimento da competição nos preços levam à criação de diversos "nichos de mercado", ou seja, diversos mercados exclusivos, para cada um dos oligopolistas, e, conseqüentemente, à estabilização das participações. Segundo Turner, esses comportamentos são tão inerentes aos oligopólios que é impossível evitá-los através de sanções pecuniárias — já que não é possível constranger os agentes de mercado a adotar um comportamento para eles completamente irracional. A única solução seria a intervenção direta para decompor essas estruturas.

Não é preciso grande esforço para verificar os vínculos desse pensamento à chamada Escola Estruturalista de Harvard.[52] Não por acaso, portanto, as principais críticas a essa teoria vêm dos representantes da Escola de Chicago.

Em primeiro lugar, contestam-se dois de seus pressupostos fundamentais: a informação perfeita dos agentes e a reação imediata. Quanto à primeira, observa-se que é possível e freqüente que os oligopolistas dissimulem seu comportamento de modo a não permitir seu conhecimento ou, ao menos, pleno conhecimento de seus efeitos pelos concorrentes.[53] Assim, por exemplo, a concessão de benefícios indiretos aos consumidores ao invés de re-

52. Entre cujos principais representantes figura exatamente D. Turner; v., a respeito, capítulo 1, nota 5.

53. Cfr. R. Posner, F. Easterbrook, *Antitrust — Cases, economic notes and other materials*, cit., p. 333.

duções de preços. Mesmo se e quando o concorrente descobrir e avaliar os efeitos desse comportamento, ele pode não ter condições de reagir imediatamente. É o que ocorrerá se o agente econômico estiver no máximo de sua capacidade, sendo impossível um aumento a curto prazo de produção para fazer frente ao aumento da demanda.

Mas não é só. Segundo outros autores, os dados concretos também não demonstram que o comportamento paralelo em indústrias oligopolizadas seja a regra. Existem, ao contrário, muitos exemplos de alto grau de competição entre firmas com elevado grau de participação no mercado.[54] Isso seria a prova de que cada empresa age independentemente e que, portanto, o alto grau de participação de cada uma seria poderoso fator de relativização do poder no mercado das demais. Os oligopólios não poderiam ser caracterizados (necessariamente) como cartéis tácitos, como querem muitos dos estruturalistas.

Evidentemente, essa última crítica contém uma boa dose de exagero. A existência de alguns exemplos de concorrência efetiva entre oligopolistas não pode levar a concluir pela existência de um comportamento necessariamente competitivo, tanto quanto — e aqui está o maior valor da crítica neoclássica — não é possível admitir, como querem os estruturalistas, que o comportamento paralelo seja a regra. As imperfeições na transmissão de informações e na reação dos oligopolistas são circunstâncias muito prováveis, que aconselham cuidado quanto a esse tipo de conclusão. Mais do que isso. O moderno desenvolvimento da teoria

54. V. R. Bork, *The antitrust paradox*, cit., pp. 182 e ss. O autor fornece vários exemplos, alguns dignos de nota, outros nem tanto. Entre os últimos destacam-se os exemplos de indústrias monopolizadas que tiveram seus preços reduzidos pela entrada de um novo concorrente. Bork tenta usá-lo como argumento em favor dos oligopólios. Obviamente o exemplo nada prova, pois é evidente que em relação a uma situação de monopólio, o oligopólio representa uma melhoria comparativa. O oligopólio deve ser comparado, isso sim, com a situação de concorrência perfeita. Exemplo mais interessante é o da indústria automobilística americana, que, apesar de bastante concentrada, teve ao longo do tempo comportamento competitivo, demonstrado pelas freqüentes mudanças de participação dos oligopolistas (pp. 186 e ss.). Note-se que esse simples fato não afasta a possibilidade de existência de um acordo (explícito ou tácito) entre os produtores para não competir nos preços mas apenas através da diferenciação dos produtos. Aliás, o fato de ter havido substanciais mudanças de participação no mercado sem guerra de preços reforça, ao invés de enfraquecer, a hipótese do acordo tácito.

dos jogos, aplicada aos oligopólios, demonstra que o comportamento dos participantes não é totalmente previsível.

A teoria dos jogos foi originalmente desenvolvida exatamente a partir do estudo do comportamento oligopolista.[55] Em 1950, John Nash, em trabalho que lhe valeu o prêmio Nobel de Economia, generalizou a teoria dos jogos, definindo o que hoje é conhecido como *Nash Equilibrium*.[56] Nessa situação de equilíbrio, a estratégia de cada um dos jogadores deve ser a melhor resposta para a estratégia do outro. Em outras palavras, isso significa que a combinação de estratégias que serão presumivelmente adotadas pelos jogadores é aquela em que nenhum jogador poderia ter melhor resultado adotando outra estratégia, *tendo em vista o comportamento do outro jogador*.

As principais conclusões da teoria dos jogos aplicada aos oligopólios são as seguintes.[57] Em primeiro lugar, só é possível identificar um comportamento necessário dos participantes do mercado caso o "jogo" seja repetido uma só vez ou, então, um número finito de vezes. No primeiro caso, a empresa sabe que, se aumentar o seu preço, seu concorrente manterá os seus preços baixos e ganhará fatias de mercado. Assim, ela mantém seu preço baixo. Note-se que a empresa só se pode comportar dessa maneira porque não precisa se preocupar com os efeitos de sua estratégia sobre uma nova "rodada" do "jogo". Isso significa que nesse modelo teórico não existe a possibilidade de o primeiro concorrente retaliar, abaixando seus preços em resposta ao comportamento da segunda empresa. Ela pode, portanto, adotar uma estratégia individual, semelhante ao que se dá no dilema do prisioneiro.[58]

55. O primeiro ensaio conhecido de teoria dos jogos foi feito por Cournot a partir da análise do comportamento dos oligopolistas. Daí por que o *Nash-Equilibrium,* também, é conhecido como *Cournot-Nash Equilibrium*; v., a respeito, D. Baird, C. Gertner, R. Picker, *Game theory and the law*, cit., p. 21, nota 8.

56. Dois são os trabalhos, ambos de 1950, em que J. Nash expõe sua teoria: "The bargaining problem", in *Econometrica*, n. 18, p. 155 e "Equilibrium points", in *N-Person Games, Proceedings of the National Academy of Sciences* (USA), n. 36, p. 48.

57. Para uma descrição mais detalhada V. D. Baird, C. Gertner, R. Picker, *Game theory and the law*, cit., pp. 166 e ss.

58. *O dilema do prisioneiro* é um dos primeiros modelos teóricos sobre o qual se estruturou a moderna teoria dos jogos. Sua estrutura é bastante sim-

O mesmo ocorreria caso o "jogo" fosse disputado um número finito de vezes. Os participantes do mercado não precisariam preocupar-se, na última rodada, com os efeitos de seus atos sobre futuras rodadas. Teriam, portanto, uma estratégia dominante na última rodada exatamente igual à estratégia descrita para o "jogo" que é disputado uma só vez. Ocorre que essa estratégia dominante da última rodada influenciaria as rodadas anteriores. Assim, por exemplo, se os jogadores sabem que na última rodada a estratégia de cada um dos outros será (pelos motivos expostos acima) necessariamente de manter os preços baixos, a antepenúltima rodada será equivalente à última, pois os participantes sabem que seu comportamento não influenciará a rodada sucessiva. E, assim, sucessivamente até a primeira rodada. Em termos mais simples, se o número de jogos fosse finito e conhecido dos participantes, cada um desenharia sua estratégia de modo a não perder sua participação no mercado, dado que a estratégia de ambos na última rodada será necessariamente manter os preços baixos. Não há, portanto, nenhum estímulo à cooperação entre os participantes do mercado.

Diferente é a situação tratando-se de um número infinito de rodadas ou, então, tratando-se de um número finito mas de duração incerta e desconhecida dos participantes. Note-se que essa é a única situação realmente relevante, pois é a única que se verifica na prática. Duas são as diferenças básicas em relação

ples. Imagine-se dois prisioneiros, a serem interrogados pela prática do mesmo crime, e suponha-se que a cada um deles é dito que se confessar e delatar o outro será perdoado e o outro terá a pena máxima (por hipótese 20 anos), enquanto que se ambos confessarem e delatarem, ambos terão a pena básica do crime (por hipótese, 10 anos). Por outro lado, se nenhum dos dois confessar, serão aplicadas penas de 5 anos para cada um, relativa ao crime mais simples (por hipótese, único que é possível demonstrar sem a confissão). O comportamento estratégico individual leva ambos os jogadores a confessarem. Essa é seguramente a melhor estratégia individual, pois qualquer que seja o comportamento do outro jogador (e imaginando-se sempre que o outro jogador adotará uma estratégia individual), o comportamento mais conveniente será sempre confessar (pois se o outro não confessar, o primeiro jogador estará livre e se o outro confessar, o primeiro jogador terá evitado a pena máxima). O que ocorre é que, nesse caso, as estratégias individuais representam para os prisioneiros uma opção pior que o comportamento que visa a maximização da utilidade coletiva (que ocorreria se nenhum dos dois confessasse); v., a respeito, do dilema do prisioneiro D. Baird, C. Gertner, R. Pickner, *Game theory and the law*, cit., pp. 48-49.

às situações anteriores. Em primeiro lugar, em todas as "rodadas" os participantes do mercado devem se preocupar com as conseqüências de suas estratégias sobre as rodadas sucessivas. O comportamento independente dos concorrentes é mais arriscado, pois, se um determinado participante diminuir o seu preço para aumentar sua participação no mercado, seu concorrente poderá, no "lance sucessivo", reduzir também o seu preço, fazendo o primeiro ter prejuízos. Por outro lado, a própria perspectiva de inexistência de um final definido, e sobretudo da inexistência de um lance final do outro "jogador", faz com que o agente econômico direcione suas ações pelo comportamento imediatamente anterior de seu concorrente que, presume, irá se repetir. Assim sendo, a cooperação entre concorrentes, sobretudo através da aceitação tácita da chamada "liderança de preços" (*price leadership*) é muito mais provável.

Essa conclusão que proporciona a teoria dos jogos é de extrema importância, pois pode orientar a atuação dos órgãos de controle da ordem concorrencial. Uma atuação tendente a evitar o comportamento paralelo, depois de iniciada a conduta, será extremamente eficaz, pois não apenas evitará o comportamento oligopolista naquela situação específica como, também, desincentivará o comportamento paralelo futuro. Não apenas os oligopolistas que já aumentaram o preço deverão reduzi-lo, sob pena de perda de mercado (pois os demais oligopolistas que foram "impedidos" de aumentar seus preços estão com preços mais baixos). Também em futuros "jogos" os oligopolistas resistirão muito mais a aceitar a "liderança de preços". Para usar a terminologia da teoria dos jogos, o "jogo" transformar-se-á de duração infinita para "jogo" de duração finita. Haverá, portanto, incentivo ao comportamento independente (estratégico individual) dos oligopolistas no futuro.

É exatamente essa aceitação tácita da liderança de preços, ou então de qualquer outro comportamento paralelo dos oligopolistas que caracterize um acordo tácito, a principal preocupação do direito antitruste. Isto porque é o acordo tácito o principal sinal característico do desaparecimento da concorrência interna entre os participantes do mercado. Ora, inexistente a concorrência nas relações internas, e desde que, nas suas relações externas, o conjunto dos oligopolistas detenha poder no mercado (no sentido definido no início do presente capítulo), a situação de oligopólio pode ser substancialmente identificada, nas suas conseqüências jurídicas, ao monopólio.

Em resumo, para o direito antitruste, as situações oligopolísticas apresentam um problema a mais em relação às monopolísticas. Para se demonstrar a existência de poder no mercado é necessário aplicar dois testes, e não apenas um, como no caso dos monopólios. Em primeiro lugar, é necessário determinar se existe poder do grupo oligopolista como um todo. Aqui, o método aplicado é idêntico ao utilizado para as situações de monopólio. Mas isso não basta. É necessário, ainda, demonstrar que o grupo de oligopolistas pode ser efetivamente considerado como um único bloco. Para isso é preciso que não exista concorrência nas relações internas entre os oligopolistas, que por sua vez requer a demonstração da existência de comportamento paralelo intencional.

Obviamente, o problema que em seguida se apresenta é como demonstrar a existência desse "comportamento paralelo intencional". Para isso é necessário dar atenção a ambos os elementos da expressão utilizada. O comportamento deve ser *paralelo* e *intencional* (no sentido de não acidental).

Analisemos o primeiro elemento. Existem vários tipos de ações diferentes que podem caracterizar o comportamento paralelo. A movimentação paralela dos preços, a formação comum de estoque ou, ainda, a manutenção da participação relativa no mercado (exclusivamente entre os oligopolistas, não necessariamente em relação a terceiros concorrentes no mercado), são todos eles exemplos clássicos de comportamento paralelo.

Esse tipo de atuação não é, no entanto, nem suficiente nem necessário para caracterizar o oligopólio. Ele só evidencia o comportamento paralelo. Não é possível ter certeza se esse comportamento é intencional, visando a eliminar a concorrência interna, ou se consiste apenas em um comportamento determinado (a) pelas circunstâncias do momento ou (b) pela racionalidade de agentes que atuam como verdadeiros concorrentes. Tratando-se de concorrentes no mesmo mercado, a pressão de custos é freqüentemente idêntica para ambos, o que força a movimentação simultânea para cima dos preços. Por outro lado, é possível que a movimentação paralela de preços seja conseqüência direta da concorrência, já que, se os produtos forem plenamente substituíveis, o aumento de preços de um pode fazer os consumidores migrarem em massa para os produtos de seu concorrente que, pressionado pela demanda, aumentará também os seus preços. É exatamente por isso que, como visto acima quando da definição de mercado, o comportamento paralelo dos preços é considerado indício de que dois produtos estão em um mesmo mercado.

A movimentação comum de preços só pode ser considerada indício suficiente para caracterizar o acordo tácito quando ela se faz persistentemente em só um sentido, isto é, o aumento dos preços, e quando não é justificada por qualquer mudança significativa nos custos de ambos os participantes. Essa situação é incompatível com a existência de competição, já que neste caso é comum que os agentes no mercado utilizem-se da diminuição de preços para ganhar fatias do mercado, sendo imediatamente seguidos pelos seus concorrentes.

O persistente aumento paralelo e injustificado de preços de concorrentes dotados em seu conjunto de poder no mercado indica, para utilizar o raciocínio da teoria dos jogos, que os jogadores estão adotando um comportamento visando a um fim coletivo (maximização dos lucros de ambos), e não individual. Aqui, ganha aplicação prática a diferença entre jogos de duração determinada e indeterminada, feita acima. O comportamento dos "jogadores", que sempre aumentam os preços em conjunto e que têm extrema resistência a reduzi-los, demonstra a compreensão por todos de que uma redução de preços só pode ser lucrativa naquela mesma "rodada", tornando-se imediatamente deficitária na "rodada" seguinte (em face da diminuição de preços do outro jogador, que se seguirá). Em um "jogo" de duração indeterminada como é o mercado, essa claramente não é a melhor estratégia.

Em ausência desse aumento constante, paralelo e positivo dos preços dos oligopolistas, é necessário aliar ao comportamento suspeito características estruturais do mercado que permitam presumir a existência de um comportamento intencional. Como sempre no direito antitruste, quando o comportamento dos agentes é dúbio (e na maioria dos casos o é, não sendo possível dele tirar conclusões definitivas) é necessário aliar à análise do comportamento a análise estrutural. Ora, o próprio quadro acima descrito aponta claramente o tipo de estrutura que causa preocupação.

Pré-requisito para que haja comportamento paralelo é a existência de um sistema de informação que permita a cada concorrente saber prontamente o comportamento do outro. Por esse motivo, muitas vezes as associações de comércio, ao menos aquelas que visam a fornecer aos produtores, e só a eles (com exclusão dos consumidores), informações sobre preços e quantidades vendidas pelos demais, são vistas como formas de facilitar o comportamento paralelo entre os concorrentes.[59]

Outro elemento estrutural que sugere a existência de comportamento intencional é a reação imediata dos agentes econômicos aos movimentos dos seus pares. A rapidez de mudança de preços no mercado é, também, um bom indicador da existência desse comportamento, porque demonstra que os aumentos não são decorrentes de pressões da demanda (como ocorre na situação concorrencial), mas de um bem-estruturado sistema de troca institucional de informações[60] (diz-se institucional para evitar a confusão com os acordos formais do tipo cartel).

Finalmente, fundamental para a efetividade do comportamento paralelo é que o número de participantes não seja muito grande e cada um detenha uma participação no mercado relati-

59. Em dois casos famosos e já bastante antigos, a Suprema Corte americana tratou do problema. No primeiro, *American Column and Lumber Co. vs. United States* (257 U.S. 377 (1921), tratava-se de saber se a American Hardwood Manufacturers' Association, associação comercial que congregava mais de 400 fabricantes, infringia a legislação antitruste ao coletar e disseminar informações detalhadas de preço e quantidades produzidas por seus membros, inspecionar as fábricas dos associados e publicar — para uso de seus membros — um detalhado informe sobre as condições de mercado. A Corte considerou esse tipo de comportamento violador das regras concorrenciais, afirmando: "This is not the conduct of competitors, but is so clear that of men united in an agreement, express or implied, to act together and pursue a common purpose under a common guide that, if it did not stand confessed a combination to restrict production and increase prices ... that conclusion must inevitably have been inferred from the facts which were proved". Quatro anos mais tarde, em *Flooring Manufacturers Association vs. United States* 268 U.S. 563 (1925), a Corte exprimiu opinião exatamente contrária, afirmando que só a troca de informações não bastava para caracterizar o acordo de preços. Hoje a doutrina se inclina a considerar esse tipo de troca de informação, *sobretudo quando não estendida aos consumidores*, indício de existência de acordo. Para a prova definitiva é necessária a presença dos outros elementos estruturais enunciados; v., nesse sentido, D. Baird, C. Gertner, R. Picker, *Game theory and the law*, cit., p. 177.

60. V. D. Baird, C. Gertner, R. Picker, *Game theory and the law*, cit., p. 176.

vamente alta. Quanto maior o número de participantes, maior será a dificuldade de transmitir informações e evitar defecções. Por esse exato motivo é que a preocupação com a coordenação tácita de comportamentos verifica-se com respeito aos oligopólios.

Para completar o quadro do poder no mercado dos oligopólios é necessário, ainda, introduzir um último elemento. Trata-se do objetivo da regra que utiliza o conceito de poder no mercado (oligopolista). O poder do oligopolista tem características peculiares, sobretudo tratando-se do controle das concentrações. A principal delas é que, em presença de estruturas oligopolistas, muito mais cuidado é requerido com as concentrações verticais e simples do que no caso de um mercado monopolizado. Isso porque a aquisição ou fusão com um revendedor ou com um produtor de bens substitutos feita por qualquer um dos oligopolistas pode servir ao oligopólio como um todo, caso haja demonstração de comportamento paralelo. Assim, uma concentração numericamente pouco expressiva — já que apenas um dos oligopolistas está adquirindo a empresa revendedora ou produtora de bens substitutos — pode representar um grande perigo para o mercado. Nesses casos, a concentração serve para aumentar o poder do grupo oligopolista como um todo. Por isso, em presença de suficiente evidência de existência de oligopólio (ou seja, dados estruturais somados a indícios de comportamento paralelo intencional no passado), a concentração deve ser avaliada levando em consideração a participação no mercado dos oligopolistas como um todo.

### *2.4.3 Os monopsônios e oligopsônios*

A análise das diferentes formas de estruturação do poder no mercado não ficaria completa sem o estudo do fenômeno oposto ao poder do vendedor, isto é, o poder do comprador. Esse estudo é especialmente interessante e relevante, por colocar em destaque a impossibilidade de compreensão do direito concorrencial levando exclusivamente em consideração os interesses dos consumidores. Se já para os monopólios essa idéia implica sérios problemas aplicativos (v. capítulo 1, n. 1.3), tratando-se de monopsônios e oligopsônios, ela simplesmente não permite distinguir qualquer situação ilícita ou potencialmente danosa ao sistema concorrencial.

Para entender o porquê dessa afirmação é necessário uma rápida descrição da teoria microeconômica dos monopsônios. Pode-se dizer que o monopsônio representa para o lado da demanda o mesmo que o monopólio representa para a oferta. O poder monopsonista faz com que o agente dotado desse poder possa reduzir o preço do produto adquirido através de uma redução da quantidade demandada. Em função dessa redução do preço do insumo adquirido, o custo médio do produto final do monopsonista se reduz. O custo marginal, no entanto, que é aquele relevante para a determinação do preço, tem a tendência de se elevar. A demonstração formal desse postulado é complexa e requereria descrição mais detalhada de vários conceitos micro-econômicos, o que não se inclui entre os objetivos do presente trabalho.[61]

Relevante para o direito antitruste é apenas observar que a teoria econômica nos informa que o monopsonista que não é consumidor final, ou seja, aquele que compra o insumo para utilizá-lo na fabricação de um produto final, não tem a tendência de repassar ao consumidor os preços menores por ele obtidos pelo insumo em cujo mercado tem poder monopsonista (exatamente porque o custo marginal se eleva). A tendência é apropriar essa diferença como lucro.

Do ponto de vista do consumidor, duas situações podem se verificar. Em uma primeira situação, o monopsonista não detém poder no mercado quando revende. Opera em situação de concorrência perfeita. Essa situação é mais freqüente do que se imagina. Basta, por exemplo, que aquele produto tenha uma larga gama de substitutos no mercado final ou, então, que o próprio insumo

61. Muito simplisticamente pode-se entender esse comportamento do custo marginal como sendo decorrência do fato de que, possuindo poder no mercado, as aquisições adicionais do produto feitas pela firma influenciam o preço de toda a quantidade por ela comprada (ao contrário da concorrência perfeita, onde o adquirente não influencia o preço do produto adquirido). Assim, cada incremento marginal de suas aquisições leva a um aumento do preço do total de suas compras. Ora, o custo marginal do produto final é dado pelo quociente entre esse custo do insumo (crescente, como demonstrado) e sua utilidade, isto é, o quanto de valor o insumo agrega ao produto. Essa última variável independe da existência ou não de monopsônio. Assim, apesar de o custo médio do produto final do monopsonista diminuir, o custo marginal aumenta. Para a formulação econômico-matemática do que foi dito v. R. Blair e J. Harrison, *Monopsony — Antitrust law and economics*, Princeton, Princeton University Press, 1993, p. 36.

utilizado tenha muitos substitutos. Em ambos os casos, o agente econômico pode deter poder como comprador do insumo mas ser apenas mais um concorrente na venda do produto final. Ora, havendo concorrência perfeita, o preço do produto final é determinado pelo mercado, sendo apenas um dado para o produtor (v. *supra,* n. 2.1.1). Não há, portanto, qualquer vantagem ou desvantagem para o consumidor.

Caso, por outro lado, o monopsonista também tenha poder no mercado na venda do produto final, a tendência, ao contrário do que se poderia esperar, é o aumento e não a diminuição de preços. Isso porque, como visto, o custo marginal do monopsonista é mais elevado do que aqueles produtores que operam em concorrência perfeita na aquisição de seus insumos.

Vê-se, portanto, que, considerado exclusivamente na perspectiva do consumidor, o direito antitruste deve apenas preocupar-se com aquelas empresas monopsonistas que, também, são monopolistas ou, ao menos, são dotadas de um certo grau de poder como vendedoras do produto final. É exatamente a partir desse tipo de raciocínio econômico que ganha destaque na doutrina a questão jurídica dos oligopsônios. Argumenta-se que uma estrutura oligopsonista implica um alto risco, pois aumenta em muito a probabilidade de comportamento paralelo por parte dos oligopsonistas no mercado vendedor de seu produto final.[62]

Com efeito, como visto nos itens anteriores, elemento-chave para o funcionamento da estrutura oligopolista é a transmissão completa e rápida de informações sobre preço e quantidade produzida pelos oligopolistas. Ora, claramente existindo um oligopsônio, o incentivo para a criação do oligopólio é enorme. Para empresas que já encontram meios de se organizar para aquisição conjunta de insumos, trocar informações sobre as condições de venda do produto final é bastante simples. O "custo da informação" é bastante baixo.

A adoção da perspectiva exclusivamente do consumidor importaria excluir das preocupações concorrenciais os oligopsônios

62. Esse temor generalizado de que oligopsônios possam evoluir para estruturas oligopolistas é manifesto em muitas decisões da Suprema Corte americana, recentes e mesmo antigas; v. *Arizona vs. Maricopa County Medical Society* 457 U.S. 332 (1982); *American Column and Lumber Co. vs. United States* 257 U.S. 553 (1936).

e monopsônios em que fosse possível demonstrar que não há possibilidade de criação de um oligopólio ou monopólio, e os monopsônios e oligopsônios em geral em que o agente econômico fosse o consumidor final. Para um sistema que pretenda impedir todas as formas de abuso do poder econômico, seja qual for a vítima desse abuso, seja ele o consumidor ou o produtor, essas situações devem, também, ser objeto de atenção. Note-se que o sistema brasileiro é particularmente conformado para um tal tipo de interpretação. Já o art. 1º da lei antitruste prevê ser a ordem econômica orientada, entre outros princípios, pela repressão ao abuso do poder econômico. Em seguida, o parágrafo único do mesmo artigo afirma ser a coletividade a titular dos bens jurídicos protegidos pela lei. Mais do que isso. Define entre as infrações à ordem concorrencial a criação de dificuldade à constituição, ao funcionamento e ao desenvolvimento não só do concorrente, mas, também, de qualquer fornecedor (art. 21, inc. V). Não parece haver dúvida, portanto, sobre a aplicabilidade do direito antitruste aos oligopsônios ou monopsônios que fazem uso de seu poder para diminuir abusivamente os preços abaixo de seu custo marginal, mesmo quando não possam eles afetar os interesses do consumidor final — ou porque são eles mesmos consumidores finais, ou porque não têm eles poder na ponta vendedora.[63]

### *2.4.4 Estruturas de informação concentrada*

Uma outra modalidade de estrutura, pouco pesquisada pela economia tradicional, é aquela apta a concentrar informações. Como já visto anteriormente (item 1.4.3), a dispersão natural de informações tende a ser aproveitada de forma assimétrica pelos agentes. Quando capazes de restringir as escolhas dos consumidores, esses agentes capturam informações. A estrutura de dis-

63. Essa afirmação não implica, obviamente, na ilicitude *per se* dos monopsônios, dos oligopsônios, ou de qualquer acordo, expresso ou tácito, tendente a unir compradores que são ao mesmo tempo consumidores. Como se verá no capítulo seguinte, a figura da ilicitude *per se* de acordos entre concorrentes, característica do sistema americano, não existe no direito antitruste brasileiro. A análise aqui realizada visa apenas a identificar as estruturas dotadas de poder no mercado considerado relevante para o direito antitruste, seja para o controle de sua formação, seja para a sua punição em caso de utilização abusiva.

tribuição assimétrica que daí resulta garante enorme poder a seus detentores.

Esse poder se manifesta de diversas formas e não apenas através da escassez, típica conseqüência da análise neoclássica tradicional. Na verdade, como demonstrado por Akerloff, no caso da falta de informação, a escassez pode ser tão extrema a ponto de levar ao desaparecimento do mercado. Conseqüentemente, é muito importante estudar as estruturas aptas a capturar e concentrar informações, pois apresentam peculiar risco para a escolha dos consumidores, objetivo fundamental da ordem concorrencial.

São dois os tipos básicos de estrutura concentrativa de informação que mais devem causar preocupação para o direito concorrencial, pois ambos afetam diretamente a informação: as estruturas verticalmente integradas e as estruturas em que as próprias regras jurídicas garantem a concentração de informação.

a) Estruturas verticais

Não há dúvida de que uma das maiores lacunas da análise antitruste atual está nas concentrações verticais. Inexistem critérios definidos sequer para definir quais são aquelas que devem se sujeitar a controle, pois os critérios neoclássicos para a definição de mercado são todos direcionados a medir o poder horizontal. Quanto aos critérios para sanção, predomina ainda hoje a visão neoclássica de que só podem ser punidas concentrações verticais que tenham efeito horizontal.

Não é preciso muito para entender que essa afirmação constitui contradição em termos. Com efeito, se os critérios para avaliação de concentrações verticais são horizontais, desnecessário seria a própria análise independente das concentrações verticais.

O que essas análises deixam de perceber é que o verdadeiro efeito das concentrações verticais não se dá, ao menos não diretamente, sobre a oferta, a demanda ou a escassez relativa, mas, sim, sobre o grau de informação. Os chamados custos de transação, na verdade, geram um resultado informacional que não deve ser desconsiderado. As fricções entre agentes econômicos de uma mesma cadeia produtiva resultam na revelação de importantes informações para os consumidores. O efeito secundário da eliminação dos custos de transação é, portanto, restrição a informações sobre inúmeros fatores sensíveis para a esfera concorrencial como escassez relativa, ponto de equilíbrio etc.

A pergunta que surge, então, é: como estabelecer critérios que tornem a restrição de informação relevante o suficiente para justificar medidas concorrenciais preventivas ou repressivas? Na verdade, em uma análise teórica, esse critério só pode mesmo ser formulado em termos gerais.

Essa formulação deve seguir as próprias bases teóricas da economia da informação. Na verdade, é isso que está por trás da famosa postulação de Akerloff para os mercados de carros usados e planos de saúde. O problema da assimetria de informação surge quando ela é capaz de alterar as condições de funcionamento do mercado. Essas alterações surgem tipicamente quando a diferença de informação criada ou a possível diferença de informação criada leva um dos agentes a alterar seu comportamento no mercado. Hipótese muito comum é a da integração ou concentração vertical, que permite ou implica eliminação da concorrência intramarca.[64] Não há que se contra-argumentar, como fazem os neoclássicos, que não haverá efeitos na linha vertical e que atenção exclusiva deva ser dada à concorrência intermarcas. A eliminação da concorrência intramarcas leva a uma enorme restrição de informação para os consumidores. O produtor é capaz, nesse caso, de limitar variedade de produtos, restringir oferta etc. Verificada a restrição de informação e a possibilidade de mudança no comportamento no mercado, já existe, então, o risco ao sistema concorrencial.

Mas não param aí as hipóteses de restrição de informação em que há riscos para o sistema concorrencial. Muitas vezes, e isso ocorre com freqüência em setores regulados, a concentração vertical é um meio de garantir que a estrutura de custos torne-se mais obscura, ou seja, que haja menos informação sobre ela. Novamente, aqui, é a eliminação dos custos de transação que produz esse efeito negativo sobre o fluxo de informação.

64. V., a respeito, do autor, *Direito concorrencial: as condutas*, cit., pp. 28 e ss.

O elemento comum a todas essas hipóteses é uma restrição à informação por assim dizer "qualificada". Em todas elas, essa restrição tem a capacidade de se auto-reproduzir, se não se acentuar com a continuidade das transações. A ausência de informação patológica do ponto de vista jurídico é aquela que impulsiona aquele específico mercado para uma seleção adversa, em que, como para os *lemons* de Akerloff, a ausência de informações convida sempre e cada vez mais compradores interessados em piores produtos, revertendo a diferença entre a utilidade relativa de uma transação e outra ou a diferença de preço necessariamente para o agente econômico que passou a concentrar a informação. Toda vez, portanto, que houver a expectativa de que os agentes econômicos venham a restringir demandas, limitar oferta, retirar-se do mercado por força da restrição de informação ocorrida e de que essa situação venha a perdurar e até se reproduzir no tempo, a concentração ou restrição vertical criará riscos para o sistema concorrencial. Para essa avaliação devem ser feitos os mesmos testes empíricos utilizados para a definição de mercado em moldes tradicionais. A questão será melhor desenvolvida no item 4.3.3 abaixo, ao se tratar das concentrações verticais.

b) Estruturas jurídicas concentradoras de informação – O caso das patentes de bens essenciais

Uma segunda forma qualificada de concentração de informação ocorre em decorrência de regras jurídicas que garantem privilégios de informação.

A principal delas é, sem dúvida, a que garante privilégios patentários. Na verdade, as patentes representam uma intervenção direta do direito sobre o fluxo de informações. Garantem que durante um certo período, o detentor dos direitos de patente seja o único autorizado a fabricar determinado produto ou prestar certo serviço com base na tecnologia por ele desenvolvida.

A contraprestação é a necessidade de descrever as informações indispensáveis para o uso da tecnologia e depositá-las perante os órgãos de registro da propriedade intelectual (no Brasil, INPI). Mesmo fazendo abstração da análise crítica do nível de informação prestada (que está longe de ser suficiente, essa dissociação entre prestação e uso da informação, cria grandes assimetrias.

A primeira, decorrência direta do monopólio de utilização garantido pela lei é a dificuldade em avaliar a real utilidade do produto. Aqui o problema da seleção adversa assume contornos específicos. A atração que causa a invenção será sempre sobre consumidores que tenham um alto grau de necessidade ou de carência de certo tipo de solução para seu problema, ainda que não saibam se aquela solução específica é a mais adequada.

Evidentemente, as regras sobre patentes não podem ser utilizadas para criar tal tipo de assimetria. Ademais, idéias são bens não excludentes (*non rivalrous goods*) e, como tais, economicamente a utilização por uma pessoa não exclui a utilização por outra. Isso significa que limitações à utilização só são admissíveis nos estritos limites necessários para permitir inovação tecnológica.

Desse modo, justificam-se preocupações estruturais específicas com as patentes. Essas preocupações serão obviamente tão mais importantes quanto mais socialmente sensíveis forem as áreas afetadas. Nessas áreas, as conseqüências negativas da limitação de informação e de acesso aos bens (derivados do monopólio proporcionado pelas patentes) são mais sensíveis. Mais justificativa terá, então, a imposição de limites estruturais às patentes.

A justificativa para a intervenção estrutural está, sem dúvida, no abuso de direitos patentários, em especial nos setores da indústria nos quais as relações de concorrência e consumo possam ser prejudicadas por conta do exercício abusivo de tais direitos (especialmente nas áreas da bioquímica, eletrônica e tecnologia de informação). A sensibilidade envolvendo preços e custos finais de aquisição dos produtos patenteados seria um dos primeiros sinais da fragmentação do caráter absoluto dos monopólios proporcionados pelas patentes; no fim do ciclo econômico é que isso seria facilmente detectável, especialmente considerando-se a situação do consumidor final. A ausência total de informação e acesso a bens considerados essenciais gera grave desequilíbrio no mercado, tornando os produtos simplesmente inacessíveis para várias parcelas da população.

O acesso de camadas mais desfavorecidas da população a medicamentos essenciais para o tratamento de doenças infecto-contagiosas e endêmicas só se torna possível quando a proteção patentária é restringida temporalmente, ou em sua extensão, em prol de uma maior variedade de alternativas (muitas vezes as únicas economicamente viáveis) de acesso aos bens. No caso dos medicamentos, por exemplo, quando expirados os prazos de proteção de determinadas patentes, alguns países têm utilizado estratégias de fomento da indústria de medicamentos genéricos, que representam grande potencial de substituição dos medicamentos anteriormente patenteados, e de titularidade de grandes empresas farmacêuticas.[65] Trata-se, na verdade, de uma estratégia pura de introdução de concorrência em setores que estão mais do que maduros e aptos a suportá-la.

Já na segunda metade da década de 1990 o Brasil soube utilizar tal estratégia, especialmente no que concerne à redução dos preços de aquisição dos medicamentos essenciais, não mais exclusivos de uma determinada empresa, mas, sim, de gama maior de fornecedores, de países desenvolvidos e subdesenvolvidos.[66] Não é de espantar, portanto, que o país mais capaz de desenvolver sua indústria farmacêutica na última década, a Índia, tenha sido exatamente o país de mais demorou a admitir o patenteamento de medicamentos.

Na verdade, esses dados, de fato, demonstram que o tratamento das patentes deve se inserir em uma lógica concorrencial e não ser considerada uma exceção a essa disciplina.

65. A OMS estima que, na grande maioria dos países em menor desenvolvimento relativo e em desenvolvimento, menos de 20% dos medicamentos essenciais são protegidos por meio de patentes. Muitos deles estão no domínio publico, mas sequer foram convertidos em genéricos, e são extremamente caros, já que a aquisição é feita mediante importação direta dos mercados dos países desenvolvidos. Nestes, os preços praticados contam com a valorização cambial (basta verificar as moedas norte americana e européia) sofrendo elevação substancial nos mercados consumidores dos países pobres e em desenvolvimento.

66. No Brasil, a definição de medicamento genérico foi dada pela Lei n. 9.787, de 10.2.1999 ("Lei dos Genéricos"), ao alterar dispositivos da Lei n. 6.360, de 23.9.1976, que disciplina a vigilância sanitária no país. Esta prevê, em seu art. 3º, inciso XXI, que genérico é o "medicamento similar a um produto de referência ou inovador, que se pretende ser com este intercambiável, geralmente produzido após a expiração ou renúncia da proteção patentária ou de outros direitos de exclusividade, comprovada a sua eficácia, segurança e qualidade". Segundo estimativas, nos últimos anos foram produzidas 39.170 mil (2001), 75.650 mil (2002) e 79.161 mil (2003) unidades, com um significativo crescimento de quase 482% entre 2001 e 2002, sendo comercializadas por preços quase 40% inferiores aos medicamentos de marca. Segundo dados da Pró-Genéricos (www.progenéricos.org.br), foram 83 registros desse tipo de produto em 2001, e 1.124 registros em 2004.

Para demonstrá-lo, é necessário, de início, afastar uma afirmação equivocada do ponto de vista teórico, mas muito utilizada. Trata-se da crença de que o reconhecimento e a exploração das patentes de medicamentos como monopólio legal ("acessório", portanto, ao direito concorrencial) sejam necessários para evitar o comportamento de *free riding* na indústria farmacêutica.[67] Esse só ocorreria se o investimento em pesquisa sobre as invenções relacionadas a determinados medicamentos essenciais fosse realizado no Brasil e em outros países em desenvolvimento, o que, na prática, raramente acontece. Quando realizado nos países desenvolvidos, só se poderia considerar o *free riding*, como relevante do ponto de vista concorrencial, caso este não permitisse recuperar os investimentos. Ora, sendo o investimento em tecnologia realizado normalmente pelas matrizes das empresas que aqui empregam a tecnologia, a constatação da possibilidade de recuperação tem de ser realizada no mercado internacional. Todavia, mesmo que não o fosse, é difícil sustentar que a recuperação do investimento não ocorreria.

Com efeito, a análise concorrencial da patente ajuda muito a compreender a razão dessa última afirmação. Há muito já se concluiu que os efeitos da discriminação de preços (o que exatamente ocorre quando uma mesma empresa, atuando em diversos países, tem reconhecida sua patente em alguns deles e em outros, não) não são necessariamente maléficos à concorrência e nem levam à saída do mercado, desde que o agente econômico que pratica a discriminação seja capaz de atingir o equilíbrio nos dois mercados.[68]

Nesse campo, em especial, há um raro consenso, alcançado tanto pela Escola de Chicago, como pela Escola Ordo-Liberal alemã, convergindo no sentido de afirmar que a mera discriminação fática de preços entre concorrentes não pode ser considerada um ilícito concorrencial. O que acontece, com freqüência, é uma mera resposta das empresas a situações diversas de mercado.[69]

67. Nesse caso, o *free rider* é entendido como aquele agente econômico que não investiu na pesquisa de um determinado produto, mas aproveita-se dos resultados dela advindos.

68. C. Salomão Filho, "Direito Industrial, Direito Concorrencial e Interesse Público", cit., p. 37.

69. A respeito dos expoentes de ambas as escolas, ver fundamentalmente R. Bork, *The Antitrust Paradox: A Policy War with Itself*, New York, The Free

Tais situações podem se originar tanto da existência de custos diversos em cada mercado, como também da existência de um monopólio em um determinado mercado e em outro não. Punir a discriminação nessa última hipótese é inconveniente e desnecessário. Inconveniente porque o resultado mais provável dessa proibição será a redução ou supressão da produção na região onde não há monopólio (e onde, portanto, cobra-se o preço mais baixo). Não há nenhum dado econômico que justifique a redução da produção onde o preço é competitivo. Isso porque, em uma situação ideal, os preços diferenciados permitem exatamente que o produtor obtenha de cada consumidor exatamente aquilo que este pode dar. Operando ao longo da curva de demanda, o ofertante cobra de cada consumidor preço compatível com sua capacidade de consumo (essa é a chamada discriminação perfeita).

Tal situação ideal inexiste na realidade, mas, mesmo em situações concretas, nas quais o agente econômico conseguiria discriminar entre dois ou três grupos de consumidores, ocorre o mesmo efeito. A utilização de um comportamento estratégico envolvendo preços diferenciados só faz com que o agente econômico maximize ainda mais o lucro, obtendo lucro normal nas regiões onde há concorrência e lucro monopolista nas regiões onde não há.

É precisamente dessa última observação que decorre a desnecessidade da disciplina. Aumentos de preços ou reduções de quantidade ofertada na região monopolizada podem ser muito bem resolvidos, sancionando-se o abuso de preços nesse último mercado. Para tanto, a própria existência de discriminação de preços pode ser utilizada como indício de monopólio. Sustenta-se, com muita razoabilidade, que a discriminação de preços só configura um ilícito autônomo quando decorrente de um acordo vertical entre vendedor e um determinado comprador, com escopo de prejudicar o concorrente de um ou de outro. A prática é caracterizada, portanto, como ilícito de colusão vertical e dentro desse capítulo é que deve ser estudada.[70]

Press, 1993, pp. 382 e ss., ao tratar do problema no direito norte-americano; e E. J. Mestmäcker, *Europäisches Wettbewerbsrecht*, München, Beck, 1974, pp. 188-189, e W. Möschel, *Recht der Wettbewerbsbeschränkungen*, Köln, 1983, pp. 385 e ss., acerca do tema no direito alemão.

70. C. Salomão Filho, "Direito Industrial, Direito Concorrencial e Interesse Público", cit., p. 37.

Essa afirmação encontra justificação empírica no caso específico dos medicamentos. Com base no estudo de Hasenclever,[71] é possível verificar um número expressivo de medicamentos sem proteção patentária encontrados nas gôndolas das farmácias brasileiras. Entre 2001 e 2004 foi observado um aumento de 81 registros de medicamentos genéricos para 1.124, os quais têm sido oferecidos em condições adequadas. Preços diferenciados não somente são possíveis como também são praticados em tais circunstâncias.

Em matéria de medicamentos essenciais, é possível alcançar uma política de preços diferenciados, levando-se em conta as particularidades dos países em desenvolvimento e de menor desenvolvimento relativo. Os preços praticados nos mercados consumidores de tais países não devem guardar qualquer relação com o investimento em pesquisa realizado, uma vez que este é recuperado integralmente nos países desenvolvidos. O preço nos países em desenvolvimento deve refletir apenas os custos diretos de produção.

Reconhecida a importância e consistência da política de preços diferenciados, a questão que se apresenta é aquela relativamente aos instrumentos mais coerentes do ponto de vista teórico para a realização de tais objetivos.

A alternativa, mais efetiva, porém pouco utilizada, é a implementação de políticas de licenças compulsórias. Esta hipótese compatibiliza-se com previsões estabelecidas no TRIPS, sendo um dos expedientes mais comuns utilizados para a produção local do medicamento essencial.[72] No Brasil, a Lei n. 9.279/1996,

71. *O Mercado de Medicamentos Genéricos no Brasil*, Simpósio Franco-Brasileiro "O Novo Direito da Propriedade Intelectual no domínio da saúde e dos seres vivos: Implicações para o acesso aos tratamentos anti-retrovirais", Brasília, 23-24 de junho de 2004, disponível por meio eletrônico em www.aids.gov.br; ver também da mesma autora, *Diagnóstico da Indústria Farmacêutica Brasileira,* Rio de Janeiro/Brasília, UNESCO/FUJB/Instituto de Economia/UFRJ, 2002.

72. Para esse caso específico da licença compulsória, o TRIPS prevê que o titular receba o pagamento adequado pelo licenciamento, levando-se em conta as circunstâncias de cada caso e o valor econômico da licença (cf. art. 31 do TRIPS). Nos vários segmentos da indústria farmacêutica são pagos *royalties* que variam de 5 a 10%, dependendo da natureza e da finalidade da licença, quer em relação ao produto quer em relação ao processo inventivo. Nesse sentido,

em seu artigo 68, prevê expressamente a possibilidade de concessão de licenças compulsórias para os casos relacionados à insuficiência de produção local ou de abuso, pelo titular, dos direitos conferidos pela patente.[73]

Ainda nesse caso, seria necessário relacionar o dispositivo de direito industrial concernente à proteção patentária das invenções no setor farmacêutico aos princípios concorrenciais para então bem compreendê-lo. A idéia da licença compulsória coaduna-se perfeitamente com os princípios concorrenciais institucionais. Ainda na Lei n. 9.279/1996, prevê-se a possibilidade de concessão de licença compulsória sobre a patente em caso de abuso de poder econômico pelo titular, como aparece claro no art. 68. O § 1º acrescenta que essa possibilidade também existe em caso de utilização insuficiente para as necessidades nacionais.[74]

De fato, essas últimas hipóteses também poderiam ser caracterizadas como abuso de poder econômico. Enquanto a regra do *caput* claramente inclui preços abusivos praticados, o § 1º tem como objeto aquele decorrente da limitação de produção, que também leva ao desabastecimento do mercado. Tais dispositivos, lidos em conjunto, atribuem ao titular da patente um poder-dever, qual seja o de manter o mercado abastecido e com preços concorrenciais.[75] Assim, é possível notar que a conseqüência do des-

cfr. especialmente D. M. McGavock, "Licensing practices, business strategy and factor affecting royalty rates", in *License Law and Business Report*, n. 205, 1991.

73. Posteriormente foi promulgado o Decreto n. 3.201/1999, que regulamentou a licença compulsória no Brasil nos casos relacionados à emergência nacional e interesse público. Mais recentemente, esse decreto foi modificado pelo Decreto n. 4.830, de 4.9.2003, o qual incorporou, no Brasil, os princípios da Declaração de Doha sobre TRIPS e Saúde Pública de 2001.

74. "Art. 68. O titular ficará sujeito a ter a patente licenciada compulsoriamente se exercer os direitos dela decorrentes de forma abusiva, ou por meio dela praticar abuso de poder econômico, comprovado nos termos da lei, por decisão administrativa ou judicial.

"§ 1º. Ensejam, igualmente, licença compulsória:

"I – a não exploração do objeto da patente no território brasileiro por falta de fabricação ou fabricação incompleta do produto, ou, ainda, a falta de uso integral do processo patenteado, ressalvados os casos de inviabilidade econômica, quando será admitida a importação; ou

"II – a comercialização que não satisfizer às necessidades do mercado."

75. Esse poder funcional diz respeito à própria função social da patente, exercida pelo titular no interesse de uma coletividade e não apenas no seu

cumprimento desse tipo de regra é justamente o rompimento da estrutura (o monopólio patentário) que permite tal tipo de abuso por meio do licenciamento compulsório em favor de concorrentes. A regra apresenta, portanto, inspiração fundamentalmente concorrencial.[76]

Mas não é só. A interpretação concorrencial do direito industrial é apta ainda a lançar luz sobre outra questão importante relativa à licença compulsória, qual seja, o valor da remuneração. É preciso ter em conta que a Lei n. 9.279/1996 (art. 73, *caput* e § 6º), e a respectiva regulamentação em vigor (art. 5º, § 2º, do Decreto n. 3.201, de 6 de outubro de 1999, alterado pelo Decreto n. 4.830, de 4 de setembro de 2003), prevêem a necessidade de remuneração ao titular da patente, ancorada em seu valor econômico.

Essa referência deve ser bem interpretada. Valor econômico, em direito empresarial, está sempre ligado à capacidade de produção de lucro de um determinado bem ou direito. O valor também é sempre referenciado à sua utilização pelo adquirente (ou beneficiário da licença). Assim, referindo-se a patente a medicamentos essenciais e sendo o beneficiário da licença a União, o seu valor econômico é bastante reduzido. Isso porque se a licença for destinada basicamente ao suprimento da população de baixa renda, o preço cobrado pela venda do medicamento será o de custo ou algo muito próximo a ele (o que tipicamente ocorre nas situações de concorrência perfeita, sobretudo em mercados de baixa renda).

Tal conclusão não é de espantar. A remuneração prevista no Acordo TRIPS, na lei e na sua regulamentação não deve e não pode ser interpretada como indenizatória.[77] Rejeitada já há muito tempo a justificação das patentes a partir do direito de propriedade, não há que se falar em desapropriação (até porque diferentemente de qualquer bem material, o uso não extingue o bem – direito, nesse caso) e portanto não há indenização. O objetivo

próprio. Tal abordagem no direito brasileiro entra em acordo com o art. 5º, XXIII, da Constituição Federal, quando vincula o exercício de todos os direitos proprietários a uma função social.

76. Cfr. C. Salomão Filho, "Direito Industrial, Direito Concorrencial e Interesse Público", cit., pp. 40-41.

77. O art. 31, "h", do TRIPS, prevê que o titular será adequadamente remunerado nas circunstâncias de cada uso, levando-se em conta o valor econômico da autorização.

da remuneração prevista é impedir o *free-riding* por parte do beneficiário da licença (particular), ou seja, impedir que sem qualquer investimento em pesquisa, aquele se aproprie de lucros dela decorrentes. Ocorre que, em se tratando de medicamentos essenciais, apropriação não haverá, pois o valor será residual e absolutamente marginal (e na sua extensão, seja por ser o produtor privado beneficiário direto da licença ou terceiro contratado pela União, haverá direito à remuneração).

Conclui-se, portanto, que aceita a justificativa concorrencial das patentes, o valor da licença poderá/deverá ser calculado como fração do lucro do produtor privado (seja ele beneficiário final da licença ou produtor terceirizado final), lucro esse que deverá ser mantido em patamares mínimos em função das necessidades sociais envolvidas pelos medicamentos essenciais.[78]

c) Estruturas e estratégias

O estudo das diversas estruturas que pode assumir o poder de mercado é importante, pois permite lançar luz sobre as possíveis estratégias a serem adotadas pelos agentes detentores de poder. É hoje bem conhecida a íntima relação entre tipo de estrutura econômica e estratégia de comportamento. Como visto acima (item 2.3.2) a interdependência oligopolística cria um natural estímulo a comportamentos cooperativos enquanto a dominação monopolística estimula comportamentos independentes do monopolista.

No entanto, o quadro deve ser construído de maneira mais completa e complexa, incluindo não só as estratégias na relação entre concorrentes, mas, também, aquelas que podem surgir na relação produtor-consumidor.

78. A razoabilidade desse argumento pode também ser vista sob outro ângulo. Eventual valor de mercado da licença, entendido como indenizatório, significaria, na prática, a inviabilidade de acesso a medicamentos essenciais, pois esse valor seria repassado ao preço. Tudo se passaria, para o licenciador e o consumidor final, como se a licença compulsória não tivesse existido.

*Capítulo 3*

# *O CONTROLE DO PODER ECONÔMICO NO MERCADO*

## *3.1 Critérios de identificação vs. critérios de sancionamento*

No capítulo anterior formulou-se, por assim dizer, uma teoria geral do poder no mercado. Utilizando subsídios da teoria econômica, procurou-se determinar em que casos é possível afirmar que existe poder no mercado e como ele se manifesta.

Toda a teoria então desenvolvida, e isso é muito importante que se diga, referiu-se à elaboração de *critérios de identificação* do poder no mercado. A metodologia definida serve, portanto, para identificar aquelas situações de poder que devem se sujeitar a controle, ou de sua própria estrutura e de suas conseqüências para o mercado, como é o caso do controle das concentrações, ou então de seu comportamento no mercado, como é o caso da repressão ao abuso de posição dominante.

Para que nesses mesmos casos as estruturas ou os comportamentos sejam sancionados é necessário que estejam presentes elementos qualificadores do poder de mercado e estejam ausentes as chamadas causas justificadoras das posições de poder. É isso que se pretende analisar no presente item. Trata-se, portanto, de definir *critérios de sancionamento* das posições de poder no mercado.

Em função desses requisitos a mais exigidos para a sanção das estruturas, costuma-se utilizar terminologia diferenciada para identificar o poder no mercado ilícito. A nova lei antitruste brasileira, seguindo nossa tradição legislativa nessa matéria, emprega terminologia bastante variada e assistemática para identificar as situações de poder no mercado. Já a Lei n. 4.137 utilizava termos obscuros e poucos diferenciáveis, como "dominar os mercados nacionais" (art. 2º, inc. I) e "provocar condições monopolísticas" (art. 2º, inc. III). A obscuridade do primeiro deles, aliás, fez com que por certo tempo se discutisse até mesmo a possibilidade de existência de uma proibição *per se* às situações de poder no mercado.[1]

Na lei atual utilizam-se diversas expressões para identificar o mesmo fenômeno de poder no mercado. Expressões como "posição dominante", quando se trata de cuidar da sanção aos comportamentos (art. 20, inc. IV), e "dominação dos mercados", em um caso para sancionar comportamentos (art. 20, inc. II) e em outro para proibir determinado tipo de estrutura empresarial (art. 54, *caput*). O legislador, influenciado pela inegável necessidade de estabelecer diferentes *disciplinas* para as diversas situações de poder no mercado, achou necessário utilizar nomenclatura diferenciada, deixando em segundo plano o fato de tratar-se de *fattispeci* (ou hipóteses legais de incidência) semelhantes, que têm, sem dúvida, um núcleo comum.

Identificar o poder no mercado ilícito simplesmente à "dominação dos mercados", sem maiores explicações, pode gerar confusões. Como conseqüência da discussão doutrinária da lei anterior, o termo "dominação do mercado" pode trazer consigo a idéia de punição *per se* das situações de poder. Não é isso que se quer exprimir. Por esse motivo, toda vez que aqui for utilizado o termo dominação do mercado quer-se significar não o poder de mercado individualizado segundo os critérios de identificação, mas sim aquele poder de mercado qualificado, que satisfaz, além dos critérios de identificação, também os critérios de sancionamento abaixo indicados.

### *3.2 A "regra da razão" para avaliação do poder no mercado*

A expressão "regra da razão" talvez possa ser incluída entre as mais citadas e, também, entre as menos compreendidas da

1. V., a esse respeito, demonstrando a incompatibilidade dessa tese com o sistema brasileiro e os objetivos da legislação de 1962, B. Shieber, *Abusos do poder econômico*, cit., pp. 55 e ss.

literatura jurídica. Sua origem responde por muitas dessas incompreensões.

A "regra da razão", como originariamente elaborada, tinha um objetivo muito simples: tornar viável a aplicação do direito concorrencial. A previsão genérica da *Section* I do *Sherman Act* de que seria ilícito "todo e qualquer contrato, combinação na forma de truste ou qualquer outra forma, ou conspiração em restrição do tráfico ou comércio entre os Estados, ou com as nações estrangeiras (...)",[2] permitia em tese declarar ilícitos grande parte dos contratos comerciais.[3]

Mesmo sofrendo certas resistências iniciais,[4] a regra da razão acabou cedo por se firmar, restringindo a aplicação do dispositivo apenas àqueles contratos que causassem uma desarrazoada (*unreasonable*) restrição ao comércio. A expressão "desarrazoada" envolve dois aspectos. Em primeiro lugar, é necessário que a restrição seja efetiva, ou seja, que realmente restrinja a competição, ao invés de simplesmente estabelecer regras para ela. Esse é o aspecto qualitativo. Em segundo lugar, é necessário que a restrição seja substancial, ou seja, analisadas as condições estruturais de cada mercado, promova uma substancial redução da competição. Esse é o aspecto quantitativo da regra. A fórmula, assim, elaborada pode hoje ser chamada de "regra da razão no sentido clássico".[5]

2. Essa é a tradução parcial feita por B. Shieber, *Abusos do poder econômico*, cit., p. 72 para a *Section* I do *Sherman Act* que em sua versão original reza: "Every contract, combination in the form of trust or otherwise, or conspiracy, in restraint of trade or commerce among the several States, or with foreign nations, is declared to be illegal".

3. Cfr. B. Shieber, *Abusos do poder econômico*, cit., p. 74, que exemplifica os atos que poderiam estar sujeitos à proibição *per se*: "Por exemplo, a escolha de uma mesma pessoa por duas empresas diferentes, mas do mesmo ramo, como agente de vendas, a compra por uma empresa de outra do mesmo ramo, e um compromisso de não concorrência assumido pelo vendedor de uma empresa, poderiam ser considerados como contratos em restrição ao comércio, ainda que tais contratos fossem normais e não tivessem a finalidade de restringir a concorrência".

4. Foi o que ocorreu em *United States vs. Trans Missouri Freight Association* 166 U.S. 290 (1897), onde a Suprema Corte americana afirmou que admitir a regra da razão implicaria assunção de função legislativa pelo Judiciário, que estaria acrescentando ao *Sherman Act* uma palavra que o legislador não previu.

5. A primeira decisão a reconhecer a aplicabilidade da regra da razão é proferida no famoso caso *Standard Oil vs. United States* 221 U.S. 65 (1911), onde não se definia, no entanto, claramente o seu conteúdo. Ele vem melhor

Essa regra encontra-se hoje substancialmente modificada. Se a regra da razão clássica tinha acrescentado o termo "desarrazoada" à *Section* I do *Sherman Act*, sua evolução posterior é no sentido de acrescentar o termo "injustificada". Contrário ao direito concorrencial passa a ser somente aquele comportamento ou estrutura que seja eficaz para proporcionar uma restrição *substancial* e *injustificável* da concorrência.[6]

Essa evolução corresponde à incorporação ao direito antitruste de preocupações outras que não exclusivamente a preservação da competição.[7] Duas são as vertentes aí distinguíveis. Em

definido em duas, entre muitíssimas outras decisões, que merecem transcrição parcial:

"The true test of legality is whether the restraint imposed is such as merely regulates and perhaps thereby promotes competition or whether it is such as may suppress or even destroy competition. To determine that question the court must ordinarily consider the facts peculiar to the business to which the restraint is applied; its condition before and after the restraint was imposed; the nature of the restraint and its effect, actual or probable. The history of the restraint, the evil believed to exist, the reason for adopting the particular remedy, the purpose or end sought to be attained, are all relevant facts. This is not because a good intention will save an otherwise objectionable regulation or the reverse; but because knowledge of intent may help the court to interpret facts and to predict consequences", *Chicago Board of Trade vs. United States* 246 U.S. 231 (1918).

"In determining what constitutes unreasonable restraint, we do not think the dollar volume is in itself of compelling significance; we look rather to the percentage of business controlled, the strength of the remaining competition, whether the action springs from business requirements or purpose to monopolize, the probable development of the industry, consumer demands, and other characteristics of the market. We do not undertake to prescribe any set of percentage figures ... The relative effect of percentage command varies with the setting in which that factor is placed", *United States vs. Columbia Steel Co.* 334 U.S. 495 (1948).

6. V., nesse sentido, P. Areeda, que, resumindo a evolução jurisprudencial afirma que a regra da razão é hoje composta por três testes: em primeiro lugar é preciso determinar qual o prejuízo para os consumidores causado pela restrição. Em segundo lugar é preciso verificar qual o objetivo que está sendo perseguido através do ato e se esse objetivo apresenta "redeeming virtues" capazes de justificar a restrição. Finalmente deve-se verificar se não existe nenhuma maneira alternativa, menos lesiva à concorrência, de atingir tais objetivos. V. P. Areeda, *The rule of reason in antitrust analysis: general issues*, Educational and Training Series, Federal Judicial Center, 1981, p. 2.

7. O processo que levou a Suprema Corte a evoluir nesse sentido é bastante complexo e marcado por muitas idas e vindas. Muito simplificadamente pode-se dizer que o maior impulso para essa mudança vem das preocupações extra-

primeiro lugar a vertente neoclássica, dominante no momento na jurisprudência e doutrina norte-americanas. Segundo essa vertente, como já visto, a justificativa "extraconcorrencial" para as restrições à concorrência é a eficiência. A segunda vertente, por assim dizer mais intervencionista, incorpora objetivos de política social e industrial ao direito antitruste. As justificativas para a restrição à concorrência passam a ser a redistribuição de benefícios para o consumidor ou, então, a persecução de objetivos de política industrial, como o desenvolvimento econômico e/ou tecnológico. Essa vertente encontra expressão na legislação concorrencial comunitária, em especial no art. 81 do Tratado de Roma (antigo art. 85, renumerado por força do art. 12º, 1, do Tratado de Amsterdã, de 2 de outubro de 1997). Ela também foi introduzida de forma específica no controle das concentrações por meio do art. 2º do Regulamento (CEE) n. 4.064/89, sobre controle de concentrações, cuja redação foi recentemente ampliada pelo Regulamento (CE) n. 1.310/97.

É, aliás, interessante observar que a "regra da razão", inicialmente formulada exclusivamente para o caso de acordo em restrição à concorrência (atos e acordos tendentes à cooperação econômica),[8] venha sendo paulatinamente estendida, também, às concentrações econômicas. É o que ocorre no ordenamento europeu.[9]

concorrenciais de natureza social introduzidas na época da grande depressão. Essa tendência dura até meados dos anos 70. Sem dúvida, a decisão mais representativa desse período (e, também, mais criticada) é a do caso *Brown Shoe Co. vs. United States*, 370 U.S. 294 (1962), onde a Corte interpretou os *statutes* (*Sherman* e *Clayton Acts*) no sentido de impor a existência de uma estrutura industrial formada por pequenas empresas.

Essa tendência só é superada na segunda metade dos anos 70, quando a Escola Neoclássica de Chicago prevalece. A decisão da Suprema Corte que marca o início desse período, que dura até hoje, é a de *Continental TV Inc. vs. GTE Sylvania Inc.* 433 U.S. 36 (1977). Com a prevalência da Escola Neoclássica, as justificativas para as restrições à competição se reduzem a uma única: eficiência econômica.

8. Com efeito, antes da aprovação do *Clayton Act*, a *Section* I do *Sherman Act* sobre a qual se formulou a regra da razão era aplicada aos cartéis enquanto a *Section* II (monopolização) aplicava-se aos atos de concentração (que caracterizavam monopolização).

9. O art. 2 do Regulamento CEE n. 4.064/89, ao estabelecer os critérios para avaliação das concentrações reproduz para as concentrações econômicas alguns (mas não todos) os critérios utilizados no art. 81 do Tratado CEE para o

É o que ocorre, também, na recente lei brasileira. A regra da razão do art. 54 aplica-se tanto aos casos de concentração quanto à cooperação econômica (v. capítulo 4). Mas o ecumenismo do legislador brasileiro vai mais além. A "regra da razão" brasileira inclui tanto os *modos* e o *montante* da restrição à concorrência quanto suas *justificativas*.

Quanto ao montante da restrição à concorrência, prevê o art. 54, inc. III, ser necessário que os atos ou contratos previstos no *caput* "não impliquem eliminação da concorrência de parte *substancial* de mercado relevante de bens e serviços".

Na parte das justificativas, o art. 54 incorpora tanto o ensinamento neoclássico quanto o intervencionista. Vêm previstas como justificativas a eficiência, a repartição de benefícios com o consumidor e o progresso tecnológico e econômico. Como se verá no capítulo seguinte, essas justificativas requerem uma aplicação seletiva. Exatamente porque o artigo pretendeu englobar ambas as formas — concentração e cooperação econômica — é inviável, como se verá, aplicar todos os requisitos cumulativamente a ambas. Talvez entrevendo esse problema, o legislador previu no § 2º do mesmo art. 54 que é possível a dispensa de um dos requisitos previstos no § 1º desde que existentes "motivos preponderantes da economia nacional e do bem comum e desde que não impliquem prejuízo ao consumidor ou ao usuário final". A formulação amplíssima do referido dispositivo permite na prática ao CADE decidir discricionariamente a respeito da dispensa de um dos requisitos.[10]

controle da cooperação econômica. Note-se que a formulação geral dos critérios não deve ser confundida com a disciplina específica de ambas as hipóteses, que continua diferente em muitos aspectos relevantes. A esse ponto retornar-se-á no capítulo 4.

10. A questão da natureza jurídica do controle das concentrações por parte do CADE foi objeto de interessante discussão na decisão do CADE no caso *Brasilit/Eternit*. Ali afirmou-se o caráter duplo do ato do CADE — ato vinculado na medida em que o CADE não poderia introduzir justificativas que não as previstas no art. 54, nem poderia dispensá-las, além do permitido pelo § 1º. Por outro lado, na interpretação dos "conceitos juridicamente indeterminados" contidos em cada justificativa gozaria o CADE de discricionariedade; v. voto de N. Therezinha Mallard, in Ato de concentração n. 6/94, fls. n. 404 do processo (decisão de 25.11.94). Obviamente, a discricionariedade é, também nesse ponto, uma questão de grau e está limitada pelos princípios econômicos que orientam a definição dos conceitos contidos em cada justificativa. Ainda que "juridica-

Nos tópicos seguintes procurar-se-á verificar que significado e importância relativa devem ser atribuídos a cada um dos componentes da ampla regra da razão prevista no art. 54. A sua separação corresponde à própria lógica concorrencial. Em primeiro lugar, é preciso verificar a efetiva existência de eliminação substancial da concorrência (art. 54 § 1º, n. III), de forma a tornar o poder no mercado ilícito. A seguir é preciso determinar as justificativas capazes de fazer com que mesmo uma situação de poder no mercado se torne admissível.

## *3.3 Eliminação substancial da concorrência: seus critérios de avaliação*

### *3.3.1 A participação no mercado como critério de sancionamento*

Essa é a terceira utilização diversa da expressão *participação no mercado* no presente trabalho. Em uma primeira oportunidade foi demonstrada a impossibilidade de utilizar a participação no mercado pura e simplesmente, isto é, sem preocupação teórica com a correta definição do mercado relevante como instrumento de mensuração do poder. Sucessivamente foi demonstrado como a participação no mercado pode servir para *identificar* o poder no mercado, uma vez definido o mercado relevante. Finalmente, é chegada a hora de verificar se e como a participação no

mente indeterminados", alguns deles (como a eficiência, por exemplo), são economicamente determinados, pelo menos em linhas gerais. A indeterminação fica por conta da inclusão do referido conceito em uma regra da razão mais ampla (art. 54, § 1º, da lei concorrencial) e da possibilidade prevista no art. 54, § 2º, de dispensar um dos requisitos para a aprovação da concentração, "quando necessários por motivos preponderantes da economia nacional e do bem comum". Note-se que aí a discricionariedade administrativa sofre, ainda, uma segunda limitação, consistente na obrigatória vinculação aos fins da aplicação da norma. A avaliação de razoabilidade da concentração com base nos critérios estabelecidos nos §§ 1º e 2º do art. 54 encontra seu limite no necessário objetivo de proteção do sistema concorrencial (existência da concorrência efetiva ou ao menos potencial) e defesa do consumidor. Esse último objetivo vem de resto expresso na própria parte final do art. 54, § 2º, que prevê a desconsideração de um dos incisos do § 1º em presença de uma das supramencionadas justificativas "desde que não impliquem prejuízo ao consumidor ou usuário final". O primeiro objetivo, de observância tão obrigatória quanto o último decorre, como já visto no capítulo 1, da interpretação sistemática da lei e dos princípios constitucionais em matéria concorrencial.

mercado pode ser utilizada como critério para o sancionamento do poder no mercado, isto é, que grau de participação no mercado relevante pode ser considerado ilícito, e em que condições.

A resposta da doutrina é um sonoro *non liquet*. Na doutrina econômica reina absoluta divergência a respeito dos níveis de concentração que podem ser considerados críticos. Estudos empíricos realizados nos Estados Unidos, baseados em dados agregados de um grande número de indústrias, sugeriram graus de concentração em mercados formados por quatro empresas variando entre 51% e 80%.[11] Estudo similar, baseado em uma estrutura de mercado com duas empresas, sugeriu um grau mínimo de 35%.[12] Finalmente, um estudo limitado ao setor dos distribuidores de alimentos sugeriu um grau crítico de concentração para quatro empresas já na faixa dos 40%.[13] A única conclusão possível é, portanto, que os resultados são inconclusivos. No máximo, o que se pode fazer é tirar certas conclusões a partir da análise dos extremos. Assim, em mercados formados por quatro empresas, graus de concentração inferiores a 55% muito pouco provavelmente levam a uma restrição "significativa" da competição. Ao contrário, graus superiores a 75%-80% contêm uma boa probabilidade de produzir esse efeito.[14]

A grande maioria dos casos, que se encontra entre esse dois patamares, não tem resposta conveniente em campo econômico. Para sua conveniente análise é necessário relacionar as participações a cada específica estrutura de mercado. É o que se fará a seguir.

11. São esses os principais trabalhos e as principais porcentagens por eles encontradas: L. White, "Searching for the critical industries concentration *ratio*: an application of the 'switching of regimes technique'", in S. Goldfeld, R. Quandt, *Studies in non-linear estimation*, Chicago-London, University of Chicago Press, 1976 (57%); S. Rhoades e J. Cleaver, "The nature of the concentration price/cost margin relationship for 352 manufacturing industries", in *Southern Economic Journal* 40 (1973), p. 90 (51%); G. Stigler, *The organization of industry*, Chicago-London, The University of Chicago Press, 1968, p. 59 (80%).

12. J. Kwoka, "The effect of market share distribution on industry performance", in *The review of economics and statistics* 61 (1979), p. 107.

13. B. Marion, W. Mueller, R. Cotterill, F. Geithman, J. Schmelzer, "The profit and price performance of leading food chains: 1970-1974", in *Joint Economic Committee Print*, 95º Congresso, 1ª Sessão, 1977.

14. Cfr. P. Areeda, D. Turner, *Antitrust law*, v. IV, cit., p. 59.

### *3.3.2 O nível de concentração*

Dado estrutural fundamental para avaliar a relevância e o perigo representado por uma determinada participação de um agente econômico é o grau de concentração de cada indústria específica.

Apesar da persistência do debate doutrinário a respeito da questão, parece ser possível afirmar que o tratamento de um ato de concentração entre empresas em um mercado altamente concentrado deve ser substancialmente diferente do tratamento dado ao mesmo ato em um mercado atomizado.[15] O que ocorre é que, no mercado concentrado, a união entre empresas pode ser necessária à sobrevivência econômica da empresa, e não um ato tendente a criar poder no mercado. Nesses casos, o aumento do poder da nova empresa que se forma pode servir como contrapeso ao poder do outro participante ou dos outros participantes e tornar o mercado mais competitivo.

Não é preciso muito esforço para perceber que o que se está propondo é, no limite, uma comparação entre a situação de monopólio e uma situação de oligopólio. Tomando-se o caso extremo, pode-se perguntar que vantagem existe em permitir que várias empresas se unam em um mercado caracterizado pela predominância de uma empresa monopolista (como visto acima, a situação de monopólio também ocorre quando uma empresa é largamente majoritária e as demais são pequenas a ponto de não poder influenciar os preços). Nesse caso, a concentração entre empresas pode criar, ainda raciocinando no limite, uma situação de duopólio.

É necessário, então, comparar o monopólio ao duopólio. Existem várias evidências empíricas de que a introdução de um concorrente de peso em um mercado monopolizado aumenta substancialmente a competição. A tendência é de queda nos preços e de melhoria da qualidade de ambos os produtos.[16]

15. V., afirmando que o grau de concentração do mercado não representa diferença significativa a ponto de exigir tratamento diferenciado, P. Areeda, D. Turner, *Antitrust law*, v. IV, cit., pp. 73-74; em sentido contrário R. Bork, *The antitrust paradox*, cit., pp. 181 e ss., afirmando a existência de substancial diferença entre os mercados em que há monopólio e aqueles em que há oligopólio.

16. R. Bork cita alguns interessantes exemplos tirados da jurisprudência americana. Em *United States vs. United Shoe Machinery* (110 F. Supp. 295, 325

Como toda evidência empírica, essa também, pode ser contestada por outros dados empíricos, não despidos de fundamento teórico. Afirma-se, como já visto, que o duopólio tende naturalmente ao acerto de posições e ao acordo entre os agentes, dividindo o mercado e/ou fixando os preços.[17]

As teorias do monopólio e do oligopólio já foram estudadas anteriormente. Da comparação das duas, o mínimo que se pode dizer é que, tratando-se de oligopólio, o comportamento dos agentes é incerto, enquanto no monopólio, previsível. Se é verdade, portanto, que não é possível ter realmente certeza se entre os oligopolistas estabelecer-se-á acirrada competição, por outro lado, também não é possível ter certeza de que entre eles haverá ajuste de preços. No monopólio, ao contrário, a racionalidade monopolística permite ao menos presumir o comportamento no sentido de aumentar os preços.

Existem, aliás, outros elementos empíricos a sugerir que no oligopólio a coordenação de preços não é tão fácil e natural. Em primeiro lugar, o próprio fato de ser freqüente a ocorrência de acordos de preços explícitos entre oligopolistas sugere que a simples existência do oligopólio não é suficiente para assegurar a coordenação de posições.[18] Mais do que isso. Sendo forçados à colusão quando querem abusar de sua situação de poder, os oligopolistas se expõem. A fiscalização dos comportamentos é, assim, muito mais fácil nos oligopólios do que nos monopólios. O que se pode dizer em conclusão é que nesse tipo de situação o controle estrutural deve ser direcionado menos a impedir a integração entre as empresas e muito mais a criar formas eficazes

D. Mass 1953) a Corte reconheceu que naqueles mercados em que a ré, monopolista em muitas regiões dos Estados Unidos, encontrava forte concorrência da empresa *Compor Shoe Machinery Corp.*, sua rentabilidade se reduzia em dois terços. Também em *Telex Corp. vs. International Business Machines Corp.* (367 F. Supp. 258, N. D. Okla, 1973) demonstrou-se que quando *Telex* entrou no mercado a *IBM* promoveu substancial redução de preços em seus equipamentos. Cita, ainda, o exemplo das três grandes redes de televisão norte-americanas entre as quais não há qualquer vestígio de comportamento paralelo e concertado, mas sim ferrenha competição — *The antitrust paradox*, cit., pp. 182-183.

17. V. D. Turner, "The definition of agreement under the Sherman Act: conscious parallelism and refusals to deal", cit., p. 655.

18. Cfr. nesse sentido R. Bork, *The antitrust paradox*, cit., p. 183.

de acompanhamento do comportamento posterior dos agentes. Como se verá, a lei brasileira contém instrumento bastante eficaz para tal. Trata-se do compromisso de desempenho (art. 58).

Diferente é a questão quando não se trata de comparar o monopólio com o oligopólio, mas sim duas situações de oligopólio. É o que mais freqüentemente acontece. Imagine-se uma indústria dominada por quatro grandes oligopolistas e em que as demais firmas são atomizadas e operam em regime de concorrência. Pergunta-se: é razoável permitir uma concentração entre elas, de modo a fazer face ao poder dos demais? Argumento favorável poderia ser o de que um número maior de participantes do oligopólio torna mais difícil a colusão. A troca interna de informações e a comparação de preços e quantidade produzida é mais demorada e mais arriscada. Esse argumento, no entanto, obviamente não se sustenta. Ele seria razoável apenas caso se tratasse de analisar a viabilidade de vários atos de concentração conjuntamente. Não assim na análise de um caso singular, em que, evidentemente, uma empresa a mais com poder não diminui expressivamente a probabilidade de colusão. Parece, portanto, de fundamental importância a análise dos graus de concentração acima mencionados. Uma concentração que reforça a participação global da firma oligopolista no mercado tem grande probabilidade de constituir uma restrição significativa à concorrência caso ultrapasse os níveis críticos acima especificados.

Nesses dois primeiros casos — concentração tendente a formar um oligopólio em um mercado monopolizado e concentração tendente a reforçar uma situação de oligopólio já existente —, cuja análise é, como visto, fundamentalmente diferente, tem relevância direta a presença ou não de elementos estruturais do mercado que podem dificultar a colusão. São eles basicamente a heterogeneidade dos produtos e a diferença de estrutura de custos entre as várias empresas. Eles serão analisados em conjunto no item seguinte.

Ainda nesse item é necessário mencionar uma terceira situação, também substancialmente diversa das duas primeiras. Trata-se do mercado atomizado, não concentrado, em situação próxima da concorrência perfeita, em que duas empresas pretendem concentrar-se ou cooperar para aumentar seu poder no mercado. Nesse caso, como visto, quando da análise da teoria dos monopólios, fundamental para avaliar o risco da situação que se estabelecerá após a concentração (ou cooperação) é determinar a probabilidade de entrada de novas firmas ou aumento de produção das já existentes, de modo a suprir a necessária — segundo a racionalidade monopolística — redução da produção do agente que adquire poder monopolista. Imprescindível, nesse caso, é a análise do terceiro dos elementos necessários para determinar se existe ou não restrição substancial à concorrência: as barreiras à entrada. São elas o fator-chave para avaliar os riscos da concentração ou cooperação econômica, sobretudo nesse último tipo de estrutura industrial.

### *3.3.3 A natureza dos produtos e a estrutura de custos*

Fator bastante descuidado na análise do poder no mercado é a questão da natureza do produto. Trata-se, no entanto, de ponto bastante importante, sobretudo na avaliação dos oligopólios. Ao contrário do que originariamente se supunha, hoje considera-se a heterogeneidade dos produtos antes que uma conseqüência natural da estrutura oligopolista, um fator que dificulta substancialmente o comportamento paralelo entre os agentes econômicos. Isso porque, para que um determinado acordo entre os produtores efetivamente aumente o poder do mercado do grupo como um todo, é necessário que os participantes atuem paralelamente não apenas no sentido de igualar os preços, mas, também, no sentido de padronizar o produto.[19]

Tipicamente em um mercado em que os bens são perfeitamente substituíveis, a ordem natural das coisas cuida da padronização. O acordo entre os oligopolistas pode, então, limitar-se à fixação dos preços. Inversamente, quanto mais heterogêneos forem os produtos,[20] mais complexo deve ser o acordo e menos pro-

19. V. para a demonstração dessa hipótese em termos econômicos F. Scherer, *Industrial market structure and economic performance*, Chicago, Rand McNally, 1970, pp. 186-192.

20. A heterogeneidade pode decorrer tanto da natureza dos produtos quanto das necessidades dos consumidores. O exemplo mais evidente desse último caso é o de produtos complexos, feitos sob encomenda. Para esses casos afirma F. Scherer: "When two orders are never exactly alike or when there is a freeway for deviations from the buyer's product specification in hundreds of particulars, tacit coordination on joint profit maximizing strategies becomes virtually impossible to achieve" — *Industrial market structure and economic performance*, cit., p. 187.

vável o seu cumprimento. Portanto, é mais provável que os oligopolistas, caso queiram realmente aumentar seu poder no mercado, sejam obrigados a partir para uma padronização de condições de venda e produção bastante explícita, de fácil fiscalização e sancionamento.

Outro aspecto que dificulta em muito o comportamento paralelo dos oligopolistas é a existência de diferenças importantes nas estruturas de custos dos agentes econômicos. O motivo para isso é bastante simples. Em presença de diferentes estruturas de custos, o ponto de equilíbrio dos agentes econômicos em que cada um deles maximiza receita é diverso. Conseqüentemente, é mais difícil chegar a um acordo quanto a um preço comum.[21] Tanto maior será a dificuldade quanto mais elevada for a disparidade de preços entre os agentes econômicos. Mas não é só. Quanto maior for a diferença de custos entre os agentes, mais relevante será, provavelmente, a diferença de participação no mercado entre os oligopolistas. O oligopolista mais eficiente, isto é, que opera a custos mais reduzidos, tem a tendência a aumentar sua participaçao no mercado. Portanto, na maioria das situações em que a estrutura de custos é bastante diversa não se verificará o oligopólio. Naqueles casos particulares em que ambos conviverem, ela será indício da instabilidade de acordos tácitos de preços.

O mesmo, ainda, que com menor ênfase, pode-se dizer de um setor caracterizado por altos custos fixos. Em presença de altos custos fixos mais difícil é manter uma disciplina de preços, sobretudo em presença de uma demanda decrescente. Pressionados pela necessidade de cobrir os custos fixos, maior tendência têm os oligopolistas a desrespeitar qualquer acordo tácito de preços.

Em conclusão, pode-se dizer que as características estruturais do mercado discutidas nesse item são importantes coadjuvantes na análise de integração (concentração ou cooperação) entre empresas em mercados oligopolizados. Obviamente, não permitem, sozinhas, descaracterizar a restrição como *substancial*. Auxiliam, porém, bastante a análise daqueles casos em que os demais elementos não permitem uma definição positiva.

21. Cfr. P. Areeda, D. Turner, *Antitrust law*, v. IV, cit., p. 93.

### *3.3.4 As barreiras à entrada*

Para um observador descuidado, o estudo em separado das barreiras à entrada pode parecer repetitivo. Aparentemente, sua análise já deveria estar incluída na própria definição do mercado. Como visto, essa definição já pressupõe a discussão do problema da substituição da oferta, ou seja, da potencial entrada de novos produtores no mercado

Existe, no entanto, uma fundamental diferença de perspectiva entre a análise da substituição da oferta e a análise das barreiras à entrada. Lá, o que se estuda é a viabilidade de substituição do ponto de vista dos novos concorrentes. Diferencia-se, portanto, entre capacidade em uso e capacidade ociosa, para verificar quanto da produção é provável que o concorrente possa redirecionar para o novo mercado. O estudo é, portanto, dos *limites internos* à entrada de novos concorrentes (através da substituição de produção). Esse estudo é instrumental à definição dos *critérios de identificação* do poder no mercado. Essa perspectiva não é suficiente, no entanto, quando se trata de *sancionar* uma determinada posição de poder (*já identificada*). Nesse caso, é necessário verificar se aquela concentração, ou, então, a conquista de uma posição de poder através de um determinado comportamento, não criará novas e especiais *barreiras artificiais* à entrada de concorrentes ou não se beneficiará de *barreiras naturais* já existentes.

Existe, portanto, uma razão lógica para a análise em separado das barreiras à entrada. Muitas delas decorrem exatamente da formação dessas posições de poder. São logicamente posteriores e não concomitantes à sua identificação. Como se verá, as posições de poder muitas vezes acabam por moldar a própria estrutura do mercado, criando, voluntária ou involuntariamente, barreiras à entrada de novos concorrentes.

A razão para o tratamento em separado das barreiras à entrada é, portanto, quase intuitiva. Os *limites à entrada* levados em consideração quando da definição do mercado focalizam uma situação momentânea. Eles permitem avaliar o provável comportamento de produtores existentes no mercado e que tenham capacidade de alterar a sua linha de produção em função de um aumento de preços no momento em que o mercado está sendo definido. Já as *barreiras à entrada* devem permitir verificar que efeitos futuros a situação criada em função da concentração terá sobre os concorrentes e (indiretamente) sobre os consumidores. Por isso, essas últimas (*barreiras*), ao contrário daqueles (os *limites*), são critérios de sancionamento e não de identificação.

Essa última observação põe em destaque a questão relevante para o ordenamento jurídico. Trata-se do efeito direto e poderoso das barreiras à entrada sobre ambos os interesses protegidos pelo direito concorrencial (existência de concorrência e bem-estar dos consumidores). Em primeiro lugar, em presença dessas barreiras, diminui-se a possibilidade efetiva de concorrência. O agente com poder no mercado cria para si um mercado cativo, impenetrável. Mais do que uma restrição à liberdade de concorrência, há, nesses casos, uma restrição à liberdade de iniciativa, objeto de tutela primária do direito concorrencial brasileiro (art. 1º, Lei n. 8.884/94).

Por outro lado, inexistente a possibilidade de entrada de concorrentes, o agente econômico pode exercer livremente seu poder monopolista sobre os consumidores. Eficazes essas barreiras, é possível aumentar livremente o preço. Não há sequer incentivo para divisão com os consumidores de qualquer ganho adicional de eficiência.

As barreiras à entrada são, assim, um dos principais elementos catalisadores do poder no mercado, que permite transformá-lo em verdadeira dominação dos mercados. Por esses motivos, elas são um elemento fundamental a ser levado em conta na aplicação dos arts. 20, inc. II, e 54, § 1º, da lei concorrencial brasileira. Especificamente com relação à concentração empresarial, o desrespeito aos interesses acima mencionados (concorrentes e consumidores) impede a verificação das causas justificadoras das posições de poder no mercado mencionadas respectivamente nos incs. III e II. Com efeito, existentes barreiras à entrada, há eliminação da concorrência de parte substancial do mercado (inc. III). Todos os concorrentes que ainda não estão no mercado estarão automaticamente eliminados do processo competitivo. Toda a concorrência potencial está excluída.

Por outro lado, o poder sobre os consumidores que essas barreiras ajudam a criar torna extremamente improvável que o produtor venha a repartir qualquer ganho de eficiência com o consumidor. Sem a pressão constante, representada pela possível entrada de novos concorrentes, o agente econômico está livre para abusar em relação aos preços. Pode-se presumir (presunção simples), portanto, que a condição do inc. II também não será satisfeita.

Não só no direito interno as barreiras à entrada são ilícitas. Também no incipiente direito concorrencial comunitário. Isso porque elas representam o mais fundamental obstáculo ao estabelecimento de condições equânimes de concorrência. Como já visto no primeiro capítulo, pressuposto para a livre circulação de capitais e fatores de produção é a liberdade de acesso ao mercado de empresas de todos os Estados Membros. No Mercosul duas são as regras a tutelar a liberdade de acesso e conseqüentemente a sancionar as barreiras à entrada. Em primeiro lugar, o próprio art. 1º do Tratado de Assunção, que prevê a eliminação imediata de todas as barreiras alfandegárias e *não alfandegárias* à circulação de bens e fatores de produção. Como parte do Tratado, esse dispositivo pode ser considerado integrante do direito concorrencial interno brasileiro, e diretamente aplicável a todas aquelas situações que apresentem relevância comunitária.[22] Além disso, o Protocolo de Fortaleza, já ratificado por Brasil e Paraguai, estabelece um controle de condutas anticoncorrenciais que coloca a criação de barreiras à entrada no centro das preocupações (art. 4º): "os atos, individuais ou concertados, sob qualquer forma manifestados, que tenham por objeto ou efeito limitar, restringir, falsear ou distorcer a concorrência ou acesso ao mercado ou que constituam abuso de posição dominante". Tendo sido convertido em norma interna pelo Decreto n. 3.602, de 18 de setembro de 2000, o Protocolo passou a integrar com plena eficácia o direito concorrencial brasileiro.

Identificados os fundamentos da inclusão das barreiras à entrada entre os critérios de sancionamento do poder no merca-

22. É discutível a possibilidade de atribuição de efeito direto a regras sobre circulação de fatores de produção. O art. 5º, letra "d", do Tratado, ao prever a necessidade de acordos setoriais para otimizar a utilização e a mobilidade dos fatores de produção, parece indicar em sentido contrário. É, no entanto, bastante razoável considerar que tal norma não é aplicável ao direito concorrencial, já que com relação a ele é inimaginável a adoção de acordos setoriais. Parece muito mais razoável pensar que ao prever essa regra o legislador comunitário tinha em mente aquelas obrigações burocráticas impostas pelas leis dos Estados Membros para o estabelecimento de empresas; v., a respeito, J. Samtleben, C. Salomão Filho, "O mercado comum sul-americano", cit., p. 271.

do, deve-se tentar determinar o seu conteúdo. Dois tipos de barreiras devem ser então analisadas. Em primeiro lugar, as chamadas barreiras naturais, decorrentes da própria conformação do mercado e do tamanho relativo de seus participantes. O segundo tipo, que é o que mais preocupa, é o das barreiras artificiais. São elas aquelas barreiras criadas por comportamentos ou omissões dos agentes econômicos, que tentam, com isso, criar um mercado cativo.

No primeiro grupo incluem-se vários tipos de barreiras. As mais comumente citadas são a existência de grandes vantagens de escala, a diferenciação entre produtos, o grande investimento inicial de capital necessário e os chamados custos irrecuperáveis (*sunk costs*). Analisemo-las uma a uma.

A primeira delas é decorrência direta da existência de firmas de certo porte no mercado, com produção suficiente para lhes permitir uma participação relevante. As economias de escala então criadas representam uma barreira natural à entrada de concorrentes de menor porte. Os custos das empresas estabelecidas e que gozam de economias de escala são obviamente muito menores que os custos de produção de eventuais entrantes que pretendam produzir em pequena escala. Obviamente, punir tal tipo de estrutura implicaria o sancionamento *per se* de empresas de grande porte em muitos mercados que requerem a escala para a produção eficiente e o investimento em tecnologia. Trata-se, aqui, tipicamente, daquela errônea compreensão da defesa da concorrência como forma de tratamento privilegiado às empresas de pequeno e médio porte (em detrimento dos interesses dos consumidores) mencionada no capítulo 1 (n. 1.3). As vantagens de escala não são barreiras hábeis a levar à dominação dos mercados, pois representam um potencial benefício para os consumidores. Proibir ou sancionar de qualquer forma as vantagens de escala seria condenar irremediavelmente a eficiência econômica, em detrimento dos consumidores.

A segunda barreira mencionada deve ter tratamento absolutamente idêntico à primeira. Obviamente não se pode sancionar uma estrutura simplesmente porque produz uma grande diferenciação entre produtos.[23] O argumento de que essa neces-

23. A teoria da diferenciação entre produtos como barreira à entrada foi elaborada originariamente para a indústria automobilística. Argumentava-se que a mudança anual de linhas de produção requer firmas de tal dimensão que

sidade de constante diferenciação impediria empresas de pequena proporção de entrar no mercado decorre da mesma confusão conceitual mencionada no parágrafo anterior. Está, portanto, sujeito a idênticas críticas.

A terceira barreira é o investimento de capital inicial necessário. Essa talvez seja a barreira mais importante, pois envolve a questão central de discussão quando se trata de barreiras à entrada. Trata-se do problema relativo ao mercado financeiro e de capitais. Evidentemente que, presumindo o total acesso ao mercado financeiro e de capitais, o grande investimento inicial requerido para a entrada em certo tipo de mercado não constitui um real obstáculo. O problema é saber se é possível presumir tal acesso. Nesse particular, o Brasil tem evoluído muito nos últimos anos. A expansão do sistema financeiro nesse particular é bastante positiva. Seu efeito é aproximar o país de uma situação em que é possível presumir a plena suficiência do capital de empréstimo.

Não se deve, no entanto, confundir a suficiência com a viabilidade dos empréstimos. Evidentemente que, em uma economia de juros altos, um empréstimo para ser viável requer um grau de retorno muito mais elevado. Esse é um fator que dificulta, mas não impede, a entrada no mercado. Tudo depende do risco que o empreendedor está disposto a correr. Note-se, além disso, que não se trata de uma barreira decorrente da estrutura do mercado, mas sim das condições econômicas conjunturais. Não deve, portanto, ser combatida através do direito antitruste, mas sim de instrumentos de política econômica.

Barreira estrutural à entrada que deve, essa sim, ser objeto de preocupaçao do direito antitruste sao os chamados custos irrecuperáveis (*sunk costs*). Como destaca a doutrina, a probabilidade do investimento é função tanto do montante necessário para entrar em determinado negócio quanto do valor que pode ser recuperado ao sair.[24] Evidentemente, um empresário prudente, ao avaliar os riscos de um empreendimento, verificará que montante de seu investimento é possível recuperar (através de ven-

as existentes adquirem uma proteção artificial à entrada de concorrentes; v. H. Snell, "Annual style change in the automobile industry as an unfair method of competition", in *Yale Law Journal* 80 (1971), p. 567.

24. V. P. Areeda, J. Solow, H. Hovenkamp, *Antitrust law*, cit., p. 65.

da dos ativos) caso resolva mudar de ramo ou simplesmente abandonar aquela atividade.

Tipicamente, instalações industriais que não podem ser utilizadas para outros fins que não a fabricação de um determinado produto são *sunk costs*. Caso o empreendimento seja mal-sucedido, é muito improvável que o empresário possa recuperar parte relevante do investimento naquela determinada máquina ou equipamento, já que terceiros estarão dispostos a pagar valor muito inferior ao de seu custo menos a natural depreciação. Isso porque, caso o insucesso seja devido a problemas de mercado, não haverá interesse na compra do equipamento. De um lado, há pouco incentivo para a entrada em tal tipo de mercado (em crise) e, de outro, o equipamento não é conversível para outra atividade.

Outros investimentos tipicamente irrecuperáveis são os investimentos em publicidade. Quanto mais alto for o investimento em publicidade necessário para entrar em um determinado mercado, maior risco envolve o investimento para o empresário.

Pode-se concluir que, ainda que um alto investimento inicial não seja suficiente para constituir uma substancial barreira à entrada do ponto de vista do sistema antitruste, se a ele se aliar uma grande proporção de investimentos irrecuperáveis que devem ser arcados pelo empresário, a probabilidade de entrada se torna muito mais remota. Pode-se, então, afirmar que existe uma barreira natural à entrada.

A existência desse tipo de barreira pode constituir um relevante obstáculo a aprovação de concentrações. Para isso é necessário demonstrar que a concentração provocará acréscimo substancial do poder do agente econômico em relação aos demais agentes, o que, aliado à existência de barreiras à entrada, implica probabilidade concreta de dominação dos mercados em função da concentração.

É preciso, agora, analisar o segundo tipo de barreira. As chamadas barreiras artificiais, isto é, aquelas criadas pelos agentes econômicos para impedir a entrada de seus concorrentes. São elas basicamente de dois tipos.

O primeiro é aquele comportamento tendente a dificultar o acesso do concorrente aos fornecedores ou aos canais de distribuição. Isso se faz basicamente a partir da já mencionada integração vertical, através da qual o agente econômico adquire um dos seus fornecedores ou distribuidores. Com isso abre-se para ele a possibilidade de se utilizar dessa posição para dificultar o acesso do concorrente às fontes de insumo e distribuição. Ao fazê-lo, aumenta proibitivamente o investimento necessário para a entrada no mercado, pois para ter chances de sucesso é necessário que o concorrente entre em ambos os mercados (isto é, produção e fornecimento de um determinado bem ou, então, produção de insumos e fabricação do bem final).

A lei brasileira reage a tal forma de barreira artificial de duas maneiras diferentes. Em primeiro lugar, a própria concentração vertical, caso implique participação relevante no mercado dos fornecedores ou distribuidores, necessariamente levará à dominação do mercado, por conter em si a possibilidade de eliminação de parte substancial da concorrência no mercado de bens e serviços (art. 54, § 1º, inc. III). Como tal, deverá ser proibida. Mas, ainda que a concentração seja aprovada, ou porque não há demonstração segura desse resultado, ou porque os requisitos dos outros incisos foram cumpridos e o § 2º se aplica ao caso, qualquer comportamento posterior do grupo econômico integrado verticalmente direcionado no sentido de negar acesso dos concorrentes às fontes de insumo e distribuição constituirá ilícito concorrencial (art. 21, inc. VI).

A segunda barreira artificial à entrada criada pelo comportamento dos agentes consiste na possibilidade de influenciar o gosto dos consumidores. A questão central é saber até que ponto os gostos dos consumidores podem ser formados e fixados através de campanhas publicitárias. A utilização de dois termos — formados e fixados — não é supérflua, nem repetitiva. Indica exatamente o aspecto da publicidade que pode constituir uma barreira à entrada — a permanência das preferências mesmo após o fim da campanha publicitária. Esse é, na verdade, o único aspecto da publicidade que preocupa. A publicidade é, via de regra, benéfica para o sistema concorrencial, na medida em que, sendo verídica e não predatória, constitui importante fonte de informação para o consumidor. A influência momentânea da publicidade sobre os gostos dos consumidores nada tem de mal; ao contrário, é um estímulo à concorrência. A possibilidade de real sucesso de vendas através de uma campanha publicitária bem feita estimula a entrada dos agentes econômicos no mercado.

O problema é que a propaganda, quando maciça, é capaz de influenciar a tal ponto os gostos dos consumidores que mesmo após o seu término aquela preferência criada e agora fixada torna-se uma necessidade para o consumidor. A regulamentação desse problema não cabe, no entanto, em primeira linha, ao direito concorrencial. Isso porque o interesse do consumidor está envolvido diretamente, e não por via indireta através da tutela da concorrência. Tampouco poder-se-ia limitar essa tutela àqueles casos em que o produtor tem poder no mercado, mesmo admitindo-se ser nesse caso, a ocorrência dos abusos mais provável. Trata-se, portanto, de um problema diretamente do direito do consumidor.[25]

25. Já é longa a discussão na doutrina alemã a respeito da conveniência de distinguir entre publicidade "informativa" e publicidade "sugestiva". Publicidade sugestiva é aquela através da qual as preferências dos consumidores são inconscientemente influenciadas, diminuindo a transparência do mercado e tornando mais difícil uma escolha racional por parte dos consumidores. Essa distinção foi feita pela *Monopolkomission* alemã, que concluiu que por esse motivo a publicidade sugestiva deveria ser proibida ("sei aus grundsätzlichen ordnungspolitischen Überlegungen abzulehnen"); v. decisão cit. in E. Hoppmann, *Wirtschaftsordnung und Wettbewerb*, Baden-Baden, Nomos Verlag, 1988, p. 370.

Essa distinção é muito criticada. A primeira linha de crítica, pouco convincente, baseia-se no chamado comportamento racional do consumidor. Segundo seus defensores (v. E. Hoppmann, ob. loc. cit.) a propaganda não deve causar preocupação, pois mesmo que seu conteúdo seja meramente sugestivo é possível e provável que o consumidor procure informar-se a respeito do produto antes de comprá-lo. É inegável que analisada do ponto de vista do "consumidor racional", o perigo representado pela publicidade é muito pequeno. Um processo de escolha racional inclui um elemento inicial de "sugestão", que corresponde à descoberta de um novo produto pelo consumidor. Nesse momento há um forte elemento emocional que pode ser facilmente aproveitado pela publicidade sugestiva. O momento seguinte é, no entanto, o da informação, no qual o consumidor procura informar-se a respeito do produto antes descoberto, eliminando qualquer inconveniente provocado pela publicidade sugestiva.

O problema está em imputar tal racionalidade ao comportamento dos consumidores. Em função da importância que os meios de comunicação, sobretudo a televisão, têm no panorama sócio-cultural brasileiro, parece difícil aceitá-la. É absolutamente irreal supor que consumidores quase analfabetos, em distantes e isoladas regiões do país, ficando sujeitos a uma propaganda sugestiva, possam procurar informar-se antes de comprar o produto. O mesmo se aplica ao consumidor situado na favela de uma grande cidade.

A distinção em propaganda "sugestiva" e "informativa" tem, portanto, utilidade prática. O problema é como distinguir entre ambas. A grande maioria

Ao direito antitruste interessam apenas aqueles casos em que comprovadamente a publicidade é utilizada para barrar o acesso do concorrente ao mercado. A eles é aplicável a regra geral de ilicitude dos comportamentos limitadores da entrada de concorrentes (art. 21, inc. IV, Lei n. 8.884). Nesse caso, tratar-se-á, porém, de hipótese de concorrência desleal, em que o comportamento do agente econômico é punível independentemente da existência ou não de poder no mercado. Não é, portanto, uma barreira estrutural, objeto específico do presente tópico.

### *3.3.5 O poder compensatório*

A teoria do poder compensatório é econômica e intuitivamente muito simples. Existindo poder de ambos os lados do mercado, há uma tendência à compensação entre ambos, com benefícios para o consumidor final e para os próprios competidores. Não é possível a qualquer das partes cobrar preços supra ou infracompetitivos.[26]

A utilização da teoria do poder compensatório deve, no entanto, ser cuidadosa. Diferente deve ser sua avaliação dependendo do lado do mercado que se procura estudar. Caso a integração econômica se dê no lado vendedor, e se procure justificá-la com

das campanhas publicitárias contém um certo grau de informação e de sugestão. Proibir a propaganda sugestiva implicaria em negar o próprio conceito de propaganda.

Conseqüentemente, se algum limite deve ser estabelecido à publicidade, os critérios para sua identificação devem ser mais precisos. O legislador brasileiro valeu-se, no Código de Defesa do Consumidor, do conceito de propaganda abusiva (art. 37, § 2º). Nele inclui, com respeito ao assunto que aqui nos interessa, apenas a exploração da deficiência de julgamento da criança. É de se lamentar a omissão com relação à menor capacidade de julgamento das pessoas que não tiveram acesso à educação ou mesmo à alfabetização, similarmente sujeitas a alto grau de sugestão, sendo de se esperar que uma interpretação teleológica extensiva possa suprir essa lacuna.

26. V., para a formalização econômica do raciocínio e a demonstração do novo ponto de equilíbrio, R. Blair e J. Harrison, *Monopsony —Antitrust law and economics*, cit., pp. 109 e ss. A Suprema Corte americana em várias oportunidades reconheceu a utilidade do poder compensatório e admitiu concentrações que a ele levariam; v., nesse sentido, *Appalachian Coals vs. United States* 288 U.S. 344 (1933); *Balmoral Cinema vs. Allied Artists Pictures Corp.* 472 U.S. 284 (1985).

base no poder dos compradores (monopsônio), a integração se destina à tutela dos interesses do produtor (vendedor). É ele que pode ser forçado a vender a preços infracompetitivos ao monopsonista, que, por sua vez, não os repassará ao consumidor. A coordenação ou concentração entre os produtores (vendedores) eliminaria esse risco.

O problema é que, como destaca a doutrina econômica, a situação de monopólio bilateral cria um impasse que convida à integração vertical. Ou seja, havendo monopólio em ambos os lados do mercado, nenhum dos agentes econômicos pode impor seus preços a outros. Há o iminente risco de negociações prolongadas e até mesmo situações de impasse com relação aos preços. A tendência natural é, portanto, a colaboração entre comprador e vendedor, de modo a que ambos maximizem sua receita, às custas do consumidor final.[27] Freqüentemente, essa colaboração evolui para a própria integração. Aqui, portanto, mais uma vez, o problema estrutural se transforma em uma futurologia de comportamentos.

Três observações podem ajudar a esclarecer esse impasse. Em primeiro lugar, é preciso analisar o monopólio bilateral. A existência de um grande número de vendedores face a face com um monopsonista cria para esse último a possibilidade de eliminar do mercado todos os vendedores inconvenientes, mantendo apenas, através da discriminação de preços, aquele que lhe parece mais dócil, ou seja, aquele com o qual já esteja ou venha a poder cooperar, ou até mesmo aquele que possa vir a adquirir. Assim, a alternativa ao monopólio bilateral (ou seja, o monopólio unilateral) não só põe em risco os produtores como, também, proporciona, exatamente como aquele, grande incentivo à integração vertical.

Exatamente por esse motivo — e essa é a segunda observação importante referida acima — o risco de integração vertical não pode ser utilizado para renegar a defesa com base no poder compensatório. Exceção é obviamente feita aos casos em que já existe evidência de cooperação entre comprador e vendedor, que só poderá ser acirrada pela integração no plano horizontal. Ine-

27. Cfr. R. Blair e J. Harrison, *Monopsony — Antitrust law and economics*, cit., p. 117.

xistentes essas evidências, parece óbvio que o problema da possível futura integração vertical não pode e não deve ser antecipado e "tutelado" no momento da integração horizontal. Caso, por outro lado, evidências de cooperação entre comprador e vendedor estejam presentes, claramente o poder não pode ser entendido como compensatório, mas sim cumulativo, motivo pelo qual a defesa deve ser rejeitada.

Pode-se entender até mesmo, nesse tipo de caso, que o problema é mais grave, pois a concentração horizontal implica, também, reforço da integração vertical. Não existindo evidência dessa cooperação vertical, a maior probabilidade de sua ocorrência é motivo para fazer com que o controle realizado permita, através dos compromissos de desempenho, um maior acompanhamento do comportamento futuro dos agentes.

Finalmente, um terceiro e talvez, ainda, mais forte argumento a favor da teoria do poder compensatório encontra-se no equilíbrio jurídico por ele proporcionado. É possível, como ressalta a doutrina, identificar na linha de Edgeworth (e não necessariamente na integração vertical) a forma de solução do aparente impasse decorrente do poder bilateral. Essa linha de pontos, desenvolvida originariamente por Marshall, identifica a seqüência de pontos em que se dá o chamado equilíbrio dinâmico, marcado por grande instabilidade externa dos elementos — no caso, decorrente do fato de que ambos os agentes têm poder no mercado.[28] Não existe, portanto, um único ponto de otimização de recursos para ambos em que o equilíbrio se dê. O equilíbrio envolve necessariamente perdas recíprocas e é, portanto, essencialmente dinâmico, podendo se dar com diferentes combinações de quantidade e preço e tendendo a ser modificado ao longo do tempo. O equilíbrio na linha de Edgeworth só se dará quando as partes compararem a perda que teriam ao aceitar a proposta da outra parte com a perda que teriam com a ruptura das negociações, aceitando as primeiras para evitar as segundas.[29] Esse equi-

28. A exposição da fundamentação teórica da linha de Edgeworth e sua aplicação às negociações contratuais deve-se no Brasil ao trabalho, pioneiro no campo do direito econômico, de W. Peluso Albino de Souza, *Apontamentos de economia aplicada ao direito*, Belo Horizonte, Centro de Estudos Econômicos de Minas Gerais, 1954, pp. 176 e ss.

29. V. Washington Peluso Albino de Souza, *Apontamentos de economia aplicada ao direito*, cit., p. 176.

líbrio dinâmico pode proporcionar até certos prejuízos para as partes, mas tem efeitos extremamente benéficos para o consumidor. É, portanto, a consideração não exclusivamente do interesse das partes, mas primordialmente do interesse do consumidor, que transforma essa situação de equilíbrio econômico dinâmico — ou até desequilíbrio, caso se adote uma posição marginalista ortodoxa — em uma hipótese de equilíbrio jurídico. Pode-se concluir, portanto, afirmando que é o elemento jurídico de valoração de interesses já mencionado (v. capítulo 1, notas 22 e 24), que permite transformar uma aparente situação de desequilíbrio em equilíbrio. A situação pode até ser interpretada como de desequilíbrio econômico, mas há o equilíbrio jurídico.

Diferente é a análise quando a teoria do poder compensatório é utilizada pelo comprador para justificar sua integração. Nesse caso, ao risco da integração vertical soma-se o risco da formação de um oligopólio entre os vendedores. A hipótese imaginada é a do comprador de insumos ou do intermediário, que deve industrializá-los ou repassá-los ao consumidor, ou, ainda, que se utiliza do insumo (*v.g.*, máquina) para a fabricação de produto a ser colocado no mercado de consumo.[30] Como visto, o oligopsônio traz consigo incentivo à oligopolização no mercado dos produtos finais (*supra*, n. 2.4.3). A oligopolização desse mercado permite anular qualquer vantagem obtida em função da compensação do poder do produtor dos insumos. Nesse caso, portan-

30. Tratando-se de compradores finais, que adquirem a mercadoria para consumo aplica-se a lei concorrencial. O fundamento está naquela perspectiva dúplice, do consumidor e do concorrente, destinada a tutelar o sistema concorrencial, exposta no capítulo 1. Um grupo de compradores finais organizados (por hipótese sob a forma de cooperativa) pode praticar ilícitos concorrenciais contra os produtores (abusando de seu poder econômico) ou contra outros consumidores que dela não fazem parte (atos tendentes à dominação do mercado). São, portanto, sujeitos ativos potenciais de ilícitos concorrenciais. Os interesses tutelados são, nesse caso, não só os dos produtores, mas de outros consumidores existentes ou potenciais, que em caso de poder no mercado abusivamente exercido podem ter seus legítimos interesses ameaçados. Note-se que a redação ampla do art. 15 permite sua inclusão entre os sujeitos ativos dos ilícitos concorrenciais. Mesmo na hipótese de controle exclusivamente estrutural da formação das posições de poder no mercado, a referência do art. 54, § 3º, da lei concorrencial exclusivamente a *empresas* não impede sua aplicação a consumidores pessoas físicas que se estão unindo para adquirir produtos. Nessas hipóteses ocorrerá sempre cooperação econômica e nunca concentração econômica (v. *infra*, n. 4.4), não se aplicando a ela, portanto, o art. 54, § 3º, da lei.

to, a teoria do poder compensatório tem um efeito diverso. Não torna lícita a concentração, mas faz com que ela deva ser avaliada segundo seus efeitos potenciais no mercado dos produtos finais, e não no mercado dos insumos.

### *3.3.6 Conclusão: a importância relativa dos vários fatores*

Nos itens anteriores enumeraram-se vários fatores que compõem a análise da relevância da limitação à concorrência. A questão que naturalmente se segue é a importância relativa a ser atribuída a cada um dos fatores. Qual é, afinal, a regra a definir se a limitação decorrente de um determinado ato de concentração ou cooperação econômica é ou não substancial?

Evidentemente, não é possível formular uma regra geral de tal tipo. Só quando da aplicação dos critérios a cada caso concreto é possível atribuir o correto valor a cada um deles. O que se pode fazer, em sede de conclusão, é, no máximo, tentar estabelecer padrões gerais de avaliação.

Como se viu, a avaliação da participação no mercado varia segundo cada estrutura específica. Se o setor for monopolista e a integração econômica (concentração ou cooperação) tender à formação de um oligopólio, a avaliação deve ser basicamente positiva.

Caso, no entanto, a integração reforce uma situação de oligopólio, maior importância e maior rigidez assume o critério da participação percentual. Nesse último caso, no entanto, pode levar a relaxar esse rigor a presença de fatores estruturais (heterogeneidade pronunciada entre produtos e estrutura diversa de custos) que tornem mais difícil o comportamento paralelo entre oligopolistas.

Tratando-se de um mercado mais próximo da concorrência perfeita, a avaliação do valor da participação resultante da integração deve ser feita à luz das barreiras à entrada. As barreiras à entrada são, de resto, um elemento chave para avaliação de qualquer das situações aqui descritas. Talvez seja o único fator de todos cuja presença é apta, quase que por si só (desde que acompanhada pelo menos dos patamares mínimos de participação no mercado), a caracterizar a ilicitude. Isso porque, existentes as barreiras, toda a concorrência potencial está automaticamente eliminada. Substancial é, portanto, a limitação da concorrência.

O último fator levado em consideração é o chamado poder compensatório. Uma limitação não pode ser considerada substancial quando serve simplesmente para contrabalançar uma outra situação de concentração, existente do outro lado do mercado. Exceção é feita à hipótese em que a formação de poder por parte de compradores dos insumos aumenta a possibilidade de oligopolização do mercado de produtos finais. Nesse caso, o poder compensatório não serve como justificativa da concentração, mas leva apenas a deslocar a atenção do mercado de insumos para o mercado de produtos. A integração deve ser avaliada segundo seus efeitos sobre o último, não sobre o primeiro.

Finalmente, como critério geral aparece a tendencial preferência pela existência de vários agentes econômicos com poder relativo e eminentemente dependente do poder dos demais se comparado à predominância de um só agente econômico (monopólio). As razões para isso são a incerteza quanto ao comportamento oligopolístico comparada à previsibilidade do comportamento monopolístico e o fato de que o comportamento oligopolístico, mais do que o monopolístico, permite o controle pelos critérios sancionatórios dos comportamentos.

Nesse sentido se verificou como, em ausência de indícios claros de que a colusão já existe ou virá a existir, e guardados os limites do razoável, é possível e aconselhável transformar o controle estrutural dos oligopólios em um controle comportamental. O compromisso de desempenho, previsto na legislação brasileira (art. 58), serve basicamente a essa função. Firmado quando do controle dos atos de integração econômica (art. 54), permite estabelecer padrões concretos, mais facilmente verificáveis, de comportamento para os oligopolistas. A eles se retornará no capítulo seguinte.

## *3.4 As justificativas para as restrições à concorrência*

### *3.4.1 A eficiência*

A eficiência é o princípio fundamental do direito antitruste na teoria neoclássica. Para os neoclássicos mais exaltados, mais do que um dos elementos a eficiência é o fator central a definir a licitude ou não do poder no mercado. Como se verá a seguir, a aplicação acrítica desse conceito pode levar a resultados economicamente indesejáveis e juridicamente insatisfatórios.

Na lei brasileira a eficiência assume, também, posição de destaque. Ela vem regulada em dois diferentes dispositivos. Quanto às situações de poder já existentes, prevê o art. 20, § 1º: "A conquista de mercado resultante de processo natural fundado na maior eficiência do agente econômico em relação a seus competidores não caracteriza o ilícito previsto no inc. II". A eficiência aparece aí como excludente absoluta da ilicitude. O poder no mercado, mesmo existente, é incapaz de caracterizar a figura ilícita da dominação dos mercados quando obtido em função de maior eficiência.

Mais abaixo, a eficiência aparece como fundamento para a aprovação das concentrações de empresas. Ela está contida não apenas no art. 54, § 1º, inc. I, letra "c". Também a letra "a", que fala em produtividade é, em última análise, como se verá, um dos componentes da eficiência (produtiva). No controle das concentrações a eficiência não é, no entanto, excludente absoluta de ilicitude. Devem estar presentes também outros fatores para que a concentração seja aprovada, que serão analisados nos tópicos subseqüentes.

### a) A noção neoclássica

A teoria neoclássica distingue entre dois tipos de eficiência: a eficiência alocativa e a eficiência produtiva.

A eficiência alocativa relaciona-se com a distribuição dos recursos na sociedade. Não se deve confundir a questão com o problema da distribuição de renda e de riqueza, que para os neoclássicos nada tem a ver com o direito antitruste.[31] Para os neoclássicos, verificar se existe eficiência alocativa é simplesmente

31. Afirma R. Bork, peremptoriamente: "Antitrust has a built-in preference for material prosperity, but it has nothing to say about the ways prosperity is distributed or used. Those are matters for other laws. Consumer welfare, as the term is used in antitrust, has no sumptuary or ethical component, but permits consumer to define by their expression of wants in the market place what things they regard as wealth" (*The antitrust paradox*, cit., p. 90).

determinar se os recursos estão empregados naquelas atividades que os consumidores mais apreciam ou necessitam.[32]

A teoria econômica dos monopólios, desenvolvida acima (capítulo 2, n. 2.1.1) indica que as situações de poder de mercado levam a ineficiências alocativas. Sobretudo a passagem de uma situação de concorrência para a situação em que uma firma tem grande poder no mercado gera uma redistribuição de recursos ineficiente (por isso o monopólio é denominado por muitos economistas *one shot affair* — v. *supra,* capítulo 1, n. 1.5.2). Como visto, a diminuição da produção objetivando o aumento dos preços leva a uma redução do *consumer surplus*, pois certo número de consumidores deixará de consumir o produto. A perda de utilidade para esses consumidores, que deixam de consumir um pro duto do qual necessitam, representa o chamado *dead-weight loss*, ou ineficiência alocativa.

Dessa ineficiência, que a teoria econômica permite presumir ser conseqüência natural de qualquer situação de monopólio, deve-se subtrair um outro elemento: a chamada eficiência produtiva. Ao contrário da eficiência alocativa, que vê a questão do ponto de vista de mercado, a eficiência produtiva expressa o efetivo uso dos recursos pelas empresas. É, portanto, um dado interno de cada empresa, representando o nível de dispêndio necessário para produzir um determinado bem. Assim, enquanto a eficiência alocativa se traduz na curva de demanda pelo produto, a eficiência produtiva é representada pela curva dos custos. Ora, é também firme a crença na teoria econômica de que as dimensões econômicas induzem naturalmente reduções de custos através das chamadas economias de escala. O aumento da produção faz com que o custo unitário de cada produto se reduza. Isso porque os custos fixos das empresas precisam ser distribuídos por um número muito maior de produtos. Mas não só na produção direta há economia. Vários outros insumos necessários para a produção e comercialização do produto se tornam mais baratos. Assim, por exemplo, os custos do capital e os custos promocionais.[33]

32. V. R. Bork, *The antitrust paradox*, cit., p. 91, nota.

33. Para uma discussão minuciosa das várias reduções de custo geradas pelo aumento de volume transacionado em geral, v. P. Areeda, J. Solow, H. Hovenkamp, *Antitrust law*, cit., pp. 38 e ss.

Ao produzir a custos mais reduzidos, a empresa está, também, economizando recursos sociais, ou seja, permitindo que a economia de custos por ela realizada possa ser alocada de outra forma, em outras atividades necessárias ao preenchimento de alguma utilidade. É bom lembrar que para os neoclássicos pouco importa quem será o beneficiário dessa economia e, portanto, quem — produtores ou consumidores — poderá realocar os recursos mais eficientemente. Importante apenas é a existência e o montante da economia.

Do ponto de vista neoclássico, avaliar uma situação de poder no mercado se resume, então, a determinar qual o aspecto que prevalece na formação dessa posição: a ineficiência alocativa ou a eficiência produtiva. A comparação quantitativa entre ambas não é nada fácil.

As tentativas nesse sentido chegam geralmente a resultados inconclusivos. Uma das mais conhecidas delas é o estudo de O. Williamson sobre o uso das economias de escala como uma defesa no direito antitruste, em especial quando do controle das concentrações.[34] Para construir o seu modelo, o autor parte de uma hipótese bastante específica, em que o produto é homogêneo e a capacidade de aumento de preço é "marginalmente" restringida pela possibilidade de entrada de produtores situados em outras regiões. Deriva, então, um modelo matemático no qual demonstra que mesmo pequenos ganhos de eficiência produtiva (diminuição de custos) são suficientes para compensar aumentos de preços, pois as economias de escala seriam obtidas sobre a inteira produção do bem, enquanto a perda social decorrente do aumento de preço (*dead-weight loss*) seria realizada exclusivamente a partir da diminuição das vendas decorrente do aumento de preços. Essa argumentação permitiria presumir a prevalência da eficiência produtiva sobre a ineficiência alocativa.

34. O autor escreveu dois artigos sobre o tema, o primeiro em 1968 denominado "Economies as an antitrust defense: the welfare trade offs", in *American Economic Review* 58 (1968), p. 18 e o segundo, nove anos mais tarde, "Economies as an antitrust defense revisited", in *University of Pennsylvania Law Review* 125 (1977), p. 699. O último artigo reproduz basicamente a análise e as conclusões do primeiro, acrescentando apenas certas atualizações necessárias e a resposta a certas críticas que lhe tinham sido dirigidas. A referência no presente trabalho será sempre ao último artigo.

Várias críticas podem ser endereçadas ao raciocínio de Williamson. A primeira delas a suas premissas. O fato de ter sido necessário ao autor, para demonstrar seu ponto, partir de uma situação em que os agentes de mercado têm seu poder restringido pela possibilidade de entrada de novos concorrentes demonstra a fraqueza do seu argumento, considerado isoladamente. Só é possível garantir que a eficiência produtiva realmente prevaleça em situações em que, por seu diminuto poder no mercado (derivado da alta elasticidade cruzada e da possibilidade de entrada de novos concorrentes), é possível presumir que o agente econômico não poderá aumentar o preço. Isso porque, como o modelo de Williamson relaciona montantes de redução de custos necessários para compensar aumentos de preços, apenas presumindo aumentos de preços bastante discretos, é possível chegar a montantes de redução de custo cuja obtenção pelos agentes econômicos é possível presumir.

Na verdade, hoje está bastante firmado na doutrina o entendimento de que a relação entre eficiência alocativa e produtiva é impossível de ser determinada *ex-ante* com precisão. Na verdade, se indícios econômicos existem numa ou noutra direção, eles apontam em sentido exatamente contrário, isto é, de uma presunção de prevalência da ineficiência alocativa sobre a eficiência produtiva em caso de formação de poder no mercado. Dois são os fundamentos dessa afirmação.

Em primeiro lugar, existem sérias razões para acreditar que as perdas sociais são muito maiores que o *dead-weight loss* tradicionalmente definido pela teoria neoclássica. Como visto, esse conceito inclui apenas a perda de utilidade daqueles consumidores que deixam de consumir o produto. Não inclui, no entanto, os rendimentos extraordinários realizados pelo monopolista em função do aumento de preços. Essa limitação é criticável. O monopólio representa um valor imaterial muito grande para o monopolista. Ele é um ativo, na verdade, muito mais valioso que as instalações e equipamentos de sua indústria. Para sua preservação, o monopolista está, sem dúvida, disposto a despender grande parte de seu rendimento extraordinário. Ocorre que, como a teoria sugere e a prática comprova, esses dispêndios são, em sua maioria, perdas sociais. Imagine-se, por exemplo, o dinheiro despendido em corrupção governamental, em *lobbying* ou no financiamento de campanhas políticas. Mas, também, podem e devem ser considerados custos, segundo a lógica neoclássica, gastos não relacionados com a produção de utilidades, como, por exemplo, a publicidade (sobretudo quando sugestiva). A essas perdas sociais devem-se somar outras, de semelhante monta, que derivam da tentativa por outros agentes do mercado de obter a mesma posição monopolista.[35]

Mas não apenas a perda social é maior que a estimada. Também o parâmetro de comparação usado pela análise tradicional não é o correto. É, aliás, o próprio Williamson a reconhecer, como qualificativo necessário a seu modelo, que os verdadeiros ganhos de eficiência produtiva não são aqueles calculados a partir da comparação com a situação atual (de concorrência perfeita, por hipótese), mas sim com os ganhos de eficiência que seriam decorrentes de um processo de crescimento interno da empresa.[36] É essa a comparação de verdadeiro valor jurídico, pois põe em evidência a diferença entre as conseqüências econômicas das duas alternativas mais prováveis.

Ela tem como fundamento, ainda, uma outra constatação, freqüentemente descuidada pela doutrina, mas que tem sólidas bases teóricas e práticas. Trata-se do fato de que as economias de escala não estão necessariamente ligadas ao poder no mercado e não aumentam na mesma proporção que este. A sua relação direta é, isto sim, com a quantidade de produção. É evidente que existe relação entre volume produzido e poder no mercado, já que este último é decorrente da participação nas vendas em um mercado relevante. Mas, sobretudo nos mercados maiores, é possível operar em uma escala bastante grande, até mesmo a ideal do ponto de vista da eficiência econômica, sem um excessivo grau de participação nas vendas. Vários estudos estatísticos realizados nos EUA o demonstram.[37] Obviamente esses estudos, reali-

35. Esse modelo de análise da destinação do rendimento extraordinário do monopolista foi sugerido por R. Posner, *Antitrust law —An economic perspective*, Chicago, The University of Chicago Press, 1978, pp. 11 e ss.

36. V. O. Williamson, "Economies as an antitrust defense revisited", cit., p. 710.

37. Os resultados desses estudos são relatados por Areeda: "Several major studies have related minimum efficient plant size to national market volumes in the United States. Bain's study of 20 industries concluded that in only five did production scale economies require a plant with as much as 10% of market output, and in only one of those would such economies potentially lead to com-

zados em uma economia com volumes de consumo e vendas muito maiores que a brasileira (ainda que a época em que foram feitas as pesquisas permita descontar um pouco essa diferença), não permitem chegar a resultados conclusivos para a economia brasileira. Constituem, no entanto, um poderoso indicativo de que, sobretudo para certos mercados em que a estrutura favorece a produção em massa, a eficiência pouca relação guarda como o poder no mercado, ou até mesmo que, em determinados setores, a maximização da eficiência produtiva não é compatível com uma participação excessivamente grande no mercado.

Todos esses elementos somados levam a uma clara conclusão. Não apenas a existência de eficiência produtiva não pode ser presumida de uma grande participação no mercado. Tampouco a prevalência da eficiência produtiva sobre a eficiência alocativa em caso de formação de posição de poder no mercado pode ser presumida a partir simplesmente da demonstração de que o aumento do poder no mercado trará algum ganho de eficiência.[38]

Essa afirmação aparentemente faz a situação retornar ao ponto inicial. Se, como afirmado, a teoria econômica não fornece subsídios para determinar com precisão qual das eficiências prevalece, imputar ao agente econômico interessado o ônus de sua

plete four firm dominance. A study by Pratten and others of 26 British industries, adapted to American market volumes, indicated that seven would require plants with 10% or more of market volume; in three of those, plant scale would lead to five firm dominance. A study by Scherer and others of 12 industries showed that in only one would scale economies require a plant output in excess of 10% of national sales, and that figure was 14%" — os estudos citados são, respectivamente, de 1956, 1971 e 1975; v. P. Areeda, J. Solow, H. Hovenkamp, *Antitrust law*, v. IV, cit., pp. 38 e ss.

38. Nesse sentido, analisando os dados da economia brasileira afirma Guerreiro: "Não está demonstrada, na experiência, a proclamada verdade de que a concentração empresarial beneficia efetivamente o consumidor e a economia popular. Ao revés, o que a nossa história recente revela é bem o contrário, a partir do início da década de 70, com o estímulo governamental à concentração de empresas, sobretudo no setor da agroindústria da cana de açúcar e no campo das instituições financeiras. Não se pode negar que, ao menos em princípio, a pluralização de ofertas no mercado, com o controle das práticas concentracionistas e a repressão às tendências monopolizantes, aumenta as oportunidades de um comércio mais competitivo e salutar, no interesse do próprio consumidor e do povo". Cfr. J. A. T. Guerreiro, "Formas de abuso do poder econômico", cit., p. 51.

demonstração implica a ele atribuir uma prova impossível. Isso teria como conseqüência uma posição diametralmente oposta à criticada na análise neoclássica, ou seja, a proibição *per se* da formação de toda e qualquer situação de poder no mercado. Obviamente não é isso que se defende.

Afortunadamente, esse impasse é de fácil resolução. Para entender o porquê é preciso introduzir a última e mais importante crítica à análise neoclássica da eficiência econômica.

b) Eficiência e distribuição de seus benefícios

A mais importante de todas as críticas à teoria exposta acima é a crítica externa, ou seja, aquela baseada na negação dos pressupostos neoclássicos. A lei, ao definir os consumidores como destinatários diretos e primários das normas antitruste, obviamente não restringe sua tutela à proteção do interesse à maximização da riqueza social, independentemente de quem deva ser seu beneficiário. Se, assim, fosse, não seria necessário mencionar os interesses dos consumidores especificamente, bastando referir-se ao princípio maximalista neoclássico. Na verdade, como já foi visto no primeiro capítulo (n. 1.2), a menção aos interesses dos consumidores é antes de tudo uma declaração política dos neoclássicos, direcionada a tornar palatável em um campo intervencionista por natureza como é o direito antitruste — intervenção aqui entendida no sentido de garantia de preservação do sistema concorrencial — uma teoria tão extremadamente liberal como é a neoclássica. Só nesse sentido pode ser entendida a declaração genérica da intenção de promover o bem-estar dos consumidores acompanhada da desconsideração das transferências de riquezas entre consumidores e monopolistas (ou de consumidores para monopolistas).

Na lei brasileira essa necessidade de proteção em via direta do interesse dos consumidores, e não apenas indireta através da procura da maximização da riqueza global, é reforçada, ainda, pela existência de previsão específica no tocante à eficiência. Bastante reveladora é a comparação entre o art. 54, que regula o controle das concentrações, e o art. 20, § 1º, da lei, que regula as situações de poder adquiridas com base no crescimento interno. Enquanto o primeiro dispositivo coloca a eficiência entre vários outros elementos justificadores (todos eles necessários) da concentração, o último estabelece um excludente absoluto de ilicitude para as situações de poder de mercado criadas a partir do crescimento interno, com base exclusivamente na eficiência.

A comparação dos dois dispositivos sugere a existência de uma preferência do legislador pelo crescimento interno em detrimento do crescimento através de aquisições de empresas. Essa preferência é óbvia e justifica-se. Não só o crescimento interno tem efeitos macroeconômicos positivos, pois implica aumento do investimento que, potencializado por seu efeito multiplicador, leva a um aumento da própria renda, mas também pode-se ter a garantia de que, se esse crescimento foi baseado na maior eficiência (e não na eliminação dos concorrentes), então os ganhos dela decorrentes foram repartidos com os consumidores. Se o produtor ganhou licitamente fatias do mercado é porque ou reduziu os preços ou melhorou a qualidade do produto. Essa mesma certeza não é possível ter com relação às concentrações.

Mas não apenas nisso. Ao tratar do controle das concentrações, o legislador elabora em termos claros o princípio redistributivo. O art. 54, § 1º, inc. II, prevê, logo em seguida ao requisito da eficiência, que é preciso também demonstrar que "os benefícios decorrentes sejam distribuídos eqüitativamente entre os seus participantes, de um lado, e os consumidores ou usuários finais, de outro".

Não basta, portanto, a existência da eficiência, é necessária a garantia da efetiva repartição de seus benefícios com os consumidores. Ora, o resultado final da aplicação dessa noção redistributiva de eficiência é exatamente a garantia da prevalência da eficiência produtiva sobre a ineficiência alocativa, resolvendo a questão deixada em aberto no final do item anterior.

A razão disso é bastante simples. Existem duas e apenas duas situações em que é possível ter confiança na repartição dos ganhos de eficiência com os consumidores. Ambas nos são sugeridas pelo princípio da racionalidade monopolística desenvolvido pela própria teoria neoclássica. Se, como sugere esse princípio, não é de se esperar do monopolista outro comportamento que não a tentativa de maximização de lucro, ele só terá incentivo para repartição de seus rendimentos extraordinários com os consumidores em duas situações.

O primeiro caso é aquele descrito por Williamson. Em ausência de barreiras à entrada, o agente econômico está impedido de aumentar seus preços. Há a ameaça constante de entrada de novos concorrentes. Quanto maior for a possibilidade de entrada, maior será o incentivo para que o agente econômico reparta parte de seus ganhos decorrentes da redução de custos com os consumidores, capturando, assim, novas fatias do mercado e diminuindo a ameaça da entrada de novos concorrentes. O problema fundamental, não levado em consideração por Williamson, e que modifica totalmente a perspectiva da análise, é que existe um dado adicional a somar-se à eficiência. É a inexistência de barreiras à entrada, somada à eficiência, que faz com que aquela determinada concentração não possa ser considerada economicamente danosa e, portanto, não deva ser ilícita.

O segundo caso é de ocorrência mais rara. Nele, os ganhos de eficiência produtiva são tão extraordinários que o ponto de equilíbrio do empresário passa a ser um preço inferior ao cobrado anteriormente. Relembrando os conceitos marginalistas discutidos acima (capítulo 2, n. 2.1.1), o empresário maximiza lucro quando a receita marginal é idêntica ao custo marginal. Ora, se a redução de custos for relevante o suficiente para fazer com que essa identidade se verifique em um ponto onde o nível de preços é ainda menor que o verificado anteriormente, é possível presumir que o empresário repartirá parte de seus benefícios com os consumidores. A ocorrência dessa hipótese é, no entanto, muito rara. O nível de redução de custos (em ausência de relevantes barreiras à entrada) tem de ser tão grande para que isso ocorra que, na prática, quando essas situações se verificarem será relativamente fácil demonstrar não só a existência como a extraordinária importância dos ganhos (líquidos) de eficiência produtiva.

O interessante é notar que em ambos os casos, e apenas neles, pode-se ter a certeza do cumprimento do requisito neoclássico do ganho líquido de eficiência. Em ambos não haverá aumento de preços. Não haverá, portanto, ineficiência alocativa (*deadweight loss* = 0). A prevalência da eficiência produtiva é certa.

Não deixa de ser paradoxal para a teoria neoclássica que o único modo de garantir o cumprimento de seu postulado seja exatamente através da negação de sua premissa central, qual seja, a irrelevância da destinação dos ganhos de eficiência. Para assegurar a existência de um ganho líquido de eficiência é necessário, de alguma forma, garantir a sua repartição com o consumidor. Talvez seja mais correto, ainda, afirmar que é a repartição dos ganhos de eficiência com o consumidor o único indicador que permite comprovar a efetiva existência desses ganhos.

### *3.4.2 A política industrial*

No sistema brasileiro os limites da atuação do Estado no estabelecimento e execução da política industrial vêm claramente estabelecidos no art. 174, *caput*, da Constituição Federal. Ali se atribui ao Estado a função de regulamentação da atividade econômica. Exceção é feita ao planejamento econômico, cujas regras são determinantes para o setor público, mas meramente indicativas para o setor privado. Com essa frase final o constituinte procurou afastar a possibilidade de dirigismo estatal da economia.

Esse tipo de afirmação, no entanto, pouco ou nada esclarece a respeito da amplitude da discricionariedade do Estado na fixação da política industrial. Afastado o *dirigismo*, é necessário determinar a forma de *intervencionismo* propugnada pelo constituinte brasileiro. Para essa definição o art. 174 é de pouco auxílio. A competência *normativa* e *reguladora* atribuída pelo constituinte ao Estado é bastante ampla e seus limites em relação ao planejamento não são totalmente claros.

Parâmetros mais claros para resolução da questão encontram-se no art. 170. Entre os vários princípios ali previstos (alguns dos quais claramente podem entrar em contraposição com os demais) parece ser possível destacar três que se sobrepõem. São eles os mencionados no *caput*, os dois primeiros como fundamento e o terceiro como objetivo da ordem econômica: a *valorização do trabalho humano*, a *livre iniciativa* e a *busca da justiça social*. São todos eles limites absolutos a qualquer política industrial.

É claro que mesmo entre esses princípios fundamentais é possível o conflito. Medidas objetivando a justiça social podem não ser totalmente compatíveis com a livre iniciativa, e vice-versa. Nesse caso, não parece haver outra alternativa a não ser dar prevalência ao princípio mais diretamente afetado pela medida específica em análise.[39]

39. O que se procura fazer é atribuir o devido peso aos diversos princípios, permitindo resolver um aparente conflito entre ambos. Como destaca a doutri-

Dessas observações emerge um critério constitucional importante para avaliação da política industrial. Ela não pode ser direcionada a substituir ou eliminar o sistema concorrencial. Essa afirmação fundamenta-se nos diferentes efeitos que a política industrial poder ter sobre os princípios e objetivos fundamentais da ordem econômica estabelecidos no art. 170, *caput*, da Constituição Federal.

De um lado, uma política tendente a eliminar a concorrência é claramente contrária à livre iniciativa. Sua instrumentalidade em relação ao objetivo da justiça social é, no entanto, na grande maioria dos casos, no mínimo incerta. Tratando-se de regulamentação pelo Estado da *atividade empresarial*, não é possível distinguir uma clara e imediata instrumentalidade em relação à promoção da justiça social (instrumentalidade essa que é identificável com relação à *política social* do Estado).

O grande valor da menção ao objetivo da justiça social não é, portanto, a sua utilização como parâmetro oposto à livre iniciativa, mas sim a afirmação da necessidade de existência de *políticas sociais* (que compreendem obviamente o desempenho do *serviço público* no sentido da promoção da justiça social) tendentes a eliminá-la. Relativamente à intervenção do Estado no domínio econômico, regulando ou exercendo *atividade empresarial*, o valor da menção à necessidade de perseguir a justiça social é orientar a intervenção no Estado na economia no sentido de *corrigir as imperfeições* do sistema concorrencial, e não *eliminar* ou *substituir* este último (a *substituição* só é possível nos restritos casos e para os específicos setores previstos na própria Constituição).

Note-se que a questão das modalidades de intervencionismo econômico, e sobretudo da relação entre política industrial e direito concorrencial, é atualíssima. Decorre da mudança de pers-

na, a forma de solução de conflito é um dos importantes elementos diferenciadores entre princípios e regras. Enquanto relativamente aos primeiros o conflito permite a convivência, sendo necessário apenas atribuir o devido peso a cada um deles e verificar o que deve prevalecer no caso concreto (exatamente o que se está procurando fazer nesta sede), com relação às regras não há possibilidade de convivência. A superveniência de uma regra incompatível revoga ou derroga a primeira, não sendo possível a convivência entre ambas; v., a respeito, E. R. Grau, *A ordem econômica na Constituição de 1988*, cit., p. 110, reproduzindo a famosa teoria de Dworkin.

pectiva ocorrida nos anos 90 na eterna disputa entre intervencionistas e liberais. O desaparecimento dos regimes socialistas transformou a discussão de uma questão ideológica em um problema dogmático.

Para isso muito contribui o fato de que, após a queda dos regimes socialistas, o maior exemplo de intervencionismo estatal passa a ser nada mais nada menos que uma economia capitalista altamente desenvolvida: a economia japonesa. O mesmo tipo de intervencionismo é verificável em muitos países europeus, a ponto de ter decisivamente influenciado a nova configuração da Comunidade Econômica Européia (UE) estabelecida pelo Tratado de Maastricht.[40]

A principal característica desse novo tipo, não ideológico, de intervencionismo é a que mais interessa aos objetivos do presente estudo. Trata-se da prevalência dos objetivos de política industrial sobre as preocupações de ordem concorrencial. É exatamente ela que marca a grande diferença, já ressaltada nos primeiro capítulo (n. 1.4), entre os sistemas econômicos americano e japonês. Não por acaso é a estrutura industrial japonesa e a íntima relação governo-empresa na formulação da política industrial o centro das recentes disputas comerciais sino-americanas. A principal reclamação americana é quanto à inexistência

40. Sobre a mudança ocorrida em função da assinatura do Tratado de Maastricht comenta U. Immenga: "Als Rahmenbedingung ist festzuhalten, dass der EWG-Vertrag bisher, d.h. bis zum Inkrafttreten der Maastrichter Beschlüsse, keine Rechtsgrundlage für eine europäische Industriepolitik enthält. Allenfalls liesse sich nach Einführung der einheitlichen Europäischen Akte Art. 130 lit. F. heranziehen, mit dem sich die Gemeischaft das Ziel setzt, die wissenschaftlichen und technischen Grundlagen der europäischen Industrie zu stärken und die Entwicklung ihrer internationalen Wettbewerbsfähigkeit zu fördern. Bemerkenswert ist dazu der Hinweis auf das Verhältnis von Industrie- und Wettbewerbspolitik in Art. 130 lit. F. Abs. 3:

"Bei der Verwirklichung dieser Ziele wird dem Verhältnis zwischen der gemeinsamen Anstrengung auf dem Gebiet von Forschung und technologischer Entwicklung, der Errichtung des Binnenmarktes und der Durchführung gemeinsamer Politiken insbesondere im Bereich von Wettbewerb und Handelsverkehr, besonders Rechnung getragen.

"Es lässt sich daher dem Vertrag nicht die Befugniss entnehmen, dass die EG-Behörden grundsätzlich berechtigt sein sollen, die vom EuGH entwickelten Prinzipien des Systems unverfälschten Wettbewerbs zu modifizieren oder abzuändern", U. Immenga, *Die Europäische Fusionskontrolle im wettbewerbspolitischen Kräftefeld*, cit., pp. 26 e ss.

de um sistema antitruste (nos moldes americanos) no Japão, o que consistiria numa barreira indireta ao livre comércio e, em particular, à entrada dos produtos norte-americanos.[41]

A seguir analisar-se-ão alguns exemplos de política industrial bem sucedida nesses sistemas, verificando sua compatibilidade com o sistema concorrencial. Como se verá, a aplicação da política industrial é, nos seus aspectos mais relevantes, menos incompatível do que se imagina com o sistema antitruste.

### a) Instrumentos de política industrial e sistema concorrencial

No presente tópico serão analisados alguns importantes instrumentos de política industrial com influência direta no sistema antitruste. Como é impossível analisar todos os instrumentos possíveis de política industrial, a escolha recai necessariamente sobre aqueles que a experiência recente provou de maior utilização internacional e de maior sucesso e que, ao mesmo tem-

41. Como já visto no capítulo 1 (item 1.4, letra "a") no sistema japonês a competição é substituída em grande parte pela cooperação entre governo e grandes indústrias. Essa cooperação tem raízes históricas já bastante antigas. Desde a chamada Restauração da dinastia Meiji, em 1868, o governo japonês se engajou decisivamente na promoção do setor industrial privado e sobretudo de sua competitividade internacional. Para isso contribuiu bastante, como já mencionado, a existência de ligações informais, de natureza cultural e social, entre a empresa privada e o governo. Após a guerra essas relações sociais e informais vêm a ser reforçadas por um corpo de regras que vê no mútuo auxílio entre governo e iniciativa privada o principal instrumento para a reconstrução econômica do Japão. As medidas tomadas e leis promulgadas formam um programa de política industrial, que se orienta por três princípios fundamentais. Em primeiro lugar as medidas devem ser limitadas no tempo. Exatamente por não se tratar de uma substituição do mercado pelo dirigismo econômico, a intervenção regulatória do governo se orienta pelo auxílio temporário a setores desfavorecidos ou, então, àqueles que se vêem envolvidos em crises conjunturais. O segundo princípio, ligado ao primeiro, é que as medidas tomadas para implementar a política industrial devem ser levadas a efeito de acordo com um cronograma cuidadosamente pré-estabelecido, incluindo previsão da forma de finalização das medidas. E finalmente, terceiro princípio orientador do planejamento é que na implementação da política industrial, o governo deve tentar fazer uso e promover o mais possível as iniciativas do setor privado. É esse último o aspecto de maior relevância para o direito antitruste, na medida em que implica o estabelecimento de uma série de imunidades para esse tipo de iniciativa em relação à aplicação das regras concorrenciais; v. M. Matsushita, *International Trade and Competition Law in Japan*, cit., pp. 274 e ss.

po, mais se relacionam com a questão concorrencial. Serão aqui analisados quatro instrumentos básicos: pesquisa tecnológica, auxílio às indústrias em crise, proteção da pequena e média empresa e regulamentação dos monopólios naturais.

*a.1) A pesquisa tecnológica*

O primeiro dos instrumentos de que se trata é talvez a preocupação número um da política industrial da maioria dos países modernos. Nos países industrializados, o desenvolvimento tecnológico de há muito já se transformou em sinônimo de competitividade internacional. O engajamento estatal nesses projetos é tão grande que alguns autores falam, inclusive, em uma nova era do direito concorrencial, na qual a competição entre empresas se transforma em uma competição entre países na busca da primazia tecnológica e conseqüentemente da supremacia industrial.[42] Nesses esforços os Estados estão freqüentemente dispostos a excepcionar expressamente os dispositivos concorrenciais ou, então, interpretá-los extensivamente.

Pelos mesmos motivos a pesquisa tecnológica é importante também para os países em vias de desenvolvimento. Com uma agravante bastante séria: a estrutural — ou talvez possa-se dizer endêmica — ausência de verbas públicas suficientes para o financiamento da pesquisa. Trata-se de uma realidade que contribui para reforçar a dependência tecnológica e econômica em relação aos países desenvolvidos. Premente, portanto, é a necessidade de uma política industrial que permita o investimento da iniciativa privada na pesquisa, em especial aquela de base.

Muitas legislações antitruste já contêm em seu bojo disposições que permitem a aprovação de contratos de cooperação ou

42. Cfr. H. J. Mestmäcker, "Maintaining Competition", in *International Harmonisation of Competiton Laws*, Dordrecht, Boston, London, Martinus Nijhoff Publishers, 1995, p. 4, considerando a busca da competitividade internacional das empresas o substituto moderno da soberania dos Estados: "It is a byproduct of this development that competitiveness has come to be an attribute not only of regions but of states as well. It is the economic earmark of or substitute for sovereignty". Mais adiante, comentando a relevância jurídica dessa participação governamental ativa na proteção da competitividade internacional das empresas nacionais, afirma: "It is the symbiosis of governmental powers and corporate interest that pose the most important and most difficult problems for a meaningful competition policy" (p. 5).

concentração empresarial desde que sejam benéficos ao desenvolvimento tecnológico. É o caso do art. 81 (antigo art. 85) do Tratado CEE e do art. 54 da nova lei brasileira, que claramente naquele dispositivo se baseou.

Mas o exemplo recente mais bem-sucedido de apoio à pesquisa pela iniciativa privada é o japonês. Ali, muito mais do que uma justificativa para cooperação ou concentração, o apoio à pesquisa tecnológica é uma verdadeira política estatal perseguida diretamente através de legislação extravagante. A peça principal do programa japonês é a chamada lei das associações de pesquisa, do ano de 1961 (Law n. 81, 1961). Partindo do pressuposto de que a pesquisa de base requer grande montante de capital, cuja aplicação por uma só empresa seria improvável, a lei incentiva a formação de associações de empresas para a pesquisa tecnológica de base e aplicada. As invenções resultantes são patenteáveis e às empresas que formam a associação podem ser concedidas vantagens no licenciamento das patentes.

As grandes vantagens do sistema, principais responsáveis por seu sucesso, são duas. Em primeiro lugar, os benefícios fiscais oferecidos às empresas que participam do programa. Mas muito mais importante, ainda, é o efetivo engajamento do MITI, que fornece capital e técnicos governamentais especializados para apoio de projetos de interesse público.[43] Esses dois aspectos combinados respondem pelo grande sucesso do projeto. Segundo uma pesquisa realizada pelo governo em 1983, aproximadamente 2% do Produto Nacional Bruto japonês são gastos em pesquisa e desenvolvimento. Desse montante, mais de 70% são compostos do investimento privado.[44]

O aspecto mais interessante do projeto é, no entanto, exatamente aquele relacionado ao direito antitruste. Ao contrário do que se poderia imaginar, esse tipo de associação não apresenta

43. Um dos exemplos mais bem sucedidos dessa cooperação nas associações entre particulares e MITI foi a pesquisa realizada na área denominada *super LSI* (*large-scale integrated circuits*), que deu ao Japão liderança internacional na área; v. M. Matsushita, *International Trade and Competition Law in Japan*, cit., p. 279.

44. Cfr. Industrial Policy Bureau-Industrial Technology Agency, the Ministry of International Trade and Industry, *Development of industrial technology and the law to facilitate research of basic technology*, Tokyo, 1985, p. 7.

apenas aspectos anticompetitivos e nem mesmo predominância de tais aspectos.

Essa associação pode ser vista como substituta das concentrações empresariais. As empresas não mais precisam fundir-se ou coligar-se em forma societária para conseguir reunir o capital necessário à pesquisa. A cooperação empresarial substitui a concentração empresarial como instrumento de apoio à pesquisa. O aumento de capitais privados disponíveis para pesquisa tecnológica é obtido sem aumento do poder no mercado.

Elas podem, por outro lado, envolver aspectos anticompetitivos. Com visto no capítulo 2, n. 2.4.2, *supra*, tal tipo de associação ao diminuir o "custo" da informação, facilita a coordenação de posições entre oligopolistas. Trata-se, no entanto, de uma questão relativa ao comportamento no mercado e não à estrutura empresarial. A melhor forma de regulamentá-la é, portanto, através do controle e sancionamento dos comportamentos paralelos entre oligopolistas. A própria lei japonesa, de resto, em momento algum isenta essas associações de sanções previstas na legislação concorrencial em caso de abusos.

Note-se que afirmar as vantagens da cooperação empresarial sobre a concentração empresarial não significa dizer que a concentração não deva ser admitida. Muito ao contrário, existem situações em que a cooperação empresarial não é eficaz. Sobretudo quando se trata de desenvolver nova tecnologia a partir de tecnologia já existente, é de se esperar um receio dos participantes da associação em compartilhar sua tecnologia com os concorrentes. Por esse motivo, uma política coerente de incentivo à pesquisa tecnológica deve considerar a concentração empresarial como um de seus importantes instrumentos.

A lei brasileira reconhece o desenvolvimento tecnológico como justificativa tanto da cooperação quanto da concentração empresarial. O art. 54 aplica-se, como se verá no capítulo 4, a ambas as situações. Isso não significa, no entanto, que o desenvolvimento tecnológico possa ser perseguido a todo custo através das concentrações ou das cooperações empresariais. Ele serve como causa justificadora de uma posição de poder desde que a concentração não erija barreiras insuplantáveis à entrada de concorrentes e desde que existam ganhos líquidos de eficiência. Nesse sentido, andou bem o legislador brasileiro ao estabelecer no art. 54 da lei concorrencial que a melhoria tecnológica não é apta sozinha a justificar a concentração, sendo necessária a presença de outros requisitos (não eliminação de parte substancial da concorrência, repartição dos benefícios com os consumidores) para a aprovação da concentração ou da cooperação econômica.

*a.2) As empresas em crise*

O segundo instrumento de política industrial é o auxílio às empresas em crise. É possível sustentar que medidas para enfrentar a crise, mesmo que impliquem certa coordenação da atividade dos agentes econômicos, são necessárias para a própria defesa do sistema de mercado. Permitir a destruição de capacidade produtiva implicaria a diminuição da produção e sua concentração nas mãos de um número menor e mais poderoso de empresas. A justificativa neoclássica da eficiência aqui não se aplica. Não é possível neste caso adotar uma regra de seleção natural baseada na eficiência. Isso porque as crises econômicas, sobretudo quando pronunciadas, freqüentemente levam à bancarrota não apenas os agentes estruturalmente ineficientes mas também aqueles eficientes em situações normais de mercado.

O sistema econômico deve dar resposta a esse tipo de situação. Um primeiro interessante instrumento de auxílio às empresas em crise é o chamado *crisis cartel*. Na Comunidade Econômica Européia, a situação de crise é reconhecida pela Comissão CEE como uma das justificativas para admissão da formação de cartéis com base no art. 81 do Tratado CEE. A Comissão da Comunidade, em seu "Twelfth Report on Competition Policy", definiu a crise como a situação em que "over a prolonged period of time all the undertakings concerned have been experiencing a significant reduction in their rates of capacity utilization, a drop in output accompanied by substantial operating losses and where the information available does not indicate that any lasting improvement can be expected in this situation in the medium term".[45] Há, portanto, uma crise estrutural, e não meramente conjuntural. Nesses casos, a Comissão tem permitido a conclu-

45. "Commission, Twelfth Report on Competition Policy", n. 38, cit. in D. M. Raybould, *Comparative law of monopolies*, v. 1, London, Graham & Trotman, 1994, p. 275.

são de acordos entre as empresas, sobretudo aqueles que têm por fim a redução da capacidade produtiva e a especialização da produção. Ainda que a Comissão veementemente o negue, o efeito líquido desses acordos é a possibilidade de redução da produção e sustentação dos preços. A justificativa para a aprovação está, portanto, não no benefício imediato dos consumidores, mas sim nos benefícios a longo prazo para o mercado (e, portanto, para os consumidores), que a manutenção da capacidade produtiva pode implicar.[46]

Muito mais importante ainda é o papel do Estado no apoio às empresas em crise no sistema japonês. A intervenção estatal visa em primeiro lugar a impedir a saída das empresas do mercado. Caso isso não seja possível, no entanto, põem-se em prática soluções ainda mais severas (intervencionistas) que têm como objetivo proporcionar um *soft landing* às empresas em crise, isto é, a saída do mercado sem conseqüências sociais graves, tais como o desemprego maciço. Por isso que se diz que essa intervenção encontra fundamento em preocupações de natureza social. Por outro lado, uma política coerente de *soft landing* nada tem de incompatível com o sistema concorrencial. O objetivo é evitar a saída da capacidade produtiva do mercado, preservando a empresa até que seja possível obter uma restruturação natural do setor, através da fusão ou aquisição das empresas em crise mais séria pelos seus competidores mais eficientes.

Com base nesses dois objetivos (auxílio às empresas e *soft landing*), entre os anos de 1984 e 1988, por força da "Specific Industries Structure Improvement Temporary Measures Law" (Lei n. 44, de 1983) utilizaram-se dois tipos de medidas para o auxílio de empresas em crise estrutural.[47] Em primeiro lugar

46. Esse tipo de preocupação é bastante evidente no caso *Re Synthetic Fibres* [1984] OJ L 207/17, cit. in D. M. Raybould, *Comparative law of monopolies*, p. 275 — em que a Comissão permitiu a celebração de acordo para redução de capacidade produtiva entre os nove maiores produtores de fibra sintética da Comunidade, com base na crise de preços por eles experimentada no início dos anos 80. Mais claro ainda é o caso *BPCL / ICI* [1985] 2 CMLR 330, em que a Comissão permitiu acordo entre produtores ingleses e continentais de PVC e seus substitutos pelo qual eles reciprocamente se obrigavam a restringir sua vendas, respectivamente no continente e na Inglaterra, em benefício mútuo.

47. V. M. Matsushita, *International Trade and Competition Law in Japan*, cit., p. 284.

um *depression cartel*, semelhante ao modelo europeu, mas onde mais abertamente (e, deve-se dizer, mais honestamente) faz-se previsão expressa da possibilidade de formulação de acordos sobre preço e quantidade produzida.[48] O maior objetivo desse dispositivo era incentivar as empresas a entrar em acordo para diminuir a produção. Nos casos em que isso não se revelou possível, o MITI interveio, fornecendo empréstimos subsidiados às empresas caso essas concordassem em diminuir a produção.

Os resultados foram bastante positivos, sobretudo para as indústrias de alumínio e petroquímicas japonesas, que entraram em profunda depressão estrutural a partir dos anos 80. A imunidade prevista na referida lei em relação à aplicação do direito antitruste está absolutamente em linha com os princípios mercadológicos, na medida em que implica um comportamento justificado e não abusivo. Trata-se de um incentivo à celebração de um acordo de proteção, que no direito brasileiro encontraria fundamentação nos mesmos dispositivos referidos acima relativamente às crises estruturais.

A segunda estrutura, denominada *business cooperative arrangement*, consistia em um plano de reorganização empresarial para situações já consideradas incontornáveis pelas forças de mercado ou pela cooperação entre os agentes econômicos. Segundo o referido plano, o MITI anuncia metas gerais de reorganização em uma determinada indústria. Com base nelas, as empresas desenvolvem planos mais específicos, que podem incluir fusões e incorporações de empresas em situações mais graves. Analisado segundo a ótica do sistema constitucional brasileiro, esse plano não seria vinculante para as empresas envolvidas, por força do art. 174 CF. Também no Japão, assim, ocorre. Os planos são de adesão voluntária. Os altos níveis de aceitação que se verificam são justificados pela confiança nas orientações vindas do MITI (cenário dificilmente imaginável no Brasil) e pela ameaça de ruína empresarial.

48. Requisito para a legalidade desse tipo de acordo é que os preços estejam em nível inferior ao custo médio das empresas. Nesse caso, o acordo entre os concorrentes, segundo o art. 23.3 da lei antitruste japonesa, não caracteriza a formação de cartel e não constitui ilícito concorrencial. V. *Act Concerning Prohibition of Private Monopoly and Maintenance of Fair Trade,* setembro de 1991, consultado na versão em inglês, constante do "Appendix" de M. Matsushita, *International Trade and Competition Law in Japan*, cit., p. 296.

A solução japonesa chama a atenção para o segundo tipo de solução objetivando o auxílio das empresas em crise. Até agora estudou-se a cooperação econômica como forma de resolução das situações de crise. É possível, no entanto, que em determinadas situações a concentração econômica seja um meio mais eficaz de resolução dessas situações. É ela a solução adotada nas *1992 Merger Guidelines* norte-americanas. Demonstradas a incapacidade da empresa de permanecer no mercado e/ou a inviabilidade da cooperação entre competidores, é importante tornar possível a absorção da capacidade produtiva em vias de deixar o mercado pelos concorrentes mais eficientes. Nesse sentido estabelece-se exceção expressa às regras restritivas das concentrações em caso de aquisição ou fusão com empresa em crise. Demonstradas a situação de crise da empresa e a impossibilidade de se evitar sua saída do mercado, a concentração pode ser aprovada independentemente do grau de poder no mercado que possa originar.[49] A justificativa é óbvia. A saída da empresa do mercado, tanto quanto a concentração empresarial, leva ao aumento do poder no mercado dos agentes que já estão no mercado. Portanto, a aquisição de uma empresa em crise não importa substancial aumento do poder do mercado, uma vez comparada essa situação com a que se verificaria se a empresa fosse à falência e sua capacidade produtiva fosse desmontada ou dirigida a outra atividade. Assim, desde que haja realmente garantia da existência de crise irremediável, a concentração não implica real aumento do poder no mercado do adquirente.

Comparando ambas as soluções possíveis para as situações de crise empresarial, cooperação ou concentração, é possível identificar suas vantagens específicas. A cooperação empresarial é útil instrumento para as crises estruturais, causadas por proble-

49. As *1992 Merger Guidelines* norte-americanas prevêem a aprovação de aquisições de empresas em situação de crise, independente da análise da sua participação no mercado, desde que as seguintes condições se realizem: "1) the allegedly failing firm would be unable to meet its financial obligations in the near future; 2) it would not be able to reorganize successfully under Chapter 11 of the Bankruptcy Act; 3) it has made unsuccessful good-faith efforts to elicit reasonable alternative offers of acquisition of the assets of the failing firm, that would both keep its tangible and intangible assets in the relevant market and pose a less severe danger to competition than does the proposed merger; and 4) absent the acquisition, the assets of the failing firm would exit the relevant market (item 5.1)".

mas na operação (produção e/ou distribuição) do setor como um todo. Trata-se de crise decorrente da errônea estrutura de transmissão de informações, da incorreta forma de distribuição ou de outro qualquer problema relativo à operação.

Essa última situação, a um só tempo, não é nem tão grave nem tão simples quanto as crises de superprodução. A saída de uma ou algumas das empresas do mercado não é condição nem necessária nem suficiente para resolver o problema. As empresas precisam melhorar a eficiência de sua operação conjunta. Admitido esse tipo de justificativa para a cooperação econômica, é indispensável (como faz a Comissão CEE), um acompanhamento constante da situação econômica e do desempenho das empresas para que a cooperação empresarial, objetivando a resolução da crise, não desande em um cartel de preços visando ao aumento de preços e à imposição de condições abusivas aos consumidores.

Já a concentração é mais adaptável às situações de crise estrutural insolúvel, em que o resultado necessário da continuação do estado de coisas é a saída de uma das empresas do mercado. Como já visto, ela não só impede a destruição de capacidade produtiva, mas leva ainda à criação de economias de escala (v. *infra*, capítulo 4, n. 4.3.2, letra "b") — o que não é possível através da cooperação econômica, ao menos no caso típico.

Aceitos esses qualificativos, é importante verificar a compatibilidade de ambas as estruturas frente ao ordenamento brasileiro. A cooperação econômica é a legalmente mais delicada. Isso porque o art. 21 da Lei n. 8.884, nos seus incisos I, III e IX, parece conter uma proibição *per se* a qualquer acordo sobre preços, quantidade produzida, especialização de produção ou investimento em produção. O referido dispositivo deve ser analisado em conjunto com o art. 54 que também é aplicável aos acordos de cooperação econômica. Desde que presentes os requisitos do art. 54 — e, como se verá, em determinados acordos destinados à melhoria das condições operativas do setor eles estão presentes — é possível aprovar os contratos visando à cooperação econômica entre concorrentes.[50]

50. O CADE tem mostrado uma posição bastante restritiva sobre a matéria. Dois casos emblemáticos de cooperação econômica julgados recentemente corroboram essa observação. Trata-se da constituição da Brasil-Álcool S/A e da Bolsa Brasileira do Álcool Ltda., ambas não aprovadas pelo CADE em ses-

Mais simples é a justificação das concentrações em caso de crise estrutural insolúvel. O direito brasileiro não prevê uma regulamentação especial para a aquisição das empresas em crise. Parece, no entanto, ser possível ao CADE, dentro dos amplos parâmetros da regra da razão estabelecidos no art. 54, aprovar concentrações nos casos em que na sua ausência de concentração a saída da capacidade produtiva da firma do mercado seja certa.[51]

Desde que se tome como parâmetro de comparação a situação que se verificaria caso a capacidade produtiva da empresa

são de 22 de novembro de 2000 (AC ns. 08012.0023115/99-50 e 08012.004117/99-67, respectivamente). De forma geral, as duas sociedades haviam sido constituídas por período determinado, com o objetivo de superar a crise vivida pelo setor alcooleiro, causada pela produção e pelos estoques excessivos de álcool combustível (anidro e hidratado). A superação da crise ocorreria pelo controle de escoamento dos estoques, a criação de políticas comuns de exportação dos excedentes, o aumento de poder de barganha em face dos grandes distribuidores e, especificamente no caso da Bolsa Brasileira do Álcool, a unificação na comercialização do álcool combustível. Em suma, tratava-se de mecanismos que interferiam diretamente na quantidade ofertada e no preço do produto. Objetivava-se claramente reduzir a oferta e aumentar os preços, o que seria, como alegado pelas empresas requerentes, a única forma de superação da crise causada pelo excesso de produção. Se não se superasse a crise, muitos produtores iriam à bancarrota, com conseqüências desastrosas para a concorrência no setor, sem falar no impacto adverso sobre o nível de emprego e a política energética de longos anos consubstanciada no Programa do Álcool. O CADE entendeu que nas operações apresentadas não estavam presentes os requisitos do art. 54, § 1º, da lei concorrencial. Mais do que isso, não aceitou o argumento das requerentes, segundo o qual as conseqüências do cartel de crise seriam muito melhores para a concorrência se comparadas à situação alternativa, ou seja, sem cartel. Esse último argumento mereceria análise mais cuidadosa. De fato, se provado que o cartel de crise do álcool teria o efeito benéfico de manter no longo prazo os níveis de produtividade e o desenvolvimento tecnológico alcançado pela indústria, estaria atendida a condição do inciso I do art. 54, § 1º, da Lei n. 8.884/94. De outro lado, se a não-aprovação do cartel resultasse na quebra de diversos produtores, o aumento de poder no mercado dos remanescentes seria bem mais prejudicial ao consumidor do que a alternativa de unificação de preços e quantidades por um certo período. Estariam atendidos, portanto, também os incisos II e III do art. 54, § 1º, da lei concorrencial. Por fim, quanto ao inciso IV, bastaria que se impusessem condições à aprovação do ato que impedissem que o cartel de crise se convertesse em um cartel destinado a abusar dos consumidores.

51. De há muito o CADE vem admitindo concentrações para salvar as empresas de situações de crise; v. Processo n. 20.304/60 e Processo n. 50/75, cit. in N. T. Mallard, "Integração de empresas: concentração, eficiência e controle", in *Revista do Ibrac — Caderno de Textos*, v. 1, n. 4, 1994, p. 57.

deixasse o mercado, todos os requisitos do art. 54 estariam cumpridos. Haveria um real ganho líquido de eficiência. Com ou sem aquisição, ocorreria ineficiência alocativa (em função da diminuição da produção). Portanto, o único efeito da aquisição é a criação de eficiência produtiva (art. 54, § 1º, inciso I). Por outro lado, pelas mesmas razões já expostas, a concentração não cria barreiras adicionais à entrada de concorrentes se comparada com a situação alternativa, de falência da empresa e destruição de sua capacidade produtiva (inciso III). Enfim, existe um claro ganho líquido de eficiência caso se compare a concentração à sua alternativa, a pura e simples saída da empresa do mercado. A razão para isso é simples. Comparada à sua alternativa, a concentração é eficiente e benéfica ao consumidor. Se é verdade que a concentração implica aumento do poder no mercado, ela proporciona eficiência, decorrente dos ganhos de escala produtiva (inciso II). Já a saída da empresa do mercado proporciona às empresas remanescentes o mesmo aumento do poder no mercado (seu poder aumenta, ao menos em um primeiro momento, na mesma proporção em que o volume de produção diminui). A concentração é, portanto, necessária e suficiente para o alcance dos objetivos visados, cumprindo-se os requisitos do art. 54, § 1º, da lei concorrencial.

*a.3) O apoio à pequena e média empresa*

De todos os instrumentos de política industrial, esse é o que já foi mais largamente tratado no presente trabalho. Como visto no capítulo 1, n. 1.3, a defesa da pequena e média empresa não pode constituir objetivo do direito concorrencial. Essas empresas devem ser defendidas como qualquer outro concorrente e não como concorrentes privilegiados.

É importante que se entenda plenamente o significado dessa afirmação. O que não é admissível é que o direito concorrencial atribua à pequena e média empresa vantagens adicionais em relação àquelas que *naturalmente* já atribui. Sendo, como já visto no primeiro capítulo (n. 1.5), o direito concorrencial formado em grande parte por regras de controle e sancionamento do poder no mercado, as pequenas e médias empresas, normalmente destituídas desse poder, escapam de grande parte de sua sanções. Obviamente, uma fusão entre duas pequenas empresas, sem poder no mercado, não será objeto de preocupação para o direito concorrencial. Também a pequena e média empresa, sem poder no mercado, não poderá ser sujeito ativo dos ilícitos que caracterizam abuso do poder econômico, pois lhe falta o requisito necessário do poder econômico.

Mas além disso não se pode ir. A pequena e a média empresa devem estar sujeitas, como qualquer outra empresa, a punição por concorrência desleal, isto é, por aquelas práticas que por si e independentemente das dimensões do agente, constituem ilícito (*v.g.*, art. 21, inciso IX, da lei — utilizar meios enganosos para provocar a oscilação de preços de concorrente). Além disso, a proteção da existência de uma estrutura de mercado formada exclusivamente por pequenas empresas não pode ser justificativa para proibição de concentrações empresariais. Isso implicaria sancionamento *per se* ao poder no mercado, o que não é coerente do ponto de vista econômico e nem é compatível com o sistema concorrencial como conformado, constitucional e legalmente, no direito brasileiro (v. *supra* n. 1.3). Estruturas eficientes e necessárias pelas características específicas de determinados mercados estariam sendo desnecessariamente atingidas e os consumidores, na medida em que se veriam privados de um bem de melhor qualidade e de menor preço, estariam sendo diretamente prejudicados. Esses são os motivos da rejeição unânime em doutrina da famosa decisão da Suprema Corte americana em *Brown Shoe Co. vs. United States*[52] que se fundamenta na pretensa existência de um interesse, reconhecido pelo *Sherman Act*, na preservação de uma estrutura de mercado formada por empresas pequenas e médias.[53]

Questão diversa é o apoio à pequena e à média empresa como política industrial autônoma. Mais do que necessário, esse apoio é um dever constitucional, por força do previsto no art. 170, inc. IX CF. Aqui, também, é preciso que essa política não entre em choque com os princípios concorrenciais, pelas mesma razões constitucionais já mencionadas.

52. 370 U.S. 294 (1962).

53. A referida decisão foi severamente criticada tanto pela Escola de Chicago quanto pela Escola Estruturalista de Harvard; v., respectivamente, R. Bork, *The antitrust paradox*, cit., pp. 198 e ss. e D. Turner, "Conglomerate Mergers and Section 7 of the Clayton Act", in *Harvard Law Review* 78 (1965), pp. 1.326 e ss.

No Japão, onde se persegue decisivamente uma política de apoio às pequenas empresas em determinados setores da economia, existia até há pouco tempo uma série de leis que barravam a entrada de novos concorrentes em mercados dominados por pequenas (e geralmente ineficientes) empresas. A mais contestada delas, a chamada *Large Scale Retail Stores Law* (Lei n. 109, de 1973), simplesmente barrava a entrada de grandes supermercados em certas regiões controladas por pequenos armazéns. Isso se fazia através da obrigatoriedade de submissão do pedido de ingresso no mercado ao MITI, que invariavelmente negava a permissão. Como os pequenos comerciantes existentes eram invariavelmente ligados por relações de controle societário ou respeito social a certos grandes produtores japoneses, o resultado era que a oferta era reduzida praticamente aos produtos por esses últimos fabricados e aos preços por eles exigidos. Apenas recentemente, por força sobretudo de pressões americanas, o MITI relaxou os critérios para admissão de supermercados, tornando o mercado mais competitivo, inclusive com a presença de bens de consumo estrangeiros.[54]

Trata-se de exemplo cristalino de política industrial incompatível com o sistema concorrencial que, aplicada no Brasil, importaria flagrante inconstitucionalidade (arts. 170 e 173, § 4º, da CF).

### *a.4) Os monopólios naturais*

Os monopólios naturais constituem o ponto de partida para a maioria das teorias que procuram explicar as razões da intervenção do Estado no domínio econômico. É com relação a eles que a intervenção do Estado ganha sua explicação mais racional, a ponto de sua discussão em doutrina ter sempre assumido caráter predominantemente dogmático e não político-ideológico, como freqüentemente ocorre nessa área.

Para entender as razões dessa afirmação é necessário ter bem claro o conceito econômico de monopólio natural. Duas são as noções existentes. O conceito mais amplo deriva da própria denominação utilizada. Monopólio natural é aquela situação de monopólio criada naturalmente e não em função da ação dos agen-

54. Cfr. M. Matsushita, *International Trade and Competition Law in Japan*, cit., p. 294.

tes econômicos direcionada à sua constituição. Tal situação se verifica naqueles setores em que a competição é impossível, física ou economicamente. Causas da impossibilidade física podem ser a existência de fontes de insumos únicas ou exclusivas ou, ainda, a existência de uma tecnologia exclusiva protegida por patente ou por segredo industrial eficazmente protegido.

Já a impossibilidade econômica é decorrente de características particulares inerentes àquele ramo específico da indústria que tornam a competição ruinosa ou autodestrutiva. É esse o conceito econômico de monopólio natural ou o conceito de monopólio natural *stricto sensu*.[55] Nesse caso, as causas do monopólio são econômicas e podem ser teoricamente elaboradas. A primeira e principal delas é a forte prevalência dos custos fixos sobre os custos variáveis, tornando possível a obtenção de expressivas economias de escala com o aumento da quantidade produzida. Se a essas economias de escala se somar uma grande proporção de custos irrecuperáveis (*sunk costs*), a entrada de competidores no mercado torna-se absolutamente inviável. Imagine-se, por exemplo, o transporte ferroviário. Seu custo fixo consiste nada mais nada menos que na construção de linhas ferroviárias. Mesmo que seja livre a sua construção, os custos para que um novo competidor entre no mercado através da construção de uma linha férrea alternativa são proibitivamente altos em relação aos da empresa operando a linha férrea já existente, à qual basta colocar um trem adicional em circulação.[56]

55. A teoria do monopólio natural já é bastante antiga. Já em 1848 J. Stuart Mill observava que certos serviços de utilidade pública não poderiam ser oferecidos em forma competitiva : "It is obvious, for example, how great an economy of labor would be obtained if London were supplied by a single gas or water company instead of the existing plurality ... Were there only one establishment, it could make lower charges with obtaining the rate of profit now realized", *Principles of political economy*, London, Longmans, 1926, p. 143. Vários outros estudos de economistas do século XIX mencionam o problema do monopólio natural. Mas ele só vem a receber tratamento sistemático em 1937, com o trabalho de R. Ely, *Outlines of Economics*, New York, Mac Millan, 1937, que identifica três casos em que o monopólio pode se verificar: controle da fonte de insumos, controle da tecnologia e economias de escala. A partir de então o trabalho da doutrina é orientando no sentido de aprofundar e refinar o tratamento da última hipótese de Ely. Por isso pode ela ser considerada hoje a noção econômica de monopólio natural.

56. O exemplo foi escolhido propositadamente para demonstrar que o critério do custo fixo só é suficiente quando sua grandeza for desproporcionalmente

É importante destacar, já que isso terá relevantes conseqüências no plano jurídico, que a teoria econômica moderna considera que, no caso de monopólios naturais, a entrada de competidores é não apenas inviável, mas, também, desaconselhável. A existência de uma proporção excessivamente alta de custos fixos (uma boa parte deles irrecuperáveis), em comparação aos custos variáveis, torna bastante interessante para a firma aumentar a produção. Se a isso se somar, como geralmente ocorre nesses mercados, uma demanda bastante variável (imagine-se o serviço de telefonia ou mesmo as estradas de ferro), um mercado competitivo pode enfrentar sérias crises de superprodução. A guerra de preços e a concorrência predatória seguir-se-ão como conseqüência natural.[57] O mercado tenderá, então, novamente e naturalmente à redução a um único ou a um pequeno número de produtores (oligopólio natural). Essa redução se fará acompanhar, no entanto, de todas as conseqüências sociais negativas da destruição de unidades empresariais, em especial o desemprego maciço e o aumento instantâneo de preços ao consumidor (como foi visto na teoria geral do poder econômico, o principal efeito negativo do monopólio ocorre em seu momento inicial, daí ser ele denominado *one strike affair*).

Outra causa dos monopólios naturais, mais recentemente identificada pela doutrina econômica, consiste nos chamados retornos crescentes de escala. Como é sabido, até há pouco tempo o postulado econômico dos retornos decrescentes de escala era tido como uma verdade absoluta. Sua formulação é bastante simples: quanto maior a produção maior o nível de satisfação obtido pelo consumidor e, portanto, progressivamente mais difícil e menos lucrativa torna-se a venda de uma unidade adicional do produto.

maior que a dos demais componentes do custo total. Caso isso não ocorra, e a diferença entre custo variável e fixo não seja tão grande, é necessário verificar se ela é efetivamente transformada em economia de escala, ou seja, se não existe alguma ineficiência no interior da empresa que faz com que mesmo a vantagem naturalmente existente (e consistente no valor mais elevado do custo fixo) não se transforme em economia de escala. Além disso, para ter segurança da situação de monopólio é necessário que a demanda seja variável, o que torna o risco de entrada no mercado muito maior; v., a respeito, W. Sharkey, *The theory of natural monopoly*, Cambridge, Cambridge University Press, 1982.

57. V. J. Panzar, "Regulation, deregulation and economic efficiency: the case of the CAB", in G. Burgess Jr., *Antitrust and Regulation*, Cambridge, Cambridge University Press, 1992, p. 415 (418-419).

Existem casos, no entanto, em que ocorre exatamente o contrário. Quanto maior o número de usuários, maior a utilidade do produto para o usuário seguinte e, portanto, maiores a probabilidade e a lucratividade da venda sucessiva. Em alguns casos extremos, esses retornos crescentes de escala impõem a existência de um monopólio natural. O serviço de telefonia é um bom exemplo. O sistema só tem utilidade para o consumidor na medida em que todos se utilizem daquela mesma companhia. Isso faz com que os usuários com suas linhas telefônicas possam alcançar todas as pessoas e serviços desejados. Obviamente, um serviço telefônico concorrente encontrará tremendas dificuldades para entrar no mercado. Não há nenhum interesse para o usuário em adquirir uma linha telefônica que não permita a comunicação com praticamente ninguém (já que todos adotam o primeiro sistema telefônico).[58]

Daí por que fundamental para a existência de competição no setor de telefonia é a garantia de que todos os operadores possam ter acesso a uma rede única, via de regra, pública. Trata-se de condição necessária para a existência de competição no setor. Mas não suficiente. Para que seja garantida a efetiva concorrência é preciso garantir isonomia entre todos os operadores na interconexão à rede pública. Exatamente por essas razões, em alguns países (como a Suécia, por exemplo,) chega-se a proibir a cobrança de tarifa dos operadores particulares pela utilização da rede pública. O objetivo é exatamente impedir que seja possível ao Estado beneficiar alguns operadores, em especial os operadores públicos, em detrimento dos privados.

Exemplo menos extremo, mas no qual, ainda, assim, os retornos crescentes têm levado a uma situação de crescente concentração econômica, é o do setor de *software*. Tanto maior será a utilidade de um *software* para o consumidor quanto maior o número de serviços a que ele possibilitar o acesso. Ora, isso ocorrerá na medida em que maior for o número de pessoas e empresas que adotarem o sistema.[59] Nessa área, no entanto, os retornos

58. V. A. E. Kahn, *The economics of regulation: principles and institutions*, v. II, New York, Wiley, 1971, p. 123.

59. É exatamente a esses retornos crescentes de escala e não à prevalência tecnológica que muitos economistas norte-americanos atribuem a crescente dominação do mercado de *softwares* pela *Microsoft Corporation*; v. reportagem

crescentes de escala não parecem ser suficientes para criar um monopólio. A razão está na importância do fator tecnológico, capaz de remover qualquer barreira, natural ou artificial, à entrada de concorrentes. As mudanças tecnológicas são tão rápidas e tão importantes que mesmo em presença de retornos crescentes de escala é possível e freqüente a entrada no mercado, ou então a conquista de novas fatias do mercado por parte de competidores que não se beneficiam dos ganhos de escala.

Assim descritos os monopólios naturais, uma questão surge imediatamente. Se não é possível impedir sua formação e se determinados setores tendem necessariamente à concentração nas mãos de um só produtor, como podem ser controlados os monopólios naturais?

Esse controle é necessário, pois segundo a teoria exposta acima, o comportamento natural e racional de tal tipo de estrutura será aumentar os preços a níveis supracompetitivos. A racionalidade da conduta não torna o comportamento lícito. Sugere, no entanto, que a simples aplicação das regras sobre abuso do poder econômico a essa situação pode não ser suficiente (v. n. 2.1.3).

A regulamentação é necessária até para proteger os próprios competidores. Como visto, a introdução de competição em setores que requerem monopólios naturais pode levar à concorrência predatória e à destruição dos competidores.

Se o mercado é dotado de uma “imperfeição estrutural”, é justificável a intervenção regulamentar do Estado para corrigir ou, pelo menos evitar os efeitos danosos (para os consumidores e concorrentes) dessa imperfeição.

Não é de espantar, portanto, que todas as teorias que procuram justificar a intervenção governamental com base na necessidade de correção de imperfeições do mercado tenham como objetivo central a regulamentação dos monopólios naturais e procurem assimilar as situações em que se defende a regulamentação governamental à situação econômica prevalente nos monopólios naturais.[60]

intitulada “Mine, all mine”, publicada na ed. de *Time Magazine* de 5 de junho de 1995, p. 52.

60. Cfr. G. Priest, “The origins of utility regulation and the theories of regulation debate”, in *Journal of Law and Economics* 36 (1993), p. 289.

A questão que se coloca é a da modalidade da intervenção. Do ponto de vista econômico, três são as alternativas possíveis: (a) exercício da atividade pelo Estado em sistema de monopólio, (b) exercício pelo particular com regulamentação direta pelo Estado, incluindo controle de tarifas, ou então, (c) controle pelo Estado de entrada no mercado, através do estabelecimento de um processo competitivo de licitação para verificar quem pode prestar os melhores serviços aos melhores preços.[61]

Quando analisadas pela ótica jurídica, essas três alternativas estão sujeitas a ressalvas e refinamentos. Correspondem elas, *grosso modo* às categorias constitucionais de (a) exercício pelo Estado de atividade econômica; (b) exercício de atividade econômica pelo particular sob regime de regulamentação governamental e (c) exercício de serviço público pelo particular mediante permissão ou concessão governamental. Sobretudo com relação ao item (c), as diferenças entre a descrição jurídica e a descrição econômica são bastante evidentes. Claramente, o regime de concessão de serviço público não se exaure — e não se pode exaurir — na licitação inicial. O controle e a fiscalização posteriores do exercício do serviço são imperativos. Na verdade, como se verá a seguir, é exatamente a crítica aos modelos econômicos simplificados descritos de início que permite definir os modelos jurídicos.

61. Existe uma quarta alternativa, que vem sendo sugerida na doutrina americana. Trata-se de tentar eliminar as características que fazem do mercado um monopólio natural. Tenta-se, portanto, restringir os custos fixos (e os custos irrecuperáveis) através de regulamentação que se limite a garantir acesso a fatores de produção (por hipóteses pertencentes ao Estado e que representariam investimento excessivamente alto e irrecuperável para as empresas privadas, impedindo a sua entrada no mercado). Assim, por exemplo, propõe-se a garantia de livre acesso às linhas de transmissão para os produtores (que nos EUA são particulares) de energia elétrica. São os seus próprios defensores a afirmar que esse tipo de proposta é possível apenas nos casos limitados em que os altos custos fixos (e irrecuperáveis) são as causas únicas do monopólio natural (o que não ocorre freqüentemente) e são, também, separáveis dos demais custos. Essa proposta é, portanto, interessante, mas aplicável apenas tendo em vista uma cuidadosa análise casuística de cada setor; v. E. Bailey, "Deregulation and the theory of contestable", in G. Burgess Jr., *Antitrust and Regulation*, cit., p. 420 (432 e ss.). No Brasil, essa alternativa foi de certa forma adotada através da Lei n. 9.074, que previu que as privatizações seguidas de concessões poderão ser feitas sem reversão dos bens destinados ao serviço público (*v.g.* linhas de transmissão) que eram utilizados (direito de uso) pelas empresas públicas (ou de economia mista) e continuarão a sê-lo pelos particulares (art. 28).

A opção pela alternativa "a" envolve considerações de conveniência política e não pode ter aqui tratamento satisfatório. Observe-se apenas que, em uma concepção social do Estado, a conformação jurídico-econômica mais eficiente é aquela que concentra capitais nas atividades sociais, retirando o Estado do exercício de atividades econômicas. É essa a concepção que parece prevalecer no Brasil no momento. Assim sendo, e tendo em vista que o processo de privatização brasileiro incluiu muitos dos setores que constituem monopólios naturais, aqui se fará apenas a comparação entre os dois últimos modelos acima referidos (letras "b" e "c").

As principais manifestações em defesa da alternativa "c" vêm dos representantes da Escola de Chicago.[62] Segundo seus defensores, ela constitui uma forma engenhosa de aliar as vantagens do sistema competitivo à regulamentação. A regulamentação, ao impor a utilização do sistema competitivo no momento da entrada no mercado, estaria cumprindo perfeitamente seu objetivo, correção das imperfeições mercadológicas.[63] A existência de uma

62. O modelo clássico dessa alternativa é o elaborado por H. Demsetz e hoje conhecido como "Demsetz auction", H. Demsetz, "Why regulate utilities", in *Journal of Law and Economics* 11 (1968), p. 55; vem em seu apoio mais tarde R. Posner, "The appropriate scope of regulation in the cable television industry", in *The Bell Journal of Economics and Management Science* 3 (1972), p. 98.

63. A análise econômica do direito fornece tradicionalmente três modelos para a justificação da regulamentação da atividade econômica. O primeiro deles, elaborado por G. Stigler, sugere que a regulamentação deve ser analisada como qualquer outra mercadoria sujeita às forças do mercado e que, portanto, ela é produto de pressões de grupos interessados ("demanda" por regulamentação); v. G. Stigler, "The theory of economic regulation", in *The Bell Journal of Economics and Management Science* 2 (1971), p. 3. A esse modelo R. Posner opõe dois outros. Em primeiro lugar, o tradicional modelo que vê na persecução do interesse público o principal fundamento da regulamentação — na análise econômica, esse interesse público é identificado basicamente à correção das imperfeições do mercado. Finalmente, Posner propõe um terceiro modelo, híbrido entre o de Stigler e o seu próprio. Segundo ele, a regulamentação seria originariamente motivada pelo interesse público, mas subseqüentemente o órgão encarregado de aplicá-la acabaria por se submeter aos interesses da indústria regulamentada (daí porque esse modelo é conhecido como *capture theory*). Cfr. R. Posner, "Theories of economic regulation", in *The Bell Journal of Economics and Management Science* 5 (1974), p. 335. Todos esses modelos expressam um ceticismo bastante pronunciado com relação aos resultados da regulamentação governamental, ceticismo que tem origem não só na tradição liberal de Chicago

licitação para a entrada no mercado obrigaria as empresas a cobrar preços competitivos.[64] Ela substituiria com vantagem o sistema regulatório, que não é capaz, segundo esses autores, de melhorar a situação das indústrias regulamentadas. Para eles, a regulamentação serviria na maioria dos casos para proteção dos interesses das indústrias regulamentadas e de seu mercado, ao invés de tutelar os interesses dos consumidores.

O problema é que a prática demonstrou a pouca utilidade dessa alternativa para a persecução dos objetivos visados. A existência de licitação só fornece garantia de preços competitivos em um primeiro momento. Sobretudo naquelas indústrias sujeitas a variações de custos substanciais em função dos desenvolvimentos tecnológicos constantes e em economias como a brasileira, em que os custos variam, também, segundo a situação econômica conjuntural, é impossível a elaboração de um contrato de longa duração. As alternativas, elaboração de contratos de curta duração ou então a existência de cláusula flexível de preços, não dispensam a fiscalização governamental constante. Na prática, o que se verifica é que o sistema de licitação acaba por exigir uma fiscalização constante do serviço prestado e dos preços cobrados. Essa alternativa ultrapassa, portanto, em muito o rigor

mas também, na natural reação à onda de regulamentação industrial a que foi submetida a indústria americana desde a Grande Depressão até meados dos anos 60.

64. É importante notar que no modelo proposto por Demsetz, o leilão (*auction*) ou a licitação não inclui a aquisição dos bens necessários à prestação do serviço que permaneceriam de propriedade do Estado. Esse pressuposto é necessário para garantir que as licitações subseqüentes à competição se dêem efetivamente com relação aos melhores preços e serviços que serão prestados à comunidade, não sendo falseada pela existência de algum agente com uma vantagem inicial, como por exemplo —, a propriedade dos bens necessários ao exercício da atividade. Essa observação é particularmente aplicável para os bens que constituem investimento irrecuperável, pois obviamente nenhum competidor poderá ou quererá adquiri-los antes de ter certeza de quem vencerá a licitação. Assim sendo, se a propriedade dos bens fosse dos particulares, o que ocorreria na prática seria uma perenização do vencedor da primeira licitação (e proprietário dos bens) o que tornaria a situação absolutamente idêntica ao monopólio natural. É, de resto, com base nessa lógica, que certas propostas desregulatórias, como a vista acima na nota 59, sugerem a atuação governamental no sentido exclusivamente de garantir igual acesso de competidores a esses bens que representam custos irrecuperáveis para os competidores.

da regulamentação governamental direta.[65] Com efeito, como visto, essa alternativamente se traduz juridicamente no severo regime de concessão ou permissão para exercício de serviços públicos, em que há, via de regra, controle direto de quantidade produzida e preços pela autoridade pública.

A conclusão é, portanto, pela necessária regulamentação dos monopólios naturais (alternativa "b"). O controle é necessário tanto para a proteção dos competidores como a dos consumidores. Os competidores devem ser protegidos contra a concorrência predatória que subsistiria em um setor predisposto à existência de um monopólio natural. Por outro lado, por se tratar de situação em que a racionalidade monopolística naturalmente move o agente econômico no sentido do aumento abusivo de preços, o controle é necessário também para a proteção dos consumidores. A regulamentação é, portanto, totalmente compatível com o sistema concorrencial e, em conseqüência, com o sistema constitucional brasileiro. Ela é nada mais nada menos que um instrumento de controle mais eficaz de uma situação cujas conseqüências lesivas aos consumidores e aos próprios concorrentes podem ser presumidos.

#### *a.5) A nova realidade dos monopólios naturais: tecnologia e concorrência entre redes*

Tudo o que foi dito acima vem sendo relativizado mais recentemente. Mudanças tecnológicas vêm permitindo relativizar o conceito de monopólio natural. Para entender por que, é preciso investigar, do ponto de vista teórico e aplicativo, a relação entre mudanças tecnologicas e concorrência entre redes. É o que se fará brevemente a seguir.

#### a.5.1) A "destruição criativa" schumpeteriana

A discussão aqui empreendida reporta-se a um problema da ordem do dia na esfera econômica. Trata-se da tese schumpeteriana da destruição criativa, ou da convivência pacífica e virtuo-

65. V., para uma crítica completa das hipóteses e conclusões econômica do *Demsetz auction*, O. Williamson, "Franchise bidding for natural monopoly", in *The economic institutions of capitalism*, New York, The Free Press, 1985, p. 326.

sa entre monopólios e mudanças tecnológicas (sendo a última, causa dos primeiros). Em seu clássico livro *Democracia, Socialismo e Capitalismo*, Schumpeter funde a idéia marxista do determinismo histórico com a idéia neoclássica do determinismo de mercado. O resultado não poderia ser outro. O novo determinante de todo o desenvolvimento capitalista passa a ser o desenvolvimento tecnológico.[66]

Não é aqui o local para analisar e criticar com profundidade a tese schumpeteriana. Importa apenas destacar que essa conclusão faz o poder econômico ganhar relevância.[67] Ganha força a convicção da importância dos monopólios para as inovações

66. Na verdade, Schumpeter admira a explicação marxista da história do capitalismo (v. J. Schumpeter, "The Comunist Manifesto in Sociology and Economics", in *Journal of political economy*, n. 57, 3 (1949), pp. 199 e ss.). De outro lado, passa a identificar na segunda parte de sua obra (como fazem os neoclássicos), nas forças de mercado, um elemento impulsionador importante do progresso tecnológico, que para ele é uma variável endógena (*i.e.*, definida dentro do sistema) (cfr. J. Schumpeter, *Capitalism, socialism and democracy*, New York, Harper Perennial, 1976, pp. 92 e ss. (v. nota 23); v. também, N. Rosenberg, *Schumpeter and the endogeneity of technology*, London, Routledge, 2000). Daí a necessidade de identificar na tecnologia, síntese e produto, ao mesmo tempo, da história (Marx) e do mercado (neoclássicos), o elemento propulsionador do desenvolvimento econômico.

67. Uma confusão comum que se faz em relação a Schumpeter e sua obra é considerar a teoria schumpeteriana apenas uma explicação dinâmica do desenvolvimento, objetivando descrever as conseqüências sobre o processo capitalista das mudanças tecnológicas. Esse é realmente o objetivo da primeira fase do trabalho de Schumpeter, ainda na Alemanha, no qual se insere a famosa obra *Theorie der wirtschaftlichen Entwicklung*.

Ocorre que, na segunda parte de sua obra, Schumpeter claramente transforma a tecnologia em variável endógena. Procurando formular uma teoria econômica, e fortemente influenciado pelo ambiente de seu exercício acadêmico (Chicago), deixa para trás a explicação histórica da economia e procura identificar forças econômicas que possibilitem a "destruição criativa" e o desenvolvimento econômico. Encontra-as no monopólio, que glorifica em sua obra *Capitalism, socialism and democracy*, cit., p. 87.

Essa é a parte menos defensável de sua obra, posto que sua defesa do monopólio aos olhos de hoje parece bastante pueril. De todo modo, é preciso reconhecer que ela foi incorporada por muitos neoclássicos de Chicago que ainda a utilizam para justificar as estruturas de poder econômico (*v.g.*, a defesa schumpeteriana da reorganização produtiva permitida pelo monopólio (pp. 100 e ss.), que fornece claramente as bases para a construção chicagoana posterior em torno da eficiência).

tecnológicas.[68] Tudo se centra em torno da idéia de um processo econômico que tem seu motor do lado da oferta, necessitando de empreendedores fortes e capazes de desenvolvê-lo. Para o desenvolvimento da oferta, toda a tecnologia é bem vinda, inclusive aquela capaz de deslocar quantidades maciças de mão-de-obra e de pequenos e médios empreendedores. Do outro lado, o consumidor ou o indivíduo (por vezes excluído do processo econômico), parece um ente cada vez mais passivo e descartável. Não por acaso a conseqüência dessa visão, mais e mais difundida (em torno da hoje chamada economia evolucionista), é a criação de gostos no consumidor que não correspondem necessariamente às suas preferências. O resultado final é a estruturação da sociedade em torno de dois grupos bem distintos: os consumistas e os excluídos.

### a.5.2) Difusão do conhecimento econômico e correção das imperfeições de mercado

As idéias acima expostas têm um elemento central. Trata-se da pretensão de teorizar a realidade econômica, estabelecendo

68. É importante destacar que estudos mais recentes demonstram que é impossível identificar qualquer relação positiva entre monopólio e inovação tecnológica. Os resultados dos estudos econométricos são bastante incertos, não identificando qualquer tendência a favor do monopólio em detrimento da concorrência (v. por todos P. Dasgupta, J. Stiglitz, "Industrial Structure and the nature of innovative activity", in *The economic journal*, n. 90 (1980), pp. 266 e ss., especialmente as conclusões, à pp. 287 e ss.). Do ponto de vista lógico, vale a advertência de Stiglitz, de comprovação empírica, no sentido de que, sendo o desenvolvimento tecnológico um processo, os monopolistas têm a tendência a iniciar o desenvolvimento de uma nova tecnologia e levá-la só até o ponto em que são capazes de fazer os concorrentes deixar o mercado ou desistir de entrar. A partir daí, os monopolistas ou simplesmente descontinuam ou arrefecem o desenvolvimento tecnológico (cfr. J. Stiglitz, *Whither socialism?*, Massachusetts, MIT Press, 1997, p. 145). Além disso, como demonstra o autor, a própria "destruição criativa", ou sucessiva formação de monopólios temporários com base em novas tecnologias, pretendida por Schumpeter, não encontra sustentação nos fatos. Os monopólios tendem a se proteger, e proteger seus investimentos e fatias no mercado. A prática demonstra, e a lógica indica, que o investimento do monopólio em tecnologia (ainda que, como apontado, esse investimento seja apenas defensivo), tende a ser maior que o do potencial entrante, tanto porque o monopolista tem uma posição de mercado a proteger como também porque tem mais poder (p. 144). Na verdade, basta ver a questão do ponto de vista da tecnologia necessária para uma dada sociedade (e não apenas aquela tecnologia

modelos e identificando modos necessários de evolução do processo econômico.

Ocorre que um dos resultados mais importantes do pensamento econômico moderno é, exatamente, pôr em dúvida a possibilidade de teorização do comportamento econômico. A principal razão para tanto é a convicção de que o conhecimento encontra-se disperso entre os indivíduos e que, conseqüentemente, em cada relação econômica os diferentes indivíduos vêm com diferentes parcelas, freqüentemente díspares, assimétricas, de informação. Isso faz com que todo e qualquer modelo sobre o funcionamento do mercado que pretenda indicar resultados esperados ou a serem atingidos com base em ampla difusão de conhecimentos e informações esteja necessariamente fadado ao fracasso. Os modelos acima descritos têm por base estudos de teorias econômicas contemporâneas, em especial a teoria do conhecimento e a chamada Economia da Informação.[69] Interessante é notar que ambos os modelos, quando bem compreendidos e desenvolvidos, acabam por levar a idéias profundamente reformadoras das estruturas e não conservadoras, como por vezes seus próprios idealizadores acabaram por transmitir.

Todas elas apontam no sentido de uma mesma conclusão. O raciocínio econômico não mais pode ser voltado à busca de resultados econômicos baseados em modelos teóricos. Seu objetivo é muito mais procurar garantir que os agentes adquiram conhecimento nas relações econômicas, o que não ocorre com os tradicionais instrumentos de mercado. Acrescente-se, não ocorre sobretudo em presença do poder econômico, que cria imensas distorções.

lucrativa) para entender que a relação entre monopólio e desenvolvimento tecnológico e econômico só pode ser inversamente proporcional.

69. Seus principais representantes são G. Akerloff, J. Stiglitz e M. Spence. O primeiro autor demonstra como, em certos setores, a incerteza sobre a qualidade pode levar ao desaparecimento do próprio mercado (v. G Akerloff, "The market for lemons: quality uncertainty and the market mechanism", in *Quarterly Journal of Economics*, vol. 89 (1970), pp. 488 e ss.). A principal contribuição de Stiglitz está, além de ter sistematizado a economia da informação, ter demonstrado como as próprias ações têm efeitos sinalizadores, transmitindo informações (v. J. Stiglitz, "The contributions of the economics of information to twentieth century economics", cit., pp. 1.441-1.447). Já o trabalho de Spence consistiu no desenvolvimento da teoria dos sinais, *i.e.*, formas de transmitir informações entre agentes, reduzindo as assimetrias (cfr. M. Spence, "Signaling in retrospect and the informational structure of markets", cit.).

As distorções decorrem basicamente, de acordo com a doutrina acima citada, das assimetrias de informação e conhecimento. Essas assimetrias são mais ou menos acentuadas em diversos mercados, mas – e isso é extremamente importante – não decorrem sempre e nem predominantemente de assimetrias naturais de informação. Na maioria das economias, especialmente em economias em desenvolvimento, decorrem de dificuldades sociais de acesso à informação e de dificuldades impostas em função do diferente poder que têm no mercado os agentes econômicos.

Se assim é, nada mais legítimo do que buscar descobrir a realidade através do oferecimento de alternativas ao consumidor. Em especial em mercados que envolvem alta tecnologia (ex: internet e telecomunicações), pois aí já se pode demonstrar facilmente que monopólios não convivem bem com mudanças tecnológicas. Muito ao contrário procuram interrompê-las ou criar dificuldades para que possam ser introduzidas no mercado. Procuram, portanto, os monopólios, autoproteger-se. Daí a necessidade de criar redes independentes, infensas à influência e à predação tecnológica dos monopólios.

Nesses mercados de alta tecnologia, poder sobre redes e assimetria de informação estão fortemente correlacionados. A dominação da rede permite ao seu titular ter informação extensa sobre padrões de uso e gostos do consumidor. Mais informação do que qualquer concorrente – especialmente novo entrante – pode ter sobre os padrões de uso do consumidor.

Mais do que isso. O titular da rede detém mais informações sobre o padrão de uso do consumidor de seus serviços que o consumidor tem ou terá sobre as formas de usos da nova tecnologia. Ou seja, a assimetria de informação a favor dos titulares da rede já existente não se dá só em relação aos concorrentes, mas, também, em relação aos consumidores. Ora essa é precisamente a situação descrita por Akerloff, em seu clássico trabalho (que lhe valeu o prêmio Nobel).[70]

Exatamente como nos caso dos planos de saúde descritos pelo autor, os titulares de uma rede, caso possam se estabelecer na rede que se está criando com a nova tecnologia, terão mais

70. V. G. Akerloff, "The market for lemons: quality uncertainty and the market mechanism", cit., pp. 488 e ss.

informações sobre os padrões de utilização daquele determinado serviço pelos consumidores do que concorrentes e consumidores têm sobre o serviço a ser prestado. Isso permitirá aos primeiros oferecer pacotes que retirem o máximo sobrepreço possível de cada consumidor (ao menos os economicamente rentáveis), através, alternativamente, de sua rede já estabelecida ou da nova rede. O que restará para os concorrentes será tão irrisório (ou ruim em termos econômicos) que, exatamente como no modelo de Akerloff, esse mercado (nova rede) tenderá a retroceder, reduzir oferta ou até desaparecer.

### a.5.3) Tecnologia e concorrência em novas redes

Em face do exposto acima, fica clara a necessidade, em setores caracterizados pela existência de redes, de preservar a concorrência através da garantia de concorrência entre elas. Sem garantia de independência dessas redes, a "destruição criativa" schumpeteriana corre o risco de se transformar apenas em destruição.

O que se quer dizer é simples. Em alguns setores, como é o caso especificamente das telecomunicações, a mudança tecnológica permite a criação de novas redes sem custos fixos impeditivos. É importante então garantir um grau de concorrência adequado entre as redes.

Através dessas novas redes, os concorrentes são capazes de obter retornos crescentes de escala com muito mais facilidade do que se tentarem concorrer em redes já dominadas internamente pelos detentores de infra-estrutura. Nesses casos, do ponto de vista econômico, a curva de custos do detentor da rede (por hipótese "rede A") atinge nível incomensuravelmente menor que o do entrante que tenta contestá-lo. Este jamais conseguirá alcançá-lo, pois o preço do detentor da infra-estrutura será sempre menor.

Não assim se nova tecnologia permite a ele criar nova rede (por hipótese "rede B") a custos competitivos. Note-se, no entanto, que isso só será verdadeiro se não for permitido ao detentor da rede A dominar a rede B. Se ele tiver acesso a ela e conseguir dominá-la, nenhuma concorrência mais será possível. Mesmo a inovação tecnológica não terá efeitos sobre o nível de concorrência. Mais do que isso. A própria ampliação de oferta ao consumidor poderá não ocorrer, pois poderá ser preferível ao monopolista da rede A não oferecer o serviço permitido pela rede B.

O raciocínio é semelhante ao desenvolvido na famosa discussão do direito antitruste entre concorrência inter e intramarca, correspondendo a concorrência entre marcas (intermarcas) à concorrência entre redes. Tradicionalmente a doutrina antitruste tende a considerar mais relevante a concorrência intermarcas, exatamente por seu potencial de atrair o consumidor.[71] Essa observação, ainda que careça de certas qualificações (pois a concorrência intramarca é importante e não pode ser desconsiderada),[72] põe em destaque um ponto importante.

É fundamental garantir uma estrutura do mercado que estimule o consumidor para alternativas realmente diversas. Essas alternativas podem significar ligação subjetiva ou objetiva com uma marca ou então padrões de serviço a custo e acessibilidade suficientes para constituir uma verdadeira alternativa. As alternativas não devem ser só formais ou potenciais, mas configurarem real alternativa de escolha. Só assim o processo de descoberta das melhores alternativas, instrumentalizado pela concorrência, realmente ocorrerá.

O que se quer dizer é que uma real alternativa é composta de vários fatores, que tornam necessário que o mercado tenha conformação estrutural adequada para garantir a concorrência. Essa conformação estrutural é, sempre que economicamente e fisicamente possível, garantida pela existência de pluralidade de redes.

b) Atuação estatal e direito concorrencial

A análise até agora empreendida visou a determinar a compatibilidade de políticas industriais genericamente consideradas com o sistema constitucional brasileiro. Verificou-se, a partir dos princípios constitucionais de orientação da ordem econômi-

71. Cfr., nesse sentido, entre outros H. Hovenkampf, *Federal Antitrust Policy*, St Paul, West Publishing Co, 1994, pp. 428 e ss.

72. V., a respeito, C. Salomão Filho, *Direito concorrencial – As condutas*, São Paulo, Malheiros Editores, 2003, pp. 349 e ss.

ca, os limites à implementação de políticas industriais pelo Estado através da intervenção regulamentar no domínio econômico.

Diversa é a situação, no entanto, quando para certa indústria ou ramo de atividade a própria Constituição prevê uma regulamentação especial. É necessário nesse caso determinar se e em que circunstâncias essa regulamentação pode desconsiderar os princípios concorrenciais, e em que circunstâncias pode eximir o agente econômico a ela sujeito da aplicação do direito antitruste. Importa, portanto, verificar se o constituinte pretendeu criar uma ordem excepcional, não concorrencial, para essas atividades regulamentadas.

Duas são, então, as questões que devem ser analisadas. Em primeiro lugar, é preciso verificar se o exercício do poder regulamentar por parte de órgão governamental que recebeu competência para tal é legítimo do ponto de vista concorrencial. Trata-se, portanto, de verificar a possibilidade de prática de ilícito concorrencial por parte do próprio Estado ao regulamentar determinada atividade e de discutir a relação entre poder regulamentar e direito antitruste, verificando até que ponto o primeiro pode substituir o segundo. A outra questão refere-se ao exercício do poder de fiscalização e à possibilidade de um particular que exerce atividade em setor regulamentado e fiscalizado por órgão governamental tornar-se imune à aplicação do direito concorrencial por força da regulamentação e/ou fiscalização estatal. O problema, portanto, não é mais de legitimidade e constitucionalidade de uma intervenção estatal, mas sim de legalidade da conduta de um particular cujas atividades estão sujeitas a regulamentação especial e a fiscalização por órgão governamental específico.

### *b.1) Exercício do poder regulamentar e sua legitimidade do ponto de vista concorrencial*

Os princípios básicos que regem a atuação do Estado na economia encontram-se nos arts. 173 e 174 da Constituição Federal. De sua leitura depreende-se que três são as funções possíveis do Estado na economia: em primeiro lugar como agente direto da atividade econômica, em segundo como agente fiscalizador do exercício da atividade econômica pelos particulares e finalmente como agente normativo da atividade econômica.

No primeiro caso não há dúvida quanto à sujeição do Estado ao sistema concorrencial.[73] A Constituição de 1988 deixou essa sujeição particularmente clara ao incluir (ao contrário das anteriores) a tradicional proteção contra o abuso do poder econômico em um dos parágrafos que tratam da exploração direta da atividade econômica pelo Estado (art. 173, § 4º). A Lei n. 8.884/94 confirma esse entendimento ao prever a sujeição de todos, sejam pessoas físicas ou jurídicas, de direito público ou privado, às normas concorrenciais.

Já quanto ao poder fiscal e regulamentar, a questão é mais complexa. É necessário verificar a natureza da atividade que está sendo fiscalizada ou normatizada. É a natureza da atividade realizada que determinará a extensão do poder regulamentar e fiscal. Pode o sistema de regulamentação e fiscalização estatal visar ou não à substituição do sistema concorrencial.

b.1.1) As principais teorias

Essa relação entre poder regulamentar e direito antitruste tem sido recorrentemente discutida na casuística norte-americana. Duas tendências jurisprudenciais paralelas se destacam, cada qual ligada a importantes eventos da história política norte-americana.

b.1.1.1) *State Action Doctrine*

A primeira tendência decorre diretamente da própria natureza do federalismo norte-americano, que, ao atribuir relevante nível de autonomia aos Estados, freqüentemente coloca em choque a autonomia estadual com a regulamentação antitruste de nível federal.

Para determinar se o ato dos governos estaduais conferia ou não imunidade à aplicação do direito antitruste, desenvolveu-se a chamada *State Action Doctrine*, cuja melhor e mais recente formulação, sempre citada em decisões posteriores, foi

73. V. a respeito do direito concorrencial na Constituição: W. R. Faria, "Disciplina constitucional da concorrência", in *Constituição econômica – Liberdade de iniciativa e de concorrência*, Porto Alegre, Sérgio Antônio Fabris Editor, 1990, pp. 149 e ss.

dada pela Suprema Corte em *California Retail Liquor Dealers Association vs. Midcal Aluminum Inc.* (*Midcal*).[74] Estabeleceram-se dois critérios básicos para determinar se a regulamentação estadual conferia ou não imunidade à aplicação do direito antitruste. Em primeiro lugar é necessário que a decisão seja tomada ou a regulamentação expedida em conseqüência de uma política claramente expressa e definida de substituição da competição pela regulamentação. Não basta, portanto, que a lei dê poderes para determinação das variáveis empresariais básicas (preço e quantidade produzida). É necessário que ela claramente expresse a intenção de substituir a competição pela regulamentação.

Mas não é só. É necessário, ainda, que haja supervisão ativa (*active supervision requirement*) e constante do cumprimento das obrigações impostas pela regulamentação.[75]

74. Trata-se do questionamento de uma política de preços de vinho vigente no Estado da Califórnia. Os produtores e atacadistas de vinho deveriam registrar *fair trade contracts* ou tabelas de preços perante o Estado, que cuidava de aplicá-las, cominando multas e podendo até cancelar a licença dos infratores. Na decisão [447 U.S. 97 (1980)], a Corte Suprema americana (*Supreme Court*) alegou que embora o Estado da Califórnia autorizasse o estabelecimento de preços, ele não estabelecia preços, revisava tabelas ou regulava os termos dos *fair trade contracts*. O Estado parecia não se preocupar com as condições de mercado, com a defesa da concorrência e dos consumidores e, por isto, as leis antitruste eram aplicáveis a este caso.

75. Estes dois requisitos, desenvolvidos pela *Supreme Court* no caso *Midcal*, foram usados em várias decisões posteriores. Assim, em *Hinshaw vs. Beatrice Foods, Inc., 1980-81 Trade Cas. (CCH),* 63.584 (D. Mont. 1980), foi reconhecida a imunidade às leis antitruste por existir uma regulação completa do preço do leite no Estado de Montana.

Em *Southern Motor Carriers Rate Conference, Inc. vs. United States* 471 U.S. 48 (1985), a Suprema Corte decidiu que o conceito de "política claramente expressa e definida", estabelecido em *Midcal,* era aplicável a políticas estatais que meramente permitiam, mas não obrigavam. Decidiu-se pela imunidade antitruste de quatro empresas de transporte, por estarem autorizadas a concordar com *joint rate proposals* antes de submetê-las ao órgão regulador. A *Supreme Court* alegou, também, que havia uma supervisão ativa, pois o Estado avaliava as tarifas das transportadoras. Presentes os dois requisitos, não havia ilícito antitruste.

Já o requerimento da supervisão ativa por parte do órgão governamental foi posteriormente desenvolvido em *324 Liquor vs. Duffy* 479 U.S. 335 (1987), onde o Estado de Nova York obrigava os vendedores de bebidas alcoólicas a vender seus produtos por, no mínimo, o preço sugerido pelos atacadistas mais 12%. Tal prática suprimia a competição e foi condenada pela *Supreme Court* por

A aplicação desses dois critérios no sistema brasileiro levaria à conclusão necessária de que apenas quando o Estado permite a alguém a exploração de serviço público mediante concessão haveria a imunidade. Apenas a concessão de serviço público permite, de um lado, pressupor a existência de interesse em substituição do sistema concorrencial (exatamente por se aplicar ao exercício pelo particular de serviços públicos que não se sujeitam ao regime concorrencial) e, de outro, confiar *na existência de poderes suficientes* por parte da administração de supervisionar ativamente o cumprimento das obrigações previstas no texto regulamentar (v., a respeito, *infra,* n. 3.4.2, b.1.2).

Ausentes quaisquer desses dois requisitos, a ação estatal é passível de revisão pelo órgão encarregado de aplicação do direito concorrencial.

b.1.1.2) *Pervasive Power Doctrine*

A segunda tendência manifesta-se na análise das competências regulamentares das agências governamentais federais americanas. Não se trata, portanto, de discutir a competência de Estados Federados para excluir a aplicação do direito antitruste.

não rever os preços estabelecidos pelos atacadistas, simplesmente permitindo que eles os fixassem a seu alvedrio.

Uma decisão da Suprema Corte americana essencial para o pleno entendimento desta matéria é a de *Patrick vs. Burget* 486 U.S. 94, 100-01 (1988). Neste caso, um médico alegou que um grupo de médicos rivais estava violando o *Sherman Act* por manipular o processo de *peer review* de modo a não conceder a ele privilégios no único hospital da cidade de Astoria, Oregon. A Suprema Corte decidiu que não havia imunidade antitruste baseada na ação do Estado (como havia sido alegado pela *Court of Appeals*) pois nenhuma agência estatal *tinha poder para revisar as decisões do "peer review" e suspender uma decisão que pudesse ser contrária à política fixada pelo Estado.*

Assim, a jurisprudência norte-americana vem se posicionando no sentido de conferir imunidade antitruste para particulares, funcionários ou agências governamentais desde que haja (i) política claramente expressa, definida e inequívoca do Estado, orientada no sentido da prática de atos que normalmente seriam ilícitos antitruste (essa política pode ser facultativa ou obrigatória); (ii) supervisão ativa por parte do Estado das práticas resultantes desta política, para que os resultados, *especialmente os resultados para a concorrência e para os consumidores*, não sejam desarrazoados. Aqui, deve ser entendido que o Estado tem o poder de controlar preços, fornecimento, estoques etc.

Trata-se, isto sim, de verificar em que hipóteses a atribuição de competência a uma agência federal dotada de poderes regulamentares afasta a possibilidade de aplicação do direito antitruste.

O raciocínio que se aplica, então, é bastante análogo ao desenvolvido pela *State Action Doctrine*. Dois e apenas dois são os casos em que é possível afastar a competência das agências governamentais encarregadas da aplicação do direito antitruste. Em ambos, o poder conferido à agência governamental deve ser amplo o suficiente (*pervasive*) para afastar a competência de qualquer outro órgão.

Em uma primeira hipótese o poder do órgão é *extenso* o suficiente para afastar qualquer outra competência. Por poder extenso o suficiente entende-se aquele poder que é conferido com o intuito de substituir o sistema concorrencial. O raciocínio é, portanto, idêntico ao desenvolvido para o elaboração do primeiro requisito da *State Action Doctrine* como formulado em *Midcal*.[76] A inexistência de um segundo requisito, análogo àquele formulado na *State Action Doctrine*, relativo à fiscalização suficiente prende-se, muito provavelmente, à maior confiança das Cortes na competência — e independência — fiscalizatória das agências-federais independentes, se comparada com a ação dos Estado Membros da Federação, freqüentemente influenciada por determinantes políticos.

A segunda hipótese é aquela em que, apesar de não dotado de extensão suficiente para afastar a aplicação do direito antitruste, o poder é *profundo* o bastante para fazê-lo. Nesta hipótese o que ocorre é que o poder conferido à agência governamental independente já inclui a competência para aplicar a lei antitruste; não há que se pensar em controle do ato do ponto de vista concorrencial pelo órgão encarregado da aplicação do direito antitruste (FTC) ou pelas Cortes, simplesmente porque aquelas regras já foram (por hipótese) levadas em consideração quando da regula-

76. A melhor definição da noção de *pervasive power* foi dada pela Suprema Corte americana em *United States vs. National Association of Securities Dealers, Inc.* 422 U.S. 694 (1975): "The rule of law that should be applied in this case, therefore, as it comes to us from these precedents, is that, absent an express antitrust immunization conferred by Congress in a statute, such an immunity can be implied only if Congress has clearly supplanted the antitrust laws and their model of competition with a differing competitive regime, defined by particularized competitive standards and enforced by an administrative agency, and has thereby purged an otherwise obvious antitrust violation of its illegality".

mentação ou quando da decisão aprovando determinado tipo de procedimento.[77]

A conclusão que se pode tirar é que, tratando-se de agência independente de regulamentação federal, a questão de aplicação do direito antitruste se resolve em uma discussão de competência dos órgãos envolvidos.[78] A falta de competência da agência governamental responsável por determinado mercado para aplicar o direito antitruste não exclui sua aplicação; caracteriza, isso sim, a ilegalidade da regulamentação que desconsidera o direito antitruste (por não ser este poder extenso o suficiente). Da mesma maneira, a existência de competência, mas a falta de seu pleno exercício, ou o seu exercício sem levar em conta os aspectos concorrenciais de uma situação, torna a regulamentação ilegal, pois o poder, mesmo sendo profundo o suficiente, não foi exercido, não é *pervasive*. Por esse motivo é que a casuística existente a respeito resolve o problema da ilegalidade concorrencial de uma determinada regulamentação em termos de excesso no exercício da competência regulatória ou então, desvio de finalidade.[79]

### b.1.2) Poder regulamentar e direito antitruste

As teorias desenvolvidas acima, uma vez retiradas do contexto sócio-político em que apareceram, permitem identificar cri-

77. Em *United States v. RCA,* 358 U.S. 334 (1959), a *FCC* (*Federal Communications Comission* — Comissão Federal de Comunicação) aprovou a transferência de uma licença de canal de televisão da empresa *Westinghouse* para a empresa *NBC* (subsidiária da *RCA*, na época). Contestada pelo Depto. de Justiça americano, *RCA* sustentou que tinha imunidade antitruste decorrente da aprovação pela *FCC*. A Suprema Corte rejeitou esta defesa, pois regras da *FCC* deixavam claro que esta agência nada poderia decidir a respeito dos aspectos concorrenciais da transação (ou seja, as conseqüências que a referida aquisição teria sobre o mercado de radiodifusão), mas apenas poderia fiscalizar o negócio, aprovando os novos administradores e obtendo garantias de que a programação continuaria a atender o interesse público.

78. V., a respeito da *Pervasive Power Doctrine*, *infra* item 3.4.2, b.2.

79. Assim, agências governamentais e seus funcionários agindo de acordo com sua competência são imunes às reclamações antitruste. Ver, por exemplo, *Willians Elec., 1991-1, Trade Cas. (CCH),* 69.473 *at* 65.999, "agências federais e seus agentes exercendo sua competência estão imunes à responsabilização por ilícitos antitruste".

térios para avaliação da relação entre poder regulamentar e direito antitruste. Para que o poder regulamentar possa se exercer sem consideração dos princípios concorrenciais é necessário que a competência atribuída ao órgão regulamentar seja *extensa* o suficiente para excluir a aplicação do direito concorrencial. Isso se verifica quando a lei claramente substitui o sistema concorrencial pela regulamentação, declarando expressamente esse objetivo e/ou oferecendo os meios para tal. Esse último requisito é fundamental. É preciso que a determinação das variáveis fundamentais econômicas (quantidade e preço) seja posta a cargo do órgão regulamentar. Mas não é só. É preciso, também, que haja fiscalização eficaz do cumprimento das regras sobre preços e quantidades estabelecidas pelo órgão regulamentar.

No sistema brasileiro, alguns institutos de direito administrativo permitem identificar essas hipóteses. Quando a atividade realizada pelo particular tem a natureza de serviço público, então, a regulamentação substitui o sistema concorrencial. É o que ocorre, via de regra, com as concessões de serviço público. Nelas há, normalmente, a criação de um verdadeiro monopólio de produção ou prestação de serviço pelo particular. Contrapartida necessária é a substituição do autocontrole do sistema de mercado pelo sistema regulamentar, que passa a estabelecer as variáveis relevantes, tais como o preço e freqüentemente até a quantidade a ser produzida. A qualidade do produto ou serviço é normalmente objeto de fiscalização pelo próprio órgão governamental dotado do poder regulamentar.

No exemplo acima, não é a noção de serviço público, mas sim os poderes conferidos ao órgão administrativo no ato de concessão que permitem concluir pela não aplicação do sistema concorrencial. Sendo a noção de serviço público equívoca no sistema jurídico brasileiro,[80] ela não pode ser critério para determinar

80. Têm se separado as definições de serviço público no direito pátrio em formalistas e materialistas. Exemplo desta última é a definição de Celso Antônio Bandeira de Mello, para quem serviço público é "toda atividade de oferecimento de utilidade ou comodidade material fruível diretamente pelos administrados, prestado pelo Estado ou por quem lhe faça as vezes, sob um regime de direito público — portanto, consagrador de prerrogativas de supremacia e de restrições especiais — instituído pelo Estado em favor dos interesses que houver definido como próprios no sistema normativo" (*Curso de Direito Administrativo,* 4ª ed., São Paulo, Malheiros Editores, 1993, p. 306). Já Hely Lopes

sujeição ou não de uma determinada atividade ao sistema puramente regulamentar e não concorrencial. Para que seja possível presumir essa intenção é necessário verificar os poderes efetivamente atribuídos pela lei. É preciso ou que a lei especificamente manifeste a intenção de substituir o sistema concorrencial pelo sistema regulamentar ou então que a lei outorgue ao titular do poder regulamentar poderes para influir nas variáveis fundamentais de orientação da vida da empresa: basicamente preço e quantidade produzida, o que faz presumir a existência da mencionada intenção de substituição.

Ora, nas concessões via de regra é isso que ocorre: pode o poder público definir preço e quantidades produzidas e fiscalizar o cumprimento de sua determinação.[81]

É possível, por outro lado, que a regulamentação vise não a substituir o sistema concorrencial, mas apenas a tutelar de maneira especial os interesses dos destinatários do produto ou serviço (consumidores). É necessário, então, mais uma vez distinguir entre duas situações: aquela em que o legislador acha suficiente uma proteção concorrencial contra abusos e outra em que o legislador parece entender necessária uma proteção mais ampla do que a concorrencial.

O primeiro caso não causa dificuldades interpretativas. Sendo o sistema concorrencial o único a reger as relações, não é então possível qualquer conflito entre normas administrativas e regras concorrenciais.

Meirelles define serviço público em sentido mais formal como "todo aquele prestado pela Administração ou por seus delegados, sob normas e controles estatais, para satisfazer necessidades essenciais ou secundárias da coletividade ou simples conveniências do Estado" (*Direito Administrativo Brasileiro*, 20ª ed., São Paulo, Malheiros Editores, 1995, p. 294).

81. O poder concedente não só tem o direito, mas a obrigação de fiscalizar o cumprimento do serviço público, que deve estar sendo prestado de acordo com as condições inicialmente previstas. Luiz de Anhaia Mello, citado por Hely Lopes Meirelles (*Direito Administrativo Brasileiro*, cit., p. 298) clarifica o assunto afirmando que "deve o Estado, no exercício do poder inerente à sua sabedoria, fixar tarifas, determinar *standards* de serviço, fiscalizar a estrutura financeira de todas as empresas de serviços de utilidade pública".

Com efeito, dispõe o art. 29 da Lei n. 8.987, de 13 de fevereiro de 1995, que incumbe ao poder concedente, entre outros poderes, a regulamentação do serviço concedido, a fiscalização de sua prestação, a homologação de reajustes e a revisão de tarifas, e o zelo pela boa qualidade do serviço (art. 29, incisos I, V e VII).

Mais difícil é o segundo grupo de hipóteses. São estes os casos em que o particular interesse público existente na atividade (não suficiente, no entanto, para transformá-la em serviço público) leva à atribuição de poder de polícia a um determinado órgão da administração que não o encarregado simplesmente da proteção contra os ilícitos concorrenciais (CADE). Nesses casos é necessário estabelecer a relação entre o exercício do poder de polícia e as regras concorrenciais.

A análise da construção doutrinária em campo administrativo da noção de poder de polícia demonstra a sua necessária compatibilidade com as regras concorrenciais. Sua característica básica, que a diferencia do exercício de serviços públicos, diretamente pela administração ou indiretamente pelos concessionários, está em que, quando do exercício do poder de polícia, a administração não pode intervir diretamente, exercendo a atividade ou determinando as características básicas de seu exercício pelos particulares. A utilidade pública é obtida por via oblíqua, através de uma exigência de abstenção do particular.[82]

Ora, se, assim, é, o exercício do poder de polícia obviamente não é compatível com a substituição do sistema concorrencial. A não aplicação do sistema concorrencial só é admissível quando o Estado substitui o mercado na determinação das variáveis fundamentais da empresa e fiscaliza efetivamente o seu cumprimento pelos particulares, ou seja, quando cria *diretamente* a utilidade pública.

Em conseqüência, um normativo ou regulamento exarado nas condições supramencionadas, ainda que no exercício de competência legalmente atribuída ao órgão específico seria inconstitucional e ilegal. Inconstitucional por implicar ferimento ao art. 173 § 4º CF e ilegal, na medida em que implique infringência a alguns dos dispositivos dos arts. 20 e 21 da Lei n. 8.884/94, podendo ser com tranqüilidade validamente contestado em juízo ou perante o CADE.

82. O poder de polícia é geralmente caracterizado como um poder negativo, que exige um *non facere* dos administrados. Para Celso Antônio B. de Mello (*Curso de Direito Administrativo*, cit., p. 354), a utilidade pública é conseguida de modo indireto pelo Poder de Polícia, ao invés de ser conseguida de modo direto como na prestação de serviço público.

### b.1.3) Imunidade antitruste

A questão da imunização da conduta do agente por força da atuação governamental não apresentaria dificuldade em presença de declaração constitucional expressa de imunidade para esse ou aquele setor. Não é isso o que ocorre, no entanto. A Constituição brasileira não prevê qualquer imunidade expressa à aplicação do direito antitruste.[83]

Cumpre, então, verificar se é possível identificar a existência de alguma imunidade implícita à aplicação do direito concorrencial. A teoria das imunidades implícitas teve grande desenvolvimento na doutrina americana, onde sobretudo a partir dos anos 50 cresceu em muito a regulamentação industrial baseada em poderes de fiscalização e controle atribuídos às assim chamadas "Independent Regulatory Commissions". Sendo o fundamento da existência dessas comissões regulatórias independentes exatamente a criação de um corpo altamente especializado na matéria em questão, logo surgiu a questão de determinar até que ponto uma decisão de um desses órgãos de fiscalização e controle, aprovando determinada conduta, seria apta a tornar tal conduta imune à aplicação da legislação antitruste.

Para resolver essa questão criou-se a doutrina do *pervasive power* acima referida. Segundo ela, presume-se que o Legislativo quis isentar um determinado setor econômico da aplicação do direito antitruste quando for possível determinar que a delegação de poderes regulamentares feita à agência ou órgão governamental é tão ampla a ponto de tornar aquela determinada ativi-

83. Diferente é a situação na Comunidade Econômica Européia (hoje União Européia). O art. 86, n. 2, do Tratado de Roma expressamente declara estarem imunes à aplicação das regras concorrencias os "undertakings entrusted with the operation of services of general economic interest" todas as vezes que a aplicação das normas concorrenciais possa ter por efeito obstruir "the performance, in law or in fact, of the particular tasks assigned to them". O primeiro conceito assemelha-se bastante à noção de serviço público do direito brasileiro. Já a segunda expressão, bastante vaga, permite na prática desaplicar o sistema concorrencial sempre que isso for necessário ao interesse público (comunitário). A discricionariedade administrativa atribuída à Comissão CEE na aplicação desse preceito está perfeitamente em linha com aquela sobreposição dos interesses de política industrial aos princípios concorrenciais que têm se revelado uma característica do sistema concorrencial comunitário em sua aplicação prática.

dade econômica incompatível com o sistema concorrencial. Para definir o que significa essa atribuição suficientemente ampla de poderes, dois critérios são utilizados.

O primeiro deles sugere a verificação do tipo de poderes conferidos ao órgão. A substituição do controle do mercado pelo controle governamental só poder ser presumida quando há atribuição ao órgão de poder para controlar decisões empresariais fundamentais normalmente controladas exclusivamente pelas forças de mercado. Decisões empresariais fundamentais do ponto de vista concorrencial são considerados o controle da entrada e saída das empresas do mercado e o dos preços por elas cobrados.[84] Segundo esse critério, a atribuição a um órgão de poderes tão amplos incidentes sobre decisões empresariais que normalmente seriam tomadas com base apenas nos indicadores do mercado, demonstra a existência de intenção de substituir o sistema concorrencial pelo sistema da regulamentação e fiscalização estatal. Os atos ou contratos realizados segundo suas determinações gozam, portanto, de imunidade (implícita) à aplicação do direito antitruste. Nessa versão da teoria do *pervasive power*, a imunidade deriva da *extensão* dos poderes atribuídos ao órgão regulamentar.

Pode existir, no entanto, uma outra razão para a existência de imunidade. Ainda que os poderes do órgão não sejam tão *extensos* a ponto de permitir a presunção de incompatibilidade com o sistema antitruste, é possível que sejam *profundos* o bastante para permitir presumi-la. Isso significa dizer que um poder pode, também, ser *pervasive* se na análise da conduta pelo órgão regulador for obrigatório levar em consideração, também, as suas conseqüências sobre o mercado. Como visto acima, isso significa basicamente analisar a competência do órgão.

Esse ponto pode ser melhor esclarecido por um interessante exemplo tirado da jurisprudência norte-americana. Trata-se da decisão da Suprema Corte americana em *United States vs. RCA*.[85] Nele, a agência de controle das telecomunicações, *Federal Communications Commission (FCC)*, aprovou a transferência de uma

84. V. P. Areeda, D. Turner, *Antitrust law*, v. 1, Boston-Toronto, Little, Brown and Company, 1978, p. 155.

85. 358 U.S. 334 (1959).

licença de canal de televisão da empresa *Westinghouse* para a empresa *NBC*, subsidiária à época da *RCA*. Posteriormente essa aquisição veio a ser contestada judicialmente pelo Departamento de Justiça americano com base na existência de violação ao direito antitruste. O problema concorrencial aqui é de menor importância. Relevante é observar que, ao rejeitar a defesa de *RCA* baseada na existência de imunidade concorrencial decorrente da aprovação prévia do negócio pela *FCC*, a Corte afirmou que a aprovação da transação poderia significar, no máximo aprovação dos novos administradores e afirmação de que a programação continuaria a ser realizada no interesse público. Nada decidia, no entanto, a respeito das conseqüências que a referida aquisição teria sobre o mercado de radiodifusão.[86] Diferente deveria ser a solução, seguindo a lógica aqui proposta, se a *FCC* tivesse levado em consideração a possibilidade de concentração excessiva no mercado de radiodifusão mas aprovado mesmo assim a aquisição, afirmando que obedecia por essa ou aquela razão específica daquele mercado ao interesse público.

A análise da *profundidade* dos poderes estatais põe em realce um aspecto muito importante. A *profundidade*, ao contrário da *extensão*, não pode ser determinada de maneira eficaz sem a verificação da atuação efetiva da referida agência ou órgão. As competências são geralmente estabelecidas em termos genéricos, sem especificar as matérias que devem ser levadas em consideração na aplicação da lei (e nem seria possível exigir o contrário). Dessa maneira, para saber se os efeitos sobre o mercado são realmente considerados é necessário analisar a atuação pretérita do órgão.

A existência de atuação efetiva não é, no entanto, suficiente. Para que a aplicação desse método leve a resultados coerentes é necessário também que o órgão encarregado da regulamentação e fiscalização seja dotado de capacidade técnica e conhecimento do mercado superiores aos que é possível imaginar que o Judiciário ou, as agências de controle da concorrência possam ter. É necessário, portanto, que aquele tipo de mercado demande um conhecimento especial, que se pode presumir insuficiente mesmo em órgãos especializados na aplicação do direito antitruste.

86. *Id.*, p. 351.

A teoria do *pervasive power* oferece um interessante instrumental para a análise dos setores regulamentados no sistema brasileiro. Para sua análise é preciso em primeiro lugar notar que a Constituição não cria imunidade para qualquer setor em relação à aplicação do direito antitruste. Por outro lado, a Lei n. 8.884 (art. 15) expressamente submete ao regime antitruste todas as pessoas físicas ou jurídicas, de direito público ou privado, mesmo que exerçam atividade sob regime de monopólio legal. Essa disposição corresponde ao desejo, expressamente declarado pelos autores do projeto, de submeter ao controle do CADE todos os atos e ajustes entre empresas, mesmo aqueles sujeitos ao controle estatal.[87] Isso faz com que a não aplicação do direito antitruste só seja possível em hipóteses excepcionais.

Para identificá-las é necessário fazer uma rápida análise das razões que podem levar o legislador (ou o constituinte) a submeter um determinado setor econômico a regulamentação especial, supletiva ou substitutiva das forças do mercado. Duas são as razões imagináveis. Em primeiro lugar, é possível que a regulamentação tenha objetivos precipuamente redistributivos. O legislador (ou o constituinte) considera que aquele setor é socialmente tão importante que não pode ser deixado ao arbítrio das forças de mercado. O Estado deve intervir, regulando exaustivamente o

87. V., nesse sentido, Relatório do Deputado Fábio Feldman ao Projeto de Lei n. 3.712 (posteriormente transformado na Lei n. 8.884), p. 9, onde se afirma: "Na linha adotada pelas legislações antimonopolísticas mais modernas, como o Japão, deverá a lei antitruste brasileira regular, ainda, os atos e ajustes entre empresas sujeitas ao controle estatal...". A citação do sistema japonês é bastante enganosa. A lei de concorrência japonesa não pode ser isoladamente considerada. É preciso levar em consideração as várias leis que concedem imunidades expressas a setores econômicos (*v.g.* vários tipos de pequenas e médias empresas). Em outros casos, apesar da previsão em lei de controle pela *FTC* japonesa dos acordos anticoncorrenciais, em caso de aprovação desses acordos pelo MITI (Ministério do Comércio e da Indústria japonês) eles dificilmente são contestados pela *FTC* — há, na verdade, uma negociação e consulta prévia entre os órgãos, onde a opinião do MITI invariavelmente prevalece (*v.g.* medidas aprovadas ou sugeridas pelo MITI para diminuição da produção ou estabelecimento de acordos de preços em setores estruturalmente deprimidos); v. M. Matsushita, *International Trade and Competition Law in Japan*, cit., respectivamente, a pp. 291 e 284. O resultado final é, portanto, muito mais aberto à substituição da competição pela regulamentação do que pode ter parecido ao legislador nacional.

setor, de modo a garantir a proteção dos interesses dos usuários do serviço ou consumidores do produto. Nesse caso, a regulamentação tem objetivos claramente *redistributivos*. Visa a substituir e não a complementar ou corrigir o sistema de mercado.

Na Constituição brasileira esse primeiro objetivo, aqui denominado *redistributivo*, é claramente identificável naquelas atividades econômicas definidas como serviço público, mas realizadas pelos particulares a título de concessão ou permissão (art. 175, CF). A assimilação dessas atividades ao serviço público torna a regulamentação tão *pervasive*, que é impossível imaginar a sua submissão aos padrões do direito concorrencial.[88]

O sistema de concessão e permissão de serviço público não é, ao menos no caso típico, compatível com o mercado, pois o Estado tudo regula: tarifas, qualidade do serviço e a própria entrada e saída do mercado. A concessão e a permissão são, via de regra, atribuídas a um só agente econômico, criando-se portanto um monopólio, cuja fiscalização e controle é responsabilidade do órgão que outorga a concessão ou a permissão. Nesse caso, portanto, a análise da extensão do poder regulamentar é suficiente para tornar inaplicáveis a essas atividades — até porque inúteis — os princípios concorrenciais.

Bastante diferente deve ser a análise quando a regulamentação visa não à substituição completa do sistema de mercado, mas apenas a corrigir imperfeições de seu funcionamento (a terceira razão supramencionada). Referidas imperfeições podem ser de várias espécies: dificuldades na transmissão de informações, compradores monopsonísticos, monopólios naturais, concorrência predatória.[80] Nessa hipótese, não havendo uma substituição, mas

88. Na doutrina nacional é possível, ainda hoje, sentir os reflexos da tradicional disputa entre os defensores de uma noção formal e material de serviço público. Entre os primeiros v. H. L. Meirelles, *Direito administrativo*, cit., p. 294; para a segunda corrente v. C. A. Bandeira de Mello, *Curso de direito administrativo*, cit., pp. 306 e ss. No entanto, mesmo aqueles autores como C. A. Bandeira de Mello, que incluem na definição do serviço público o elemento material, não deixam de reconhecer que a disciplina do serviço público aplica-se também àquelas atividades definidas em sede constitucional ou legal como serviço público.

89. Cfr. R. Posner, "Theories of economic regulation", cit., p. 335. Na verdade, todas as manifestações de imperfeições referidas no texto são causa ou, então, conseqüência dos monopólios naturais.

apenas uma complementação ou correção das imperfeições do sistema, a análise da *extensão* dos poderes regulamentares é de pouca utilidade. Sendo a regulamentação direcionada a um aspecto específico do funcionamento daquele determinado setor, é necessário verificar a *profundidade* dos poderes conferidos ao órgão encarregado da fiscalização.

b.1.4) Os setores de energia elétrica e telecomunicações

Exemplo interessante dessa categoria pode ser encontrado em certos setores antes caracterizados como serviço público (em sentido formal) e que recentemente foram aproximados do sistema de mercado. Referência é feita, evidentemente, às recentes leis e regulamentações, em especial do setor elétrico e de telecomunicações, que procuram estabelecer sistemas híbridos, aliando ao sistema tradicional das concessões e permissões (acompanhadas por vezes até mesmo dos instrumentos típicos — controle estatal do preço e quantidade produzida) uma tentativa de introdução do sistema concorrencial. A introdução do sistema concorrencial é limitada, no entanto, pela constante preocupação com as imperfeições estruturais dos respectivos mercados acima descritas (v. item 3.4.2, a.4).

No setor elétrico, para fazer frente a essas preocupações, adotou-se estratégia dúplice. De um lado, procurou-se eliminar uma das características desse mercado que mais o aproxima de um monopólio natural. Trata-se da alta porcentagem de custos fixos e irrecuperáveis consistentes nos investimentos necessários em infra-estrutura (v. *supra,* nota 61). Procurou-se garantir o acesso dos particulares interessados na privatização do setor aos fatores de produção pertencentes ao Estado. Assim é que a Lei n. 9.074, de 7.7.95, previu que as privatizações seguidas de concessão no setor elétrico poderão ser feitas sem reversão dos bens destinados ao serviço público (*v.g.*, linhas de transmissão) que eram utilizados (direito de uso) pelas empresas públicas (ou de economia mista) e continuarão a sê-lo pelos particulares (art. 28).

De outro lado, previu-se que a introdução do sistema competitivo seria gradual, permitindo assim aos consumidores uma gradual escolha dos fornecedores e distribuidores dos quais adquirirão a energia (Lei n. 9.074/95, Seção III, "Das opções de compra de energia elétrica por parte dos consumidores", arts. 15 e 16).

Mais recentemente, a Lei n. 9.648, de 27 de maio de 1998, reforçou a introdução de concorrência no setor elétrico, ao instituir gradualmente a livre comercialização de energia elétrica pelos geradores (art. 10).

Ao mesmo tempo, a Lei n. 9.648/98 alterou a Lei n. 9.427, de 26 de dezembro de 1996, que criou a Agência Nacional de Energia Elétrica (ANEEL), atribuindo a esta o poder de "estabelecer, com vistas a propiciar concorrência efetiva entre os agentes e a impedir a concentração econômica nos serviços e atividades de energia elétrica, restrições, limites ou condições para empresas, grupos empresariais e acionistas, quanto à obtenção e transferência de concessões, permissões e autorizações, à concentração societária e à realização de negócios entre si" (Lei n. 9.427/96, art. 3º, VIII, com a redação que lhe foi dada pela Lei n. 9.648/98). Essa norma estabelece poderes expressos para a Agência impedir a concentração empresarial que possa prejudicar a concorrência recém-introduzida no setor. Ela é acompanhada de um enunciado genérico em favor do controle concorrencial pela ANEEL, a quem cabe "zelar pelo cumprimento da legislação de defesa da concorrência, monitorando e acompanhando as práticas de mercado dos agentes do setor de energia elétrica" (Lei n. 9.427/96, art. 3º, IX, com a redação que lhe foi dada pela Lei n. 9.648/98).

Percebe-se uma clara opção legislativa pela introdução de concorrência no setor. Não obstante, essa opção convive com normas restritivas da atividade econômica, especialmente no que diz respeito a transmissao e distribuiçao de energia, que sao amplamente reguladas em aspectos fundamentais como preço, quantidade produzida e entrada e saída de agentes (Leis ns. 8.987/95; 9.074/95, arts. 4º e ss.; 9.427/96, arts. 14 e ss.; e 9.648/98, art. 9º, parágrafo único). Essa opção é, diga-se de passagem, correta no setor elétrico. A presença importante de externalidades sociais no setor faz com que ele não deva ser deixado exclusivamente nas mãos de agentes privados, ainda que regulados. A recente crise de energia enfrentada nos anos de 2001 e 2002, e motivada, entre outros fatores, pelo desinteresse dos particulares em investir, demonstra que não só a regulação, mas também a presença firme e direta do Estado neste setor é fundamental.

Assim, embora as normas introduzidas pela Lei n. 9.648/98 reconheçam a aplicação da lei concorrencial ao setor elétrico, a conclusão é que o sistema atual é híbrido, oscilando entre a introdução gradual de livre concorrência e o controle pela regulação. Em situações como essa só haveria imunidade antitruste se a ANEEL exercesse de forma profunda o poder de que dispõe. Evidentemente não basta o fato de a lei continuar a tratar o serviço de energia elétrica como serviço público (Lei n. 9.427/96, art. 3º, III). Seria preciso que esse serviço fosse efetivamente controlado em todas as suas variáveis fundamentais, o que hoje não ocorre.

Portanto, no atual quadro institucional deve-se reconhecer – ainda que com limites – a aplicação da lei concorrencial ao setor elétrico. Para que esses limites sejam determinados com clareza, é fundamental a boa interação entre o sistema regulamentar e o sistema concorrencial.

Tentativas de interação entre os sistemas vêm sendo feitas, porém com resultados insatisfatórios. O poder atribuído à ANEEL de aplicar a lei concorrencial limitou-se ao estabelecimento de regras para a concentração empresarial no setor (Resolução ANEEL n. 278, de 19 de julho de 2000) e à celebração de convênios de caráter genérico com SDE, SEAE e CADE. Com base nesses convênios a ANEEL emite pareceres sobre atos de concentração submetidos ao CADE, sem prejuízo de que SEAE e SDE façam o mesmo. Trata-se de um caso típico de duplicação de trabalho e má utilização dos recursos públicos, causadas pela indefinição no relacionamento entre sistema regulamentar e concorrencial.

No setor de telecomunicações a situação parece mais clara. A opção do legislador pelo sistema concorrencial é bem mais evidente. Como na regulamentação da energia elétrica procura-se de início eliminar as características estruturais do setor a aproximá-lo dos monopólios naturais. A primeira preocupação é garantir o amplo acesso de todas as operadoras à rede pública de telecomunicações, bem de valor inestimável e que não pode nem física nem economicamente ser duplicado. Por essa razão a Lei Geral de Telecomunicações (Lei n. 9.472, de 16 de julho de 1997) estabelece a obrigatoriedade da interconexão à rede pública (art. 147, que as denomina de "redes de telecomunicações destinadas a dar suporte à prestação de serviços de interesse coletivo") ao mesmo tempo que dispõe que esta deverá ser realizada de forma não discriminatória e em estímulo à competição (art. 152).[90]

Evidentemente isso não basta. Existem outras características estruturais do setor que limitam a competição, as quais o legislador parece não ter demonstrado intenção de combater. Esse é o caso típico da regulamentação da participação dos agentes privados no setor da telefonia celular (a chamada *banda B*). O tão repetido intuito de estimular a competição no setor restringiu-se na prática a dois aspectos. Em primeiro lugar, à existência de licitação, e portanto concorrência verdadeira no momento inicial (relembrando portanto a já citada e criticada perspectiva da Escola de Chicago traduzida no *Demsetz auction* (v. *supra,* n. 3.4.2, a.4, em especial notas 62 a 64 e texto). E, em segundo lugar, a existência de uma outra operadora na *banda A*. Havendo apenas um operador na *banda B,* o sistema operará no regime de duopólio. A escolha desse regime parece ter sido motivada pelo intuito de aumentar o valor da concessão (já que há o valor adicional da participação em um duopólio) e pela mencionada desconfiança na eficácia do sistema competitivo em um setor em que há dúvidas quanto à possibilidade de eliminação das características básicas dos monopólios naturais. Recentemente esse quadro foi alterado por força da regulamentação de um novo serviço pela ANATEL, o *Serviço Móvel Pessoal* (SMP), concorrente do serviço de telefonia celular (Serviço Móvel Celular – SMC) e dotado de tecnologia mais avançada. Essa regulamentação, iniciada pelas Diretrizes para Implementação do Serviço Móvel Pessoal (Resolução n. 235, de 21 de setembro de 2000), prevê a outorga de três licenças de SMP para cada uma das três regiões nas quais o

90. Por meio da Resolução n. 40, de 23 de julho de 1998, a ANATEL detalhou as condições em que a interconexão será obrigatória. Para que essa obrigação seja cumprida adequadamente, as prestadoras de serviços de telecomunicação de interesse coletivo deverão compartilhar seus equipamentos e sua infra-estrutura com as prestadoras que solicitarem a interconexão (art. 33), observando em seu planejamento, para tanto, "a necessidade de dispor de infra-estrutura, em área localizada nas mesmas instalações de ponto de interconexão ou ponto de presença para interconexão, para instalação de equipamentos de terceiros utilizado para a interconexão" (art. 34). Se as partes contratantes não chegarem a um acordo sobre os termos do acordo de interconexão a questão deverá ser submetida à arbitragem administrativa pela ANATEL.

território brasileiro foi dividido. Há também restrições à participação cruzada, à semelhança do que foi feito com a telefonia fixa e celular. Com isso espera-se aumentar o grau de concorrência no setor, pela maior diversidade de empresas ofertando serviços móveis de telecomunicações. Resta saber se essa opção por um sistema competitivo "pela metade" será suficiente para resolver os problemas crônicos do setor (falta de investimentos e ineficiência) que imaginava-se poder solucionar exatamente através da introdução do sistema concorrencial.

Deve-se louvar, no entanto, a definição firme em sede legislativa do relacionamento entre o sistema regulamentar e o concorrencial e as agências encarregadas das respectivas tutelas. Na lei das telecomunicações, as competências para o controle concorrencial são virtualmente repartidas entre a Agência Nacional de Telecomunicações e o CADE. Prevê o art. 7º que todos os atos de concentração serão levados à apreciação do CADE por meio do órgão regulador, que ao fazê-lo poderá e deverá prestar esclarecimentos sobre as características concorrenciais específicas do setor. Mais adiante prevê o art. 19, inc. XIX, que cabe à Agência Nacional de Telecomunicações "exercer, relativamente às telecomunicações, as competências legais em matéria de controle, prevenção e repressão das infrações da ordem econômica, ressalvadas as pertencentes ao Conselho Administrativo de Defesa Econômica-CADE".

Dessas duas regras é possível dessumir que o legislador resolveu deixar à nova Agência a investigação e o julgamento preliminar das infrações à ordem econômica, que no sistema da Lei n. 8.884/94 incumbem à SDE, e não ao CADE. A cargo da Agência fica, portanto, o controle preliminar das condutas. Já ao CADE cabe o controle em grau de recurso (da decisão da ANATEL sobre o arquivamento ou não do processo).

No que diz respeito ao controle das estruturas a divisão de competências é a mesma. A ANATEL substitui SDE e SEAE na elaboração de parecer técnico sobre atos de concentração e cooperação, encaminhando-o ao CADE, a quem cabe aprovar ou não o ato, com ou sem restrições. Para que ficasse claro o procedimento relacionado ao controle das estruturas no setor de telecomunicações foi editada pela ANATEL a Norma n. 04/98.

b.1.5) O caso do sistema financeiro nacional

Existe, ainda, uma terceira categoria de situações não mencionada acima em qualquer das análises que merece atenção especial. Trata-se daquelas situações em que o interesse em proteger um determinado grupo da população, considerado mais frágil, submete determinado setor a um regime de autorização para funcionamento e fiscalização governamental. Não há, aí, qualquer efeito redistributivo ou qualquer intuito de corrigir imperfeições do mercado.

No sistema brasileiro, exemplo bastante eloqüente desse tipo de situação, que requer especial atenção tanto na análise do exercício do poder regulamentar para autorizar condutas ou do poder de fiscalização para autorizar a formação de estruturas, é o sistema financeiro nacional.

Aplicando o critério acima desenvolvido e especificado para a análise da *profundidade* do poder regulamentar, é preciso verificar a presença de: (a) dispositivos legais e constitucionais regulamentando ao menos o gênero de comportamento ou situação em análise; (b) órgão estatal ou agência regulamentar independente encarregada da fiscalização do setor específico, autorizada a levar em consideração todos os aspectos envolvidos, inclusive os efeitos sobre o mercado; (c) efetiva atuação desse órgão no controle e fiscalização do setor, que demonstre sua consideração dos aspectos mercadológicos. Note-se que, aqui, o requisito refere-se à atividade habitual do órgão. Não é necessário que para aquele ato específico se tenha feito referência às conseqüências mercadológicas.

A presença de todos esses requisitos é necessária, pois não há incompatibilidade estrutural claramente estabelecida pela Constituição entre a regulamentação e o controle da concorrência. É possível que a regulamentação vise apenas a complementar o sistema concorrencial, garantindo exatamente o seu bom funcionamento. Nesse caso, a única forma de não se sujeitar à lei concorrencial, em face da já mencionada abrangência do art. 15 da Lei n. 8.884/94, é caracterizá-la como uma conduta *justificada*. Com efeito, grande parte das condutas previstas no art. 21 só são ilícitas quando injustificadas (v., por exemplo, incs. XX, XXI e XXIV). Obviamente, a autorização dada por outro órgão estatal com competência e capacidade para analisar tais condutas do ponto de vista concorrencial é *causa justificadora*, capaz de afastar a existência do ilícito.

No caso das instituições financeiras, essa justificativa infelizmente ainda não existe. Diz-se infelizmente porque o mercado financeiro é setor onde o conhecimento técnico específico é necessário inclusive para avaliar corretamente as conseqüências dos atos e contratos sobre o mercado.[91] Um aumento de preços abusivo ou mesmo os efeitos concorrenciais de uma concentração não podem ser sequer detectados sem a participação do Banco Central.

A fiscalização das instituições financeiras, também do ponto de vista concorrencial, é perfeitamente possível ao Banco Central. A Lei n. 4.595, de 31 de dezembro de 1964, prevê, em seu art. 10, inc. X, letras "c" e "g", que toda fusão, incorporação, transformação e alienação de controle das empresas deve ser autorizada pelo Banco Central. O Banco Central tem, portanto, com relação às instituições financeiras, a mesma competência fiscalizatória atribuída pelo art. 54 ao CADE com relação à generalidade das empresas. Tratando-se, por outro lado, a lei bancária de regulamento específico, não pode ser derrogada pelas disposições mais genéricas da lei concorrencial.

O mesmo pode ser dito com relação ao controle das condutas. O art. 11, inc. VII, da mesma Lei n. 4.595/64 prevê que ao Banco Central compete "exercer permanente vigilância nos mer-

91. É internacional a tendência no sentido da especialização do tratamento dos bancos e instituições financeiras em geral, inclusive nos aspectos concorrenciais — na Alemanha o paragraph 44, Abs. 2 *GWB* prevê que para qualquer sanção à instituição financeira seu órgão especial de controle deve ser consultado e a sanção só pode ser aplicada havendo acordo entre o órgão de controle da concorrência e o órgão controlador da instituição financeira específica (na Alemanha existem órgãos diversos para controle de bancos, companhias de seguro etc.). Havendo desacordo entre ambos, a questão deve ser decidida pelo Ministro da Economia. Nos EUA, desde 1966 os atos que impliquem concentração no setor bancário são imunes à aplicação do *Sherman Act* e do *Clayton Act*, estando sujeitos a regulamentação específica — *Bank Merger Act* 1966. Não foi criado, no entanto, qualquer órgão específico para o seu controle. Finalmente, no Japão, as atividades do Bancos são supervisionadas quase em sua inteireza pelo MOF (*Ministry of Finance*), cabendo à *FTC* japonesa pouco mais que acatar as decisões daquele órgão inclusive no que respeita às conseqüências dos atos ou contratos para o mercado; v., para esse último caso, M. Matsushita, *International Trade and Competition Law in Japan*, cit., pp. 7 e ss.

cados financeiros e de capitais sobre empresas que, direta ou indiretamente, interfiram nesses mercados e em relação às modalidades ou processos operacionais que utilizem". É possível, portanto, também ao Banco Central o controle das condutas.

Mais do que isso. Os fins da atuação do Banco Central do Brasil são absolutamente consentâneos com a aplicação do direito concorrencial. A própria Lei n. 4.595/64 expressamente estabelece, em seu art. 18, § 2º, que "o Banco Central do Brasil, no exercício da fiscalização que lhe compete, regulará as condições de concorrência entre as instituições financeiras, coibindo-lhes os abusos nos termos desta Lei".

Duas outras razões fortíssimas induzem a esta conclusão. Em primeiro lugar, exercendo o Banco Central poder de polícia administrativo, deve obedecer, pelas razões antes analisadas, aos princípios concorrenciais em sua atuação. A segunda razão é ainda mais forte. A proteção da poupança popular, objetivo-chave de atuação das autoridades de tutela do sistema financeiro nacional (v. art. 3º, inciso VI — objetivos gerais da política do Conselho Monetário Nacional, aplicável ao Banco Central do Brasil por ser este o responsável por dar-lhe atuação), é perfeitamente compatível com os objetivos concorrenciais. Aliás, esses últimos objetivos lhe são instrumentais. A excessiva concentração de instituições financeiras, ao invés de diminuir, aumenta os riscos para a poupança popular. Quanto maior for o tamanho de uma instituição financeira, tanto maiores e mais sérios serão os prejuízos causados por suas dificuldades e por sua quebra. Dessa forma, uma política coerente de proteção à poupança popular deve levar em consideração o dado concorrencial.

Cumpridos estão, portanto, os requisitos previstos nas letras "a" e "b" referidas acima. Falta, no entanto, o requisito "c", que é fundamental para a caracterização do poder como *pervasive*. O Banco Central jamais exerceu sua competência teórica em matéria concorrencial. Não é possível em qualquer justificativa ou exposição de motivos de normativos identificar qualquer referência a análise da situação do ponto de vista concorrencial. Portanto, em sua profundidade, o poder do BC não pode ser considerado *pervasive* e as condutas por ele aprovadas não podem ser tidas como imunes à aplicação do direito concorrencial e à revisão do órgão especificamente encarregado dessa função (CADE), pelo menos até que ele demonstre a efetiva assunção da fiscalização do setor financeiro, também do ponto de vista concorrencial. Perfeitamente possível, portanto, nessa esfera, não só a revisão judicial mas também a revisão administrativa do próprio ato administrativo. O não exercício de uma competência legal em sua plenitude por um determinado órgão e a existência de competência concorrente de outro órgão tornam essa postura necessária.

### *3.4.3 Avaliação geral das justificativas*

Uma conclusão geral a respeito das justificativas para os atos de concentração e cooperação é ainda mais difícil que a conclusão a respeito do montante e do significado da limitação à concorrência.

A razão é que, enquanto nesse último caso é possível definir padrões gerais de apreciação tanto das concentrações como dos atos e contratos que implicam cooperação econômica, no primeiro isso não é possível.

As justificativas para uma concentração nem sempre se aplicam à cooperação, e vice-versa. Tome-se, por exemplo, a eficiência (produtiva). É exatamente a sua presença nas concentrações e sua ausência nos acordos que visam apenas a cooperação entre empresas que constituem uma das diferenças principais entre as duas estruturas. É a possibilidade de união física ou econômica de ambas as organizações empresariais que torna possível racionalizar a produção e obter economias de escala. Essa união, como visto, ocorre apenas nas concentrações, e não nas estruturas que visam a cooperação empresarial. Essa é, por exemplo, a razão para o tratamento mais favorável dado às concentrações no direito antitruste americano.[92]

Também as justificativas baseadas em objetivos de política industrial são diversas para cada uma das hipóteses consideradas. Enquanto esses objetivos servem, via de regra, para justificar a cooperação econômica em uma gama variada de situações, para as concentrações sua utilização é bem mais restrita, limitando-se a casos em que a cooperação não é eficaz ou não pode ser convenientemente controlada. É o que ocorre, *v.g.*, nas situa-

92. V., nesse sentido, entre outros, P. Areeda, D. Turner, *Antitrust law*, v. IV, cit., p. 3 e R. Bork, *The antitrust paradox*, cit., p. 67.

ções de crise irreversível da empresa e nos casos em que integração empresarial é instrumental para o desenvolvimento tecnológico.

Nota-se, portanto, que as diferentes justificativas parecem direcionar a aplicação do direito antitruste em sentido exatamente oposto em relação a cada uma das formas de integração (concentração e cooperação). Enquanto a eficiência parece sugerir um tratamento mais favorável às concentrações, a política industrial favorece a cooperação.

Esse fato tem duas conseqüências importantes. Em primeiro lugar, demonstra não ser possível aplicar a ambas tratamento totalmente diferenciado. Não é possível, portanto, aplicar às cooperações econômicas uma regra de ilicitude *per se* e às concentrações uma regra da razão. Por outro lado, e essa é a segunda conseqüência, a regra da razão não pode ser idêntica para ambas. Se as razões que as podem justificar são distintas, impor a presença de ambas as causas justificativas (eficiência e correspondência a objetivos de política industrial) implicaria, na prática, considerar ambas as hipóteses *per se* ilícitas. Esse é um dos problemas que torna mais complicada a interpretação do art. 54 da lei brasileira, que estabelece uma disciplina unitária para as duas hipóteses de integração. Dar-lhe a correta interpretação sistemática e teleológica, atribuindo a importância devida a cada uma das justificativas existentes, é um dos principais objetivos do próximo capítulo.

### 3.5 *Poder no mercado, dominação do mercado e abuso de posição dominante*

Antes de passar à análise das estruturas do poder no mercado é necessário, ainda, em sede de elaboração dos traços básicos de uma teoria geral do poder no mercado, verificar se é possível aplicar os princípios retrodefinidos à disciplina dos comportamentos.

A análise de cada um desses comportamentos claramente não é o objeto do presente trabalho. Cada um deles envolve considerações jurídicas e econômicas complexas, que mereceriam uma análise monográfica separada.

O que se deve fazer aqui, em sede de elaboração de uma teoria geral do poder no mercado no sistema concorrencial, é simplesmente definir as formas pelas quais a existência desse poder pode ser utilizada como critério para diferenciar tais tipos de condutas. Para aquelas condutas em que a existência de poder no mercado por parte do sujeito ativo é indispensável, os critérios desenvolvidos no presente capítulo podem oferecer parâmetros para a determinação de sua licitude.

A lei brasileira utiliza terminologia variada e assistemática para identificar os diversos comportamentos. O art. 20, inc. II, tratando dos comportamentos que podem levar à formação de posições de poder, refere-se aos atos tendentes a "dominar o mercado relevante de bens e serviços". Quanto àqueles ilícitos que, para sua caracterização, pressupõem a existência de poder no mercado a lei utiliza a expressão "posição dominante" (inc. IV). Finalmente, para os ilícitos de concorrência desleal, que não requerem a existência de poder no mercado por parte do sujeito ativo, a lei se refere a atos que possam "limitar, falsear ou de qualquer forma prejudicar a livre concorrência ou a livre iniciativa" (inc. I). Por já terem sido esses últimos objeto de análise no capítulo inicial (1.7), não se relacionando à teoria geral do poder no mercado, não serão objeto de análise nessa sede, que se restringirá apenas à análise das duas primeiras figuras.

No primeiro caso, não se parte de uma posição de poder no mercado e nem tampouco a posição a que se chegará é economicamente mensurável. Trata-se de um comportamento que a lei não considera *per se* ilícito, mas contrário ao ordenamento apenas na medida em que possa levar à formação de uma posição de poder no mercado.

Se assim é, obviamente não é possível utilizar os critérios de identificação do poder no mercado, mas apenas seus critérios de sancionamento. Até porque pouco importa o montante do poder no mercado a ser obtido no final. O comportamento é o pressuposto, enquanto o poder no mercado é o qualificador. Para que esse qualificador seja suficiente para caracterizar a ilicitude faz-se necessária a presença dos critérios de sancionamento, sintetizados na regra há pouco formulada.

A pergunta que naturalmente se segue é como justificar a classificação de certas hipóteses do art. 21 da lei concorrencial brasileira nessa categoria, do ponto de vista estritamente positivo. É evidente que classificar essas hipóteses como atos tendentes à dominação do mercado implica reduzir seu âmbito de aplicação. O argumento que naturalmente se poderia opor a tal enquadramento é aquele já exposto no capítulo 1. Se o art. 20 contém quatro hipóteses gerais de enquadramento e as situações do art. 21 são ilícitas toda vez que configurarem *qualquer* uma daquelas hipóteses, inclusive aquela mais geral, de concorrência desleal, prevista no art. 20, inc. I (em que a ilicitude decorre *per se* do comportamento), uma limitação desse tipo pode parecer ilegal.

Ora, exatamente porque um enquadramento dessa maneira amplo não estava nas cogitações do legislador, derivando exclusivamente das especiais condições de germinação do referido dispositivo da lei brasileira (v., *supra*, n. 1.7), as hipóteses de "atos tendentes à dominação do mercado" vêm também previstas em outros dispositivos da lei e submetidas à regra da razão. É o caso das situações descritas nos incs. I, II, III, X e XI do art. 21. Esses dispositivos englobam várias hipóteses possíveis de cooperação, horizontal ou vertical, entre agentes econômicos. Ocorre que todas essas situações se enquadram na regra geral do art. 54, que submete a controle todos os atos e contratos que possam levar à limitação da concorrência ou à dominação do mercado (o que, evidentemente, se verifica nos casos de cooperação entre agentes econômicos — a maior prova disso é que o próprio art. 54 é, como se verá no capítulo 4, reprodução quase fiel do art. 81 do Tratado CEE, aplicável à cooperação entre empresas). Portanto, essas hipóteses estão sujeitas à regra da razão daquele dispositivo. A própria letra da lei confirma essa hipótese. Exatamente a mesma expressão "limitar ou de qualquer forma prejudicar a livre concorrência", que aparece no art. 20, inc. I, como caracterizadora de ilícito *per se*, é mencionada no art. 54, *caput*, como mero critério de identificação de situações que estarão sujeitas ao controle do CADE e à aplicação da regra da razão ali contida.

Nos ilícitos caracterizadores de abuso de posição dominante, o poder no mercado, ao contrário da hipótese anterior, é um pressuposto, e não uma conseqüência dos comportamentos. Por esse motivo, os critérios utilizados para avaliação do poder no mercado são os critérios de identificação, e não aqueles de sancionamento. E a justificativa para isso é óbvia. Os critérios de sancionamento nada mais são que características estruturais de um determinado mercado, setor ou mesmo, situação empresarial que tornam provável e presumível o comportamento abusivo por parte do agente com posição dominante. Nos casos de abuso de posição dominante, o próprio comportamento está presente, tornando inútil a procura de critérios para a sua presunção.

O importante é, assim, identificar o poder no mercado que, aliado a esse comportamento, pode caracterizar a ilicitude. É, de resto, o próprio art. 20, §§ 2º e 3º, a definir a posição dominante, nos termos dos critérios de identificação acima expostos.

Também aqui deve ser feita indagação análoga à formulada há pouco com respeito aos atos tendentes à dominação do mercado. Como é possível distinguir das demais as hipóteses do art. 21 que constituem abuso de posição dominante e que, portanto, requerem a existência de poder no mercado para a sua caracterização? Aqui, a identificação é bem mais fácil e lógica. Não há sequer a possibilidade teórica de confundir essas hipóteses com as de concorrência desleal ou com os atos tendentes à dominação do mercado, motivo pelo qual não é necessário recorrer a qualquer outro dispositivo da lei para justificar o enquadramento proposto.

Ocorre que o abuso de posição dominante tem uma peculiaridade muito importante relativamente a essas duas outras figuras. Nesse tipo de ilícito o sujeito passivo direto é o consumidor. Nos demais (concorrência desleal e atos tendentes à dominação do mercado), o sujeito passivo direto é o concorrente, o ferimento aos interesses dos consumidores é apenas mediato, decorrente do abalo sofrido pelo sistema concorrencial. Assim sendo, o critério prático para identificar o abuso do poder econômico é determinar o sujeito passivo do delito. Tratando-se do consumidor, há ilícito de abuso de posição dominante.[93-94]

93. Como visto *supra* (n. 2.1.4, letra "b") o aumento arbitrário dos lucros nada mais é do que uma espécie do gênero abuso de posição dominante. Assim sendo, não é necessário diferenciá-lo da hipótese aqui tratada.

94. A pergunta que restaria seria apenas se é possível caracterizar abuso de posição dominante nas relações entre concorrentes. A resposta é que sim, mas que todos esses ilícitos também configuram atos tendentes à dominação do mercado — que é categoria mais ampla, por não exigir a presença do poder no mercado como causa, mas apenas como conseqüência. Assim sendo, o tipo "abu-

As hipóteses caracterizadoras do abuso de posição dominante são, ainda, de mais fácil identificação quando se verifica que elas não fazem sentido e não representam qualquer perigo ao consumidor sem a presença de poder no mercado por parte do sujeito ativo. É o que ocorre com o aumento injustificado dos preços (art. 21, inc. XXIV). Como visto retro, o aumento dos preços só será racionalmente viável e potencialmente danoso ao consumidor caso o agente econômico seja dotado de poder no mercado.

O mesmo ocorre com as hipóteses previstas nos incisos XII, XIII e XX a XXIII. A discriminação entre adquirentes (inc. XII) só é possível se os consumidores discriminados não tiverem acesso a outros produtos ou mesmo à região em que o agente econômico vende a preços mais baixos. A recusa de venda de bens ou serviços (inc. XIII) só poderá afetar os consumidores se não houver produtores concorrentes ou produtos substitutos. Todas aquelas hipóteses de retenção ou diminuição da produção (incs. XX a XXII) só terão efeito sobre os preços ou sobre a satisfação dos consumidores em ausência de concorrência. Finalmente, a subordinação de um bem à aquisição de outro só falseia de qualquer modo o processo concorrencial, levando o consumidor a adquirir produto que normalmente não adquiriria, caso o produto principal seja para ele essencial, não seja fornecido por concorrentes e não tenha substitutos. Em todos os casos, portanto, o poder no mercado é requisito lógico necessário para a caracterização do ilícito.

so de posição dominante" é inútil e despido de interesse aplicativo nas relações entre concorrentes.

*Capítulo 4*
# *AS ESTRUTURAS ORGANIZATIVAS DO PODER NO MERCADO*

## *4.1 Cooperação* vs. *concentração empresarial*

Tão citadas quanto pouco compreendidas são as noções de *truste* e *cartel* no direito concorrencial. São elas as duas estruturas básicas através das quais o poder no mercado se constitui. Isso não quer dizer que sejam essas as duas únicas formas possíveis de constituição de poder no mercado.

O poder no mercado pode decorrer ainda do crescimento interno. Nesse caso, o ganho de espaço no mercado é conseqüência direta da maior eficiência do agente econômico e da efetiva repartição dos ganhos de eficiência com os consumidores (v., *supra*, n. 3.4.1, letra "b"). Nesse caso, pelos motivos já vistos, o poder no mercado não constitui razão de preocupação para o direito antitruste.

É possível ainda que a criação do poder no mercado decorra da eliminação dos concorrentes. Há aí, sem dúvida, comportamentos ilícitos caracterizadores de concorrência desleal ou de atuação tendente à dominação do mercado. Como visto no capítulo 1, esse tipo de comportamento ainda que objeto de preocupação do direito concorrencial, não pode ser explicado ou analisado exclusivamente a partir da teoria geral do poder no mercado. Como tal, não será objeto de estudo no presente trabalho, cujo objetivo é apenas uma análise estrutural, e não uma análise comportamental do poder no mercado.

Uma análise estrutural deve-se concentrar, portanto, nas duas formas tradicionais acima mencionadas (*trustes* e *cartéis*).

Uma vez retiradas do contexto lingüístico-jurídico do qual provêm (o direito antitruste americano),[1] correspondem elas respectivamente à análise da concentração e da cooperação empresarial. É tradicional no direito antitruste a postura mais rigorosa em relação à cooperação empresarial, sobretudo aquela que se resume à formação de cartéis de preços ou de quantidades produzidas. Nos EUA, por exemplo, esse tipo de acordo é ainda tratado como ilícito *per se.* Apenas recentemente passou-se a reconhecer uma justificativa bastante tímida para essas estruturas, exigindo-se, a presença de poder no mercado para caracterizar a ilicitude (regra da razão no sentido clássico). A justificativa apresentada para o tratamento diferenciado relativamente às concentrações econômicas é que só com relação a estas últimas pode-se presumir a existência de eficiência.[2]

Essa diferenciação é insustentável, ao menos nos termos peremptórios em que é formulada. Entre as duas situações (concentração e cooperação) é possível sim individualizar diferenças específicas na aplicação da regra da razão, mas não sustentar que apenas a concentração a ela se sujeita enquanto que qualquer estrutura erigida para a cooperação empresarial seja *per se* ilícita.

Existem várias razões para essa afirmação. Para a compreensão de muitas delas é imprescindível o aprofundamento da noção de cooperação econômica entre empresas, o que se fará a seguir. Já de início, e mesmo antes dessa análise mais aprofundada, é possível contestar o principal dos argumentos utilizados para defender a aplicação de uma regra *per se* a (certas formas de) cooperação. Trata-se da famosa afirmação de que as formas

1. Bem conhecida é a origem do termo *antitrust* no sistema americano. Foi a ligação da especial forma de organização das grandes empresas que se estavam concentrando à época da emanação do *Sherman Act* — 1890 (em especial o tão odiado *Standard Oil Trust*) à própria gênese da concentração empresarial e dos abusos realizados pelos monopolistas que levou à adoção da denominação metonímica de *antitrust law* para aquele sistema de regras destinado a controlar as concentrações e coibir os abusos monopolísticos. Obviamente, no entanto, as regras então emanadas sempre foram aplicáveis às ditas hipóteses, fosse qual fosse a forma societária do monopolista.

2. V. R. Bork, *The antitrust paradox*, cit., p. 67; v., também, manifestando-se expressamente e rejeitando, sempre em nome da eficiência (no sentido neoclássico), todas as justificativas para a cooperação econômica, R. Posner, F. Easterbrook, *Antitrust — Cases, economic notes and other materials*, cit., pp. 114 e ss.

de cooperação, por não permitirem a integração total da atividade empresarial — como ocorre nas concentrações — são muito menos aptas do que estas a gerar eficiência produtiva. Ao contrário, as formas de cooperação econômica seriam instrumentos de criação da ineficiência alocativa.[3]

A afirmação peca em ambos os sentidos. Nem a concentração garante a eficiência, nem a cooperação é totalmente despida de justificativa econômica. De um lado, como já visto no capítulo anterior, não é possível presumir nem mesmo nas concentrações o ganho de eficiência líquida. De outro lado, a cooperação de empresas pode ser economicamente muito útil, por razões outras que não a eficiência. Exemplos importantes são os já citados casos de cooperação empresarial para proteção das empresas em situação de crise e para a promoção do desenvolvimento tecnológico.

Assim, é justificável jurídica e economicamente a aplicação da regra da razão em seu sentido próprio, como definida no capítulo anterior, também para as situações de cooperação empresarial. O legislador brasileiro previu no art. 54 uma regra da razão que pode ser aplicada também às cooperações econômicas. Andou bem ao prever uma regra da razão para ambos os casos. O mesmo não se pode dizer com relação ao conteúdo da regra da razão. O tratamento *unitário* adotado pelo legislador no art. 54 da lei concorrencial é bastante problemático. O conteúdo da regra da razão a ser aplicada a cada um dos casos não pode ser coincidente, em função da diferença fundamental de natureza entre as duas estruturas. Cabe portanto ao intérprete fazer as diferenças necessárias na aplicação da lei.

A cooperação empresarial é caracterizada pela uniformização de certos comportamentos ou pela realização de certa atividade conjunta, sem interferir com a autonomia de cada empresa, que permanece substancialmente independente naqueles aspectos de atividade não sujeitos ao acordo. Para que ocorra uma concentração empresarial, ao contrário, é fundamental que as empresas possam ser consideradas como um único agente do ponto de vista econômico *para todas as operações por elas realizadas*. Não ocorre simplesmente uma uniformização de certos comportamentos de mercado ou realização de certa atividade co-

3. Cfr. R. Bork, *The antitrust paradox*, cit., p. 67.

mum. Tanto o comportamento no mercado quanto a forma interna de produção e comercialização deve estar sujeita a um único centro decisório, permitindo considerá-las como um único agente do ponto de vista econômico *em todas as operações por elas realizadas*. Para isso não basta a existência de um acordo. É necessária uma mudança estrutural duradoura nas empresas, que permita pressupor essa ampla uniformidade econômica.[4]

Essa distinção tem efeitos práticos muito relevantes. Na verdade, o seu real fundamento são os diferentes efeitos econômicos produzidos por cada uma das diferentes formas jurídicas. A distinção entre concentração e cooperação empresarial é, no campo do direito concorrencial, direcionada antes de tudo a distinguir as diferentes conseqüências econômicas de cada uma e possibilitar a aplicação da disciplina adequada.

Como se verá, no caso das concentrações, havendo unificação total das decisões empresarialmente relevantes (produção, investimento, tecnologia e vendas), deverá ser observado se essa unificação é capaz de gerar relevante eficiência produtiva (no sentido distributivo, já especificado no n. 3.4.1, b).

Tratando-se de cooperação, havendo acordo apenas a respeito de certos aspectos (mercadológicos), é necessário verificar se essa nova estrutura traz algum benefício para o consumidor, ou seja, se o acordo ou a cooperação é necessário para eliminar alguma disfunção do mercado. Como se verá, nesses casos, faz pouco sentido falar em eficiência (produtiva).

Tipicamente, a forma jurídica da cooperação econômica é o contrato, enquanto a concentração se perfaz através de algum

4. Essa definição de concentração é dada na exposição de motivos (*considerando* n. 23) do Regulamento do Conselho CEE n. 4.064, de 21.12.89, sobre controle das concentrações: "Whereas it is appropriate to define the concept of concentration in such a manner as to cover only operations bringing about a durable change in the structure of the undertakings concerned; whereas it is therefore necessary to exclude from the scope of this Regulation those operations which have as their object or effect the coordination of the competitive behaviour of independent undertakings, since such operations fall to be examined under the appropriate provisions of Regulations implementing Article 85 or Article 86 of the Treaty; whereas it is appropriate to make this distinction specifically in the case of the creation of joint ventures (...)". A acentuada perspectiva organizativa fica clara ao se observar que o *considerando* n. 3 afirma que as concentrações devem ser vistas como uma espécie de *corporate reorganizations*; v., a respeito, P. Bos, J. Stuyck, P. Wyntick, *Concentration control in the european economic community*, cit., pp. 138-139.

tipo de mudança estrutural societária.[5] Por esse motivo, o estudo das formas societárias está tradicionalmente associado ao controle das concentrações. Como se procurará demonstrar no presente capítulo, essa análise não é totalmente correta. Existem formas de vinculação societária que não podem dar origem a concentração econômica, mas sim a estruturas cooperativas, assim, como existem formas contratuais que podem dar origem a concentração.

Para determinar quais são essas formas e como é possível admitir a produção das respectivas conseqüências econômicas é necessário determinar as relações entre as mudanças estruturais societárias e as transformações econômicas. Esse será o objeto do primeiro tópico do presente capítulo. Traduzida em termos jurídicos, essa frase significa que se procurará analisar a relação entre direito concorrencial e direito societário.

O direito societário tem, em relação ao direito concorrencial, duas funções diversas: uma ativa e a outra meramente cognitiva. A função ativa está em contribuir para que as decisões econômicas a respeito das formas de crescimento empresarial, interno ou baseado em formas concentracionistas ou cooperativas, não sejam desequilibradas pelo dado jurídico. Trata-se de zelar pela chamada "neutralidade concorrencial do direito societário", ou seja, impedir que sua especial conformação possa estimular excessivamente a concentração ou cooperação empresarial em detrimento do crescimento interno. A função aqui chamada cognitiva consiste em fornecer os instrumentos para diferenciação entre concentração e cooperação empresarial. Nesse tópico, é importante diferenciar os objetivos do direito societário dos objetivos do direito concorrencial, para verificar que tipo de conceito societário melhor se adapta à identificação dessas estruturas.

É exatamente à análise desses dois diferentes aspectos que se dedicará o tópico seguinte.

## *4.2 Direito societário e direito concorrencial*

### *4.2.1 O problema da "neutralidade" do direito societário*

Desde os anos 30 discute-se a respeito da utilização concorrencial do direito societário. Já àquela época afirmava a Escola

5. Cfr. H. J. Mestmäcker, *Europäisches Wettbewerbsrecht*, cit., p. 400.

*ordo-liberal* de Freiburg que a ordem econômica é caracterizada por uma decisão fundamental (*Grundentscheidung*) a favor de um ordenamento economicamente eficiente da sociedade.[6] A ele dever-se-iam adaptar todos os campos do direito, inclusive o direito privado. O combate a formas organizativas que levam a distorções concorrenciais seria, portanto, tarefa inerente ao direito societário.

O sucesso dessa tese na legislação e na doutrina alemãs do imediato pós-guerra explica-se por razões históricas. A utilização do direito societário para fins concorrenciais, como meio de descartelização da indústria alemã, era intenção explícita das potências aliadas ocupantes. O projeto correspondia à política geral de enfraquecimento dos centros de poder econômico-industriais.[7] É bastante claro que a discussão, na forma como então se colocava, era fruto de particulares condições político-econômicas. Não se deve esquecer que à época a Alemanha não contava com uma lei antitruste. O que se pretendia era portanto utilizar o direito societário como substituto do direito concorrencial.[8]

A questão é analisada de outra forma nos dias de hoje. A doutrina dominante, como não poderia deixar de ser, nega a possibilidade de atribuição ao direito societário de uma tarefa específica de defesa da liberdade de concorrência e controle de concentrações e/ou cooperações empresariais.[9]

6. Aqui referido no sentido redistributivo e não no sentido neoclássico; v. *supra* 3.4.1, "b".

7. Cfr. B. Grossfeld, *Aktiengesellschaft, Unternehmenskonzentration und Kleinaktionär*, Tübingen, Mohr, 1968, pp. 15-16, que vê na relação feita, ainda hoje, entre utilização concorrencial do direito societário e política militar de desconcentração das potências aliadas ocupantes, uma das principais razões da persistente negativa da doutrina em atribuir qualquer função concorrencial ao direito societário.

8. Cfr. H. Wiedemann, *Gesellschaftsrecht*, cit., p. 725.

9. V. W. Jagenburg, "Aktienrecht als organisationsrecht", in *Die Aktiengesellschaft*, 1965, p. 158; H. G. Koppensteiner, "Faktischer Konzern und Konzentration", in *Zeitschrift für Unternehmens und Gesellschaftsrecht*, 1973, p. 4; P. Behrens, "Rechtpolitische Grundsatzfragen zu einer europäischen Regelung für Übernahmeangebote", in *Zeitschrift für Unternehmens und Gesellschaftsrecht*, 1975, p. 449, contra B. Grossfeld, *Aktiengesellschaft, Unternehmenskonzentration und Kleinaktionär*, cit., pp. 50 e ss. e *passim*. A questão, como é sabido, foi, também, discutida quando da elaboração da lei acionária alemã de 1965, resultando ao final a afirmação na exposição justificativa da lei da inaptidão do direito

Essa afirmação deve ser bem compreendida. Exatamente porque o direito societário deve ser neutro em relação ao direito concorrencial é necessário que haja coerência entre ambos. Seria com efeito paradoxal o ordenamento jurídico que, de um lado, avaliasse negativamente um comportamento e, de outro, incentivasse sua prática do ponto de vista organizativo.

Como visto no capítulo 2, o direito concorrencial tem uma preferência explícita pelo crescimento interno. Essa preferência explica-se. Só no caso de crescimento interno pode-se ter certeza de que os ganhos de eficiência foram repartidos com os consumidores. Pelos mesmos motivos, apenas no caso de crescimento interno, pode-se ter certeza da criação líquida de riqueza, o que não ocorre em conseqüência da concentração,[10] que importa apenas transferência do poder de uso e disposição dessa riqueza. Dessa preferência concorrencial pelo crescimento interno deve decorrer não a preferência societária pelas formas que estimulam esse crescimento, mas sim uma postura absolutamente neutra, em que não sejam atribuídas quaisquer vantagens ao agente econômico que opte pela concentração em detrimento do crescimento interno.

A questão central se resume, portanto, a verificar as características do sistema societário que podem torná-lo não neutro em relação a essas exigências da ordem concorrencial, e pesquisar formas interpretativas de reduzir esses efeitos. Essa preocupação é importante na medida em que permite oferecer soluções organizativas (isto é, societárias) para situações em que uma resposta baseada exclusivamente na aplicação do direito concorrencial poder-se-ia demonstrar excessiva e/ou arbitrária.[11]

societário para resolver problemas concorrenciais; v. *Deutscher Bundestag*, 4. Wahlperiode, Drucksache n. IV/171, p. 214.

10. Como visto, só com a repartição da eficiência alocativa com os consumidores garante-se a inexistência de aumento de preços e, conseqüentemente, o desaparecimento do *dead-weight loss*.

11. Cfr. B. Grossfeld, *Aktiengesellschaft, Unternehmenskonzentration und Kleinaktionär*, cit., p. 190, que afirma: "Die Eingriffsintensität eines besonderen Antitruste Gesetzes braucht nicht so stark zu sein, es entstehen weniger Anlässe zum Einschreiten, wenn die Konzentrationshemmenden Kräfte in der Aktiengesellschaft voll zum Zuge kommen". ("A intensidade de incidência de determinada Lei Antitruste não precisa ser tão forte; haverá menos oportunidades de incidência se as forças que impedem a concentração na sociedade anônima forem utilizadas ao máximo".)

### *4.2.2 Aplicações específicas*

Faz-se necessário, portanto, identificar os pontos de contato entre o direito societário e sistema concorrencial. Ou, como se costuma dizer, os elementos que definem o "preço da concentração".[12]

O primeiro ponto de contato relevante, que tem influência direta no preço em sentido próprio, econômico, da concentração, é a relevância do capital votante em relação ao capital total da empresa. Como será visto em detalhe mais adiante, relevante para o direito concorrencial é o domínio do agente econômico sobre a organização empresarial alheia. É o domínio da organização empresarial que lhe dá o poder de determinar o comportamento concorrencial alheio. Ora, se assim é, tanto mais conveniente (e mais barata) será para o empresário a concentração empresarial (em detrimento do crescimento interno) quanto menos capital for necessário despender para adquirir o controle da organização empresarial alheia.

No direito brasileiro, as concentrações receberam um poderoso estímulo, especialmente no primeiro aspecto acima mencionado. As razões político-econômicas para isso são claras e se encontram na política de desenvolvimento implantada no Brasil a partir dos anos 60, cuja tradução jurídica ocorre principalmente nos anos 70. Trata-se de uma política claramente orientada no sentido do fortalecimento da grande empresa nacional. Sua expressão máxima está no II Plano Nacional de Desenvolvimento (II PND). Nesse documento faz-se referência explícita à necessidade de fortalecimento da indústria nacional, através da formação de conglomerados para fazer frente à concorrência internacional. Em sustentaçao dessa tese afirma-se que a filosofia antitruste americana (à época de defesa *per se* da concorrência) não é adaptável à realidade econômica brasileira, já que no Brasil a tendência é, ao contrário, de excessiva proliferação de empresas de menor porte, incapazes de competir com as empresas estrangeiras, por causa da insuficiência de escala.[13-14]

12. A expressão é de U. Immenga, "Der Preis der Konzernierung", in *Festschrift Böhm*, Tübingen, Mohr, 1975, p. 253.

13. São muito eloqüentes as observações feitas no tópico *Fusões e conglomerados*: "a avaliação dos riscos resultantes de uma política de estímulos à emergência de estruturas fortes e dinâmicas, através de fusões, incorporações e conglomerados, deve considerar os seus efeitos quanto à grande concorrência no mercado e quanto à distribuição de renda.

Esses princípios foram aplicados ao direito societário na lei acionária brasileira de 1976. Um dos exemplos mais evidentes de sua aplicação está exatamente na proporção entre capital votante e não-votante estabelecida pela lei. A lei brasileira, em termos comparativos, é uma das que permitem porcentagem mais alta de capital não votante (2/3). A conseqüência é que é possível no Brasil obter o controle majoritário de uma sociedade anônima através da aquisição de apenas 16,7% do seu capital total.

O segundo elemento definidor do "preço da concentração" é a distribuição de poderes interna à sociedade. Para compreender os seus reais efeitos é preciso ter presente a situação econômica brasileira. Sua principal característica é a grande concentração empresarial. São bastante eloqüentes os resultados de pesquisa realizada em 1985 pela Superintendência de Estudos e Projetos da Comissão de Valores Mobiliários entre 476 sociedades anônimas brasileiras (representando, à época, cerca de 90% do patrimônio líquido total das sociedades anônimas cotadas em bolsa). Demonstrou-se que o percentual médio de controle nessas sociedades era de 69,8% do capital com direito a voto. Em 18,4% das sociedades o controle chegava a percentuais entre 90 e 100% do capital social.[15] Se esse é o grau de concentração nas compa-

"Antes de tudo, releva salientar que nas estruturas de mercado a tendência no Brasil — na indústria, no comércio, no sistema financeiro — foi sempre o inverso daquela que prevaleceu, neste século, por exemplo, nos Estados Unidos e que determinou toda a legislação antitruste.

"Em nosso país sempre se tendeu à excessiva proliferação de empresas, desprovidas de poder de competição pela insuficiência de escala. Mais ainda, como revelam estudos do IPEA e de outros órgãos, em grande número de ramos industriais, o que se via era a presença de uma ou poucas empresas estrangeiras, com escala satisfatória, ao lado de uma multiplicidade de empresas nacionais, pequenas e fracas", cit. in M. Carvalhosa, *A nova lei das sociedades anônimas — Seu modelo econômico*, 2ª ed., Rio de Janeiro, Editora Paz e Terra, 1977, p. 146.

14. Interessante é relembrar a mudança no sentido de aplicação do direito antitruste americano a partir dos anos 70 (v. *supra* n. 1.2) que se distancia de sua tradição original de incentivo à existência de concorrência para dar primazia e atenção exclusiva à eficiência econômica, isto é, sobretudo aos ganhos de escala. A atual evolução americana aproxima-se dos objetivos político-econômicos previstos no II PND brasileiro. É possível, portanto, aplicar diretamente a este último as críticas feitas a algumas das principais doutrinas americanas mais recentes (sobretudo à Escola de Chicago) e que ajudaram a consolidar essa mudança de rumo.

15. V. N. Eizirik, "O mito do 'controle gerencial' — Alguns dados empíricos", in *Revista de direito mercantil* 66 (abril-junho 1987), p. 104.

nhias de capital aberto, com relação às quais é razoável pressupor a existência de maior interesse na diluição de participação acionária, imagine-se nas companhias fechadas e sociedades por quotas de responsabilidade limitada.

Duas ordens diferentes de fatores explicam esses resultados. Em primeiro lugar, o caráter ainda predominantemente familiar das companhias brasileiras. Em segundo, a já mencionada importante participação do capital não-votante na composição geral do capital da companhia. Isso faz com que seja possível, como mencionado, adquirir importantes parcelas do capital votante sem grande dispêndio financeiro.

O sistema legal de repartição de poderes levou em conta tal realidade. Não se tentou criar uma contratendência, mas sim regulamentar a realidade existente. Pode-se, com efeito, criticar o legislador brasileiro pela falta de idealismo, mas não pela ausência de realismo. O sistema foi elaborado em torno da figura do acionista controlador, verdadeiro centro decisório da sociedade.[16] Inclusive a distribuição de competências e a construção orgânica da sociedade são elaboradas com base na presunção de existência de um sócio "soberano". Nesse sentido pode ser entendida a criação de um órgão como o Conselho de Administração, representativo exclusivamente dos interesses dos acionistas e por eles exclusivamente composto.[17] A ele foram atribuídas algumas das competências mais importantes, como a fixação da orientação dos negócios sociais (art. 142, inc. I) e a nomeação, destituição e fixação das atribuições dos diretores (art. 142, inc. II). Através do Conselho de Administração atribui-se ao acionista controle da possibilidade de pessoalmente ou através de fiduciários administrar diretamente os negócios sociais.

16. Cfr. F. K. Comparato, "A reforma da empresa", in *Revista de direito mercantil* 50 (abril-junho 1983), p. 68, que considera o reconhecimento e regulamentação explícitos da figura do controlador "um dos grandes méritos da reforma do direito acionário no Brasil em 1976", sobretudo porque permitiu a identificação do empresário.

17. Órgão de intermediação entre Assembléia Geral e administração existe também na lei alemã. Trata-se do *Aufsichtsrat*, que nas grandes empresas (mais de 2.000 empregados) é composto, e aqui está a diferença mais relevante, por representantes dos empregados e dos sócios, com participação quase paritária. Se diz quase paritária porque apesar de a representação ser numericamente igual, o presidente do órgão, ao qual é atribuído voto duplo em caso de empate, é um representante dos sócios (§ 29, 2 *Mitbestimmungsgesetz*, 1976).

Essa concentração de poderes nas mãos do acionista controlador — que para fazer valer suas diretrizes administrativas não precisa sequer superar os obstáculos, ainda que meramente formais e procedimentais, consistentes em divisões de competência com a administração — não é acompanhada por uma proteção efetiva das minorias. Os direitos concedidos às minorias institucionais resumem-se basicamente ao direito de informação e à atribuição de legitimidade para propositura de certas demandas no interesse da sociedade. Não há um direito de veto ou uma participação administrativa capaz de pôr minimamente em xeque o poder do acionista majoritário.

Um sistema assim delineado contém um estímulo organizativo fortíssimo à concentração empresarial. Isso porque os minoritários são um "custo organizativo" que o empresário deve levar em conta. Quanto maiores seus direitos, mais onerosa é a aquisição de uma estrutura empresarial acompanhada de acionistas minoritários, pois mais difícil será adotar políticas de médio e longo prazo exatamente na forma por ele desejada. Note-se que isso é válido também para a adoção de políticas mercadológicas. Nem sempre a adoção de políticas anticoncorrenciais interessa aos minoritários. Sobretudo aquelas, extremamente danosas do ponto de vista concorrencial, tendentes à eliminação da concorrência (*v.g.* preços predatórios) são, ao menos no curto e médio prazo, financeiramente danosas para a empresa e seus minoritários. Nesse ponto, havendo coincidência entre escopos societários e escopos concorrenciais, as regras de tutela dos primeiros servem indiretamente para a defesa dos últimos.

O terceiro elemento-chave para estabelecer o preço da concentração é a regulamentação da responsabilidade. Tradicionalmente, a responsabilidade serve de contrapeso à atribuição de poderes ao sócio. A uma maior concentração de poderes corresponde uma maior responsabilidade, o que permite, via de regra, equilibrar o preço da concentração. Essa correspondência entre poder e responsabilidade, tão propalada pela doutrina, tem razões históricas. Com efeito, admitindo-se o raciocínio novecentesco, que permitiu estabelecer o princípio de responsabilidade limitada para as grandes sociedades anônimas, segundo o qual a responsabilidade limitada dos acionistas justifica-se pela sua não participação na administração e a irresponsabilidade dos administradores justifica-se pelo fato de não agirem em interesse próprio, mas no interesse dos acionistas, o acionista controlador no direito brasileiro deveria ser duplamente responsável, como acionista e administrador. O controlador pode participar na administração e o administrador, por poder ser o próprio controlador, está em uma potencial posição de conflito de interesses.

A lei societária não segue essa lógica. O acionista controlador não é responsável como tal. É verdade que é prevista a responsabilidade do controlador por "abuso de poder" (art. 117). Trata-se, no entanto, de uma norma de responsabilidade interna, e não de uma regra de responsabilidade *externa corporis*.[18] Uma interpretação extensiva do art. 117, que procure atribuir aos credores legitimidade para a propositura de demanda ressarcitória no interesse da sociedade, não encontra fundamento no direito positivo. Tratar-se-ia de hipótese de legitimação extraordinária, que requereria previsão legal expressa (CPC, art. 6º). Essa previsão não existe. Ao contrário, o art. 246, parágrafo único, da lei das sociedades anônimas, ao atribuir legitimidade para a demanda ressarcitória, refere-se apenas aos acionistas.[19]

A justificação do legislador para a não existência de qualquer regra particular de responsabilidade *externa corporis* nos grupos (tanto de fato como de direito) é que os credores, em regra, seriam capazes de se proteger sozinhos, através da exigência de garantias reais ou pessoais da sociedade. Exceções existem apenas em dispositivos especiais de legislações extravagantes, como é o caso do art. 2º da CLT, que prevê a responsabilidade de todas as empresas do grupo pelas dívidas trabalhistas e, mais

18. Cfr. F. K. Comparato, *O poder de controle*, cit., p. 308.

19. Um dos grandes problemas da lei acionária de 1976 está exatamente na diferença entre a definição dos titulares do interesse social e dos legitimados ativos para as demandas societárias. O art. 116, parágrafo único, da lei define como titulares do interesse social (entendido, nesse caso, como interesse à manutenção da empresa) os *acionistas*, os *empregados* e os *investidores do mercado*. Em face da norma do art. 246, no entanto, a doutrina tende a negar a possibilidade de atribuição de legitimidade ativa a investidores e empregados para a referida demanda; v. F. K. Comparato, *O poder de controle*, cit., p. 301; v., contra, E. L. Teixeira, J. A. T. Guerreiro, *Das sociedades anônimas no direito brasileiro*, v. I, São Paulo, Bushatsky, 1979, p. 301. Já a atribuição de legitimidade aos credores fica completamente afastada, pois o art. 116 não faz sequer menção a eles ao definir os titulares do interesse social.

recentemente, o art. 28 do Código de Defesa do Consumidor, que prevê o mesmo para o caso de débitos perante os consumidores. Trata-se de uma identificação ainda excessivamente restrita dos grupos de credores incapazes de negociar com a sociedade, contra os quais não vale a presunção "posneriana" da assunção de riscos.

Em presença de tal concentração de poderes e de uma tão diminuta responsabilidade prevista em lei, a aplicação da teoria da desconsideração da personalidade jurídica aparece não apenas como uma maneira de restabelecer o equilíbrio nas relações privadas entre credor e devedor, mas, também, como um necessário contrapeso ao poder do controlador, com importantes efeitos concorrenciais.[20]

Mas a importância aplicativa maior da demonstração do "preço" (bastante baixo) da concentração no direito brasileiro é incentivar a elaboração de critérios interpretativos que incluam no controle das concentrações e cooperações entre empresas o maior número possível de hipóteses. O baixo preço da concentração nada mais é que uma demonstração da pouca rea-lidade das formas no direito brasileiro. Mais do que o poder do sócio majoritário, preocupante é a pouca possibilidade do controle desse poder por parte de acionistas minoritários e credores, já que os instrumentos de controle interno e a responsabilidade externa não têm extensão nem profundidade suficientes. Isso faz necessário submeter a controle concorrencial um maior número de concentrações e formas de cooperação econômica.

Evidentemente, essa não é a solução ideal. Na verdade, a conclusão a ser tirada isoladamente desse tópico deveria ser em outro sentido, qual seja, o da necessidade de elevar o "preço" da concentração no direito brasileiro. O direito societário brasileiro é não neutro, o que é inconveniente. Ocorre que, em presença de uma lei societária como a brasileira, que incentiva fortemente as concentrações, o direito concorrencial deve atuar com muito mais vigor, abarcando um número maior de hipóteses (o que sig-

20. V., a respeito, da teoria da desconsideração e de sua amplas possibilidade aplicativas, inclusive no campo concorrencial C. Salomão Filho, *A sociedade unipessoal*, São Paulo, Malheiros Editores, 1995, p. 118, com ulteriores citações bibliográficas e jurisprudenciais.

nifica que a aplicação dos critérios de identificação — mas não dos critérios de sancionamento — deve ser mais rigorosa). As razões exatas para isso serão expostas a seguir.

### *4.2.3 Escopos societários e escopos concorrenciais*

O primeiro passo para determinar a extensão em que é possível utilizar o direito societário para identificar formas e estruturas que requerem atenção do direito concorrencial é precisar os escopos respectivos dos sistemas societário e concorrencial. Uma observação cuidadosa de ambos os sistemas demonstra que existem pontos de contato — isto é, objetivos comuns — e pontos de divergência — em que os objetivos das regras societárias e concorrenciais indicam em direções opostas.

Comum a ambos é a preocupação com a possibilidade de disposição societária sobre unidades empresariais juridicamente distintas, mas economicamente dependentes. Trata-se, em outras palavras, da preocupação com a realidade das formas.[21]

A tradução societária dessa preocupação ocorre sobretudo através da aplicação da teoria da desconsideração da personalidade jurídica. É por meio das diferentes formas de desconsideração, que vão muito além das simples atribuição de responsabilidade, que doutrina e jurisprudência procuram atribuir realidade às formas societárias.

No direito concorrencial o mesmo tipo de preocupação com a realidade das formas encontra tradução em tentativas de utilização de conceitos mais amplos, menos societários e mais econômicos, de vínculo entre empresas. É o caso dos termos utilizados na lei concorrencial alemã (§ 23, Abs. 5 e 6) "influência dominante" (*beherrschender Einfluss*) e, mais recentemente, "influência relevante do ponto de vista concorrencial" (*wettbewerblich erheblichen Einfluss*). O significado e as conseqüências precisas desses conceitos serão estudados no tópico seguinte.

21. A clássica frase sobre os objetivos do direito societário é citada no também clássico ensaio de W. Rathenau, *Von Aktienwesen — eine geschäftliche Betrachtung*, e atribuída a F. Klein: "Es wird das Los der Aktiengesetzgebung, unaufhörlich um die Wahrheit der Form zu kämpfen" (cfr. W. Rathenau, "La realtà delle società per azioni — Riflessioni suggerite dall'esperienza degli affari", in *Rivista delle società*, 1966, p. 912, tradução italiana do livro *Von Aktienwesen — eine geschäftliche Betrachtung*, Berlin, 1917 (não disponível).

As diferentes soluções elencadas acima para o tratamento de uma preocupação semelhante sugerem que, apesar de terem objeto parcialmente comum, os dois ramos do direito (societário e concorrencial) têm uma profunda diferença de escopo. Comum a ambos os ramos do direito é o tratamento dos poderes societários de disposição sobre unidades empresarias juridicamente independentes mas economicamente dependentes. Distinção fundamental é que, enquanto a preocupação do direito societário é com a determinação por interesses estranhos aos interesses da sociedade (*v.g.*, aqueles pessoais do controlador) dos destinos do patrimônio social, o direito concorrencial, ao se defrontar com o mesmo objeto, tem como preocupação a manutenção de estruturas de mercado (concorrência) consideradas desejáveis do ponto de vista econômico.[22]

Conseqüentemente, objeto de proteção do direito societário são, em primeira linha, os interesses dos acionistas minoritários e dos credores, enquanto as preocupações do direito concorrencial se centram, como já visto, em concorrentes e consumidores. Ocorre que os interesses desses diferentes grupos nem sempre, aliás raramente, coincidem. Práticas que configuram abuso de posição dominante, claramente prejudicais aos consumidores, são benéficas a minoritários e credores, na medida em que produzem lucros extraordinários.

Essa diferença de objetivos e de interesses protegidos sugere a necessidade de fixar as diferenças entre os conceitos concorrenciais de cooperação e concentração entre empresas e os conceitos societários correspondentes. Se o interesse do direito concorrencial é proteger a existência do mercado, e para isso se considera necessário controlar todos os atos que levam ao aumento do poder econômico nele exercido, esse controle deve ser efetuado sobre qualquer ato ou contrato que forneça a um agente econômico poder de decidir sobre a destinação empresarial de algum tipo de patrimônio empresarialmente utilizado.

Se, assim, é, dois são os desvios necessários dos conceitos concorrenciais em relação aos conceitos societários. Em primeiro lugar, o direito concorrencial deve controlar os atos e contratos entre quaisquer agentes dotados de patrimônio e que desem-

22. V. H. J. Mestmäcker in *GWB Kommentar*, cit., sub. § 23, p. 940.

penhem atividade econômica. O termo "empresa" deve, portanto, ser utilizado no seu "perfil" funcional, ou seja, empresa entendida como atividade empresarial. Essa observação é muito importante para a compreensão e correta interpretação do sistema brasileiro. No art. 15 da lei concorrencial o legislador corretamente atribui à lei a amplitude acima sugerida. Declara-se a aplicabilidade dos dispositivos legais a qualquer pessoa física e jurídica bem como a qualquer associação de entidades ou pessoas, de fato ou de direito, com ou sem personalidade jurídica. O objeto é claramente, portanto, abranger todos os modos de exercício de atividade econômica, sob qualquer forma jurídica possível. O único requisito é que esse exercício seja dotado de uma certa organização que lhe atribua caráter duradouro, tornando possível atribuir ao objetivo econômico caráter autônomo.[23]

No art. 54, § 3º, o legislador, ao tratar do controle das concentrações, faz algumas referências ao termo "empresa" e, também, a "sociedade" ("qualquer agrupamento societário").

É evidente a intenção de utilizar o termo "empresa" no seu perfil funcional. Só assim o referido dispositivo seria compatível com a regra geral do art. 15. Nem é possível argumentar com a clássica regra de interpretação favorável à regra específica, em conflito com a regra genérica. A interpretação proposta é a única logicamente capaz de englobar, ao menos em tese, todos os casos possíveis de formação de poder no mercado, e, portanto, a única compatível com o escopo do legislador de controlar todas as formas de exercício de poder econômico nos mercados. Uma interpretação contrária levaria ao formalismo e àquela irrealidade das formas cujo combate é, como visto, preocupaçao comum dos direitos societário e concorrencial.

A segunda discrepância entre conceitos concorrenciais e societários encontra-se nas formas de identificar o poder decisório. O estudo dos liames societários é todo direcionado no direito concorrencial a verificar a existência de poder de influência nas de-

23. Na CEE assim se define a empresa para fins concorrenciais: "conjunto organizado de meios humanos e materiais com o objetivo de perseguir de maneira duradoura um fim econômico determinado", Comunicado da Comissão Européia relativo às operações de concentração e cooperação de 14.8.90, § 8º, cit. in N. T. P. Carvalho, *As concentrações de empresas no direito antitruste*, São Paulo, Editora Resenha Tributária, 1995, p. 112, texto e nota 140.

cisões mercadologicamente relevantes da outra empresa. Fundamental não é um liame que permita controlar os destinos do patrimônio ou dos resultados patrimoniais da atividade realizada, como ocorre quando a preocupação central é a proteção dos interesses de acionistas e credores. Crucial é o poder de determinar a direção da própria atividade realizada ou, em outras palavras, o poder de *influir sobre o planejamento empresarial* da outra empresa. Daí por que conceito central para o "direito societário concorrencial" torna-se o de "influência dominante". É a seu estudo que se dedica o tópico seguinte.

### *4.2.4 "Influência dominante"*

A expressão "influência dominante" é de utilização muito freqüente no direito societário. Como ressalta F. K. Comparato, essa expressão foi utilizada pela primeira vez em sede legislativa na lei acionária alemã de 1937 e repetida na lei de 1965.[24] Em ambas as ocasiões, o que se pretendeu foi incluir na previsão legal hipóteses em que o controle não decorre da existência de uma posição majoritária interna. A expressão engloba, portanto, de uma lado, as hipóteses de controle minoritário interno,[25] e até mesmo de controle gerencial e, de outro, aquelas de controle externo. Nesse último caso, a noção de influência dominante engloba tanto os casos de controle de direito quanto de fato. É exatamente essa sua excessiva amplitude que gera as maiores críticas doutrinárias. Afirma-se que o conceito societário de "influência dominante" é excessivamente abrangente para ter qualquer utilidade aplicativa.[26]

No direito concorrencial, no entanto, essa maior abrangência, antes que um defeito, é um mérito. Com efeito, no direito

24. Cfr. F. K. Comparato, *O poder de controle*, cit., p. 68.

25. Entre as hipóteses de controle minoritário inclui-se também o controle conjunto. O problema é determinar quando é possível presumir que os acionistas minoritários atuam em conjunto. Existindo acordo de acionistas de acesso público (registrado na sede da companhia), é fácil presumir a existência de atuação conjunta. Mais difícil é a questão nas hipóteses mais comuns em que o acordo não existe ou então não é público. É então necessário determinar a existência de outros vínculos entre os acionistas.

26. Cfr. F. K. Comparato, *O poder de controle*, cit., pp. 59 e 60 para quem "a expressão, mais alusiva do que descritiva, carece de precisão, constituindo simples diretriz ou indicação para o intérprete na análise dos elementos de fato".

concorrencial, muito mais que no direito societário, é necessário ter em consideração a realidade econômica, e não as formas jurídicas. A vantagem de se utilizar o conceito de "influência dominante" é exatamente atribuir-lhe conotação concorrencial e econômica, diferenciando-o do conceito societário de controle (interno e externo).

É indubitável, entretanto, que, para adquirir real utilidade aplicativa o conceito de "influência dominante" deve ter seu sentido exato precisado e sua abrangência delimitada. Para isso, é necessário retornar à diferença entre os objetivos do direito societário e do direito concorrencial. A expressão "influência dominante", quando utilizada no direito concorrencial (o que tem ocorrido com freqüência)[27] não coincide perfeitamente, nem em significado nem em extensão, com a noção societária. A razão é a diferença de objetivos entre os dois sistemas acima discutidos. Como visto, o direito concorrencial não se preocupa, como o direito societário, com atos que possam implicar disposição patrimonial ou transferência patrimonial de qualquer espécie da sociedade. Sua preocupação não é a sociedade "controlada", mas sim os efeitos da dominação societária sobre o mercado. Seu ob-

27. O conceito de influência dominante constitui o conceito chave do controle das concentrações alemão e europeu. No direito alemão o conceito de *beherrschenden Einfluss* vem previsto no § 23, Abs2 Nr. 5 *GWB*, como cláusula geral que permite submeter ao controle aqueles casos não captados pelos outros dispositivos, todos contendo quantificação de participação societária ou orgânica na sociedade. Segundo ele, considera-se concentração "Jede sonstige Verbindug von Unternehmen, auf Grund deren ein oder mehrere Unternehmen unmittelbar oder mittelbar einen beherrschenden Einfluss auf ein anderes Unternehmen ausüben können". ("Qualquer outra forma de coligação entre empresas, em conseqüência da qual uma ou mais empresas possam exercer direta ou indiretamente uma influência dominante.")

No direito comunitário europeu, a expressão é ligeiramente diferente (*decisive influence* — influência decisiva) e vem previsto no art. 3º, n. 3, do Regulamento do Conselho n. 4.064/89, de 21 de dezembro de 1989, sobre controle das concentrações. Ali vem ela prevista como caracterizadora da relação de controle entre empresas: "For the purposes of this Regulation, control shall be constituted by rights, contracts or any other means which, either separately or jointly and having regard to the considerations of fact or law involved, confer the possibility of exercising decisive influence on an undertaking, in particular by: (a) ownership of the rights to use all or part of the assets of an undertaking; (b) rights or contracts which confer decisive influence on the composition, voting or decisions of the organs of an undertaking".

jeto de interesse é, portanto, apenas a possibilidade de influenciar o comportamento da empresa no mercado.

Daí por que a expressão "influência dominante", quando utilizada pelo direito concorrencial, é identificada ao poder de influir sobre o planejamento empresarial do outro agente econômico. Essa noção é, ao mesmo tempo, mais ampla e mais restrita que a noção societária.

De um lado, para caracterizar a influência sobre o planejamento societário não é preciso que haja domínio sobre todos os órgãos ou todas as decisões sociais. Suficiente é que haja controle sobre os órgãos ou cargos diretamente relacionados à produção e atuação no mercado da empresa. Em doutrina, quatro áreas são consideradas fundamentais para permitir esse controle do planejamento empresarial: pesquisa e desenvolvimento, investimento, produção e vendas.[28] Assim, um acordo de acionistas que atribua ao acionista minoritário direito de deliberar sobre essas áreas ou, então, direito de escolher e destituir os diretores por elas responsáveis (diretores esses que devem ter competência para deliberar e decidir com ampla liberdade sobre a respectiva área), sem dúvida cria uma influência dominante do ponto de vista concorrencial.

De outro, a influência dominante concorrencial deve ser muito mais estável que a societária. O poder de determinar o planejamento empresarial de um agente econômico exige uma influência constante e abrangente. Não basta o poder de determinar a prática de um ato isolado (como ocorre no direito societário, onde um ato isolado pode causar prejuízo patrimonial à empresa, seus acionistas minoritários, credores e empregados). Já o conceito societário de influência dominante, muito ligado à idéia de controle externo, tem um caráter muito mais efêmero (diferentemente da noção de controle, que tem um caráter de permanência, v. art. 116 da Lei das S/A). Por esse motivo, não basta para caracterizar a influência dominante (no sentido concorrencial) a possibilidade ou mesmo a probabilidade de influenciar um ato isolado. É preciso que o poder tenha bases estruturais e estáveis, de forma a fazer pressupor que perdurará no tempo.

28. Cfr. H. J. Mestmäcker in *GWB Kommentar*, cit., sub § 23, p. 951. O autor deixa claro que a influência tem de ser exercida sobre o conjunto dessas áreas, de modo a poder determinar "die Gesamtheit des wettbewerblich erheblichen Verhaltens".

As restrições que daí decorrem são relativamente óbvias. Se a influência tem de ser estrutural, muitas figuras consagradas em campo societário devem ter aplicação bem mais restrita. O controle interno, quando minoritário, deve ser acompanhado de algum qualificador que garanta ou ao menos permita presumir a existência de influência duradoura. No Direito Brasileiro, a própria lei se encarregava, até recentemente, de estabelecer os critérios segundo os quais é possível fazer essa presunção. A Resolução CMN n. 401, de 22 de setembro de 1976, revogada pela Resolução CMN n. 2.927, de 17 de janeiro de 2002, estabelecia que se considera controlador aquele minoritário que, por força do absenteísmo dos demais acionistas, tenha exercido o controle nas últimas três assembléias da companhia.

Mas a influência maior dessa diferença entre escopos societários e concorrenciais é sobre o controle externo. Para que haja influência duradoura é preciso que o poder tenha algum substrato estrutural. Isso significa que o controle externo deve se traduzir em presença dominante nos órgãos encarregados das decisões sobre as matérias fundamentais para o planejamento empresarial ou, então, em poder de decidir sobre essas matérias. Pouco espaço sobra, portanto, para o controle externo meramente de fato, que é por natureza incerto na intensidade e duração. Fala-se em controle externo meramente de fato nos casos em que não há atribuição formal de direito societário a seu titular (fornecedor ou credor).

Dito isso, é possível sintetizar as principais hipóteses de ocorrência de influência dominante. Podem ser elas de natureza societária ou contratual (correspondendo, respectivamente, às figuras societárias do controle interno e externo). As hipóteses societárias são as mais simples e já foram de certa maneira discutidas. Para que se configure a "influência dominante" é necessário que exista controle majoritário ou controle minoritário que se revista dos requisitos legais necessários para fazer presumir a permanência do poder (v. *supra*).[29] É importante notar que, como

29. Evidentemente que nessa perspectiva econômica, de poder de influência sobre a organização societária de modo a determinar o planejamento empresarial, pouco importa a que título é exercido o direito de voto. Terá "influência dominante" tanto aquele que exerce o direito de voto em função da propriedade das ações como aquele que exerce o direito de voto em decorrência de qualquer direito, real ou obrigacional, que lhe dê o direito de uso sobre as ações.

bem ressalta a doutrina ao interpretar o art. 116 da Lei das S/A, no sistema societário brasileiro não faz sentido exigir para a configuração do controle o poder de eleger a maioria dos administradores. A esfera de competência a eles atribuída em lei é tão restrita que para configurar o poder de controle basta o controle dos votos na Assembléia.[30] Assim, como mencionado acima, para que um acordo de acionistas desconfigure a "influência dominante" do acionista majoritário, ou a transfira ao acionista minoritário, não basta atribuir direito de eleger os administradores nas áreas estratégicas. É preciso também que esses administradores tenham competência e liberdade de decisão nessas áreas.

A "influência dominante" pode ter ainda origem contratual. Nesse caso, três são as hipóteses possíveis de influência dominante. Em primeiro lugar, todo e qualquer contrato que dê a seu titular o direito de gerir o empreendimento. Incluem-se também nessa hipótese as chamadas relações fiduciárias, isto é, aquelas em que a qualquer título é dado a um agente o direito de gerir o empreendimento no interesse de terceiro. Como não é possível nem é objeto do direito concorrencial controlar e aplicar sanções ao descumprimento de acordos entre as partes, as obrigações fiduciárias são por ele desconsideradas. A ele interessa apenas que a gestão conjunta do negócio próprio do fiduciário e do negócio por ele recebido em fidúcia é *possível*. É sempre bom relembrar que o que se estuda aqui é o controle dos atos de concentração, portanto, controle de estruturas. Relativamente a elas não interessa o efetivo comportamento das partes, mas a potencialidade de adotar um determinado comportamento.

Um segundo grupo de contratos é aquele que confere ao seu titular diretamente a possibilidade de eleger membros da administração. Aliás, para que ocorra a influência dominante nem é necessário que exista o poder contratual de eleger administradores. Desde que se verifique que na realidade existe efetivamente igualdade entre os administradores nas áreas-chaves já mencionadas, pode se caracterizar a influência dominante. É o que ocorre no sistema alemão, no qual é expressamente prevista em lei a obrigatoriedade do controle da "concentração" decorren-

Assim sendo, exemplificativamente, o usufrutuário das ações (art. 114 da lei das sociedades) pode deter "influência dominante" na sociedade.

30. Cfr. F. K. Comparato, *O poder de controle*, cit., p. 66.

te das chamadas *personelle Verflechtungen*, ou identidade entre os administradores.[31] Nos EUA, como reporta a doutrina, a mesma situação já foi objeto de investigação pela FTC.[32] No Brasil, em função da já mencionada debilidade dos poderes dos administradores, para que tal contrato configure concentração é necessário que seja acompanhado de garantias de autonomia e fixação de competências dos administradores.

Finalmente, um terceiro e último grupo de casos é o dos contratos em geral que atribuem aos seus titulares direitos muito superiores àqueles necessários a atingir seus objetivos primários. Trata-se dos famosos negócios jurídicos indiretos, através dos quais se busca um terceiro efeito ulterior ao declarado pelas partes.[33] Ocorrem freqüentemente naqueles contratos de fornecimento ou empréstimo de grande volume e importância, em que são atribuídos ao fornecedor e/ou mutuário direitos especiais de voto na sociedade. Note-se que, para que se configure a influência dominante, é necessário o poder de decidir autonomamente. O voto conjunto ou o direito de veto não caracterizam a influência dominante, mas sim, como se verá, a figura da influência relevante do ponto de vista concorrencial. Desse modo, a necessidade de consentimento do credor caucionário ou pignoratício para exercício do direito de voto das ações caucionadas, prevista no art. 113 da Lei das sociedades anônimas, não configura a existência de influência dominante por parte do credor.

É muito importante notar que a delimitação da expressão "influência dominante" que acaba de ser feita não implica excluir de qualquer tipo de controle de ordem concorrencial as demais figuras societárias em que se estabelece algum tipo de vínculo relevante entre empresas. O que ocorre é que, em ausência

31. Prevê o § 23, Abs. 2 Nr. 4 *GWB* que existe concentração em caso de "Herbeiführung der Personengleichheit von mindestens der Hälfte der Mitglieder des Aufsichtsrats, des Vorstands oder eines sonstigen zur Geschäftsführung berufenen Organs von Unternehmen". ("Recomposição da identidade de pelo menos a metade dos membros do "Conselho de Supervisão", da Diretoria ou de qualquer outro órgão competente para a gerência da sociedade".)

32. V. as indicações de F. K. Comparato, *O poder de controle*, cit., p. 55, comentando o fenômeno do *interlocking directorade* e suas conseqüências concorrenciais.

33. Cfr. T. Ascarelli, "O negócio indireto", in *Problemas das sociedades anônimas*, 2ª ed., São Paulo, Saraiva, 1969, pp. 134-135.

de uma "influência dominante" no sentido acima definido, não é possível presumir a existência de uma *concentração econômica*. Não é possível, portanto, presumir que as empresas passarão a agir como uma unidade, de modo a ser possível simplesmente somar suas participações no mercado e aplicar-lhes todas as conseqüências que a teoria econômica e jurídica indica decorrer da situação de poder monopolista.

É possível, no entanto, que uma estrutura societária em que existe controle minoritário interno ou controle externo (de fato ou de direito) implique tal interdependência entre as empresas que seja possível e provável que entre elas venha a existir *cooperação econômica*. Para esses casos a doutrina desenvolveu o conceito de "influência relevante do ponto de vista concorrencial".

### *4.2.5 A "influência relevante do ponto de vista concorrencial"*

O conceito de "influência relevante do ponto de vista concorrencial" (*wettbewerblich erheblichen Einfluss*) surgiu recentemente no direito alemão.[34] A razão principal de sua introdução foi a necessidade de prevenir formas societárias que visavam a elidir a aplicação da regra geral baseada na "influência dominante". Apesar dessa origem ligada eminentemente ao controle das concentrações (a regra foi introduzida no dispositivo referente ao controle das concentrações), o próprio legislador e a doutrina reconheceram logo de início que uma abrangência ulterior do controle das concentrações, além dos casos de influência dominante, teria como objeto hipóteses que não poderiam ser enquadradas como concentracionistas.

Considerou-se mesmo assim necessário submetê-las a controle concorrencial. A razão é que se tratava de situações em que a estrutura societária permitia presumir que a formação interna da vontade na empresa "participada" seria de tal maneira influenciada (ainda que não determinada) que não se poderia

34. O conceito foi introduzido em 1989 na lei alemã através da "Fünfte Gesetz zur Änderung des GWB (5. GWB Novelle)", in *BT Drucks* 11/4.610, que introduziu o Nr. 6 ao § 23 Abs 2 *GWB*.

presumir menos que a cooperação entre elas.[35] É possível, portanto, generalizar o conceito originariamente elaborado e afirmar que "*existe 'influência relevante do ponto de vista concorrencial' naqueles casos em que a conformação da estrutura societária torna possível (e aconselhável) presumir o comportamento cooperativo*".

Os conceitos de "influência dominante" e "influência relevante do ponto de vista concorrencial" introduzem, portanto, uma visão nova das formas jurídicas de estruturação da *concentração* e da *cooperação* empresarial. Tradicionalmente se entendia que a cooperação empresarial, ao contrário da concentração, se dava por meio de acordos (expressos ou tácitos) entre as empresas. As coligações e participações societárias eram vistas como formas de caracterizar apenas as concentrações empresariais. Como visto, o conceito de "influência dominante" iniciou por pôr em cheque essa distinção, ao demonstrar que é possível a existência de *concentrações* estruturadas em forma contratual (e não societária). O conceito de "influência relevante do ponto de vista concorrencial" consolida a crítica, na medida em que comprova a hipótese oposta, ou seja, a possibilidade de estruturar formas de *cooperação* entre empresas sob base societária.[36]

35. Cfr. H. J. Mestmäcker in *GWB Kommentar*, cit., sub § 23, p. 1.007, que resume as razões utilizadas pelo *Bundeskartellamt* para justificar a modificação legislativa: "Das Budenskartellamt hat zusammenfassend festgestellt, der Fall, dass kapitalmässig verflochtene Unternehmen aus gemeinsamem Interesse den Wettbewerb untereinander beschränken und daher nicht mehr voneinander unabhängige Wettbewerber seien, werde nicht hinreichend berücksichtigt, denn solche auf tatsächlichen Umständen beruhenden wettbewerbsbeschränkenden Einflüsse könnten erst aufgegriffen werden, wenn eine Beherrschung des Unternehmens nachgewiesen werden könne, an deren Nachweis die Rechtsprechung hohe Anforderungen stelle". ("Em resumo o *Bundnskartellamt* considerou que o caso de empresas ligadas societariamente que limitam a competição recíproca por interesse comum e portanto não mais se caracterizam como competidores independentes não estava convenientemente regulado, pois influências baseadas em circunstâncias fáticas só poderiam ser sancionadas quando se pudesse demonstrar a dominação da empresa, para o que a jurisprudência estabelece substanciais exigências.") Para a versão completa v. "Berichte des Bundeskartellamtes über seine Tätigkeit sowie die Lage und Entwicklung auf seinen Aufgabengebiet nach § 50 GWB 1985/1986", in *BT Drucks* 11/544.

36. Na doutrina, sobretudo aquela de inspiração americana, verifica-se que a diferença entre formas concentrativas e cooperativas é muito freqüentemente intuída. No momento de retirar dessa distinção efeitos aplicativos, no

A "influência relevante" pode assumir várias formas diferentes. Em primeiro lugar, é possível que a influência relevante decorra de um poder de veto na sociedade. Como ressalta a doutrina, as participações minoritárias, mesmo quando expressivas, não são capazes de caracterizar uma influência relevante na sociedade. Exceção ocorre no caso em que, por força da lei ou dos estatutos, a participação minoritária confere direito de veto a seu titular.[37] Sobretudo quando o direito de veto incluir aquelas quatro matérias-chaves especificadas acima (pesquisa e desenvolvimento, investimento, produção e vendas). O que ocorre é que nesses casos não é razoável supor que a empresa participada possa desenvolver pacificamente suas atividades, sem chegar a algum tipo de acordo com o acionista minoritário. É esse acordo que permite pressupor que seu comportamento passará a levar em conta também os interesses concorrenciais do minoritário e que é possível e provável que as duas empresas venham a ter comportamento paralelo no mercado, eliminando a concorrência entre elas em caso de cooperação horizontal e coordenando suas posições de modo a maximizar seu lucro (freqüentemente às custas do consumidor) em caso de cooperação vertical. Note-se que o poder de veto pode decorrer tanto de participação acionária quanto de contrato (influência externa). Em ambos os casos caracteriza-se a "influência relevante do ponto de vista concorrencial".

entanto, acabam lhes sendo aplicadas as regras das concentrações entre empresas. É o caso da observação de H. Hovemkampf, reproduzida na literatura nacional por Nuno T. P. Carvalho (*As concentrações de empresas no direito antitruste*, cit., p. 104, texto e nota 128). Segundo o autor norte-americano, a aquisição de uma participação minoritária em outra empresa leva a um comportamento necessariamente cooperativo entre ambas (não há mais o interesse patrimonial em empurrá-la para fora do mercado). O próprio autor brasileiro destaca que no exemplo citado por Hovemkampf não há "uma concentração pura, mas sim a criação de condições para a concentração (ou mesmo colusão mediante acordos expressos)". Conclui, no entanto, que a *persistência* da influência de uma empresa na outra acaba por caracterizar a existência de um único centro decisório. O problema dessa análise está exatamente em distinguir concentração e cooperação com base exclusivamente na *duração* da influência exercida, sem atenção ao seu *conteúdo*, que é em última análise o fator essencial para fazer prever qual será o comportamento provável da estrutura a ser criada.

37. V. R. Bechtold, "Die Änderung der Fusionskontrolle durch die 5. GWB — Novelle", in *Der Betrieb — Berater* 1990, p. 357 (361).

O poder de veto não se deve manifestar necessariamente na Assembléia Geral. Caso as competências relativas às matérias-chaves sejam atribuídas aos órgãos administrativos (Diretoria e Conselho de Administração), é neles que se deve expressar o poder de veto. Nessas situações ganham importância, obviamente, aqueles casos já mencionados no item anterior, de pessoas ou empresas às quais foi atribuído o direito à nomeação de diretores. Na medida em que esse direito lhes confira poder de veto, caracterizada estará a "influência relevante".

Outra hipótese bem mais delicada de configuração de "influência relevante" é a da existência de uma relevante participação no capital não-votante. É possível argumentar e de fato se argumenta, que o núcleo do conceito de influência está no poder de interferir no processo de tomada de decisões da sociedade. A existência do direito de voto seria, portanto, requisito fundamental para sua configuração.[38] À lógica societária inegável desse tipo de argumento opõe-se uma lógica econômica também bastante forte. Ao aumento de participação no capital da sociedade corresponde um aumento da perspectiva de ganhos e também um aumento dos riscos para o adquirente. Aumenta portanto, seu interesse econômico na sociedade.[39] Nessa perspectiva, a aquisição de participação relevante de capital em um concorrente, não acompanhada de participação correspondente no capital votante cria um aparente paradoxo. Em uma situação de verdadeira concorrência, o comportamento do adquirente deveria ser tendente a levar a empresa cuja participação se adquiriu a perder mercado e reduzir sua lucratividade. Tal comportamento não é, no entanto, compatível com uma relevante participação no capital (e no lucro) do concorrente. Portanto, a existência de relevante participação no capital do concorrente (seja essa participação representada por ações com direito a voto ou não) é indicador bastante razoável de que existe certo grau de acordo

38. Foi essa a argumentação utilizada pelo *BGH* alemão para excluir a existência de "influência dominante" no caso *Phillip Morris/Rothmans*, decisão de 29.10.85, in *Die Aktiengesellschaft,* 1986, pp. 223 e ss.

39. Essa realidade foi percebida pelo *BGH* alemão em *SZ/Donaukurier* (decisão de 27.5.86, in *Die Aktiengesellschaft*, 1986, p. 362) que, no entanto, limitou-se a reverter sua posição expressa em *Phillip Morris/Rothmans*, considerando existente a "influência dominante", sem fazer a necessária distinção das situações econômicas de cooperação e concentração.

entre os agentes econômicos tendente a adotar comportamento paralelo no mercado, obtendo, através do reforço do poder no mercado, lucros extraordinários para ambos.

Terceira hipótese digna de nota é a dos chamados grupos de coordenação contratuais. Prevista expressamente na lei acionária alemã (§ 18, Abs. 2, *Gleichordnungskonzern*), nada impede que tal tipo de estrutura venha a ser constituído por via contratual no Brasil.[40] O grupo de coordenação, diversamente do grupo de subordinação, implica não a direção unitária das empresas, mas sim a coordenação de seu comportamento e a harmonização de suas políticas mercadológicas e comerciais a partir de uma empresa ou sociedade à qual é atribuído esse direito. Aí, a coincidência entre forma societária e escopo econômico é total. A sociedade é constituída especificamente com o fim de coordenar o comportamento do grupo. É de se supor, conseqüentemente, a existência de cooperação entre os seus membros.

A análise de ambos os conceitos de "influência dominante" e "influência relevante" deixou de lado, propositadamente e por diferentes razões, dois grupos de situações que merecem nota.

Em primeiro lugar, as situações de exercício de influência de fato. Ocorre que no conceito de "influência relevante" não se enquadram, como também não se encaixaram no conceito de "influência dominante", quaisquer situações de influência de fato na sociedade, incluindo até mesmo aquelas situações de chamado controle de fato. O motivo é simples. O controle de fato[41] não oferece uma segurança da existência de influência. Só a existência de alguma influência estrutural (interna ou externa) na organização empresarial permite submeter aquisições de participações ou contratos ao controle, também ele *estrutural*, que aqui se discute. Isso não significa que esse tipo de situação de fato

40. V., a respeito, F. K. Comparato, *O poder de controle*, cit., p. 27. Note-se que o autor identifica a possibilidade de cooperação também na existência de um conselho consultivo comum ou de administradores comuns. A diferença entre essa hipótese e os *interlocking directorates*, formas de controle comum destacadas pelo próprio autor à p. 55, está em que, nesse caso, o objetivo da existência dos administradores comuns é apenas a harmonização das políticas empresariais, sobretudo no campo comercial.

41. O conceito de controle de fato é aqui utilizado em sentido bastante restrito, limitadamente àquelas situações em que não há qualquer vínculo jurídico, contratual ou societário, entre as empresas.

fique imune à aplicação do direito antitruste. Significa apenas que a ela se aplicará exclusivamente o controle dos comportamentos, em especial aquele que prevê sanções pelo comportamento oligopolístico no mercado, caso a atuação paralela e intencional seja demonstrável. No direito brasileiro, portanto, tais situações não se enquadram no campo de aplicação do art. 54, mas sim naquele do art. 21 da lei concorrencial.

A segunda lacuna importante é constituída pelas várias formas existentes de associações entre empresas, como por exemplo as *joint ventures*[42] sob forma societária ou de consórcio de empresas (Lei n. 6.404/76, arts. 278-279). Aqui, a razão para a omissão não é a irrelevância (estrutural) desse tipo de forma societária, mas sim a necessidade de tratamento separado.

O tipo societário da *joint venture* nada diz a respeito da forma econômica (concentração ou cooperação) que lhe é subjacente. E a razão para isso é simples. Nas *joint ventures* a estrutura societária só esclarece aspectos da relação econômica entre sociedade participante e a própria *joint venture*. Por esse exato motivo é que o tipo societário escolhido pôde ser utilizado acima para identificar características econômicas das relações controladora-controlada ou das relações entre sociedades coligadas. Nada diz, no entanto, a respeito das relações entre as sociedades participantes da *joint venture*, que são exatamente as relevantes para o direito concorrencial.

Por esse motivo, no direito concorrencial a estrutura societária é utilizada tão-somente para caracterizar a própria existência das *joint ventures*, mas não para indicar qualquer efeito concorrencial. Assim por exemplo, situações de controle conjunto (50% para cada participante) indicam, exatamente como situações de disparidade de participação em que um dos participantes tem poder de veto nas decisões mais relevantes, a existência de uma *joint venture* relevante para o direito concorrencial.[43] Não

42. V., a respeito, do conceito de *joint venture*, *infra*, n. 4.4.2, letra "a".

43. É o que ocorreu no caso *Aérospatiale/MBB*. A participação respectiva das empresas na sociedade *Eurocopter S.A.* era de 60% e 40%. Ocorre que todas as decisões (concorrencialmente) importantes da empresa deviam ser tomadas com maioria de mais de 60%. A comissão CEE considerou, portanto, existente a *joint venture* para fins de aplicação da regulamentação concorrencial específica (Case IV/M.017, decisão de 25.2.91, cit. in P. Bos, J. Stuyck, P. Wyntick,

é possível de modo algum, como ocorreu acima quando da análise respectivamente da "influência dominante" e da "influência relevante", delas deduzir qualquer diferença quanto à natureza concorrencial (cooperativa ou concentrativa) da relação entre os participantes da *joint venture*.

E é com esse tipo de relação que o direito concorrencial está preocupado. A relação entre as sociedades componentes da *joint venture* já detentoras de uma posição no mercado, que pode ser potencializada através da união (indireta) de forças com a outra participante. É preciso determinar, portanto, o caráter (concentrativo ou cooperativo) dessas relações entre as participantes para poder aplicar-lhes a disciplina correta. Para isso é necessário focalizar os objetivos econômicos e a independência econômica da *joint venture*. Como se verá, quanto maior a independência econômica da *joint venture* em relação às empresas participantes, mais ela se aproxima das formas concentrativas. Inversamente, quanto menor essa independência, mais provável é a cooperação entre as suas participantes no mercado. A determinação exata dessas diferenças exige, no entanto, a utilização de conceitos ainda não abordados. Tratando-se de uma estrutura limítrofe entre formas concentrativas e cooperativas, que pode tender ora a uma ora a outra, seu estudo deve ser feito após a análise detalhada de cada uma dessas formas.

### *4.2.6 O art. 54 da lei brasileira e sua aplicação à concentração empresarial*

O objetivo da discussão doutrinária empreendida *supra* é tentar elaborar critérios para interpretar o art. 54 da lei concorrencial brasileira, em especial no seu § 3º, que estabelece critérios societários para identificação das concentrações econômicas.

A lei utiliza quatro termos, que pouco auxiliam a tarefa do intérprete. É possível que a concentração se dê através de *fusão ou incorporação de empresas, constituição de sociedade para exercer o controle de empresas*, ou *qualquer forma de agrupamento*

*Concentration control in the european economic community*, p. 172). Alternativa seria, considerar inexistente a *joint venture* e tratar o caso como uma simples constituição de uma nova empresa pelo sócio majoritário, com poucas probabilidades de sofrer qualquer contestação do ponto de vista concorrencial.

*societário*. A nítida impressão que se tem é que o legislador, após iniciar a enumeração de formas que poderiam levar à concentração econômica, subitamente se deu conta da inconveniência (ou até mesmo impossibilidade) de enumerá-las todas, o que o fez tentar encontrar uma cláusula geral que permitisse a inclusão de todas as hipóteses possíveis.

As hipóteses contidas no referido dispositivo não são apenas distintas do ponto de vista quantitativo, são sobretudo qualitativamente diferentes. Para entender o porquê, dessa afirmação é necessário recapitular a noção de concentração econômica, cujas hipóteses de ocorrência o referido dispositivo se dispõe a listar. Como já visto, para que ocorra uma concentração, fundamental é que se trate de uma operação que implique mudanças duradouras na estrutura das empresas envolvidas. É necessário ainda que a mudança estrutural torne possível presumir que essas empresas atuarão como um único agente do ponto de vista econômico *em todas as operações econômicas por elas realizadas*. Esse é o traço característico das concentrações, que permite distinguilas da cooperação empresarial, onde existe apenas unicidade de certos comportamentos no mercado.

A existência dessa "mudança estrutural duradoura" é bastante evidente nos casos de *fusão* e *incorporação*. Nesses dois casos, a união dos empreendimentos, mais do que econômica, é também física e jurídica.

A uniformidade requerida para caracterizar a concentração empresarial não é apenas a física e jurídica. Suficiente para distinguir a existência de única unidade produtiva do ponto de vista econômico é a unidade do comando. Essa unidade é capaz de produzir exatamente como a união física que ocorre no caso de fusão e incorporação, mudança estrutural duradoura, indispensável para a configuração da concentração. Ela existe sem dúvida nos casos de exercício do poder de controle. Utiliza-se o termo *controle* pois trata-se da palavra empregada pela lei. Ele deve, no entanto, ser aqui compreendido no sentido concorrencial, e não no sentido societário, conforme especificado no n. 4.2.4. Indubitável é também que, existindo relação de controle, a unicidade não se configura apenas entre a controladora (empresa) e sua controlada, mas entre todos os outros componentes do grupo de subordinação, isto é, inclui todas as outras empresas controladas ou controladoras daquela primeira. Essa é a hipótese, perfeitamente lógica, imaginada pelo legislador ao utilizar a expressão "constituição de sociedade para exercer o controle de empresas".

A extensão da disciplina das concentrações a hipóteses em que não haja o controle não é sustentável (v. *supra,* n. 4.2.4). Daí a dificuldade na interpretação do último termo utilizado. Ao escolher a expressão *agrupamento societário,*[44] a intenção parece ter sido claramente não limitar as hipóteses de integração societária àquelas em que existe o controle.[45] Com efeito, a expressão "agrupamento" vem normalmente usada na doutrina para abranger não apenas as hipóteses de controle, mas também as de mera coligação.[46] Se essa foi a razão determinante, pode-se concluir que o objetivo da lei foi louvável, mas a execução bastante infeliz.

E isso por duas razões principais. Em primeiro lugar porque, se essa era a sua intenção, não deveria ter utilizado o termo *grupo* de empresas mais adiante ("que implique participação da empresa ou grupo de empresas resultante"). Esse termo é ainda equívoco no ordenamento brasileiro, pelo menos no sentido am-

44. V., para a crítica referente à excessiva limitação subjetiva da expressão "agrupamento societário", bem como a forma sistematicamente correta de interpretar essa expressão (com relação a sua extensão subjetiva), *supra* n. 4.2.3.

45. Note-se, ainda que uma conseqüência adicional, e portanto inconveniente, da utilização da expressão "agrupamento societário" é excluir de sua esfera de aplicação toda e qualquer forma não societária de concentração. Sendo a hipótese legal mais ampla prevista no dispositivo "qualquer forma de agrupamento societário", eventuais operações de venda de ativos (*v.g.*, linha de produção, transferência de tecnologia, acompanhada ou não de alienação da marca) estarão imunes da aplicação do dispositivo (art. 54, § 3º, da lei concorrencial) ainda que configurem concentração econômica. Essas hipóteses estarão sujeitas então à regra geral do art. 54, *caput*. Deverão, portanto, ser levadas a controle não com base nos critérios objetivos do art. 54, § 3º, mas apenas quando possam "limitar a livre concorrência ou resultar na dominação dos mercados". Ora, esses critérios são obviamente imprecisos e insuficientes para garantir uma aplicação efetiva do dispositivo.

46. Nesse sentido F. K. Comparato, *O poder de controle*, cit., pp. 28-29, afirmando: "na doutrina francesa, René Houin propôs denominar "agrupamentos" as simples coligações, ou grupos societários sem unidade de controle. A expressão não é desconhecida do vocabulário legislativo brasileiro e, também, já foi utilizada pelo legislador português"; v., nesse sentido, também, W. S. Campos Batalha, *Comentários à lei das sociedades anônimas*, v. 3, Rio de Janeiro, Forense, 1977, sub. art. 243, p. 1.097, incluindo os casos de controle e mera coligação entre os casos de "agrupamento societário".

plo (de grupo de direito ou de fato), em que se pretendeu empregá-lo (claramente, o legislador não pretendeu reduzir a *fattispecie* aos grupos de direito, caso em que o emprego do termo agrupamento faria ainda menos sentido). Pode referir-se tanto a grupos de subordinação como de coordenação.[47]

Assim, se o legislador queria fazer referência aos grupos de fato e entre esses incluir não só os chamados grupos de subordinação, mas também os grupos de coordenação,[48] deveria ter feito menção expressa a esses últimos. A razão para isso é muito simples. Como o art. 54, § 3º, trata de hipóteses de concentração empresarial, em ausência de menção expressa aos grupos de coordenação, a interpretação deve necessariamente restringir a abrangência do dispositivo aos grupos de subordinação. Pelas razões vistas acima (n. 4.2.5), em ausência de poder de determinar os destinos da organização empresarial não se pode presumir a concentração, mas sim a cooperação entre as empresas. Assim, os chamados grupos de coordenação são estruturas aptas à cooperação, e não à concentração.

Essa observação nos traz à segunda e mais importante crítica ao dispositivo em questão. Trata-se da inexistência de diferenciação entre as diversas conseqüências concorrenciais das estruturas societárias. Como visto nos itens anteriores, a diferença entre "influência dominante" e "influência relevante do ponto de vista concorrencial" está exatamente em que, enquanto relativamente à primeira é possível presumir a concentração, da última a conseqüência a ser tirada é a existência de cooperação econômica cujo conteúdo deve ser verificado.

47. V. F. K. Comparato, *O poder de controle*, cit., pp. 26 e ss. O autor identifica, no entanto, o conceito de grupo de coordenação no ordenamento alemão. No sistema brasileiro, em função da existência e utilização do termo agrupamento, não parece demais supor que a referência a grupo, sem maiores explicações, deve ser sempre entendida como referente apenas aos grupos de subordinação. A própria lógica da lei indica nesse sentido. Com efeito, só às sociedades sob vínculo de controle é dado formar um grupo de direito (art. 265, Lei n. 6.404/76). Conseqüentemente, é de se presumir que só entre elas exista um grupo de fato.

48. A referência aqui é feita aos grupos de coordenação de fato. O grupo de coordenação de fato estabelece-se sempre que, no interior de um grupo de fato, surgem relações de coordenação entre as empresas em determinados mercados, que passam a cooperar do ponto de vista concorrencial.

É verdade que o conceito de "influência dominante" não é perfeitamente coincidente com o de controle, e conseqüentemente com o conceito de grupo (de fato), e que tampouco o conceito de "influência relevante do ponto de vista concorrencial" é perfeitamente coincidente com o de coligação ou "agrupamento societário". Mas há grande aproximação entre ambos.

Assim sendo, se o legislador tinha intenção de criar *fattispecie* mais ampla que a do controle societário, ainda que com a utilização de um termo não totalmente preciso como "agrupamento", deveria necessariamente ter feito referência às diferentes espécies de integração econômica que cada forma empresarial implica.

Note-se que, no caso do direito brasileiro, a previsão das duas hipóteses é necessária até mesmo do ponto de vista positivo. O art. 54, *caput*, contém hipótese ampla, de controle não apenas das concentrações, mas, também, das formas de cooperação econômica. O *caput* manda submeter ao controle do CADE aqueles atos e contratos que possam levar à dominação dos mercados ou que possam limitar ou de qualquer forma prejudicar a livre concorrência. Obviamente, os acordos de cooperação do tipo cartel se incluem nessa hipótese. Confirma essa tese, de resto, a própria inspiração do art. 54, claramente originada no art. 81 do Tratado de Roma (CEE), que trata do controle da cooperação empresarial (cartel).[49]

49. Basta comparar o § 1º do art. 54 da lei concorrencial brasileira com o art. 81, n. 3, segunda parte, do Tratado de Roma, para notar que se trata praticamente de uma reprodução fiel. Esse último item (n. 3) permite declarar inaplicável a proibição contida no n. 1 do mesmo dispositivo a todo acordo, decisão ou prática comum entre empresas "which contributes to improving the production or distribution of goods or to promoting technical or economic progress, while allowing consumers a fair share of the resulting benefit, and which does not: (a) impose on the undertakings concerned restrictions which are not indispensable to the attainment of these objectives; (b) afford such undertakings the possibility of eliminating competition in respect of a substantial part of the products in question".

A única diferença relevante é o acréscimo na lei brasileira da noção de eficiência, indispensável para a avaliação das concentrações econômicas. Em presença de tal semelhança entre os dispositivos, é inaceitável pressupor que o legislador queria regular apenas as concentrações e, portanto, baseou-se no dispositivo errado.

Na linha do que dispunham as Resoluções ns. 1 e 5 do CADE, ambas revogadas, a Resolução n. 15 do CADE, de 19 de agosto de 1998, representa um avanço bastante grande nesse sentido. Apesar de a resolução não se referir em momento algum aos dois diferentes tipos de atos e contratos – concentração e cooperação –, ela oferece o instrumental necessário para que ambas sejam controladas e diferenciadas. Isso porque ao relacionar, em seu Anexo I, os documentos e informações que devem acompanhar a apresentação de qualquer ato que se encaixe à hipótese do art. 54 (e não exclusivamente de seu § 3º) exige que todas as participações superiores a 5% *das* ou *nas* empresas que se estão integrando sejam declaradas (itens I.8 e I.4., respectivamente). Esse dispositivo permite detectar grande parte das hipóteses acima relacionadas como de "influência relevante do ponto de vista concorrencial".

Note-se que o referido dispositivo fornece também um parâmetro de interpretação para as hipóteses em que a formação de determinadas estruturas deve ser submetida a controle. Se duas empresas que se estão concentrando ou cooperando devem relacionar todas as empresas com as quais há um vínculo que caracterize a influência relevante, também aquelas aquisições de participação societária ou contratos que atribuam, interna ou externamente, a mesma influência devem se submeter a controle. É razoável supor, portanto, que aquisições de ações preferenciais que montem a mais de 50% do capital devam ser submetidas ao controle do CADE por força desse dispositivo, desde que a estrutura econômica resultante possa levar a dominação de mercado, a limitar ou prejudicar a livre concorrência.

Caberá ao CADE, então, fazer a correta classificação das hipóteses e analisar cada uma delas segundo se trate de concentração ou cooperação. Para isso, os critérios de diferenciação acima estabelecidos, que permitem relacionar cada estrutura societária à sua respectiva estrutura econômica, podem ser bastante úteis.

Finalmente, um último problema deve ser avaliado. Seria o art. 54, § 3º, aplicável exclusivamente àquelas concentrações que levam à participação da empresa ou grupo de empresas resultante em mais de 20% do mercado relevante, ou incidiria também sobre aqueles casos em que já existe essa participação anteriormente à concentração? A interpretação correta parece ser a segunda. Essa conclusão, além de compatível com a letra da lei e correta do ponto de vista gramatical,[50] impõe-se por uma questão de coerência lógica. Se assim não fosse, e se considerasse aplicável o art. 54 apenas àquelas concentrações que originassem uma concentração de mais de 20% do mercado, nenhuma concentração em que um dos participantes já detivesse mais de 20% do mercado relevante, ainda que a sua conseqüência fosse um aumento estupendo dessa participação preexistente, deveria se sujeitar a controle, já que nessas hipóteses a participação de 20% seria sempre preexistente e não decorrente do ato de concentração. Ora, esse tipo de concentração, sobretudo em países como o Brasil, em que o controle das concentrações foi introduzido relativamente tarde e onde a estrutura industrial é bastante concentrada, é o mais comum e por vezes o mais danoso ao mercado. Geralmente leva à formação de estruturas oligopolísticas ou então, o que é pior, à transformação de estruturas oligopolísticas em monopolísticas. A comparação entre ambas já foi feita no capítulo 2, onde ficou demonstrado que o monopólio é muito mais danoso para o sistema concorrencial que o oligopólio.

É errôneo imaginar que esse problema é resolvido pela presença do critério alternativo baseado no faturamento bruto anual. Em primeiro lugar porque, sendo pequeno o mercado relevante, é bem possível deter participação expressiva sem alto nível de faturamento. Assim, é possível existir um problema concorrencial mesmo em ausência de faturamento considerado relevante pela lei. Mas não é só isso. Existe uma segunda razão que torna a presente discussão relevante mesmo em presença do critério do faturamento. Como foi visto no capítulo 3, a participação no mercado não é apenas critério de identificação do poder no mercado é também importante critério de sancionamento. Desconsiderar a participação no mercado por existir participação relevante preexistente ao ato de concentração permitiria, portanto, aprovar concentrações potencialmente nocivas à ordem concorrencial.

50. O verbo implicar, quando utilizado como transitivo direto não tem exclusivamente o sentido de "ter como conseqüência" mas também o de "envolver" e até o de "pressupor"; v. Aurélio Buarque de Holanda Ferreira, *Novo Dicionário da Língua Portuguesa*, 1ª ed., Editora Nova Fronteira, Rio de Janeiro, sem data, p. 752, verbete "implicar", ns. 2 e 3.

### *4.3 As concentrações econômicas*

#### *4.3.1 As formas possíveis de concentração econômica*

Tradicionalmente, as concentrações econômicas são classificadas em três categorias: concentração horizontal, concentração vertical e formação de conglomerados. A ordem em que foram listadas as três categorias é função da relevância de cada uma para a ordem concorrencial.

A primeira delas é a concentração horizontal ou, *grosso modo*, aquela que se processa entre concorrentes. Não há dúvida na doutrina ou jurisprudência quanto à potencial ameaça representada pelas concentrações horizontais para a ordem econômica. A questão se resume, portanto, a determinar o nível de concentração a partir do qual é necessário o controle.

O mesmo não pode ser dito com relação às concentrações verticais. São elas as que se processam entre empresas que operam em diferentes níveis ou estágios da mesma indústria, mantendo entre si relações comerciais, na qualidade de comprador/vendedor ou prestador de serviço.[51] Apesar de em teoria serem consideradas danosas para a ordem antitruste, seu controle é na prática freqüentemente influenciado por fatores políticos. Assim, em épocas em que os ventos liberais tendem a favorecer as concentrações, seu controle é um dos primeiros a ser suprimido.

Finalmente a formação de conglomerados é a mais discutida dessas categorias de concentrações econômicas. Trata-se de categoria residual, que engloba concentrações em que as atividades dos agentes econômicos não guardam qualquer relação entre si. É categoria muito discutida em doutrina e cujo controle é bastante limitado.

Essas três categorias foram indiretamente reconhecidas pelo legislador brasileiro quando da definição das concentrações sujeitas a controle. Prevê o art. 54, § 3º, que devem se sujeitar a controle tanto aquelas concentrações cuja participação agregada das empresas envolvidas seja de 20% ou mais do mercado relevante como, também, aquelas em que qualquer das empresas participantes "tenha registrado faturamento bruto anual no

51. Cfr. N. T. Mallard, "Integração de empresas: concentração, eficiência e controle", cit., p. 44.

último balanço equivalente a R$ 400.000.000,00 (quatrocentos milhões de reais), ou unidade de valor superveniente". Ora, como a aplicabilidade do critério da participação no mercado relevante é restrita às concentrações horizontais e verticais, obviamente a referência ao critério do faturamento bruto engloba a formação de conglomerados.

### *4.3.2 As concentrações horizontais*

A noção há pouco utilizada de concentração horizontal deve ser bem compreendida. É considerada concentração horizontal não apenas aquela integração entre empresas que fabriquem ou comercializem o mesmo produto. Firmas no mesmo mercado são consideradas todas aquelas que se incluem na mesma definição de mercado relevante. Assim, todos os fabricantes de produtos substitutos, que em caso de aumento de preços passariam a ser consumidos, devem ser incluídos no mercado.

Isso não é suficiente, no entanto, para estabelecer os limites exatos da noção de concentração horizontal. Para fazê-lo é necessário compará-la à formação de conglomerados. A razão é que, em todas aquelas hipóteses em que é teoricamente concebível a existência de uma concorrência potencial entre os produtos dos agentes econômicos que se estão integrando a partir de um certo nível de aumento de preços (ainda que superior ao nível utilizado para definir o mercado), se está diante de uma situação limítrofe entre concentração horizontal e formação de conglomerados.

Por uma questão de coerência com a teoria desenvolvida no capítulo 2, serão tratadas entre a formação dos conglomerados todas aquelas hipóteses em que o aumento de preços necessário para poder incluir uma das empresas que se está integrando no mesmo mercado da outra é superior aos padrões utilizados para definir o mercado relevante. É interessante observar, de resto, que exatamente nos casos em que a formação de conglomerados pode ser ligada (ainda que longinquamente) às concentrações horizontais (ou verticais) é que se registram as poucas decisões considerando ilícita a sua constituição. A necessidade sentida pela doutrina e pela jurisprudência de ligar as hipóteses de formação de conglomerados a *fattispecie* longínquas de concentração horizontal (ou vertical) sugere que, se os critérios para a *identificação* do poder na formação de conglomerados são substancialmente diversos daqueles utilizados para a mesma identificação no caso das concentrações horizontais, quanto ao *sancionamento* a regra da razão formulada no capítulo 3 permanece intacta e aplicável, com pequenas distinções, a ambas as hipóteses.

a) Concentração horizontal e crescimento interno

A preocupação particular da ordem concorrencial com as concentrações horizontais não decorre exclusivamente da maior probabilidade de construção de posições de poder no mercado que essa forma implica comparativamente às demais. Importância especial tem também o padrão utilizado para comparação. Na concentração horizontal, mais do em qualquer outro tipo de concentração, a alternativa à concentração empresarial é o crescimento interno. Com isso se quer dizer que, diferentemente dos outros tipos de integração, a alternativa natural à concentração horizontal é o crescimento interno. A empresa que se vê na impossibilidade de adquirir um concorrente, para ganhar espaço no mercado e conseqüentemente melhorar sua lucratividade, deve crescer internamente.

Ocorre que o crescimento empresarial interno é acontecimento muito positivo para a ordem econômica. As razões para isso já foram analisadas. O crescimento, além do efeito econômico positivo representado pela criação de nova capacidade produtiva, é também o único a garantir que o aumento do poder no mercado se dá a partir de melhoria da eficiência produtiva, cujos resultados são efetivamente repartidos com o consumidor.[52]

Em função disso, a concentração horizontal é tão mais favorecida do ponto de vista concorrencial quanto mais for possível demonstrar que o crescimento interno não é uma alternativa viável. Isso ocorre basicamente em duas situações. Em primeiro

52. O crescimento interno não é, no entanto, sempre preferível à concentração. Três são as situações básicas em que a concentração é preferível ao crescimento interno. Em primeiro lugar, quando as firmas que se pretendem concentrar possuem bens de capital complementares que conjugados podem passar a produzir bens de diferente qualidade, o que não poderia ocorrer pelo crescimento individual de cada empresa. Uma segunda situação é aquela em que o "preço" do crescimento interno é excessivamente elevado. Finalmente, a concentração é socialmente preferível quando não há espaço para o crescimento interno de todas as empresas, isto é, quando o preço do crescimento interno de uma é a saída do mercado das outras. Na verdade, apenas a primeira é uma situação em que a concentração é preferível. Nos outros casos o que ocorre é que o crescimento interno não é viável, ao menos não para todas as firmas.

lugar, o crescimento interno não é uma alternativa viável, ao menos não para todas as firmas, quando a demanda daquele mercado particular é estável ou decrescente. Nesse caso, o crescimento interno de uma das empresas implicará provavelmente saída do mercado da outra. É verdade que essa alternativa poderia, ao menos na perspectiva neoclássica, ser considerada economicamente positiva, na medida em que eliminaria uma unidade econômica ineficiente. Ocorre que o mesmo efeito pode ser obtido através da concentração, com duas vantagens: não há destruição de capacidade produtiva já existente e ainda podem ser geradas economias de escala tendentes a beneficiar o consumidor.

O crescimento interno também será inviável, ou ao menos bastante improvável, quando for excessivo o aumento de escala necessário para atingir um nível eficiente (ou ao menos competitivo) de produção. E isso por duas razões básicas. Em primeiro lugar porque nesse caso o tempo para obtenção da escala produtiva necessária será tão elevado e os esforços financeiros de tal monta que o crescimento interno tornar-se-á financeiramente pouco compensador. Mas a razão mais relevante é o que se denomina *capacity effect*. O que ocorre é que, quanto maior for a expansão de capacidade produtiva necessária para a obtenção de uma escala eficiente, tanto maior será o efeito depressivo sobre os preços. Nota-se, portanto, que as mesmas razões que tornam o crescimento interno preferível do ponto de vista econômico podem, a partir de um certo ponto, torná-lo inviável. Exatamente porque o crescimento interno só se pode fazer através de redução de preços para o consumidor, se o tempo necessário para que a diminuição dos preços que possa induzir a um aumento das vendas suficiente para atingir a escala eficiente for muito longo, o crescimento interno é inconveniente para a empresa.

Pode-se, portanto, formular um primeiro critério para interpretaçao da regra da razao discutida no capitulo 3, com o objetivo específico de aplicá-la às concentrações horizontais. De um lado, ao se analisar o montante da restrição à concorrência, tem sem dúvida tratamento favorecido aquele tipo de setor cuja demanda é decrescente ou ao menos estável.[53] Com relação a ele é

53. A preocupação com esse fator fica evidente na Resolução n. 15 do CADE, de 19 de agosto de 1998, em que a avaliação do estado do mercado é

razoável presumir que o crescimento interno não é uma alternativa viável para todas as empresas.

Por outro lado, quanto às justificativas para a concentração, pode-se afirmar que tanto mais aceitável é a justificativa baseada na eficiência quanto maior for o crescimento necessário para atingir uma escala eficiente de produção. Também nesse caso pode-se presumir a inviabilidade do crescimento interno.

b) A eficiência

A eficiência é, sem dúvida, a mais importante defesa tratando-se de concentrações. Por esse motivo, será objeto de tratamento específico para cada tipo particular de concentração.

A primeira peculiaridade específica da eficiência, quando utilizada como defesa nas concentrações horizontais, já foi analisada acima. Como visto, a defesa baseada na eficiência será tão mais aceitável quanto maior for o montante do crescimento interno necessário para atingir uma escala produtiva eficiente.

Mas isso não basta. É necessário ir ainda mais a fundo e verificar o significado real do termo "eficiência" quando aplicado às concentrações horizontais. Já foi visto no capítulo 3 que o termo "eficiência", quando utilizado no direito antitruste, significa basicamente economia de escala. Mas quais são as economias de escala possíveis em caso de concentração horizontal? Serão todas elas juridicamente aceitáveis?

A doutrina costuma elencar uma série de economias de escala passíveis de serem atingidas através da integração empresarial. As mais importantes são: economias de escala produtiva, economias decorrentes da especialização das empresas, economias na distribuição, promoção, pesquisa e desenvolvimento de produtos, custos de capital e economias de escala com fornecedores.[54]

solicitada expressamente no Anexo II, item VI.5, cabendo às empresas requerentes informar sobre as "perspectivas do mercado relevante em termos de crescimento das vendas" e a "evolução da capacidade produtiva", entre outros fatores.

54. V., a respeito do tratamento econômico de cada uma delas, P. Areeda, D. Turner, *Antitrust law*, v. IV, cit., pp. 175 e ss.

De todas elas, apenas as duas primeiras são diretamente aceitáveis como defesa em uma concentração horizontal. A razão é que só elas requerem necessariamente a concentração empresarial. Com efeito, tanto as economias de escala na produção quanto a especialização empresarial requerem mudanças estruturais na empresa que permitam alterar sua forma de produção.[55] Essas mudanças só se tornam possíveis através de concentração empresarial.

O mesmo não pode ser dito a respeito das demais economias. É inegável que todas elas, sem exceção, são teoricamente obteníveis através da concentração horizontal. Dois fatores limitam substancialmente, no entanto, a possibilidade de sua utilização como defesa. Em primeiro lugar, ao contrário da eficiência produtiva, é muito arriscado presumir que esse tipo de eficiência possa ser capaz de superar a ineficiência alocativa produzida pelo aumento do poder no mercado.

Mas muito mais importante que isso, todas essas outras economias não requerem necessariamente a concentração horizontal para serem obtidas. É perfeitamente possível obtê-las através da formação de *joint ventures* entre empresas, especialmente destinadas à venda, à aquisição ou à pesquisa e desenvolvimento de produtos.

Essa observação deve ser bem entendida. Não se trata de dar preferência à formação de *joint ventures* em qualquer caso, em detrimento da concentração empresarial. Como se verá quando da análise das *joint ventures*, sua constituição pode ser tão ou mais negativa que a concentração empresarial no que tange à

55. A possibilidade de especialização de produção de cada uma das empresas é aceitável como defesa no direito antitruste quando existe complementaridade entre os produtos fabricados, ou seja, quando é necessário para as empresas oferecer todos (ou ambos) os produtos no mercado. É o caso, por exemplo, do fabricante de bebidas em relação ao fabricante de vasilhames. Nesse caso pode ser interessante para o fabricante de bebidas que quer expandir sua produção adquirir um fabricante de vasilhames, especializando sua unidade industrial exclusivamente na fabricação de bebidas e transferindo toda sua fabricação própria de vasilhames (assumida por hipótese) para a nova empresa adquirida. Nesse caso a especialização da produção pode levar a importantes economias de escala. Como se pode notar, a especialização da produção nada mais é que uma variante da economia de escala produtiva; v., nesse sentido, P. Areeda, D. Turner, *Antitrust law*, v. IV, cit., p. 177.

consolidação do poder no mercado. Basta notar que freqüentemente a sua formação incentiva a conclusão de acordos de preços entre concorrentes.

O que se está tentando preservar é apenas uma proporcionalidade entre meios e fins (prevista na própria lei concorrencial brasileira — art. 54, § 1º, inc. II), sem a qual uma defesa baseada na eficiência nunca pode ser considerada suficiente para contrabalançar um aumento relevante do poder no mercado.[56] Com isso se quer dizer que, se o único objetivo da concentração entre as empresas é a obtenção dessas economias por assim dizer secundárias, a concentração não é o melhor meio de atingi-las. A mudança *estrutural e permanente* promovida pela concentração nas duas empresas é inconveniente do ponto de vista concorrencial para a obtenção desses objetivos. Eles podem ser muito bem obtidos através de uma forma intermediária, como é a *joint venture*, que permite obter os mesmos objetivos sem um aumento em princípio permanente da concentração do poder no mercado.

Assim sendo, a utilização da defesa da eficiência, baseada exclusivamente nesse tipo de economia "secundária", dependerá

56. No julgamento de atos envolvendo concentração horizontal significativa, o CADE, em decisões mais recentes, tem expressamente adotado o modelo de divisão dos benefícios da concentração com o consumidor (modelo *price standard*) para avaliação das eficiências suficientes para compensar os efeitos anticompetitivos decorrentes de elevadas concentrações econômicas. E não poderia ser diferente: o art. 54, §1º, II, da Lei de Defesa da Concorrência, determina expressamente a aplicação desse raciocínio, quando impõe a divisão das eficiências econômicas decorrentes da operação com o consumidor final. Segundo esse requisito, condição essencial para aprovação de atos dessa natureza é a geração de benefícios econômicos não apenas para o produtor, mas também para o consumidor, quer seja pela diminuição dos preços, quer seja pela melhoria da qualidade dos produtos, assegurando-se a manutenção ou melhoria do nível de bem estar do consumidor experimentado na fase pré-operação. A aplicação desse modelo tem levado o CADE a um movimento pendular, difícil de ser classificado do ponto de vista teórico, que ora resulta na adoção de medidas estruturais severas, ora em restrições insuficientes para garantir um ambiente concorrencial (v., por exemplo, Nestlé/Garoto (AC n. 08012.001697/2002-89), Gatorade/Marathon (AC n. 08012.001697/2002-89), Sky/Directv (ACs ns. 53500.002423/2003 e 53500.029160/2004), descruzamento das participações entre CVRD e CSN, e aquisições Socoimex, Samitri, Ferteco, Caemi e Belém (ACs ns. 08012.005226/2000-88, 08012.005250/2000-17, 08012.000640/2000-09, 08012.001872/2000-76, 08012.002838/2001-08, 08012.002962/2001-65 e 08012.006472/2001-38).

não só da demonstração de que seu montante é suficiente para proporcionar benefícios aos consumidores capazes de contrabalançar a ineficiência alocativa, mas também de que não é possível a utilização da *joint venture* ou outra forma de cooperação entre concorrentes para obtenção dos mesmos resultados.

### *4.3.3 As concentrações verticais*

a) Hipótese independente
ou caso especial de concentração horizontal?

As concentrações verticais, muito ao contrário das horizontais, são motivo de contínuas dúvidas e discussões doutrinárias. No estado atual da doutrina não existe sequer concordância a respeito da necessidade e da utilidade de qualquer tipo de controle das concentrações verticais.

Certos autores, sobretudo aqueles mais ligados à Escola Neoclássica de Chicago, afirmam que as concentrações verticais não apresentam qualquer problema jurídico autônomo em relaçao às concentraçoes horizontais.

O raciocínio por eles desenvolvido ataca um dos argumentos centrais daqueles que vêem na concentração vertical uma potencial ameaça ao sistema concorrencial. Trata-se da possibilidade de criar dificuldades ao funcionamento do concorrente, tolhendo-lhe as fontes de matéria prima ou os canais de distribuição. Segundo essa teoria, a concentração vertical permite ao fabricante do produto final, caso o produtor de insumos ou distribuidor com o qual se está concentrando possua relevante poder no mercado, sufocar seus concorrentes, bloqueando seu acesso às fontes de insumo ou matéria-prima.

Os neoclássicos se opõem frontalmente a essa idéia. Afirmam que a preocupação com as concentrações verticais nada mais faz do que induzir o intérprete a focalizar sua atenção no prisma errado da questão. Segundo esses teóricos, nada há de mal na concentração entre fornecedor e comprador, o problema só aparece quando um deles tem poder no seu mercado *horizontalmente* considerado.[57] Nessa perspectiva, a transmissão de posição do-

57. V., nesse sentido, comentando um caso concreto, R. Bork, *The antitrust paradox*, cit., p. 237: "Foreclosure theory is like a conjuring trick: it causes you

minante de um mercado para outro, preocupação tradicional nas concentrações verticais e que se traduz na teoria clássica da concentração vertical supra-exposta (segundo a qual a ilicitude só ocorrerá se em um dos mercados estiverem presentes as condições para caracterização do poder no mercado ilícito), perde relevância. Isso porque, segundo esses mesmos teóricos, qualquer preferência atribuída pela empresa com poder no mercado ao distribuidor ou produtor de insumos a ela afiliado fará com que os demais concorrentes naqueles mercados migrem para outros produtores, existentes ou potenciais. Assim, para que o esquema funcione é necessária a existência de grande participação em um dos mercados e de substanciais barreiras à entrada, exatamente os fatores que caracterizam a ilicitude das concentrações horizontais.

A tese neoclássica padece de um vício fundamental de lógica jurídica. Se é verdade que o fundamento do controle das concentrações é o sancionamento de um aumento da concentração no mercado *horizontalmente* considerado (como os próprios neoclássicos proclamam), no caso da concentração vertical nunca haveria nada a controlar, nem no sentido vertical, nem no horizontal. Isso porque em uma concentração vertical o poder no mercado horizontalmente considerado não se cria nem se aumenta. A intervenção, em conseqüência, não se justifica com um raciocínio típico da análise de concentrações horizontais.[58]

to look at the wrong level of the industry, in the case the refining level. The problem just stated is not vertical but horizontal, the evil is not the foreclosure of rival refiners but the establishment of a retail monopoly".

58. A jurisprudência do órgão antitruste brasileiro alinha-se com a posição neoclássica sobre as conseqüências de concentrações verticais, conferindo-lhes importância maior apenas quando capazes de gerar efeitos na linha horizontal, aumentando o poder de mercado em um ou mais elos da cadeia produtiva (cfr., por exemplo, o posicionamento do CADE no caso Sky/Directv, objeto dos ACs ns. 53500.002423/2003 e 53500.029160/2004, de 24.5.2006, no que respeita aos mercados de programação midiática). Nas hipóteses em que o CADE viu necessidade de restringir alguns aspectos de operações dessa natureza nos últimos anos, pode-se identificar uma tendência de imposição de uma mescla de soluções estruturais e comportamentais, com ligeira preferência das primeiras sobre as últimas. Pode-se verificar essa tendência na solução conferida aos ACs ns. 08012.005226/2000-88, 08012.005250/2000-17, 08012.000640/2000-09, 08012.001872/2000-76, 08012.002838/2001-08, 08012.002962/2001-65 e 08012.006472/2001-38, de interesse de CVRD/CSN, no que respeita ao acesso à infra-estrutura ferroviária. Nestes atos, entre as restrições impostas, constou –

Para controlar as concentrações verticais é necessário, portanto, encontrar alguma característica a elas particular que o torne necessário. Note-se que isso não significa dizer que é desnecessária a existência de poder no mercado em ambas as esferas consideradas, mas apenas que não é o aumento desse poder, mas sim o ato de concentração (vertical) em si que justifica o controle.

especificamente para lidar com a questão de integração vertical com a infraestrutura ferroviária – a proibição do exercício de certos direitos de participação na MRS Logística. A mesma preferência por remédios estruturais em matéria de concentração vertical pode ser observada nos Atos de Concentração (AC) ns. 08012.005118/2000-13, 08012.005117/2000-61 e 08012.005116/2000-16, de interesse da Brasil Mídia Exterior. Nestes, impôs-se obrigação de desinvestimento em painéis e displays por meio de um Termo de Compromisso de Desempenho.

Apesar de soluções estruturais serem também a preferência na jurisprudência estrangeira, principalmente na integração de indústrias reguladas (cfr., por exemplo, o posicionamento da Comissão Européia nos casos Vodafone Airtouch/Mannesmann – COMP/M.1795, 12.4.2000, e Telia/Telenor – IP/99/413, 13.10.1999 e o posicionamento da *Federal Communications Commission* no caso AT&T/MediaOne, de 5.6.2000), é interessante notar que, no caso brasileiro, o fundamento para essa opção parece menos relacionado às conseqüências econômicas das soluções estruturais e mais ao aspecto prático, na medida em que estas são mais facilmente monitoráveis pela Comissão de Acompanhamento de Decisões do CADE (CAD-CADE), órgão com sérias limitações de recursos financeiros e humanos, responsável pelo acompanhamento do cumprimento das decisões do órgão.

As restrições de recursos para monitoramento dos agentes privados têm sido declaradas pelo CADE como motivação para inovar em relação às tradicionais medidas de reforço de transparência dos agentes verticalmente relacionados. A divulgação pelas empresas verticalmente integradas de informações economicamente relevantes de sua relação imporia ao Conselho menor custo de monitoramento, pois poderia, em tese, contar com a sua fiscalização pelo mercado. Solução dessa natureza pode ser encontrada no caso Agip/Petrobrás (AC n. 08012.005538/2004-60), no qual o Conselho impôs obrigação de informar à ANP contratos e condições comerciais no fornecimento de GLP pela Petrobrás a demais distribuidores.

Esta linha de decisão não pode ser considerada um bom substituto para soluções estruturais, exatamente porque nesses casos a informação estará também estruturalmente concentrada (vide *infra*, item 2.3). Ao monopolista seria sempre possível alterar elementos não sujeitos à divulgação (qualidade e composição do produto), obtendo o mesmo efeito abusivo – ou seja, as razões pelas quais é de se rejeitar tal solução do ponto de vista teórico são as mesmas pelas quais não se admite que um controle de comportamentos bem estruturado (via compromisso de desempenho, por exemplo) possa substituir o controle de concentrações.

A doutrina identifica várias conseqüências específicas das concentrações verticais que causam preocupação concorrencial.[59] Em primeiro lugar, a própria teoria da exclusão potencial dos concorrentes pode ser revisitada, agora levando em conta a crítica neoclássica. O que dela se pode concluir é que as integrações verticais, quando realizadas entre agentes econômicos que atuam em mercados já horizontalmente concentrados, são causa efetiva de preocupação para o direito antitruste. E isso por duas razões bastante evidentes. Em primeiro lugar porque nesses casos sobram muito poucas alternativas aos produtores e/ou distribuidores independentes para respectivamente vender ou comprar seus produtos em condições concorrenciais. Mas também a concorrência potencial se limita substancialmente. Com efeito, novos potenciais concorrentes que queiram entrar em um dos mercados deverão entrar em ambos para ter alguma chance de concorrer. É por esse motivo que uma das principais objeções de natureza concorrencial às concentrações verticais está exatamente no aumento substancial de barreiras à entrada no mercado por elas proporcionado.

É importante notar que isso não significa que só deva ser controlada aquela concentração vertical que implique controle de parcela do mercado, em qualquer dos níveis do setor considerado (produção de matéria-prima, industrialização ou fornecimento ao consumidor final) que, segundo os padrões utilizados nas concentrações horizontais, seja considerado excessivo. Como visto, a concentração vertical traz consigo preocupações concorrenciais específicas (em especial a potencial exclusão de concorrentes e as barreiras à entrada), que não podem ser descuidadas. Existe, ainda, uma outra razão a desaconselhar tal equiparação. Sobretudo tratando-se de mercados oligopolizados, é muito comum que a uma primeira integração vertical se sigam outras, por parte de outros concorrentes, que, descrentes da lógica neoclássica, não querem se colocar em situação concorrencialmente inferior. Assim, muito freqüentemente uma primeira integração vertical desencadeia um processo concentrativo que não termina enquanto grande parte dos participantes de ambos os

59. V. para uma completa discussão de todas as possíveis conseqüências das concentrações verticais, nem todas de resto logicamente aceitáveis, P. Areeda, D. Turner, *Antitrust law*, v. IV, cit., pp. 212 e ss.

mercados não estão integrados. Essa perspectiva constitui uma ameaça real aos pequenos produtores independentes para os quais, ao final desse processo, restarão poucas alternativas para fornecimento e/ou distribuição em condições concorrenciais.

O problema que então se apresenta é de eqüidade. Será correto permitir, em um determinado setor, as primeiras concentrações e barrar as últimas, sob o argumento de que nessas últimas o número de concorrentes independentes restante será muito reduzido para garantir a existência real de concorrência? A solução mais correta e eqüitativa, sobretudo em um direito concorrencial que, como visto no capítulo 1, leva em consideração não apenas os interesses dos consumidores, mas também o dos concorrentes, parece ser a utilização da teoria da incipiência. Através dela é possível aplicar mais rigidamente os critérios de sancionamento àqueles mercados oligopolizados em que uma primeira concentração vertical possa razoavelmente provocar o temor de um processo generalizado de integração. Esse temor é tanto mais justificado quanto mais oligopolizado for o mercado e, paradoxalmente, quanto maior for a concorrência entre seus principais participantes. Nesses casos é possível e provável que os demais venham a seguir os passos dos primeiros a se integrarem.

A probabilidade aqui postulada, além de base empírica, tem também fundamento teórico. Com efeito, aplicando aqui o que foi dito sobre a teoria dos jogos quando do estudo dos oligopólios, nota-se que a integração vertical é um jogo com um número finito de rodadas (provavelmente uma ou então tantas quantos forem os estágios intermediários cuja aquisição é necessária). Conseqüentemente, *é possível* presumir (ao contrário do que ocorre nos aumentos de preços) que haverá comportamento paralelo dos oligopolistas que não querem perder sua posição no mercado. Isso porque, exatamente como no *dilema do prisioneiro*, o comportamento tendente a um fim exclusivamente individual é um comportamento seguido por todos os oligopolistas. Trata-se, portanto, de um comportamento paralelo, mas claramente não-intencional.

A ausência da intencionalidade tem, no entanto, pouca relevância. Não se está tratando de determinar a cooperação econômica, mas sim de estudar os possíveis efeitos de um tipo especial de concentração. E a esse respeito o que se pode concluir é que o comportamento individual (e não cooperativo) dos agentes econômicos, que se pode presumir, levará exatamente àquela estrutura de mercado não desejada pelo ordenamento.

A concentração vertical em estruturas oligopolizadas causa ainda um outro tipo de preocupação, diretamente ligada ao interesse do consumidor. Ainda que a concentração não leve a um processo generalizado de integração e, talvez possa-se dizer, sobretudo se isso não ocorrer, é muito provável que essa concentração represente uma forma de eliminar uma barreira à cartelização do mercado. A razão para isso é bastante simples. Como já foi visto ao se analisar a teoria do *countervailing power*, muitas vezes o poder no mercado do comprador pode impedir o exercício do poder monopolista por parte do vendedor. Nesse caso é possível que o vendedor ou grupo de vendedores se interesse em adquirir o comprador para eliminar o empecilho ao exercício do seu poder e diminuir os custos das transações. Assim sendo, a concentração vertical é tanto mais perigosa quanto mais indícios existam de acordo (expresso ou tácito) entre os vendedores sobre preço ou quantidade produzida. Nessa situação é possível que a aquisição do distribuidor por um dos vendedores venha a beneficiar a todos, em detrimento do consumidor.

A conclusão só pode ser, portanto, pela necessidade de controle preventivo das concentrações verticais. A concentração vertical traz, em si, potenciais ameaças à ordem concorrencial, que devem ser levadas em consideração. As concentrações potencialmente danosas ao sistema concorrencial não são, porém, só aquelas que acarretam, em um determinado nível, do setor em análise, riscos para a ordem concorrencial. Mesmo uma concentração vertical que atinja, em qualquer ou ambos os níveis horizontalmente considerados (*v.g.* produção e distribuição), graus de concentração inferiores aos requeridos para o controle das concentrações horizontais, deve ser submetida a controle. Nesse ponto andou bem o legislador brasileiro ao sujeitar a controle (art. 54, § 3º) tanto aquelas concentrações que implicarem participação da empresa ou grupo de empresas resultantes em 20% do mercado relevante como aquelas em que qualquer dos participantes tiver faturamento anual de R$ 400.000.000,00 (quatrocentos milhões de reais). A utilização pela lei de ambos os critérios como alternativos, e não como substitutivos (leia-se: o critério do faturamento, caso não seja possível utilizar o critério da participação no mercado, ou caso esse leve a resultados dúbios), permite submeter a controle também aquelas concentrações verticais que não atinjam o nível de participação requerido em qualquer dos níveis horizontalmente considerados. Pelas razões vistas acima, o controle desse tipo de concentração é indispensável sobretudo nas situações de oligopólio.

Evidentemente, também, o critério do faturamento não é perfeito. Tem o seríssimo defeito de basear-se na grandeza em si. É muito provável que concentrações verticais relevantes escapem de sua aplicação. Mas é improvável que concentrações relevantes escapem concomitantemente de sua aplicação e do critério alternativo de participação em ao menos 20% do mercado relevante. Ambos os critérios se completam mutuamente.

É importante deixar claro mais uma vez que o critério da participação no mercado relevante é aplicável tanto às concentrações horizontais como às verticais, e até à formação de conglomerados. Como visto no n. 4.2.6, a lei brasileira não exige que a participação de 20% seja *alcançada* através do ato de concentração. Basta que a concentração *implique* tal participação no mercado (v. art. 54, § 3º). Assim, qualquer concentração, vertical ou horizontal, ou formação de conglomerados em que um dos participantes *passe a deter* ou mesmo *já detenha* 20% do mercado relevante, está sujeita a controle pelo CADE.

Como visto acima, a justificativa teleológica para essa interpretação não está na preexistência do poder no mercado. A sanção a situações de poder no mercado presentes é feita através da disciplina dos comportamentos, e não da disciplina das estruturas.[60] A razão para o controle da formação dessas estruturas está portanto no risco adicional para o sistema concorrencial, decorrente do aumento do poder no mercado, seja através da concentração horizontal, da concentração vertical ou da formação de conglomerados.

### b) A eficiência nas concentrações verticais

O que foi dito auxilia não apenas na definição dos *critérios de identificação* da concentração vertical que se deve sujeitar a controle, mas, também, de seus critérios de sancionamento.

60. Como se verá abaixo, a única hipótese justificável de intervenção na estrutura do agente que já detém poder no mercado ocorre quando da repetição dos comportamentos ilícitos. Trata-se em última análise, também de um controle dos comportamentos.

A aplicação dos critérios de sancionamento definidos no capítulo anterior torna-se mais fácil quando se tem noção dos pontos críticos a serem focalizados. Como visto no item anterior, com respeito à extensão da limitação à concorrência (primeira parte da regra da razão formulada no capítulo 3), pontos críticos nas concentrações verticais são as barreiras à entrada e a situação estrutural do mercado (oligopolizado ou não). O montante em si da participação, também aqui, assim como na determinação dos critérios de identificação, é de relevância apenas secundária. E isso exatamente porque se trata de uma concentração vertical.

Resta indagar das justificativas para a aquisição do poder no mercado, em especial daquela mais importante tratando-se de concentração: a eficiência.

A análise da eficiência nas concentrações verticais é bastante interessante pois nela se verifica talvez mais do que em qualquer outra área, a superação de premissas fundamentais da Escola de Chicago. Deve-se dizer aliás que, paradoxalmente, é a superação de algumas das premissas da Escola de Chicago que permite, ao menos em teoria, uma posição mais permissiva em relação às concentrações verticais.

Era sobretudo a concentração das atenções na eficiência alocativa (e na sua necessária compensação pela eficiência produtiva) que criava as maiores dificuldades à aceitação das concentrações verticais. As concentrações verticais, via de regra, não são criadoras de economias de escala. Não há um aumento de produção por força da junção ou da melhor divisão do trabalho entre duas diferentes unidades produtivas.

As concentrações verticais só podem encontrar justificativa a partir de uma análise dos custos das transações (*transaction costs*). O estudo original e clássico a respeito desses custos é do economista norte-americano R. Coase que, em trabalho que lhe valeu o prêmio Nobel de Economia,[61] os definiu e descreveu. São eles basicamente os custos de realizar uma transação no mercado, ao invés de realizá-la no interior da empresa. Assim, por exemplo, a matéria-prima comprada de um fornecedor no mercado ao

61. R. Coase, "The nature of the firm", in *Economica* 4 (novembro de 1937), p. 386, reproduzido em R. H. Coase, *The firm, the market and the law*, Chicago-London, The University of Chicago Press, 1988, p. 33.

invés de produzida pela própria empresa. Como sugere o autor, esses custos consistem basicamente na incerteza que caracteriza as relações de mercado. Incerteza que se estende desde os preços até a natureza e características do produto a ser fornecido.[62]

O elemento de mais difícil determinação é exatamente o preço relativo de cada produto. Sobretudo quando comprador e vendedor não se encontram em mercados concorrenciais, a definição dos preços pode levar a impasses. A determinação das características do produto é motivo de preocupação sobretudo naqueles contratos de longa duração. Neles freqüentemente o vendedor se nega a especificar com precisão as condições (inclusive de preço) em que o produto virá a ser fornecido no futuro. Essas incertezas são bastante inconvenientes para o comprador que quer planejar a sua atividade econômica. Em conseqüência, é a eliminação das incertezas que incentiva o empresário a organizar essas atividades internamente à empresa. Coase, aliás, define o próprio conceito econômico de firma a partir do feixe de relações que nela se verifica.[63] Na firma as transações são comandadas pela organização empresarial e não pelo mercado, e a firma será tanto maior quanto mais interessante for para o empresário substituir as transações de mercado por transações internas. Como

62. R. Coase, "The nature of the firm", in *The firm, the market and the law*, cit., pp. 38 e ss. Essa concepção consagrada de Coase (a ponto de, como é sabido, ter lhe valido o Prêmio Nobel de Economia) foi recepcionada pelas *Merger Guidelines* norte-americanas. Nelas é feita referência expressa a problemas das concentrações verticais diretamente ligados a *transaction cost economics*; v., a respeito, O. Williamson, *The economic institutions of capitalism*, New York, The Free Press, 1985, pp. 101 e ss.

63. Assim define R. Coase a firma: "A firm, therefore, consists of the system of relationships which comes into existence when the direction of resources is dependent on an entrepreneur" — "The nature of the firm", cit., pp. 41-42. Mais acima, Coase havia já previamente definido o caráter particular do "contrato" pelo qual os fatores de produção se submetem à direção empresarial, em forma bastante original para a época (ao menos na literatura econômica tradicional) e que antecipa evoluções ulteriores do direito societário: "The contract is one whereby the factor, for a certain remuneration (which may be fixed or fluctuating), agrees to obey the directions of an entrepreneur within certain limits. The essence of the contract is that it should only state the limits to the powers of the entrepreneur. Within these limits, he can therefore direct the other factors of production".

observa a doutrina, essa situação de incerteza com relação aos preços pode ser aproveitada de outro modo. A concentração vertical, com efeito, pode ser utilizada como uma forma de escapar à regulamentação governamental de preços. Imagine-se, por exemplo, um distribuidor que tem seus preços regulados e adquire o produtor. Imagine-se, ainda, que, dada a relevante participação do produtor no mercado, torne-se muito mais difícil para as autoridades determinar o preço de mercado da venda ao distribuidor daquele tipo de produto. Será, então, muito mais difícil ter acesso e confiança na estrutura de custos fornecida pelo agente sujeito à regulamentação (o distribuidor) e, portanto, muito mais difícil controlar seus preços. No sistema norte-americano a preocupação com esse tipo de situação é tanta, que as *Merger Guidelines* de 1984 (nesse ponto não modificadas pelas *Merger Guidelines* de 1992) dedicam um tópico especial à "evasion of rate regulation" (item n. 4.2.3). Ali afirma-se que não só os custos do produtor podem ser mascarados para dificultar a supervisão dos preços do distribuidor, mas também, os preços do produtor podem ser até ficticiamente elevados para evitar a referida supervisão. Assim, determina-se que as concentrações verticais em mercados regulamentados sejam objeto de especial cuidado.

Na verdade, isso nada mais é do que um sintoma de um problema maior. Trata-se da enorme assimetria de informação criada pela concentração vertical.

Esse problema representa, por assim dizer, o outro lado do teorema de Coase. Se as relações verticais geram, de um lado, custos de transação, estes mesmos custos são fonte de informação preciosa para os agentes não envolvidos na transação. Consumidores e mesmo concorrentes podem inferir e descobrir elementos de preço e quantidade produzida, fundamentais para suas decisões.

Daí porque os custos de transação solapam o poder de mercado de quem neles incorre.

É preciso, então, que o direito antitruste procure equilibrar estímulo e repressão a estruturas que se propõem a eliminar esses custos

De um lado, ao direito antitruste não cabe observar passivamente esse crescimento vertical da empresa. Devem-se estabelecer limites. Mas ao estabelecê-los, deve levar em conta as eventuais economias representadas pela substituição de custos de transações externas. Conseqüentemente, a avaliação da defesa baseada na eficiência deve ter como objeto inicial a determinação daquelas situações em que as transações externas implicam efetivamente um alto custo tão alto para o agente econômico a ponto de impedir a realização da operação. A doutrina econômica identifica esse tipo de situação em todos aqueles casos em que a especificidade dos fatores produtivos torna produtor e consumidor reciprocamente relevantes.[64] Mas não é só isso. É preciso que a dependência seja de tal ordem que impeça a realização de transações, *i.e.*, na prática, trata-se de uma situação de monopólio (ou quase monopólio). A dependência mútua entre fatores produtivos pode ocorrer em várias situações. Em primeiro lugar, quando há proximidade física entre fornecedor de insumos e produtor, de modo a tornar comparativamente muito mais custoso vender o insumo no mercado. O mesmo ocorre naqueles casos em que o insumo é específico para aquele tipo de indústria e para a produção daquele tipo de insumo é necessário o desenvolvimento de maquinário específico ou treinamento particular da mão-de-obra. Nesses casos, o produtor do insumo pode carecer de incentivo para aumentar a produção, e com isso obter ganhos de escala (para ele e para o consumidor do insumo). Mesmo que o faça, é possível e provável o impasse com relação à determinação de preços. A fixação de preços fora do ponto de equilíbrio de mercado pode também impedir a obtenção de economias de escala pelo produtor do insumo e do produto final.

Juridicamente, esses casos podem ser compreendidos como situações de poder bilateral. Todos os casos citados, de dependência bilateral, envolvem situações em que, ou pela especificidade dos produtos ou pela localização geográfica, comprador e vendedor gozam, um com relação ao outro, de situação de poder no mercado. Ora, como visto anteriormente, um dos resultados da teoria do poder bilateral, também denominado poder compensatório, era exatamente um potencial resultado benéfico para o consumidor final, que permitiria aprovar mesmo concentrações horizontais que implicassem grau elevado de poder no mercado. Como compatibilizar essas duas interpretações?

64. V. O. Williamson, *The economic institutions of capitalism*, cit., pp. 90 e ss.

A resposta é óbvia e mais uma vez determinada pelos interesses do consumidor. Toda vez que das relações anteriores das partes for possível determinar que o custo elevado das transações impede a obtenção de economias de escala e escopo, ao tornar o equilíbrio de preços instável, a concentração se justifica. Imagine-se, por exemplo, aqueles casos em que divergências de preços levam a diminuição da produção de insumos e aumento dos preços dos produtos finais. Assim, também, caso se note um marasmo tecnológico e uma não-disponibilidade a investir em ambas as indústrias, cuja ocorrência se possa razoavelmente atribuir a incertezas provocadas pelos altos custos das transações no mercado. Inversamente, caso se observe que o poder no mercado é efetivamente compensatório e que seu resultado prático é um preço de equilíbrio próximo aos preços competitivos, evidentemente a defesa da eficiência através da eliminação de custos de transações não encontra sustentação lógica. Nesse caso, a concentração serviria apenas para a eliminação de um comprador inconveniente e os custos de transação são, mais do que tudo, um importante elemento de informação para o mercado.

### *4.3.4 A formação de conglomerados*

A formação de conglomerados é uma forma residual de concentração, ou seja, considera-se formação de conglomerado toda integração entre empresas que não pode ser classificada como concentração horizontal ou vertical.

Ela apresenta, em conseqüência, todos os problemas clássicos dos tipos residuais: dependência da *fattispecie* em relação às hipóteses limítrofes e dificuldade na definição da disciplina.

No caso da formação de conglomerados esse problema é agravado pela grande contestação doutrinária à necessidade de controlar a formação de conglomerados do ponto de vista concorrencial.

Argumenta-se que a formação de conglomerados não pode representar um perigo para o sistema concorrencial, pois não há formação de poder no mercado. Situando-se duas empresas em mercados distintos e sem nenhuma correlação entre si, a formação de conglomerado entre elas não criaria nem aumentaria o poder no mercado, e, portanto, deveria ser desconsiderada pelo direito antitruste.[65]

Duas são as reações necessárias a esse tipo de crítica. Em primeiro lugar, é necessário verificar se realmente não existe qualquer caso em que a formação de conglomerados pode levar ao aumento do poder no mercado. Em segundo, é preciso compreender e discutir os argumentos daqueles que defendem o controle e sancionamento de determinados tipos de formação de conglomerados mesmo em ausência de poder no mercado. É o que se fará a seguir.

Para o sistema brasileiro o estudo da formação de conglomerados é de especial importância. Como já visto com relação às concentrações verticais, a utilização do critério da quantidade de faturamento como forma de identificação (art. 54, § 3º) submete a controle todos os tipos de concentração, inclusive a formação de conglomerados.

### a) Os conglomerados com poder no mercado

Os casos mais freqüentes de formação de conglomerados tratados em jurisprudência e doutrina são exatamente aqueles em que se identifica a formação ou incremento do poder no mercado. Trata-se de casos limítrofes com as concentrações horizontais e verticais.

O primeiro deles é o das concentrações que envolvem potenciais concorrentes ou fabricantes de produtos potencialmente substitutos. A utilização em ambos os casos do termo "potencial" visa a destacar exatamente que não é possível formalmente incluir esses produtores no mesmo mercado, mas existe a perspectiva de que eles possam vir a integrar o mercado.

Essa perspectiva pode ser tanto *objetiva*, e consistir na existência de planos concretos de expansão ou diversificação das ati-

65. V. R. Bork, *The antitrust paradox*, cit., p. 246 que, bem a seu estilo (popular ou talvez populista), afirma: "Perhaps no more disheartening evidence of antitrust's intellectual decline can be cited than the government's demonstrated ability to win conglomerate cases without ever advancing a plausible economic argument. Basic analysis shows than there is no threat to competition in any conglomerate merger, and it is good that the campaign against conglomerates has abated".

vidades, ou *subjetiva*, ou seja, derivar do temor existente entre os concorrentes e da concreta consideração em seu planejamento empresarial da possibilidade da entrada desses novos concorrentes no mercado. O tratamento dessa última hipótese entre os casos de formação de conglomerados explica-se. Como anteriormente mencionado (n. 2.2.1), a consideração do concorrente no planejamento empresarial não permite concluir que ambas as empresas estejam no mesmo mercado. Daí por que essa hipótese é tratada entre os casos de formação de conglomerados.

Segundo a primeira linha teórica acima desenvolvida, para caracterizar-se a possibilidade efetiva de entrada não é necessário demonstrar a existência de planos de expansão e/ou diversificação. Essa prova seria, em muitos casos, impossível e equivaleria a uma opção incondicional pela licitude da integração entre empresas. É possível presumir a iminência da entrada no mercado desde que a empresa goze de vantagens comparativas ou de custos ao fazê-lo. Exemplo claro é o do agente econômico cujos fatores de produção são facilmente conversíveis, adaptáveis ou até mesmo complementares à produção daquele determinado produto. É preciso, portanto, que o agente econômico goze de vantagens comparativas em caso de entrada no mercado.[66]

Já na hipótese de aplicação do critério subjetivo, a perspectiva dos concorrentes é fundamental. Isso porque a possibilidade da entrada de um novo concorrente, desde que real e iminente, exerce pressão sobre os demais participantes do mercado. Mesmo detendo posição de poder no mercado, eles sabem que não podem aumentar os preços excessivamente, sob pena de perder mercado com a entrada do novo concorrente.[67]

Não basta, no entanto, a presença dos elementos objetivos e subjetivos. É necessário, também, que se verifiquem todas aquelas condições que tornam ilícitas as concentrações horizontais. Se as concentrações que implicam formação de conglomerados não podem ser definidas como horizontais, elas produzem, na

66. É esse o critério utilizado pela *1984 Merger Guidelines* do Departamento de Justiça Norte-americano, em seu item 4.133.

67. Cfr. R. Pitofsky, "Proposals for Revisited United States Merger Enforcement in a Global Economy", in *Georgetown Law Journal* 81 (1992), p. 195 (202).

concepção tradicional, efeitos horizontais.[68] Assim, para que delas se possa inferir um real dano à concorrência é necessário que a entrada dos concorrentes possa implicar uma real melhoria nas condições de concorrência. Caso contrário, tratando-se de um mercado já competitivo, nada há a temer em função da eliminação de um concorrente potencial. É finalmente necessário que existam barreiras à entrada, ou seja, que em ausência desse competidor potencial não se possa presumir a entrada de outros ou ao menos não em número e quantidade suficientes para tornar o mercado competitivo.

A mera enumeração das condições demonstra a dificuldade em caracterizar a hipótese ilícita. Não é de espantar, portanto, sua quase inocorrência na jurisprudência recente.[69]

A outra hipótese de formação de conglomerados que pode aumentar o poder no mercado é aquela que se aproxima das concentrações verticais. Seu objetivo é combater o risco do chamado *reciprocal dealing*. Trata-se de hipótese em que um determinado concorrente adquire produtor de insumo necessário a seu fornecedor direto. Na prática, o que ocorre é uma concentração no sentido vertical, em que os participantes não se encontram em níveis imediatamente sucessivos, existindo um nível intermediário entre eles. A preocupação aí é exatamente a pressão que podem vir a sofrer empresas desse nível intermediário no sentido de adquirir a matéria-prima da empresa adquirida pelo seu consumidor direto.[70]

Essa possibilidade, ainda que teoricamente admissível, obviamente não pode ser presumida. Não existe, ao contrário das concentrações verticais, qualquer base empírica ou teórica para presumir esse tipo de comportamento por parte do vendedor. Não é possível, portanto, admitir qualquer medida estrutural contra tal tipo de concentração, mesmo que ambas as empresas preencham os requisitos que caracterizam a ilicitude das concentrações verticais.

68. Nas *1984 Merger Guidelines* esse tipo de concentração vem tratado sob o título "Horizontal Effect from Non-Horizontal Mergers".

69. V. para uma descrição da situação jurisprudencial a respeito nos EUA, R. Pitofsky, "Proposals for Revisited United States Merger Enforcement in a Global Economy", cit., p. 202. E para uma descrição da situação na Alemanha, V. Emmerich, *Kartellrecht*, München, Beck, 1988, p. 378.

70. Cfr. V. Emmerich, *Kartellrecht*, cit., p. 379.

Isso não significa que o comportamento temido não se sujeite a controle. Ao contrário, caso a empresa compradora vincule a compra dos produtos de seu fornecedor à aquisição por esse último de insumos perante a empresa a ela ligada, tratar-se-á, nada mais nada menos, de um caso de *tying arrangement* (ou venda casada). A única diferença que de modo algum afeta a licitude da conduta é que nos *tying* clássicos existe vinculação entre a venda de um produto, com relação ao qual o produtor goza de poder no mercado, e a venda de outro. Aqui há vinculação entre a compra de um produto e a compra de outro. A lógica econômica é, no entanto, idêntica. Na lei brasileira a ilicitude de tal conduta decorre diretamente da letra do art. 21, inciso XXIII, da lei concorrencial.

A disciplina mais conveniente para esse tipo de hipótese é, portanto, comportamental e não estrutural. A própria equiparação aos *tying arrangements* dá muita credibilidade a essa afirmação. Isso porque, proibindo-se esse tipo de formação de conglomerados, dever-se-ia, por questão de coerência, proibir um produtor que detém poder no mercado de fabricar novo produto, que possa ser vendido conjuntamente com o primeiro, com base na ameaça de *tying*. Tratar-se-iam ambas de medidas estruturais contra situações potencialmente perigosas. A evidente ilogici-dade dessa última presunção corrobora a inaceitabilidade da primeira proposição.

b) Poder financeiro e poder no mercado

Resta, ainda, analisar a mais pura e também mais controvertida hipótese de formação de conglomerados. Trata-se da concentração entre empresas situadas em setores completamente distintos e que de modo algum podem se relacionar.

Nesses casos, a única justificativa plausível para a contestação desse tipo de concentração do ponto de vista concorrencial é o aumento do poder financeiro dos agentes econômicos. A pergunta é então se tal dado é suficiente para sancionar esse tipo de concentração.

A resposta, como já visto no capítulo n. 2, é uma negativa qualificada. O poder financeiro em si não atribui poder no mercado, mas isso não significa que a má *utilização* do poder financeiro não deva ser punida pelo direito antitruste.

O maior perigo representado pelo excessivo poder financeiro está na sua utilização estratégica. Um dos campos mais férteis da teoria concorrencial moderna é exatamente o estudo dos comportamentos estratégicos. É indiscutível que elemento fundamental para o comportamento estratégico é o poderio financeiro do agente, que lhe permite enfrentar guerras de preços e suportar por períodos mais elásticos níveis de preços inferiores aos custos, possibilitando a eliminação dos concorrentes do mercado.

Esse tipo de ameaça deve, no entanto, ser enfrentado através do controle dos comportamentos, e não de um controle estrutural. Como visto no capítulo 1, o direito concorrencial contém instrumentos direcionados exclusivamente à proteção dos concorrentes (e não dos consumidores) contra comportamentos abusivos de seus pares. Trata-se dos delitos de concorrência desleal, para os quais é desnecessária a existência de poder no mercado. No sistema brasileiro há dispositivo específico que sanciona tal tipo de comportamento (art. 20, inc. I, da lei concorrencial).

É indubitável que o poder financeiro em muito aumenta a possibilidade de comportamentos estratégicos abusivos tendentes à eliminação do concorrente. Não é, no entanto, possível saber de antemão se o poder financeiro será efetivamente utilizado para eliminar os concorrentes do mercado. Isso porque esse tipo de estratégia é, em regra, demorado e de resultados duvidosos. É, portanto, incerto que as empresas venham a perseguir tais objetivos.

Note-se, por outro lado, que mesmo a análise comportamental das reduções de preços é bastante complexa. Nem sempre é possível, à vista de comportamentos concretos, saber se há a intenção ou mesmo a possibilidade de eliminar os concorrentes. Como, então, presumir a possibilidade dessa eliminação em sede de uma análise meramente estrutural como é a realizada nas concentrações?[71]

71. Como com razão já se salientou em doutrina, seria muito estranho o direito concorrencial que punisse preventivamente e *per se* uma estrutura apta a reduzir os preços, que é, em última análise, objetivo central do sistema concorrencial; v. R. Pitofsky, "Proposals for Revisited United States Merger Enforcement in a Global Economy", cit., p. 203.

É interessante notar que mesmo expressivos nomes na doutrina, como é o caso de H. J. Mestmäcker, que defendem o sancionamento do poder meramente financeiro como meio de garantir a igualdade de oportunidade entre os empresários, ao chegar o momento de definir os casos considerados ilícitos, utilizam-se exclusivamente de casos que podem ser definidos como concentrações horizontais ou verticais, isto é, onde o poder no mercado está efetivamente presente (v. item anterior).[72]

É importante ressaltar que com isso não se quer de modo algum diminuir ou desconsiderar a ameaça, talvez sobretudo política, representada pela excessiva concentração de poder financeiro. Não é possível, no entanto, definir o controle estrutural do direito concorrencial a partir exclusivamente dessas preocupações políticas, sobretudo quando desacompanhadas de uma ameaça econômica (concreta). Até porque, tratando-se de poder meramente financeiro, inexistente a ameaça ao sistema concorrencial, a preocupação mais relevante deve ser com a formação de riqueza propriamente dita, e não com a sua destinação (recorde-se o óbvio: a aquisição de uma empresa não cria riqueza, só lhe dá uma destinação especial). Até porque o instrumento mais coerente para limitar a formação de riqueza é o direito tributário, e não o direito concorrencial.[73]

72. V. H. J. Mestmäcker, in *GWB Kommentar*, cit., sub § 24, p. 1.109. Note-se que é o próprio autor a fazer a ressalva de que "einer der wesentlichen Gründe für die Fusionskontrolle darin besteht, diejenigen machtbedingten Vorsprünge im Wettbewerb zu verhindern, *die durch Verhaltensnormen nicht erfassbar sind*". ("Uma das mais importantes justificativas para o controle das concentrações está na possibilidade de proibir a obtenção de vantagens concorrenciais decorrentes do poder no mercado que não podem ser convenientemente coibidas pelas normas de conduta.") (p. 1.106). Pouco claros permanecem os motivos pelos quais o autor acredita que essa eventual vantagem concorrencial ou ao menos, a vantagem concorrencialmente punível, não seja passível de controle pela disciplina dos comportamentos.

73. Pacífica na teoria tributária é a existência de um princípio social (*Sozialprinzip*) a orientar a aplicação das regras e que está por trás em particular do princípio da progressividade tributária; v., a respeito, K. Tipke, *Steuerrecht, ein systematischer Grundriss*, 11ª ed., Köln, Karl Schmidt, 1987, p. 41 (42) para quem "Der progressive Tarif ist Ausfluß des Sozialstaatsprinzips, nicht des Leistungsfähigkeitsprinzips". ("A tarifa progressiva é decorrente do princípio do Estado Social, e não do princípio da eficiência.") No sistema brasileiro a vinculação entre princípio social e progressividade tributária é claramente es-

### *4.3.5 O tratamento administrativo das concentrações empresariais*

Três são os tratamentos jurídicos que se podem dar às concentrações empresariais. É possível aprová-las pura e simplesmente, aprová-las condicionalmente ou desaprová-las.

Nas duas últimas hipóteses há uma interferência direta do órgão julgador na ordem econômica. É importante, portanto, analisar as conseqüências dessas duas últimas alternativas do ponto de vista jurídico e econômico.

#### a) A questão da tutela preventiva: APROS coercitivos ou voluntários

O sistema concorrencial brasileiro, adotando a fórmula de submissão dos atos de concentração após sua realização, sempre apresentou uma fraqueza de fundo. Trata-se da dificuldade de garantir a reversibilidade de uma operação que pode ser julgada muito depois de sua realização.[74]

tabelecida pela Constituição Federal, em seu art. 145, § 1º: "Sempre que possível, os impostos terão caráter pessoal e serão graduados segundo a capacidade econômica do contribuite, facultada à administração tributária, especialmente para conferir efetividade a esses objetivos, identificar, respeitados os direitos individuais e nos termos da lei, o patrimônio, os rendimentos e as atividades econômicas do contribuinte".

74. O reconhecimento dessa deficiência pelas autoridades incumbidas da defesa da concorrência no Brasil redundou na sistemática criada em norma infralegal examinada nesse tópico. Há também iniciativas no sentido de criar um controle prévio dos atos de concentração, em linha com as jurisdições antitruste mais tradicionais. A última iniciativa neste sentido, digna de nota, foi o encaminhamento pelo Poder Executivo ao Congresso Nacional, em 2005, do Projeto de Lei n. 5.877/05, que, além da adoção do controle prévio de estruturas, contém abrangente modificação da Lei de Defesa da Concorrência atualmente em vigor. Particularmente quanto ao controle estrutural, o texto prevê:

"Art. 89. Serão submetidos ao CADE pelas partes envolvidas na operação os atos de concentração em que, cumulativamente:

"I – pelo menos um dos grupos envolvidos na operação tenha registrado, no último balanço, faturamento bruto anual ou volume de negócios total no País, no ano anterior à operação, equivalente ou superior a R$ 150.000.000,00 (cento e cinqüenta milhões de reais); e

"II – pelo menos outro grupo envolvido na operação tenha registrado, no último balanço, faturamento bruto anual ou volume de negócios total no País,

Em especial, em se tratando de atividade empresarial, *i.e.*, de um ato jurídico (aquisição de controle, fusão, incorporação etc.), que se encadeará com uma série de outros sucessivos, gerando efeitos e direitos perante terceiros, a possibilidade de criação de uma situação de fato na prática irreversível é enorme.

Para fazer frente a esse tipo de preocupação, o CADE aprovou em 24.6.2002, a Resolução n. 28, que prevê instrumentos que possam garantir a reversibilidade das operações. São eles basicamente as Medidas Cautelares e os Acordos de Preservação da Reversibilidade das Operações (APRO).

Em ambos os casos, o que se busca, por via coercitiva (medida cautelar) ou consensual (APRO), é garantir que concentrações que apresentem grave risco à ordem concorrencial não possam produzir efeitos de imediato. As medidas possíveis incluem desde a proibição de qualquer alteração societária até proibição de interrupção de projetos de investimento pré-estabelecidos (art. 2º). O mesmo ou medidas alternativas podem ser obtidas através do APRO.

Ora, um subefeito positivo da aplicação rigorosa dessa norma é o incentivo às partes para que adotem "medidas cautelares voluntárias" para garantir a reversibilidade da operação. Preocupadas com os efeitos, e até a extensão, de eventual APRO, as partes podem mobilizar-se para adotar, nos acordos de acionistas

no ano anterior à operação, equivalente ou superior a R$ 30.000,00 (trinta milhões de reais).

"§ 1º. Os valores de cento e cinqüenta milhões de reais e trinta milhões de reais mencionados nos incisos I e II do *caput* poderão ser aumentados, simultanea ou independentemente, em ate duzentos por cento, por portaria interministerial dos Ministros de Estado da Fazenda e da Justiça.

"§ 2º. O controle dos atos de concentração de que trata o *caput* será prévio.

"§ 3º. Os atos que se subsumirem ao disposto no *caput* não podem ser consumados antes de apreciados, nos termos deste artigo e do procedimento previsto no Capítulo II do Título VI desta Lei, sob pena de nulidade, sendo ainda imposta multa pecuniária, de valor não inferior a R$ 60.000,00 (sessenta mil) nem superior a R$ 6.000.000,00 (seis milhões de reais), a ser aplicada nos termos da regulamentação, sem prejuízo da abertura de processo administrativo, nos termos do art. 66.

"§ 4º. Até a decisão final sobre a operação deverão ser preservadas as condições de concorrência entre as empresas envolvidas, sob pena de aplicação das sanções previstas no § 3º. (...)."

ou atos societários que consubstanciam a aquisição, salvaguardas que permitam tornar reversível a operação.

Esse tipo de auto-regulação representa um avanço e uma conseqüência positiva importante da própria edição da Resolução n. 28. As partes se antecipam e estipulam, elas mesmas, limites que impeçam a consumação da operação nos mercados em que há maior concentração, até que se delibere se essa concentração é ou não potencialmente nociva à concorrência.

b) A aprovação condicional: o compromisso de desempenho

É bastante freqüente que a concentração, da maneira como apresentada a análise, não seja passível de aprovação. Já foram analisados no capítulo 3 os requisitos necessários para a aprovação. Caso um ou alguns deles não sejam cumpridos, é impossível a aprovação da concentração.

A alternativa oposta à aprovação da concentração, ou seja, simplesmente sua proibição, muitas vezes se revela muito drástica e até mesmo ineficiente para a persecução dos objetivos visados (preservação da concorrência e bem-estar do consumidor). É possível que as partes possam e queiram comprometer-se a atingir ou perseguir os objetivos necessários à aprovação da concentração. Caso isso ocorra, a aprovação condicional pode se revelar instrumento bastante eficaz. Em primeiro lugar porque evita as conseqüências, freqüentemente inconvenientes, da desconstituiçao de operações de concentração já em andamento (v. item seguinte). Mas mais do que isso. Caso seja possível atingir cumulativamente os objetivos necessários para a aprovação da concentração, essa solução é muito provavelmente mais eficiente (no sentido redistributivo definido *supra*, 3.4.1, letra "b") que a simples negativa.

A questão dogmática central é, então, determinar qual a extensão possível a ser atribuída a tais compromissos de desempenho. No sistema de controle da concorrência adotado na CEE (UE) essa extensão é bastante ampla. Considera-se que a aprovação condicional poderia servir de substituto amplo da simples negativa. Em doutrina considera-se a aprovação condicional instrumento útil para permitir a transformação do controle estrutural em controle comportamental. Ou seja, o condicionamento impede uma pura e simples negativa e cria um elemento a mais, consistente nos próprios dispositivos da cláusula condicional, para o controle do comportamento dos agentes econômicos que se integraram. Para isso é necessário, ainda segundo essa linha de raciocínio, que o condicionamento seja amplo. Para que um verdadeiro controle comportamental seja possível é necessário que os agentes econômicos interessados na concentração fiquem vinculados não apenas por metas específicas estabelecidas na aprovação condicional, mas também pelos objetivos expressos no ato de aprovação. Assim, por exemplo, a aprovação de uma concentração com base na existência de perspectiva de melhoria tecnológica permite em teoria considerar ilícito comportamento posterior da empresa que, no entendimento do órgão de controle, não esteja em linha com esses objetivos.[75]

É mais ou menos óbvio que isso corresponde, na prática, à já mencionada tendência observada no direito comunitário europeu (e, também, no direito japonês) a privilegiar os objetivos de política industrial em relação aos interesses concorrenciais. Essa tendência fica evidente nos escritos doutrinários e também em certas recentes decisões da Comissão CEE em matéria de controle das concentrações.[76]

No Brasil a aplicação de tal sistema esbarraria em sérios óbices constitucionais e legais. Em primeiro lugar, há o recorrente óbice do art. 174, *caput*, da Constituição. Atribuir ao Estado ou a qualquer pessoa jurídica a ele vinculada a possibilidade de decidir discricionariamente sobre o cumprimento de certos objetivos econômicos a serem perseguidos por particulares — note-se que a decisão a respeito do cumprimento de objetivos econômicos é sempre ato discricionário, pois não existe padrão legal qualquer a transformá-lo em ato vinculado — implica atribuir ao Estado a possibilidade de planejar a atividade econômica privada. Isso porque, segundo a doutrina, planejamento econômico é exatamente a ação estatal caracterizada "pela formulação explícita de objetivos e pela definição de meios de ação" para ordenar o processo econômico.[77]

75. Cfr. U. Immenga, *Die europäische Fusionskontrolle im wettbewerbpolitischen Kräftefeld*, cit., p. 31.

76. V. U. Immenga, *Die europäische Fusionskontrolle im wettbewerbpolitischen Kräftefeld*, cit., p. 31, com outras referências doutrinárias e jurisprudenciais.

77. Cfr. E. R. Grau, *Planejamento econômico e regra jurídica*, São Paulo, Ed. RT, 1978, p. 65, que, assim, define o planejamento econômico: "Forma de

Ora, um tal compromisso de desempenho, ainda, que dotado de efeito vinculante por força de lei (o art. 58, § 3º, da lei concorrencial atribui ao compromisso de desempenho natureza de condição resolutiva), seria desprovido de força vinculante, por força da Constituição.

Mas, mesmo desconsiderando o problema iuspositivo, a atribuição de tais poderes ao CADE seria inconveniente do ponto de vista dogmático. Deixando completamente de lado por um momento a discussão, de natureza político-ideológica, a respeito da utilidade de permitir certo nível de planejamento governamental da atividade dos particulares, é preciso notar que mesmo em um sistema em que houvesse uma decisão política fundamental a favor do planejamento da atividade dos particulares (o que não ocorre no Brasil, por força do referido dispositivo da Constituição) não seria correto confiar sua elaboração a órgão não dotado de capacitação e competência específica para tal (como é o CADE). Mais do que isso. O próprio conceito de planejamento empresarial é pouco compatível com a direção individual. Uma correta política de planejamento empresarial, caso adotada, deveria visar ao planejamento setorial e não individual.

Assim sendo, no sistema brasileiro o compromisso de desempenho previsto no art. 58 da lei concorrencial deve ser visto não como um substituto de desaprovação da concentração, mas sim como uma alternativa à sua aprovação pura e simples. É bastante importante entender o significado dessa afirmação. O compromisso de desempenho só pode ser admitido quando o órgão de controle puder razoavelmente admitir que as hipóteses previstas no art. 54, § 1º, verificar-se-ão, e que se trata apenas de estabelecer prazos para assegurar seu cumprimento. É necessário, portanto, não apenas que as partes tenham mencionado tais metas em seu pedido de aprovação, mas também que o CADE esteja convencido que elas serão obtidas. É o próprio *caput* do art. 58 a afirmar expressamente que o compromisso de desem-

ação estatal, caracterizada pela previsão de comportamentos econômicos e sociais futuros, pela formulação explícita de objetivos e pela definição de meios de ação coordenadamente dispostos, mediante a qual se procura ordenar, sob o ângulo macroeconômico, o processo econômico, para melhor funcionamento da ordem social, em condições de mercado".

penho serve para "assegurar o cumprimento das condições estabelecidas no § 1º do referido artigo" (art. 54).

Inversamente, o compromisso de desempenho não pode ser usado em situações em que não há confiança na obtenção das metas prometidas pelas empresas que se estão concentrando. Isso porque caso novas metas, qualitativamente diversas das mencionadas no pedido de aprovação, fossem estabelecidas, e ainda que se tornassem obrigatórias para as partes que firmam o compromisso, o que estaria na prática ocorrendo seria a troca do sistema de mercado pelo sistema de planejamento econômico, o que constitucionalmente não é admissível. Note-se que a referência a "qualitativamente diversas" é proposital. Nada impede que o CADE estabeleça metas até mais brandas do que aquelas mencionadas no pedido de aprovação, desde que tenha razões para crer que elas já bastam para garantir a manutenção das condições competitivas e que são passíveis de ser obtidas. O que não é possível é substituir o sistema concorrencial pela direção econômica. Assim, por exemplo, caso entenda que o nível de eficiência prometido não será obtido, e, portanto, não será possível dividir os ganhos a ela relativos com o consumidor (art. 54, § 1º, inciso I e II), não pode o CADE substituir essas metas pelo controle de preços das empresas que se estão concentrando, ainda que em teoria tal controle possa garantir uma repartição de benefícios com o consumidor, e ainda que o não preenchimento do requisito faltante (por hipótese, a eficiência) fosse suprível com base no disposto no art. 54, § 2º, da lei concorrencial.[78]

Nesse caso, não estaria havendo imposição de requisitos para aprovação da concentração. As metas impostas não seriam instrumentais à aprovação, mas serviriam para substituí-la. Não haveria, então, proteção do sistema concorrencial, mas sim admissão de seu obscurecimento em prol da direção econômica. Plenamente caracterizado, portanto, estaria o planejamento empresarial, inoponível aos particulares por força do art. 174, *caput*, da Constituição Federal.

Mas se assim é, resta ainda definir a linha divisória entre casos que admitem aprovação pura e simples e aqueles que re-

78. V., nesse sentido, H. J. Mestmäcker, *GWB Kommentar*, cit., sub § 24, p. 1.160.

querem a aprovação condicionada. Uma primeira aproximação é dada pelo montante de limitação à concorrência ocasionado pela concentração. Sem dúvida merecem aprovação simples aquelas concentrações que não implicam limitação substancial à concorrência (segundo os critérios estabelecidos no capítulo n. 3). A inocorrência de níveis de concentração suficientes para caracterizar a ilicitude, ou a não formação de barreiras à entrada suficientes para a configuração da forma ilícita de poder no mercado, permite confiar mais nas metas definidas pelas partes. Isso porque, nesse caso, é mais provável que em ausência de cumprimento dessas metas, os agentes econômicos envolvidos venham a perder mercado para os seus concorrentes. O raciocínio aplicável é semelhante àquele utilizado nos casos de crescimento interno. A eficiência a que se comprometem as partes tem de ser atingida e seus ganhos têm de ser repartidos com o consumidor, sob pena de perda de mercado. Dessa forma, o próprio mercado é instrumento de controle natural da obtenção dos objetivos prometidos quando da apresentação do ato para controle.

Outro fator importante para distinguir os casos em que é possível a aprovação condicionada é a viabilidade do estabelecimento de metas. Como já visto, o sistema brasileiro não admite uma substituição do controle estrutural pelo controle dos comportamentos. Não se trata, portanto, de deixar ao arbítrio do CADE a verificação do cumprimento pelas partes dos objetivos da concentração, como previsto no ato de aprovação. O compromisso de desempenho deve conter metas específicas, a cujo controle o CADE está adstrito. É o próprio § 2º do art. 58 a estabelecer que a definição de metas qualitativas ou quantitativas em prazos predefinidos é obrigatória. Isso fornece um outro critério para definição dos casos em que é possível o compromisso de desempenho.

Ele só será viável quando for possível definir as referidas metas. Isso ocorre com freqüência nos casos em que a eficiência é a principal justificativa à concentração. Nesses casos, é comum que a própria concentração seja planejada pelas partes em função de precisas metas quantitativas a serem atingidas. O mesmo não ocorre quando o fundamento para a concentração são melhorias tecnológicas. Com relação a elas raramente é possível estabelecer metas quantitativas ou mesmo qualitativas com o grau de precisão requerido pelo compromisso de desempenho.

Não é por acaso que os exemplos citados pela doutrina européia para apoiar a cláusula condicional mais ampla refiram-se às concentrações apoiadas em objetivos tecnológicos. Nelas, não só o estabelecimento de metas é mais difícil, mas também os interesses da política industrial estatal (ou comunitária) são mais presentes. No sistema brasileiro parece mais conveniente, portanto, sujeitá-las à alternativa entre aprovação pura e simples e rejeição.

Existe, ainda, uma última diferença estabelecida pelo legislador brasileiro entre aprovação pura e simples e compromisso de desempenho, dessa vez não na *fattispecie*, mas sim na disciplina. No § 1º do art. 58 o legislador faz referência a dois fatores que ainda não tinham sido expressamente mencionados anteriormente. O primeiro deles é a concorrência internacional. Apesar de não ter sido objeto de expressa menção anterior, a competição internacional é necessariamente levada em conta, como já visto nos capítulos 2 e 3, tanto na definição do mercado relevante quanto na própria avaliação das barreiras à entrada. Assim, sua consideração nos compromissos de desempenho decorre diretamente de sua necessária inclusão entre os critérios de identificação e sancionamento do poder no mercado e dispensaria nova menção pelo legislador.

Já o segundo elemento é novo. Impõe o legislador que na elaboração dos compromissos de desempenho sejam levadas em consideração as alterações no nível de emprego. De imediato surge uma questão: se o objetivo da regra era incluir essas preocupações na avaliação das concentrações, por que colocá-la no capítulo do compromisso de desempenho, e não no capítulo anterior ("controle dos atos e contratos")? A resposta parece clara. Não houve intenção de dar a esse objetivo a mesma importância dos demais previstos no capítulo relativo ao controle dos atos e contratos. Tornando sua consideração obrigatória simplesmente quando da elaboração dos compromissos de desempenho, a lei lhe atribui caráter atenuamente mas não impeditivo da concentração. Toda vez que for possível pressupor que essas melhorias possam levar a importantes efeitos quanto ao nível de emprego, é *necessária* a elaboração de compromissos de desempenho que levem obrigatoriamente em conta o interesse à preservação do nível de emprego. Obviamente, não se trata de impedir a obtenção de eficiência produtiva ou melhorias tecnológicas, pois nesse caso a própria aprovação da concentração perderia significado, mas sim de evitar os efeitos severos sobre o mercado de trabalho que demissões em massa e simultâneas poderiam causar.[79-80]

79. Bastante importante é determinar a relação entre direito antitruste e manutenção do nível de emprego. O nível de emprego (e sobretudo o de desemprego) é diretamente relacionado com a justiça social e com a valorização do trabalho humano, ambos princípios fundamentais orientadores da ordem econômica (art. 170, *caput*, da CF). O direito ao trabalho é ainda mencionado entre os direitos sociais elencados no art. 6º da CF. Portanto, uma política concorrencial, mesmo com respaldo legal, que entrasse em choque direto com esses princípios esbarraria em sérios óbices constitucionais. Ocorre que esse confronto não existe. A perda de postos de trabalho não é conseqüência direta das concentrações econômicas. Ao contrário, algumas delas, na medida em que permitem às empresas ganhar escala para fazer face à competição internacional, protegem o mercado de trabalho interno. Mesmo nas concentrações em que esse efeito protetivo não existe, não é possível deduzir uma relação necessária entre concentração econômica e redução do nível de emprego. Duas hipóteses devem ser distinguidas. Em uma primeira delas a potencial perda de postos de trabalho é decorrência não da concentração, mas da automação das atividades empresarias que dela será conseqüência. Nesse caso, eventual proteção do nível de emprego deve se dirigir ao nível de automação a ser estabelecido e não à concentração. É de resto a própria Constituição a estabelecer a proteção contra a automação (excessiva) como um dos direitos sociais (art. 7º, inciso XXVII). Caso, no entanto, da própria concentração possam decorrer efeitos negativos para o nível de emprego, instrumento suficiente de proteção é o compromisso de desempenho. Economicamente, a proteção proporcionada pelo compromisso é suficiente. Não seria coerente proibir a concentração com base em efeitos que não são dela decorrência necessária. Sobretudo quando tais efeitos podem ser evitados através de um compromisso de desempenho, cuja existência não desnatura nem modifica o fulcro do princípio concorrencial que se quer preservar (como ocorreria no já discutido caso do controle de preços).

80. No polêmico ato de concentração que resultou na criação da AmBev (AC n. 08012.005846/99-12) o impacto sobre o mercado de trabalho foi uma das preocupações do CADE. Sem prejuízo das eficiências produtivas alegadas pelas requerentes, decidiu-se que estas deveriam se comprometer a "manter nível de empregos, sendo que as dispensas associadas à reestruturação empresarial devem vir acompanhadas de programas de recolocação e retreinamento, os quais deverão ser acompanhados pelo Ministério do Trabalho, no âmbito do convênio em vigor com o CADE". Essa decisão foi levada a termo no compromisso de desempenho firmado pela AmBev, pelo qual ela se obrigou a "promover os programas de retreinamento e recolocação para todos os empregados cuja dispensa esteja diretamente associada à sua constituição ou à venda de seus ativos ou ainda à desativação de suas linhas de produção de cerveja". Constou também do compromisso que a AmBev deveria submeter os referidos programas ao Plenário do CADE, acompanhados de parecer da Secretaria de Políticas Públicas de Emprego, do Ministério do Trabalho e do Emprego, observado o seguinte

Questão derradeira relativamente ao compromisso de desempenho é o eterno "ovo de Colombo" do jurista: a sua natureza jurídica. A questão da natureza jurídica dos institutos vem progressivamente perdendo a posição central que já teve nas preocupações doutrinárias.[81] Ela é e deve ser mencionada apenas quando da caracterização doutrinária dependem conseqüências aplicativas diretas.

É o que ocorre na hipótese do compromisso de desempenho. Fundamental, em primeiro lugar, é determinar se existe a possibilidade de se revogar ou modificar suas cláusulas. E o motivo é a falta de competência do órgão administrativo para tal. O ato de aprovação da concentração e as condições a ele opostas (que acompanham sua natureza jurídica) é o que no direito administrativo denomina-se *ato de controle*. Como salienta a doutrina, nessas hipóteses a *criação da utilidade pública* advém do ato controlado, e não do ato controlador. Assim, o ato controlador não é um ato de administração ativa. Já o ato de revogação seria um ato de administração ativa, pois implicaria intromissão e desfazimento do ato controlado (criador, ou pretenso criador, da utilidade pública).[82]

conteúdo mínimo: (a) estimativa do número de demissões por segmento e unidade fabril; (b) oferta obrigatória de retreinamento; (c) oferta obrigatória de recolocação; e (d) metodologia de acompanhamento e informação ao CADE dos impactos da operação sobre o mercado de trabalho. Trata-se, portanto, de um caso típico em que o compromisso de desempenho foi utilizado como instrumento de contenção dos efeitos negativos da concentração para o nível de emprego. Resta saber o grau de acompanhamento que se dará ao efetivo cumprimento do referido compromisso.

81. Eloqüente nesse sentido é a lição de F. K. Comparato, para quem "urge, portanto, reconhecer que a elaboração dos conceitos e a pesquisa das essências (as famosas "naturezas jurídicas") deve suceder e não preceder a análise da vida jurídica em sua evolução fática" (*Aspectos jurídicos da macroempresa*, São Paulo, Ed. RT, 1970, p. 3).

82. Cfr. C. A. Bandeira de Mello, *Curso de direito administrativo*, 4ª ed., São Paulo, Malheiros Editores, 1993, p. 224. Como ressalta o autor, nesses casos o ato "não vai ficando continuamente liberado ou continuamente aprovado. É liberado ou aprovado num só átimo após o ato controlador" (p. 224). A essa categoria o autor opõe a dos atos de administração ativa, em que há a criação direta da utilidade pública, como a outorga de licenças, concessões etc. Na verdade, os atos de controle podem ser, também, entendidos como atos meramente declaratórios, enquanto os atos de administração ativa são atos constitutivos. Os primeiros não constituem direitos como as permissões ou concessões. Por isso é que não criam, eles próprios, a utilidade pública.

Da competência para a aprovação não se pode presumir, portanto, a competência para a revogação. É necessário que a lei atribua competência específica para tal. Essa conclusão, válida para qualquer ato de controle, ganha ainda mais força no caso do controle das concentrações. Tratando-se de controle da atividade econômica privada, o princípio geral é o da livre iniciativa, fundamento da própria ordem econômica (art. 170, *caput*; v., também, *supra*, n. 3.4.2). Assim, não havendo atribuição de competência expressa para restringir essa liberdade, não é possível fazê-lo. A situação é, portanto, diversa da revogação de uma ato de administração ativa (concessão ou permissão). Nesses últimos é possível a revogação discricionária, motivada pelo simples interesse público.

A conclusão é, portanto, direta. Não é possível a revogação do ato de aprovação pelo CADE, a não ser em caso de descumprimento do compromisso de desempenho (art. 58, § 3º, da Lei n. 8.884).[83] O mesmo se aplica a qualquer tipo de modificação a ser introduzida na aprovação. Não é possível interferir na concentração propriamente dita (ato criador da utilidade).

Essa discussão ganha relevância aplicativa sobretudo no caso do compromisso de desempenho pois, sendo ele ato jurídico que se perpetua no tempo, é com relação a ele que se pode mais freqüentemente cogitar de revogação e/ou modificação. Assim, não é possível alterá-lo unilateralmente, pois isso implicaria direta interferência no *ato de utilidade pública*, para o quê falece competência ao CADE. A única alteração possível é aquela bilateral, acordada pelas partes. Note-se que esse aspecto negocial não descaracteriza, ao contrário confirma a natureza administrativa do controle das concentrações. Na doutrina administrativa a qualificação como atos negociais é atribuída a todos aqueles atos em que a manifestação da administração pública se faz a partir de uma pretensão do particular,[84] que pode ser livremente alterada e reapresentada para se adaptar às exigências da administração.

83. Para certa parte da doutrina, até mesmo a utilização da expressão *revogação* para os casos de descumprimento das determinações administrativas seria impróprio. Mais próprio, nesse caso, seria usar o termo *cassação*; v. Hely Lopes Meirelles, *Direito administrativo brasileiro*, 20ª ed., São Paulo, Malheiros Editores, 1995, p. 170.

84. V. Hely Lopes Meirelles, *Direito administrativo brasileiro*, cit., p. 168.

Na prática, o que estará havendo será um novo pedido de aprovação por parte do particular, relativo a uma modificação por ele pretendida no compromisso de desempenho. Evidentemente, o ato será válido desde que a ação se paute rigorosamente pelos objetivos gerais de aplicação da lei concorrencial (art. 1º da Lei n. 8.884) e do controle das concentrações (art. 54).

c) A desaprovação

A outra alternativa para o controle das concentrações é a sua desaprovação. Relativamente a ela, a primeira questão relevante a ser analisada é a terminológica. O legislador faz referência simplesmente à decisão pela não aprovação e conseqüente tomada de providências para desconstituição, total ou parcial, dos atos (art. 54, § 9º, da Lei n. 8.884).

Na verdade, a terminologia utilizada pelo legislador nacional não é totalmente precisa. Como se viu, do ponto de vista do direito administrativo, o ato do CADE praticado com base no art. 54 da lei concorrencial é um ato de controle. O próprio título do Capítulo I, Título VII da lei concorrencial — "Controle dos atos e contratos" — o demonstra. Se assim é, o que faz o CADE é desaprovar total ou parcialmente o ato. A desconstituição mencionada na lei não decorre do poder do CADE de interferir diretamente na esfera privada, mas sim da direta executoriedade de suas decisões. O ato tem, portanto, natureza declaratória negativa, e não desconstitutiva.

Dessa observação decorre uma conseqüência muito importante. Ao CADE não compete determinar a forma societária pela qual a desconstituição será processada. Ele deve apenas decidir pela desaprovação total ou parcial.[85] Cabe, então, às partes decidir a melhor forma de fazê-lo e submeter o plano de desconstituição ao CADE para aprovação. Competirá, ao CADE, no momento da análise do plano de desconstituição, verificar se a alternativa apresentada é suficiente para eliminar a ameaça existente de dominação dos mercados.

85. Essa tem sido, com efeito, a interpretação dada pelo próprio CADE à nova lei concorrencial, que em recente caso decidiu pela aprovação parcial de uma concentração, determinando às partes que apresentassem proposta de desconstituição da parte não aprovada; v. voto do Conselheiro José Matias Pereira no Ato de Concentração n. 12/94 (caso *Rhodia-Ster*), decisão de 30.12.94.

A palavra "suficiente" deve ser entendida ao pé da letra. Ao órgão de controle cabe apenas verificar a adequação das formas societárias aos objetivos concorrenciais e exigir a sua adaptação, *no exato limite necessário ao cumprimento desses objetivos*. Assim, em sua apreciação, sob pena de abuso de poder, o CADE deve impor a utilização apenas daqueles meios (formas societárias) estritamente necessários à obtenção dos resultados pretendidos (os objetivos da lei concorrencial fixados em seu art. 1º).

Por esse motivo é que na doutrina atual já se encontra superado o antigo debate entre a doutrina *restitutivista* e a doutrina *minimalista*, em favor da segunda.[86] Sempre que uma intervenção menos profunda no negócio entre as partes for suficiente para eliminar o risco ao sistema concorrencial, ela será preferível à desconstituição total do ato e restituição das partes ao estado inicial. Foi exatamente por reconhecer essa necessidade que a lei brasileira previu a possibilidade de desconstituição total ou parcial do ato de concentração (ou, mais propriamente, como já visto, desaprovação total ou parcial).

A refutação do simplismo da tese restitutivista decorre também de um dado fático. Muitas vezes a restituição pura e simples ao estado anterior de coisas não é mais possível. Os dois empreendimentos já estão tão integrados, ou de sua operação já resultou tal envolvimento de terceiros, que tentar voltar ao estado inicial implicaria sérios danos à própria saúde financeira das empresas envolvidas na concentração, de seus fornecedores e credores.

É verdade que a lei brasileira parece não querer deixar os problemas patrimoniais sobreporem-se aos problemas concorrenciais. É o que decorre da parte final do art. 54, § 9º, da lei, segundo o qual as formas de desconstituição devem ser consideradas "independentemente da responsabilidade civil por perdas e danos eventualmente causados a terceiros". Isso não quer dizer, no entanto, que, existindo várias alternativas que satisfaçam os objetivos concorrenciais, não deva ser escolhida aquela que menos interfira e perturbe a ordem econômica privada.

86. Para uma exposição e ampla discussão das duas teorias v. W. Möschel, *Die Auflösung vollgezogener Unternehmenszusammenschlüsse nach dem GWB*, Heidelberg, Müller, 1982, p. 17, com ulteriores citações doutrinárias.

A lei elenca quatro possíveis alternativas para a desconstituição — nem todas elas justificáveis do ponto de vista econômico-jurídico — para, ao final, prever uma cláusula geral ("qualquer outro ato ou providência que elimine os efeitos nocivos à ordem econômica") que permite ampla liberdade criativa às partes e ao CADE.

A primeira e mais simples das alternativas, utilizada quando da desaprovação pura e simples da concentração, é o *distrato*. Ele objetiva a restituição das partes ao estado anterior quando a concentração se deu por aquisição de controle (ou aquisição de influência dominante, na forma *supra* discutida) ou então, quando destinada a ser feita através de fusão ou incorporação, existe apenas o protocolo de fusão ou incorporação, não tendo sido ainda alterada no registro de comércio a forma societária das empresas.

A seguir menciona-se a *cisão de sociedade*, a ser utilizada nos casos de fusão e incorporação em que já houve alteração da forma social. Note-se, no entanto, que esse método não é de modo algum instrumento exclusivo de restituição ao estado anterior da concentração. Tanto ela como a forma a seguir mencionada pelo legislador, a *venda de ativos* (a terceira das formas acima referidas) servem de instrumentos para desconstituições. E mesmo as desconstituições parciais não constituem obrigatoriamente restituições parciais ao estado anterior. É perfeitamente possível aos interessados proporem-se a cindir outra parte da sociedade, integrante da empresa adquirente do controle ou da sociedade incorporadora, antes mesmo da concentração. O mesmo pode-se dizer com relação à venda de ativos. É perfeitamente possível propor a venda de ativos outros que não os recém-"adquiridos" através da concentração. Para isso, basta que a referida parte da sociedade a ser cindida ou os referidos ativos sejam suficientes para eliminar a participação excessiva da nova empresa (ou grupo de empresas) no mercado.

Tais estratégias podem ser e são freqüentemente mais interessantes para as partes, na medida em que permitem escolher uma estrutura mais eficiente para o grupo empresarial. Sobretudo para as aquisições baseadas em perspectivas de ganhos de eficiência, a empresa adquirida é por vezes fundamental, mais importante até que setores da empresa adquirente, para a obtenção dessas eficiências. A manutenção da personalidade jurídica da sociedade ou sociedades resultantes da concentração é também, por vezes, de grande interesse para fornecedores e credores, que com elas já podem ter estabelecido sólidas relações comerciais. Note-se que esse tipo de estratégia pode ser perseguido ainda através da constituição de novas empresas, a serem posteriormente transferidos a terceiros. No caso do direito positivo brasileiro esse tipo de alternativa se enquadraria na cláusula geral prevista pelo legislador ao final do dispositivo em análise.[87]

Obviamente, todas essas formas de alienação requerem uma análise do destino a ser dado ao patrimônio alienado, cindido ou societariamente transferido. No caso da cisão é necessário verificar a independência da nova administração e dos novos controladores em relação à sociedade cindida, seus administradores e controladores. No caso da venda de ativos e da constituição de

87. Existe, na verdade, uma infinidade de alternativas societárias para a desconstituição das concentrações entre empresas, sobretudo aquelas baseadas no exercício de influência dominante de uma empresa sobre a outra e que não podem ser aqui descritas. O objeto de todas elas é a desconstituição da influência dominante. A título exemplificativo pode-se mencionar a supressão do direito de voto das ações do sócio majoritário através, por exemplo, da transformação dessas ações de ordinárias em preferenciais, ou qualquer artifício em geral que permita tirar a direção da empresa das mãos da sociedade que é sua concorrente (na concentração horizontal) ou cliente ou fornecedora (caso se trate de concentração vertical). Note-se, no entanto, que nessas hipóteses não é admissível que a influência apenas se transforme de *dominante* em *relevante do ponto de vista concorrencial* pois, se isso ocorresse, o problema apenas mudaria de forma (cooperação e não concentração econômica), mas não desapareceria. Assim, por exemplo, caso a participação vá se transformar de majoritária em minoritária, ou caso desapareça a participação votante mas permaneça uma grande participação no capital, é preciso, para evitar o risco de cooperação entre concorrentes, que se garanta a substituição da administração nomeada pelo controlador ou, então, aquela que com ele negociou. Tampouco são eficazes no Brasil as técnicas americanas conhecidas como *spit* e *spin*, ou seja, transferência *pro-rata*, direta ou indiretamente, aos acionistas da sociedade controladora, das ações da sociedade controlada baseada no número de ações que esses possuem na *holding*. Foi essa a técnica usada sem sucesso no caso *Standard Oil*. Além disso, a excessiva concentração acionária existente na realidade empresarial brasileira faria com que essa alternativa só servisse para transferir o centro de decisão da pessoa jurídica para a pessoa física detentora da participação majoritária na sociedade controladora originária; v., para uma descrição das várias técnicas societárias de desconstituição e de sua legalidade segundo o direito alemão, W. Möschel, *Die Auflösung vollgezogener Unternehmenszusammenschlüsse nach dem GWB*, cit., pp. 33 e ss.

sociedade para posterior alienação é necessário verificar ainda a quem será vendido o patrimônio ou a empresa. Ocorre nesses casos exercício de competência originária de controle pelo CADE sobre um ato novo que segue as regras e princípios ordinários já expostos.

Finalmente, o último instrumento expressamente mencionado pelo legislador é a *cessação parcial de atividades*. Trata-se também do item mais discutível e criticável da lista. Como já visto no estudo do tratamento concorrencial das empresas em crise, um dos objetivos do direito antitruste é evitar a saída de fatores produtivos do mercado. Essa saída, via de regra, não é qualitativamente superior à concentração. Em ambos os casos haverá a concentração de poderes, seja pela diminuição do volume total de vendas, seja pelo aumento da participação nas vendas. Esse é um dos motivos pelos quais muitos outros sistemas antitruste (*v.g.*, americano, europeu e japonês) permitem a aquisição de empresas em crise mesmo quando isso possa levar a aumento da concentração no mercado que seria considerado ilícita em situações normais. O requisito único é que em ausência da concentração tenha-se boa margem de segurança de que os fatores produtivos deixariam o mercado.

Ora, a mesma lógica leva a repugnar a utilização da cessação parcial de atividades como meio de garantir o equilíbrio do mercado. Ao contrário, a cessação parcial de atividades induz diretamente aquela redução de produção que é o fulcro da atividade monopolista. Cessar parcialmente as atividades implicaria reduzir o volume de produção como um todo e conseqüentemente aumentar a participação dos demais agentes econômicos do mercado exatamente no mesmo montante da perda de participação do agente econômico que está cessando suas atividades. Como instrumento de redução do poder no mercado é, portanto, absolutamente inútil.

Enfim, faz o legislador referência, em fórmula genérica, a "qualquer outro ato ou providência que elimine os efeitos nocivos à ordem econômica". A essa fórmula genérica o CADE veio recentemente a dar interpretação bastante criativa. Trata-se da hoje já famosa decisão do caso Colgate/Kolynos (Ato de Concentração n. 27/95[88]). Nela, em presença de uma participação no

88. Publicado na *Revista do IBRAC*, Caderno de Jurisprudência, outubro de 1996.

mercado que claramente configuraria monopolização (Colgate e Kolynos deteriam, em conjunto, 78% do mercado de creme dental), o CADE optou por providência que, sem desconstituir o ato, procurou eliminar os efeitos nocivos à ordem econômica.

Foram apresentadas três opções,[89] todas direcionadas a eliminar o fator que, segundo os estudos de mercado realizados, seria o principal responsável pela alta participação no mercado da empresa que estava sendo adquirida: a marca Kolynos. Na opção afinal aceita pelas requerentes, suspensão da utilização da marca por quatro anos, o que se buscou foi eliminar esse instrumento de manutenção da clientela cativa. O maior mérito dessa decisão está, sem dúvida, em ter percebido que, do ponto de vista jurídico e econômico, a marca serve, hoje, precipuamente como forma de consolidar gostos e preferências em torno de um determinado nome e não, como ocorria no passado, como forma de garantir a qualidade do produto.[90] Daí por que para a construção da reputação de uma marca são comuns vultosos gastos em publicidade.[91]

Apesar desse evidente mérito e de indiscutível sensibilidade consistente em obter uma solução que, a um tempo, permitiu preservar a operação e estabelecer-lhe limites necessários para

89. A saber: (i) suspender a utilização da marca Kolynos e extensões do mercado interno de creme dental por quatro anos, além de oferecer publicamente a concorrentes existentes ou potenciais contratos de produção de creme dental, no volume de 14.000 toneladas/ano, além de oferecer publicamente a varejistas e distribuidores de grande porte a assistência necessária para o lançamento de marcas próprias. Além disso, a Colgate poderá oferecer publicamente a marca Kolynos para constituição de marca dupla, ou vender a marca Kolynos ou uma de suas extensões. A empresa não poderá reinternar creme dental com a marca Kolynos exportado para o Mercosul; (ii) licenciar para terceiros a marca Kolynos por 20 anos; ou (iii) alienar a comprador que não detenha atualmente 1% do mercado de creme dental e se apresente como comprador capaz de sustentar a marca, a marca Kolynos no Brasil.

90. V. nesse sentido T. Ascarelli, *Teoría de la concurrencia*, cit., p. 397, demonstrando como na Idade Média as marcas, ligadas às corporações de ofício, serviam como verdadeiro atestado de qualidade. Hoje tal garantia é dada aos consumidores por regras administrativas e do próprio Código de Defesa do Consumidor, sendo desnecessário atribuir à marca essa função.

91. No caso da decisão analisada, aprofundada análise do mercado de cremes dentais havia demonstrado a fundamental participação da propaganda na construção do prestígio da marca. Cfr. sobre a relação publicidade/marca, T. Ascarelli, *Teoría de la concurrencia*, cit., pp. 398 e ss.

a proteção do consumidor e do mercado, a referida decisão não está isenta de reparos do ponto de vista teórico.

O principal deles consiste exatamente na incerteza a respeito do destino dos consumidores daquela marca. Desaparecendo a marca, pode-se ter certeza de que dois fatores determinarão diretamente o destino da demanda: (i) a capacidade de produção instantânea dos demais agentes econômicos, isto é, a capacidade ociosa; e (ii) a capacidade de investimento dos agentes econômicos, isto é, em última análise, a capacidade financeira. Note-se que o investimento necessário é, como visto, basicamente em publicidade, para consolidação da nova marca. Trata-se, portanto, tipicamente de um *sunk cost*.

O segundo requisito nos sugere que ganhará mais espaço no mercado aquele produtor que tiver mais poderio econômico-financeiro. Assim sendo, em um mercado formado por uma empresa de grandes dimensões (a Colgate/Kolynos) e outra de reduzidas dimensões, maior será a possibilidade de a empresa mais poderosa predominar. O primeiro requisito demonstra por outro lado que, sendo a capacidade ociosa dado absolutamente fundamental, pois determina a capacidade de reação instantânea da empresa, a maior parte da demanda tenderá a se transferir para a empresa que mais dela dispuser. A conseqüência é que exatamente a capacidade ociosa que se deixar à empresa que está se concentrando, decorrente da supressão da produção daquela determinada marca, será um elemento estratégico fundamental para viabilizar exatamente aqueles ganhos de mercado que a proibição do uso da marca visou impedir.[92]

Desse modo parece ser possível, em conclusão e como critério genérico e aproximativo, afirmar que a utilização do direito industrial (marcas) como forma de resolver um problema de direito concorrencial será tanto mais efetiva quanto: (i) maior for o equilíbrio financeiro entre as empresas remanescentes no mercado e (ii) mais bem distribuída e maior for a capacidade ociosa das demais participantes do mercado.

92. Nesse sentido a determinação do CADE no caso Colgate/Kolynos de que apenas 20% da capacidade ociosa seja usada para produzir creme dental para terceiros fabricantes parece absolutamente insuficiente; v. *Revista do IBRAC*, cit., pp. 128-130.

### *4.4 A cooperação empresarial*

Até há pouco tempo o tratamento da cooperação empresarial dentro de um trabalho a respeito do poder no mercado seria considerado, se não dogmaticamente equivocado, ao menos bastante esdrúxulo. Isso porque, como já mencionado, a concepção clássica do direito antitruste previa punição *per se* a qualquer forma de acordo entre concorrentes.[93] A ilicitude *per se*, de um lado dispensava a demonstração da existência do poder de mercado. De outro, fazia tábula rasa de qualquer tipo de justificativa econômica que pudesse ter a cooperação. Faltavam, portanto, ambos os componentes da regra da razão: a limitação à concorrência não devia ser *substancial* e nem tampouco *injustificada*.

A evolução da regra da razão com relação aos cartéis foi mais paulatina. Em primeiro lugar reconheceu-se o óbvio. Nem todas as formas de cooperação econômica entre empresas implicam limitação da concorrência entre seus membros. Existem casos em que certas limitações são apenas coadjuvantes necessários para a obtenção de resultados economicamente positivos, como o progresso tecnológico ou mesmo a melhor eficiência das empresas. Trata-se da teoria dos *ancillary restraints* que cedo ganhou o favor das Cortes americanas.[94]

93. A versão clássica e provavelmente mais antiga da regra da ilicitude *per se* dos acordos entre concorrentes é a elaborada pelo Juiz Peckman, no caso *United States vs. Trans Missouri Freight Association* (decisão da Suprema Corte americana de 1897, in 166 U.S. 290).

94. Já em 1898 a Suprema Corte americana reconheceu, em vários casos, que *ancillary restraints*, mesmo restringindo a competição entre as partes, não constituíam ilícitos concorrenciais; v. *United States vs. Joint Traffic Association* 171 U.S. 505 (1898); *Northern Securities Co. vs. United States* 193 U.S. 197 (1904). Mas talvez a mais famosa interpretação dos *ancillary restraints* não venha de uma decisão da Suprema Corte, mas sim do voto do Juiz Taft em *United States vs. Addyston Pipe & Steel Co.* 85 Fed. 271 (6th Circuit 1898). Tratava-se no caso da discussão a respeito da obrigação de não competir assumida pelos sócios de uma sociedade. Essa obrigação foi considerada *ancillary* e fundamental para a existência e funcionamento da sociedade. Na decisão, Taft enumera cinco tipos de *ancillary restraints* considerados lícitos e compatíveis com o *Sherman Act*: a obrigação assumida pelo vendedor de uma empresa de não competir com o comprador de forma a diminuir o valor da empresa adquirida; a obrigação do sócio retirante de não competir com a sociedade; a obrigação do sócio de não competir com a sociedade; a obrigação do comprador de uma propriedade de não usá-la para competir com a empresa do vendedor; e a obri-

Mais difícil foi superar o segundo preconceito, de que a sanção aos cartéis deveria ser feita independentemente do poder econômico por eles proporcionado aos participantes. A argumentação básica, de natureza econômica, é que a própria formação de cartéis de preços só faria sentido caso conferisse poder no mercado. Caso contrário, não se criando esse poder, a fixação de preços ou a determinação das quantidades produzidas teria como único efeito a perda de mercado para os demais concorrentes. Assim, a racionalidade econômica sugere que se presuma o poder no mercado dos participantes de tal tipo de acordo.[95]

É fácil notar que esse tipo de teoria só é compatível com uma filosofia concorrencial que considere *per se* ilícito todo tipo de cooperação entre empresas. Na medida em que se passa a reconhecer a existência de acordos tendentes a melhorar a eficiência econômica e dar impulso ao desenvolvimento tecnológico e eco-

gação do empregado de não competir com o empregador depois da expiração de seu tempo de trabalho. A noção de *ancillary restraint* utilizada no referido dispositivo é ainda bastante restrita, estando reduzida na prática aos casos em que a limitação é indispensável ao próprio funcionamento dos negócios. Na verdade, como visto no capítulo 1, o que está por trás da teoria original dos *ancillary restraints* é a proteção da clientela. Hoje a concepção se modificou, sendo admitidos os *ancillary restraints* primordialmente quando há alguma utilidade para o consumidor. Nesse sentido foi a própria evolução americana. A teoria dos *ancillary restraints* foi sucessivamente bastante ampliada na jurisprudência norte-americana, principalmente para alcançar casos em que as restrições à competição são objetivos secundários em relação ao objetivo de melhorar a troca de informações entre concorrentes e melhorar assim as condições de produção e/ou comercialização, em benefício do consumidor. Nesses casos, decisivo para a verificação da licitude é a situação de poder no mercado. Se a concentração do mercado indicar que a troca de informações cria o risco de levar à formação de cartéis, a prática é considerada ilícita; v., nesse sentido, as decisões de *Maple Flooring Manufacturers Association vs. United States* 268 U.S. 563 (1925) e de *United States vs. Container Corp. of America* 393 U.S. 333 (1969). É importante notar que mesmo nessa perspectiva mais "moderna" a justificativa básica para a admissão do acordo, além da inexistência de poder no mercado é a eficiência. Não existe espaço para justificativas extra-concorrenciais, como a melhoria tecnológica (a não ser que essa se traduza diretamente em maior eficiência produtiva) ou o desenvolvimento econômico. As justificativas para a admissão de cartéis aceitas pela doutrina e jurisprudência americanas continuam, portanto, bem mais restritas do que aquelas aceitas e utilizadas na CEE, influenciadas pela já bem discutida superposição dos objetivos de política industrial ao direito antitruste.

95. V., nesse sentido, R. Bork, *The antitrust paradox*, cit., p. 269.

nômico, não é possível supor que as empresas só queiram aderir a acordo desse gênero caso lhes proporcione poder no mercado. O seu interesse pode ser a melhoria da eficiência e da tecnologia e, portanto, ser elemento até mesmo de estímulo ao processo concorrencial.

O poder de mercado torna-se, então, critério indispensável para distinguir as situações lícitas das ilícitas. Só sendo possível obter poder no mercado através da cooperação é que essa pode apresentar algum risco para o sistema concorrencial. Em não sendo possível atingi-lo, mais do que inofensiva, a cooperação, muito provavelmente, é destinada à melhoria da eficiência produtiva ou tecnológica. Seja porque é inócua ou por ser benéfica, ela não pode constituir objeto de atenção do direito antitruste.

Por outro lado, nem sempre que existe ou é possível obter através da cooperação poder no mercado a situação é ilícita *per se*. Existindo poder no mercado, é sempre necessário comparar o poder de mercado atingido pelo conjunto de empresas e os benefícios implicados pela cooperação. Aplica-se, então, a regra da razão definida no capítulo 3. É preciso que a limitação à concorrência não seja substancial e seja justificada.

A prova da lógica aplicativa da extensão da regra da razão também às formas de cooperação entre empresas está no operar prático dos sistemas. Tanto na legislação comunitária — onde historicamente o controle dos cartéis se fez através da aplicação do art. 81 (antigo art. 85) do Tratado CEE, detivessem ou não, pudessem ou não seus participantes obter poder no mercado — quanto na jurisprudência americana — na qual a doutrina *per se* teve seu nascimento e seus maiores defensores — a tendência atual é transformar o poder de mercado em critério fundamental de definição da licitude das estruturas de cooperação empresarial.[96]

96. Para a situação norte-americana v. as indicações jurisprudenciais *supra*, nota 94; v., também, o comentário a respeito de R. Posner, F. Easterbrook, *Antitrust — Cases, economic notes and other materials*, cit., p. 198; na Europa, o reconhecimento da importância do poder no mercado foi feita indiretamente através da concessão pela Comissão CEE de exceções coletivas à aplicação do art. 81 a acordos entre pequenas empresas ou entre empresas sem participação relevante no mercado. É importante notar, no entanto, que os padrões utilizados para avaliação do poder no mercado são bastante inferiores aos utilizados para avaliar as concentrações. São submetidos a controle todos aqueles em que

A ênfase aqui dada ao poder no mercado não deve levar a acreditar que o "teste" da existência de poder no mercado seja "aplicado" como critério de sancionamento da mesma forma que na análise das concentrações entre empresas. Existe uma diferença fundamental entre ambas as aplicações. Tratando-se de cooperação, não é possível determinar a existência de poder no mercado simplesmente a partir da soma das participações anteriores das empresas que se estão integrando. A "limitação substancial à concorrência" não é um dado objetivo, determinável apenas a partir da análise da situação estrutural do mercado.

Em matéria de cooperação, poder no mercado e conteúdo do acordo de cooperação não se separam. Assim sendo, o acordo de cooperação só será capaz de gerar "limitação substancial à concorrência" caso seu conteúdo leve à uniformização do comportamento dos agentes no mercado. Caso contrário, mesmo que os agentes econômicos vinculados pelo acordo tenham alto nível de participação no mercado, nenhuma ameaça existirá ao sistema concorrencial.

### *4.4.1 A aplicação do art. 54 à cooperação entre empresas*

O legislador brasileiro, ao elaborar o art. 54 da lei concorrencial, criou uma situação interessante. O § 1º do referido dispositivo é reprodução quase fiel do art. 81, inciso III, do Tratado de Roma.[97]

No sistema europeu esse dispositivo é aplicável com exclusividade às formas de cooperação empresarial. As concentrações empresariais nunca foram por ele disciplinadas. Durante muito

as empresas em conjunto têm mais de 5% do mercado e/ou mais de 200 milhões de faturamento; v., para uma detalhada descrição dessas exceções coletivas, D. G. Goyder, *EC Competition Law*, 2ª ed., Oxford, Clarendon Press, 1993, pp. 171 e ss. Na Alemanha os chamados *Bagatellkartelle*, em que os participantes têm menos de 5% do mercado, também não estão sujeitos à aplicação da legislação concorrencial; cfr. U. Immenga, in *GWB Kommentar*, cit., sub § 1º, pp. 145 e ss. Note-se que, tratando-se de verificação da possibilidade de aplicação ou não do controle preventivo aos acordos de cooperação, os critérios aqui mencionados são, dentro da teoria geral do poder no mercado, os critérios para sua identificação.

97. V. a respeito da relação entre o art. 54 da lei brasileira e o Tratado de Roma e suas conseqüências o importante trabalho de W. R. Faria, "O controle das concentrações de empresas", in *Revista do IBRAC* 7/5 e ss., n. 7, São Paulo.

tempo foram reguladas pelo art. 82 (antigo art. 86) do Tratado de Roma e, desde 1989, passaram a ser reguladas pelo Regulamento do Conselho CEE n. 4.064/89, recentemente modificado pelo Regulamento (CE) n. 1.310/97.

Ocorre que, no sistema da lei brasileira o referido dispositivo foi concebido basicamente para o controle das concentrações. Em primeiro lugar, apenas para as concentrações existem critérios objetivos e definidos para a identificação dos casos que devem ser submetidos a controle (art. 54, § 3º). Além disso, muitas das formas de cooperação econômica já vêm previstas e sancionadas *per se* no art. 21 da lei. É o caso, por exemplo, dos incisos I, II, III e X, para as formas de cooperação horizontal, e XI para os acordos verticais.

Por outro lado, o *caput* do art. 54, ao se referir "a atos, sob qualquer forma manifestados, que possam limitar ou de qualquer forma prejudicar a concorrência", aplica-se, à evidência, também aos cartéis e às formas de cooperação econômica em geral que pelo simples fato de consistirem em cooperação entre concorrentes, importam sempre certo grau (não necessariamente ilícito) de limitação à concorrência.

Faz-se necessária, portanto, uma interpretação sistemática cuidadosa que permita distinguir os casos em que uma determinada cooperação econômica estará sujeita à regra da razão do art. 54 daqueles casos em que estará sujeita à regra de ilicitude *per se* do art. 21.[98] A distinção é muito mais simples do que à

98. É importante observar que, como já visto no capítulo 1, todos os ilícitos constantes do art. 21 relacionados no texto são hipóteses de atos tendentes à dominação dos mercados. A aplicação a eles de uma regra de ilicitude *per se* decorre, portanto, exatamente da lógica exposta no texto. Como eles todos se referem a hipóteses em que o único objetivo do acordo é alguma forma de restrição à concorrência, a possibilidade de obtenção de poder no mercado por parte dos seus membros (considerados em conjunto) deve ser presumida. Se o único objetivo identificável é a eliminação da concorrência entre os signatários do acordo, então para que o acordo faça sentido é necessário pressupor que seus participantes tinham a razoável expectativa de ter influência suficiente sobre o mercado para obter lucros extraordinários (o que nada mais é que a existência de poder no mercado). Note-se que essa consideração já pressupõe a ausência de justificativa (por isso diz-se que a ilicitude é *per se*). Assim sendo, e essa é a conclusão mais relevante que se pode tirar, com relação às formas de cooperação é a ausência de justificativa que faz supor o intuito de dominar o mercado. A análise das justificativas é, portanto, ao contrário do que ocorre nas concentra-

primeira vista pode parecer. Os ilícitos do art. 21 representam hipóteses em que a restrição à concorrência é o único objetivo do acordo. Assim, por exemplo, a hipótese do inciso I: "fixar, ou praticar, em acordo com concorrente, sob qualquer forma, preços e condições de venda e prestação de serviços". Configura-se a ilicitude prevista nesse dispositivo em todos aqueles casos em que a fixação de preços for o único ou principal objeto do acordo. O mesmo ocorre com o inciso X. Ali prevê-se a ilicitude de todo e qualquer ato que vise a "regular mercado de bens ou serviços, estabelecendo acordos para limitar ou controlar a pesquisa e o desenvolvimento tecnológico, a produção de bens ou a prestação de serviços, ou para dificultar investimentos destinados à produção de bens ou serviços ou à sua distribuição". Aqui, o objeto do acordo tem de ser exatamente o inverso do objetivo típico das cooperações empresariais que visam a melhoria tecnológica. É preciso que a limitação à pesquisa, e não a conjugação de esforços para o desenvolvimento tecnológico, seja o objeto principal do acordo.

É evidente que em muitas dessas hipóteses haverá aparente dissonância entre a letra do art. 21 e a cláusula ampla do art. 54. Não parece, no entanto, que se possa falar em conflito entre os dois dispositivos e prevalência da regra especial (art. 21) sobre a regra geral (art. 54). Os dois dispositivos convivem harmoniosamente entre si, desde que se compreenda que as hipóteses do art. 21 se referem a acordos que têm como objeto único ou principal (e não secundário) os referidos efeitos. A esse assunto se retornará no item seguinte, quando da análise das várias hipóteses de cooperação econômica.

### *4.4.2 Os instrumentos da cooperação*

Vários são os objetos possíveis de acordos entre concorrentes. A seguir serão discutidos alguns deles, acompanhados da análise de sua respectiva legalidade. A teoria geral relativa a muito deles já foi discutida no capítulo 3, de modo que no presente tópico será dada ênfase à análise de sua legalidade em face do sistema positivo brasileiro.

ções, prévia e não posterior à análise do poder no mercado (ou da possibilidade de obtê-lo).

O primeiro e fundamental divisor de águas entre as situações lícitas e ilícitas está na teoria dos *ancillary restraints*, que foi recebida plenamente pelo ordenamento brasileiro. Segundo ela, todo acordo que tem como objeto único e/ou principal algum tipo de restrição à concorrência deve ser considerado *per se* ilícito. No ordenamento brasileiro isso significa que a sua regulamentação fica confinada ao art. 21 da lei concorrencial.

Essa regra simples está, no entanto, longe de resolver todos os problemas existentes. O contrário da regra exposta acima não é verdadeiro. Isso significa que do simples fato de a restrição à concorrência não ser objeto principal do acordo não decorre a sua licitude. A única conseqüência da caracterização da restrição à concorrência como objeto secundário do contrato (*ancillary restraint*) é retirá-la da esfera da ilicitude *per se* e inseri-la no âmbito de aplicação da regra da razão do art. 54. Não implica, no entanto, de modo algum, um atestado de licitude.

Nem poderia ser de outra forma. Em muitos casos é difícil, se não impossível, determinar qual o verdadeiro objeto principal do acordo. Não é possível tampouco partir para uma busca das intenções das partes. Em primeiro lugar porque sua verdadeira intenção é uma *probatio diabolica*. Mas, mais do que isso, a pesquisa das intenções não pode ser nem é objeto específico de interesse do direito concorrencial. Isso não quer dizer que elas não sejam relevantes, mas apenas que em sede concorrencial, talvez mais do que em qualquer outro campo do direito, a determinação das intenções deve se fazer com base em dados objetivos. Em um campo influenciado por forças econômicas como é o direito concorrencial é necessário presumir que existe a intenção com relação a todos os efeitos necessários e naturais do ato praticado.[99]

Essa é a razão da tão propalada — e às vezes criticada — desconsideração das intenções no direito concorrencial. Não se trata de uma verdadeira desconsideração das intenções, mas

99. Esse famoso princípio foi afirmado na decisão da Suprema Corte Norte-americana no caso *United States vs. United States Gypsum Co.* 438 U.S. 422 (1978), onde se afirmou: "the law presumes that a person intends the necessary and natural consequences of his acts. Therefore, if the effect of the exchanges of price information was to raise, fix, maintain, and stabilize prices, then the parties to them are presumed, as a matter of law, to have intended that result".

apenas de uma objetivação absoluta dos seus critérios de determinação. Os efeitos passam, então, a substituir as intenções.

A conseqüência prática é que, havendo incerteza quanto aos efeitos, não é possível determinar qual o objeto principal do acordo. Por isso é que, freqüentemente, e quando isso é possível, a solução é separar o objeto tido como principal do objeto secundário, que contém a restrição à concorrência, admitindo-se o primeiro e vetando-se o segundo. Só assim é possível garantir a persecução do interesse tido como principal. Em muitos casos, no entanto, essa separação não é possível. Nessas hipóteses, é preciso sopesar ambos os efeitos possíveis do acordo.

Fundamental para a compreensão do significado de cooperação econômica é a definição das formas jurídicas nas quais ela pode se consubstanciar. Além da cooperação induzida pela conformação societária, já tratada no n. 4.2.5, três são as formas principais em que a cooperação pode se estabelecer: o contrato bi ou plurilateral cujo objeto específico é a cooperação, as associações entre empresas e as *joint ventures*.

Denominar tais formas de instrumentos jurídicos não é totalmente correto. Na verdade, elas são formas econômicas que a utilização recorrente levou ao reconhecimento pelo direito. Veja-se, por exemplo, a *joint venture*. Analisada do ponto de vista concorrencial, ela nada mais é do que uma forma de cooperação entre empresas para fins empresariais, que pode se consubstanciar em diversas formas jurídicas. É possível que a *joint venture* se consubstancie em um consórcio entre empresas ou então mesmo em uma nova sociedade. Para o direito concorrencial, elemento relevante é apenas o exercício de atividade empresarial economicamente independente pelos seus membros.[100]

100. Com a expressão *economicamente independente* quer-se indicar que não se trata simplesmente de uma fase do ciclo produtivo, como a compra de matéria-prima, a distribuição, ou a venda. Trata-se isso sim de realização completa de uma atividade empresarial. Esse conceito não deve ser confundido com o conceito de dependência usado em campo societário, ou seja a dependência na tomada de decisões. Especial cuidado é necessário pois a noção de dependência "societária" não é sempre denominada dependência jurídica. Muitas vezes, especialmente quando se quer ampliar a noção de controle, utiliza-se a dependência no assim chamado "sentido econômico". Isso nada tem a ver com o conceito "econômico" aqui utilizado, cuja noção se liga ao desenvolvimento de um ciclo produtivo completo e não apenas de uma fase ou de um serviço para outro agente econômico (como ocorre, no caso típico, com as cooperativas).

Também as associações entre empresas podem assumir diversas formas jurídicas. Podem se organizar como cooperativas ou então associações civis sujeitas ao regime do Código Civil. O elemento comum e relevante do ponto de vista concorrencial nesse tipo de organização é a realização de atividade economicamente dependente da atividade de seus membros ou então a prestação de serviços para estes. Não há conseqüentemente o objetivo de lucro (para a associação ou cooperativa) na atividade por ela realizada. O conceito-chave é, portanto, o de dependência econômica (v. nota 100).

Finalmente, terceira forma em que se pode consubstanciar a cooperação é o acordo puro e simples. Nesse grupo serão analisados aqueles acordos e/ou comportamentos cujo objeto principal é a cooperação quanto a um ou alguns dos elementos relevantes para a concorrência. Aqui também não é possível tratar de todos os objetos imagináveis. Procurar-se-á analisar os principais: acordos a respeito de preços, quantidade produzida, divisão do mercado e os acordos referentes à troca de informações.

a) Os acordos de cooperação

O primeiro deles é também o mais problemático do ponto de vista jurídico. Isso porque é mais difícil caracterizar a restrição à concorrência como restrição "ancillary" ou secundária em relação ao objeto principal. São os acordos nus, expressos ou tácitos de fixação de preços, quantidades produzidas ou repartição de mercado, os casos mais clássicos de ilicitude *per se*. Aplica-se a eles diretamente o art. 21, incisos I e III, da lei concorrencial brasileira.

Note-se que mesmo aí não se trata de uma ilicitude *per se* pura e simples. É necessário demonstrar que o grupo formado disporá em conjunto de poder no mercado. Como já visto (n. 1.1), em ausência de poder no mercado, qualquer acordo destinado única e exclusivamente à fixação de preços ou quantidades produzidas está fadado ao fracasso. Não é racional nem ameaçador ao sistema concorrencial que agentes econômicos atomizados e incapazes, mesmo em conjunto, de conquistar uma posição de poder, entrem em acordo. Na interpretação da lei brasileira isso faz com que se deva classificar os incisos I e III do art. 21 como ilícitos apenas quando aptos a levar o grupo de empresas a "dominar o mercado relevante de bens e serviços" (art. 20, inc. II).[101]

É importante notar que só aos acordos que *diretamente* fixam preços ou quantidades produzidas aplica-se a regra *per se*. Qualquer outro tipo de acordo no qual a vinculação a esses dois elementos seja apenas indireta deve ser submetido a uma regra da razão. Hipótese interessante e a respeito da qual muito já se discutiu na doutrina e jurisprudência americanas é a dos acordos para simples troca de informação sobre preços e quantidades produzidas entre concorrentes.[102] Trata-se de serviço muito freqüentemente providenciado através das associações de fabricantes ou distribuidores de um determinado produto.

Esse tipo de acordo facilita a formação de um cartel de preços. Um resultado desse gênero não é, no entanto, necessário. É possível que a troca de informações sirva para melhorar a eficiência das partes. Como é sabido, um dos elementos de mais difícil determinação para os agentes econômicos é exatamente a quantidade a ser produzida. Muitas das crises de superprodução são geradas pela falta de informação entre os agentes. E note-se que a superprodução é tão danosa quanto a escassez do ponto de vista econômico, pois desperdiça riquezas que poderiam ser alocadas na produção de bens escassos. A troca de informações serve para minimizar esses efeitos econômicos e sociais negativos, reduzindo o que os economistas chamam de dispersão de preços e/ou quantidades produzidas.[103]

Essa possível utilização da troca de informações entre concorrentes, além de afastar os acordos para esse fim celebrados

101. Para a discussão relativa aos critérios para o estabelecimento da correspondência (obrigatória) entre o art. 21 e seus incisos e os quatro grupos de ilícitos previstos no art. 20, v. *supra,* item 1.7.

102. Cfr. entre outras as decisões da Suprema Corte em *United States vs. Container Corp. of America* 393 U.S. 333 (1969); *United States vs. United States Gypsum Co.* 438 U.S. 422 (1978); em doutrina v. R. Posner, F. Easterbrook, *Antitrust — Cases, economic notes and other materials*, cit., p. 198.

103. Com relação especificamente aos preços, é interessante recente decisão do CADE autorizando a empresa Kibon a manter os preços indicativos para os sorvetes em padarias. Sem eles, argumentou a empresa e aceitou o CADE, os preços tenderiam a aumentar. A justificativa econômica é que, existindo grande número de estabelecimentos e dispersão geográfica entre eles, os comerciantes desconheceriam o ponto de equilíbrio ideal. Haveria, portanto, dispersão de preços.

entre concorrentes do campo de aplicação da ilicitude *per se*, sugere critérios para a definição da regra da razão a ser aplicada. São eles nada mais nada menos que critérios práticos para avaliar se a intenção das partes é realmente a redução das dispersões existentes ou se o que se objetiva, na verdade, é a formação de um cartel de preços.

O primeiro dos critérios é a verificação da concentração do mercado. Como já se viu, mercados oligopolizados são facilmente cartelizáveis (v. n. 2.4.2). A informação sobre o comportamento dos concorrentes nesse tipo de mercado é relativamente fácil e "barata". Não é crível, portanto, que seja necessário um sistema de troca institucional de informações simplesmente para aumentar a eficiência dos agentes e reduzir a dispersão de preços. Finalmente, e esse é um elemento fundamental para o sucesso dos cartéis de preços, um acordo de preços nesse tipo de mercado (oligopolizado) é muito facilmente controlável, ou seja, é possível aos participantes saber que agente está descumprindo o acordo e puni-lo.

Ao contrário, quanto menor a participação relativa dos agentes no mercado, mais difícil e "cara" é a informação a respeito do comportamento dos outros agentes. Mais importante é, portanto, a troca de informações, a fim de evitar a exagerada dispersão e o desperdício de recursos produtivos. Por outro lado, mais difícil para os participantes é controlar eventual "cartel" de preços com muitos participantes. Sendo mais difícil descobrir as defecções, muito maior é o incentivo para que ocorram. Dessa maneira, um acordo de preços realizado nessas condições é muito mais instável. O grau de concentração e o número de participantes do mercado constituem elementos bastante relevantes para avaliação da licitude desse tipo de acordo (expresso ou tácito).

Outro dado importante a ser levado em conta é a divisão das informações coletadas com o consumidor. A razão é clara. O repasse das informações coletadas aos consumidores enfraquece o poder dos participantes do mercado. Os consumidores saberão qual produtor está vendendo a preço mais baixo e onde há mais disponibilidade do produto.

O nível de informação do consumidor, tanto quanto o grau de concentração, indica o nível de poder dos produtores no mercado. Como foi visto no primeiro capítulo, na definição de Hayek, concorrência nada mais é do que informação. Um consumidor informado é um consumidor contra o qual as estruturas de poder no mercado, inclusive os cartéis, são ineficazes.

A conclusão é, portanto, que os acordos entre concorrentes para troca de informação sobre condições e elementos relevantes para a formulação da política mercadológica não são ilícitos *per se*. A avaliação de sua licitude estará submetida à regra da razão do art. 54, podendo ser aprovado desde que os critérios estruturais e o efetivo funcionamento anterior do setor sugiram que o acordo seja necessário para melhoria da eficiência das empresas.

A última categoria a ser analisada é a dos acordos tácitos. Pergunta-se: quando é possível do comportamento presumir a existência de um acordo? Em primeiro lugar é necessária a existência de uma estrutura de mercado que facilite a previsão do comportamento dos agentes econômicos e incentive ao comportamento paralelo. No capítulo 2 (n. 2.4.2) já se estudaram longamente os motivos pelos quais se deve supor que as estruturas oligopolistas são especialmente aptas a tal tipo de comportamento. Ali, também, foram estudados os demais requisitos que se devem aliar ao critério estrutural para permitir supor que existe acordo tácito. É necessário demonstrar a existência de comportamento *paralelo* e *intencional*. A intencionalidade, como já visto, é presumida dos efeitos. Por esse motivo, naquela sede se demonstrou que aumentos de preços paralelos, não justificados por aumentos simultâneos de custos e resistência ao comportamento paralelo na diminuição de preços são indícios suficientes para a demonstração da existência de acordo tácito (v. n. 2.4.2). É possível, nesses casos, enquadrar os componentes do cartel no inciso I, c.c. o inciso XXIV, do art. 21, escapando, assim, dos rígidos critérios exigidos para sancionamento do aumento de preços pelas empresas em posição dominante.

Isso porque a alternativa ao sancionamento do comportamento oligopolista como acordo tácito de preços seria a punição a cada um dos oligopolistas individualmente por abuso de posição dominante (art. 20, inciso IV), caracterizado pelo aumento injustificado de preços (art. 21, inciso XXIV). Nesse caso, seria necessário demonstrar que cada um dos agentes econômicos detém sozinho mais de 20% do mercado (v. art. 20, inc. IV e §§ 2º e 3º). Já no caso do acordo tácito de preços basta demonstrar, pelos motivos já expostos, que os oligopolistas em conjunto dominam o mercado (têm poder no mercado), o que é muito mais factível.

b) As associações entre empresas

As formas associativas entre empresas têm uma característica marcante que as distingue das *joint ventures* e que é extremamente relevante para sua avaliação. Trata-se da dependência econômica (no sentido definido *supra*, v. n. 4.4.2, letra "a") em relação à atividade de seus associados, que faz com que sua atividade consista numa fase do ciclo produtivo daqueles ou, então, em uma mera prestação de serviços em seu benefício.

A conseqüência é a caracterização desse tipo de entidade como um acordo de cooperação entre as partes para exercício comum de uma fase produtiva ou então para realização de um determinado serviço útil à sua atividade. Esse tipo de organização está portanto muito mais próximo dos acordos de cooperação puros do que das formas societárias de cooperação (que serão analisadas no item seguinte).[104]

Assim sendo, nessa sede perde muito valor o conceito de *ancillary restraints*. O elemento potencialmente restritivo da concorrência, se existir, é o próprio objeto social principal da associação ou cooperativa, e não alguma cláusula acessória. A avaliação da licitude concorrencial desse tipo de acordo depende, portanto, da avaliação do objeto social principal da associação.

Isso decorre da natureza societária desse tipo de organização. Relativamente às sociedades cooperativas, a definição do interesse social é pouco distinguível do interesse dos cooperados. Por esse motivo, autores de peso contestam até mesmo a nature-

104. Exatamente em função desse tipo de raciocínio já se defendeu na doutrina alemã a aplicação de regra de ilicitude *per se* às grandes *Genossenschaften*; v., a respeito, U. Immenga in *GWB Kommentar*, cit., sub § 1º, p. 163. Essa tese não prosperou. Era, na verdade, apenas uma reação natural à outra tendência extrema, a de considerar as cooperativas e associações isentas da aplicação do direito antitruste, como formas que eram de proteção das pequenas estruturas empresariais. Ambas as interpretações são simplistas, na medida em que o elemento formal societário (isto é, o contrato para constituição da cooperativa ou associação) não é capaz de indicar as conseqüências econômico-jurídicas necessárias da cooperação.

za societária das cooperativas, preferindo defini-las como uma forma de associativismo puro.[105] O objeto do acordo ou da associação é, portanto, o próprio objeto de preocupação do direito concorrencial.

Aparentemente, portanto, a análise da associação entre empresas pouco se diferenciaria da análise dos acordos de cooperação. Seria sempre necessário que o acordo encontrasse justificativa em si mesmo. O próprio acordo deveria conter o objetivo principal com relação ao qual a restrição da concorrência seria instrumental (*ancillary*). As *joint ventures*, por si sós, possuem um objetivo destacado, produtivo, com relação ao qual a restrição à concorrência pode ser instrumental.

A primeira indagação que surge em função de tal constatação é relativa ao correto enquadramento positivo do ato de constituição de associações ou cooperativas entre concorrentes. Estaria ele sujeito a avaliação segundo os ilícitos previstos no art. 21 da lei concorrencial ou segundo a regra da razão do art. 54?

A resposta é necessariamente inconclusiva. Toda cláusula do ato constitutivo da associação ou cooperativa que contiver acordo sobre preços, quantidade produzida ou divisão dos mercados estará sujeita à ilicitude *per se* (sempre entendida na forma supradefinida) do art. 21. A formação em si da cooperativa ou associação está sujeita, como não poderia deixar de ser, ao art. 54. Dependendo de seu objeto, é possível que sequer se caraterize qualquer prejuízo à livre concorrência. Imagine-se, por exemplo, uma associação sem fins lucrativos destinada a promover a pesquisa tecnológica para seus membros, e que não inclui em seu objeto acordo sobre a posterior utilização comercial das descobertas (como se verá, o problema concorrencial relativo à pesquisa tecnológica está na regulamentação da exploração posterior das descobertas, em especial o licenciamento das patentes). Tal associação, por mais que seus membros tenham em conjunto poder no mercado, não implica nenhuma limitação à concorrência entre eles. Desse modo, está isenta de qualquer suspeita de ilicitude. O mesmo ocorre, pelos motivos já analisados, com as

105. Cfr. T. Ascarelli, "Cooperativa e società: concettualismo giuridico e magia delle parole", in *Rivista delle società*, 1957, pp. 398 e ss.

situações em que não há sequer a ameaça de formação de posição de poder no mercado.

Existe, no entanto, uma diferença básica entre ambos, que consiste exatamente nas disposições societárias do contrato social da associação ou cooperativa. Essas disposições não servem como justificativa para a cooperação. Sua presença pode evitar, no entanto, que a limitação à concorrência seja substancial.

Um interessante exemplo, vindo da casuística européia, pode ajudar a esclarecer esse ponto. É o chamado caso *National Sulphuric Acid Association*, julgado pela Comissão CEE em 1980.[106] Tratava-se de analisar a legalidade de acordo celebrado por quase todos os produtores ingleses de ácido sulfúrico para o estabelecimento de um sistema centralizado de compras do enxofre em estado sólido, que era em sua grande maioria importado dos Estados Unidos, maior fornecedor mundial do produto. Comprovou-se que a união dos produtores de ácido sulfúrico em uma associação para compra do produto tornou possível a construção de importantes instalações portuárias especializadas para o descarregamento do produto. Isso permitiu a importação do enxofre em estado líquido, forma muito mais barata de transporte, além de possibilitar aos pequenos produtores, os mais afetados pela crise que então ocorria no setor, receber pequenos carregamentos em portos menores. O resultado final esperado era que os preços fossem reduzidos e o fornecimento contínuo do produto garantido.

Mesmo em presença desses elementos, que garantiam que a formação da associação beneficiaria produtores e consumidores, a Comissão vetou certas partes do acordo. Foi considerada ilícita a cláusula que obrigava os membros da associação a dela comprar a totalidade de seus insumos (o máximo aceito foi 25%), bem como a cláusula que limitava a revenda do insumo ou impedia a fabricação de produto final outro que não o ácido sulfúrico. A intenção foi claramente separar os efeitos benéficos dos potencialmente maléficos, no interesse do sistema concorrencial.

Dois são os elementos-chave para a aprovação da cooperação acima. Em primeiro lugar, a possibilidade concreta de obtenção de ganhos de eficiência e de sua repartição com o consumi-

106. [1980] 3 CMLR 429.

dor. Em segundo lugar, a eliminação do acordo de qualquer barreira consensual à participação de novos concorrentes, tanto como compradores de insumo como na qualidade de vendedores do produto final. Não há então limitação substancial à concorrência (ao menos à concorrência potencial). A solução seria, portanto, perfeitamente compatível com o art. 54 da lei brasileira.

Esse exemplo pode ser generalizado. Em toda cooperativa ou associação com poder no mercado devem ser considerados anticoncorrenciais, porque geradores de "limitação substancial à concorrência", não apenas os dispositivos que limitem a venda ou a compra de produtos de forma independente pelos cooperados, mas também aquelas cláusulas que dificultem a entrada ou saída dos cooperados da cooperativa. Nesse caso, além da limitação substancial à concorrência, consistente na formação de substanciais barreiras à entrada de novos concorrentes no mercado, há ainda a possibilidade de criação de dificuldade ao funcionamento de concorrente, ilícito autônomo e caracterizável *per se* no sistema concorrencial brasileiro (art. 21, inc. V, da Lei n. 8.884).[107]

### c) As "joint ventures"

A terceira categoria relevante para o estudo da cooperação entre empresas é a das *joint ventures*. No presente trabalho pretende-se dar ao termo a acepção mais ampla possível, englobando todas as formas de associação de empresas com objetivo de realização de atividade econômica independente e com escopo de lucro. Nota-se, portanto, que a forma societária é aqui pouco relevante, como freqüentemente acontece no direito concorrencial. A *joint venture* tanto pode assumir a forma de sociedade comercial como pode assumir a forma de um consórcio e, em conseqüência, não ter personalidade jurídica. Fundamental é a existência de uma empresa independente, entendida no seu perfil funcional (na tradiconal e hoje um pouco ultrapassada nomenclatura de Asquini).

A diferença básica entre as *joint ventures* e as formas associativas anteriormente estudadas está na independência da ati-

107. V., a respeito, também, C. Salomão Filho, "Sociedade cooperativa e disciplina da concorrência", in *Revista de direito mercantil* 90 (1993), p. 27 (33).

vidade econômica realizada. "Independência" é utilizada aqui no sentido de completude do ciclo econômico, que por sua vez se traduz no próprio objetivo de lucro. A *joint venture* não existe, portanto, como um apêndice de seus participantes ou para prestar serviços para eles. Ela realiza em si uma atividade econômica destinada ao mercado, que pode ser coincidente ou não com a atividade das empresas que dela participam.

É exatamente essa característica da *joint venture* que causa os maiores problemas para sua classificação sistemática. A independência de sua atividade econômica, aliada à sua dependência jurídica e à possibilidade de atuação no mesmo mercado das empresas que dela participam, transforma-a em um tipo híbrido que pode oscilar entre a cooperação e a concentração de empresas.

Na doutrina européia e na prática da aplicação do Tratado de Roma pela Comissão CEE utiliza-se critério bastante útil para distinguir as *joint ventures*. Trata-se da noção de "efeito de grupo" (*Gruppeneffekt*). Segundo essa teoria, a reunião dos agentes econômicos para realização de uma atividade comum com escopo de lucro gera necessariamente, caso as participantes estejam no mesmo mercado da *joint venture*, a cooperação das empresas participantes em benefício da *joint venture*. O efeito de sua formação é, portanto, a indução de comportamento cooperativo por parte de suas controladoras.[108]

Os critérios para a identificação dos requisitos para que se possa pressupor a ocorrência desse "efeito de grupo" foram estabelecidos inicialmente pelas decisões da Comissão CEE e mais tarde no Regulamento n. 4.064/89, art. 3º, n. 2, segunda parte. Por força das modificações introduzidas pelo Regulamento (CE) n. 1.310/97, de 30 de junho de 1997, esses critérios estão agora definidos no art. 2º, n. 4, do Regulamento n. 4.064/89.

Em primeiro lugar, é preciso que a empresa "controlada em conjunto" pelas participantes da *joint venture* não seja economicamente dependente. A independência econômica, como já visto, é requisito essencial para a caracterização da própria *joint venture* e para diferenciá-la das formas de associação entre empresas,

108. V., a respeito dessa noção, U. Immenga, in *GWB Kommentar*, cit., p. 186 e P. Bos, J. Stuyck, P. Wytinck, *Concentration Control in the European Economic Community*, cit., pp. 181 e ss.

não sendo rigorosamente um requisito necessário para distinção entre *joint ventures* concentrativas e cooperativas. Para presumir a existência dessa independência econômica foram estabelecidos certos requisitos pela Comissão CEE. São eles: a independência física, ou seja, o exercício de atividade em instalações próprias, com direcionamento ao mercado e intento autônomo de lucro.[109] A presença de tais requisitos é objeto de análise casuística, não sendo indispensável sua ocorrência cumulativa.

O segundo requisito, real elemento diferenciador entre *joint ventures* cooperativas e concentrativas, consiste na relação mercadológica entre a *joint venture* e as empresas que dela participam. É necessário que as empresas participantes e a *joint venture* se encontrem no mesmo mercado ou então, que esta última exerça atividades de fornecimento e revenda para as empresas que dela participam (nesse caso com objetivo de lucro). A razão é óbvia. Se a empresa pretende atuar no mesmo mercado das sociedades que dela participam e se essas vão continuar a atuar nesse mercado, a estrutura não faz sentido econômico a não ser que tenha como objetivo possibilitar a cooperação entre as partes. Nessa hipótese, a concorrência entre a *joint venture* e suas participantes ou entre as participantes seria economicamente sem sentido. Agir no interesse mercadológico próprio implica tirar mercado da controlada, diminuindo a sua lucratividade e vice-versa.

Por esse mesmo motivo, para descaracterizar a *joint venture* como cooperativa é necessário que: (a) a *joint venture* assuma atividades preexistentes dos seus participantes que se retiram daquele tipo de atividade. Nesse caso, ao invés de cooperação, não há dúvida de que o que ocorreu foi pura e simplesmente uma concentração entre empresas. A previsão pela lei brasileira de situação análoga deve ser entendida como extensível a essa hipótese. Referência é feita à hipótese de concentração empresarial prevista no art. 54, § 3º, "constituição de sociedade para exercer o controle de empresas", como hipótese de concentração empresarial. A transformação em sociedade *holding*, com passagem de todo o patrimônio produtivo das controladoras para a contro-

109. P. Bos, J. Stuyck, P. Wytinck, *Concentration Control in the European Economic Community*, cit., p. 183.

lada, inclui-se na mesma hipótese econômica imaginada pelo legislador, qual seja, a das *joint ventures* criadas para explorar novas atividades, não relacionadas com as atividades dos seus participantes.

Dessa peculiaridade da *fattispecie* das *joint ventures*, que as faz oscilar entre estruturas concentrativas e cooperativas, decorre, também, a peculiaridade da disciplina. Com efeito, se da presença da *joint venture* e das sociedades que dela participam no mesmo mercado decorre necessariamente sua qualificação como estrutura cooperativa, em função da própria racionalidade dos agentes econômicos (que os induz à cooperação), é muito provável que o acordo se faça sobre elementos mercadológicos relevantes, como preço ou quantidade produzida. Só assim é possível a maximização de lucro conjunto dos agentes. Por outro lado, menor probabilidade existe de que a cooperação possa produzir alguma eficiência econômica ou melhoria tecnológica. Se esse fosse o objetivo, a adoção de forma concentrativa de *joint venture* ou então mesmo uma associação entre as empresas sem fins lucrativos seria muito mais eficaz. O intuito de lucro presente na *joint venture* e sua convivência no mesmo mercado com os controladores põem em sérias dúvidas a seriedade de intenções dos seus criadores e levanta a suspeita de que a *joint venture* pode ser uma forma simples de acobertar um cartel de preços.[110]

Exceção importante a essa regra ocorre no caso em que a *joint venture*, ainda que atuando no mesmo mercado das controladoras, foi criada para realização de um empreendimento ou obra que não poderia ser levado adiante, financeira ou tecnologicamente por qualquer de seus membros em separado. Nessa hipótese, a reunião das empresas é fundamental para a realização da obra. Eventuais restrições à concorrência decorrentes do acordo devem ser consideradas *ancillary* e necessárias à sua rea-

110. Por esse motivo, a aprovação de *joint ventures* cooperativas ocorre na maioria das vezes em casos intermediários, em que os controladores retiraram-se mas não totalmente do mercado de atuação da *joint venture* ou então naquelas hipóteses em que não há competição entre *joint venture* e controladoras, mas apenas entre as controladoras, caso em que a classificação como estrutura cooperativa parece bastante discutível; v., a respeito, de ambas as hipóteses, com discussão de casos decididos pela Comissão CEE, P. Bos, J. Stuyck, P. Wytinck, *Concentration Control in the European Economic Community*, cit., pp. 190 e 194, respectivamente.

lização. Esse caráter ficará especialmente evidente caso a *joint venture* seja organizada sob a forma de consórcio ou de sociedade por prazo determinado para realização de um determinado empreendimento ou obra. Nessas hipóteses, a limitação da duração evidencia a instrumentalidade da limitação da concorrência ao objetivo maior de realização do empreendimento.

Não se pretende, com o que foi dito aqui, defender uma aplicação formal do direito antitruste, que tente relacionar a formas jurídicas conseqüências concorrenciais necessárias. Obviamente, as presunções relativas sugeridas pelas formas jurídicas (ou econômico-jurídicas, como as *joint ventures*) não se sustentam em face de indicações diversas sugeridas pelos objetivos declarados e o comportamento anterior das partes.

### *4.4.3 A avaliação da licitude da cooperação entre empresas*

As diferenças entre as hipóteses legais de cooperação e concentração entre empresas influenciam necessariamente as disciplinas. Mesmo estando sujeitas ao mesmo dispositivo na lei brasileira, existe uma diferença básica na disciplina a ser aplicada a elas.

Enquanto nas concentrações sua simples realização elimina a concorrência, pois implica o desaparecimento (ao menos do ponto de vista econômico) de um dos concorrentes, na cooperação entre empresas isso não ocorre. É a natureza específica de cada um dos acordos que vai determinar se existe ou não restrição à concorrência.

Na cooperação empresarial, como já visto, poder de mercado e natureza do acordo não se distinguem. Não basta analisar características estruturais do mercado, como nível de concentração ou barreiras à entrada, para determinar a existência de poder. É preciso verificar se a natureza da cooperação é apta a criar poder no mercado (sempre no sentido definido no capítulo 2) ou é simplesmente uma forma de incentivar a eficiência das partes.

O efeito aplicativo do que foi dito é muito direto e simples. Nas cooperações empresariais, avaliação da existência do poder no mercado e avaliação de sua licitude praticamente se confundem. Isso porque a avaliação do poder no mercado e de suas justificativas não pode ser feita separadamente no caso de cooperação entre empresas (ao contrário do que ocorre na concentração). Como já visto, esta é uma das razões pelas quais foi aplicada regra *per se* rígida à cooperação entre empresas e não à concentração. Sendo assim, na maioria dos casos, inexistente a ilicitude, ausente estará também qualquer tipo de restrição à concorrência ou então qualquer risco de dominação do mercado. Traduzido em termos positivos, isso significa que muitas das cooperações entre empresas, mesmo aquelas envolvendo partes com grande poder no mercado, sequer se enquadrarão nas hipóteses previstas no art. 54, *caput*. É por isso difícil afirmar, em muitos dos casos, que exista uma obrigação de submissão do acordo a controle. Ela é aconselhável, na medida em que evita as conseqüências negativas de uma ordem de dissolução posterior ou de um distrato coercitivo. Não parece possível, no entanto, naqueles casos em que critérios de identificação e critérios de sancionamento do poder no mercado são coincidentes, admitir a existência de uma obrigação descumprida de submissão a controle preventivo.

Não é possível, portanto, nesses casos, aplicar a multa prevista no art. 54, § 5º, da lei concorrencial. A apresentação do acordo para controle preventivo tem uma outra finalidade para as empresas que se propõem a cooperar: impedir a configuração dos ilícitos *per se* previstos no art. 21 e seus incisos da mesma lei. Não apresentado o acordo para controle e contendo ele algumas das restrições diretas ao comportamento concorrencial das partes no mercado previstas no art. 21, incisos I, II, III, X e XI, a parte se sujeitará às sanções previstas para esses ilícitos. Dessa maneira, a regra da razão do art. 54 da lei brasileira é importante instrumento para garantir a segurança das relações jurídicas, em especial a regularidade e licitude concorrencial do acordo de cooperação, da associação entre empresas ou, então, da *joint venture*.

Na verdade, uma avaliação da licitude da cooperação entre empresas só poderia ser exaustiva com a análise de todos os objetos possíveis de cooperação entre as partes. Uma exposição de tal maneira completa é, no entanto, absolutamente impossível. Exemplifica-se, portanto, com alguns dos mais comuns objetos dos acordos de cooperação.

Talvez o mais comum deles seja o acordo entre empresas para realização de pesquisa e desenvolvimento tecnológico comuns. No capítulo 3 já se estudaram os fundamentos de política econômica desse tipo de acordo. É exatamente com base neles que no Japão e na CEE os referidos acordos estão isentos da aplicação do direito concorrencial. Na legislação da CEE restringe-se esse benefício, no entanto, àqueles casos em que não há a exploração comercial conjunta dos resultados da pesquisa tecnológica.[111] Em especial, acordos que limitem ou restrinjam o licenciamento de patentes pelas partes que cooperam na pesquisa e desenvolvimento são ilegais do ponto de vista antitruste.[112] A patente, como monopólio temporário que é, constitui exceção relevante à aplicação do direito antitruste. Qualquer acordo entre particulares para aumentar a sua abrangência é claramente uma tentativa de extensão particular do monopólio e, conseqüentemente, ilegal do ponto de vista concorrencial.

Essa visão, influenciada pelos objetivos de política industrial que lhe estão à base, pode ser contestada. Pode-se argumentar que acordos de pesquisa e desenvolvimento desestimulam a pesquisa independente por cada uma das partes. A competição na pesquisa e desenvolvimento é um dos mais importantes elementos na exploração da capacidade inovadora das partes, que ficaria bastante comprometida em face desses acordos.[113] É preciso, portanto, também aqui aplicar a regra da razão já definida. É necessário que a limitação não seja substancial e que, ao mesmo tempo, seja geradora de alguma eficiência. Nesse sentido tem-se exigido, de um lado, que o acordo para pesquisa e desenvolvimento não impeça a parte de continuar a sua própria pesquisa. Assim, a restrição não é considerada substancial. De outro lado, é importante demonstrar que a união de esforços das partes é

111. Cfr. *Regulation* n. 2.822/71, art. 4 (2) que prevê que acordos de cooperação para pesquisa e desenvolvimento estão isentos de controle desde que seu objeto não se estenda além da pesquisa e desenvolvimento comuns; D. G. Goyder, *EC Competition Law*, cit., p. 183.

112. No caso *Beecham/Parke Davis* — [1979] 2CMLR 157 — a Comissão aprovou o acordo de cooperação tecnológica entre as duas empresas exatamente porque através dele ambas permaneciam livres para usar os resultados da pesquisa independentemente e conferir licenças de exploração de patentes a terceiros sem necessitar do consentimento da parte contrária.

113. Em abrangente pesquisa realizada nos anos 80 a *Monopolkomission* alemã verificou que em muitas situações a cooperação para pesquisa e desenvolvimento tinha limitado ao invés de incentivado o progresso tecnológico, v. U. Immenga, in *GWB Kommentar*, cit., sub § 1º, p. 174.

indispensável para a realização da pesquisa, que de outro modo não se poderia realizar.[114]

Outro objetivo comum dos acordos de cooperação é a defesa dos concorrentes. A defesa pode ser contra uma situação de mercado ou contra os próprios concorrentes.

No capítulo anterior (item n. 3.4.2, a.2) já foi analisado, do ponto de vista da política industrial, o raciocínio genérico que pode levar à justificação de acordos de cooperação entre concorrentes, de modo a contornar situações de crise estrutural. Para sua discussão mais detalhada, remete-se o leitor àquele item. Neste momento vale apenas relembrar que os acordos de cooperação econômica encontram justificativa nos casos em que a crise é decorrência da operação (ineficiente) do mercado como um todo, que não pode ser *resolvida* pela saída de uma das empresas do mercado e que, também, não *requer necessariamente* essa solução. É também necessário que seja possível prever que o acordo venha a proporcionar melhorias nas formas de produção e distribuição, capazes de amenizar esses problemas, e das quais o consumidor possa se beneficiar.

Não só de problemas estruturais decorre, no entanto, a crise de um determinado setor. A crise pode decorrer, também, do comportamento dos concorrentes. A própria relação dos agentes econômicos entre si, concorrendo predatoriamente, pode tornar imperioso algum tipo de acordo, sob pena de levar à mútua destruição dos concorrentes. A pergunta que se deve colocar é então de ordem predominantemente político-jurídica. Deve-se ou não proteger as empresas contra o comportamento antropofágico? Os teóricos de Chicago, como é natural — em função dos pressupostos ideológico-políticos que estão à base de seu raciocínio —, afirmam que não. A concorrência predatória seria, durante a sua vigência, benéfica ao consumidor, na medida em que levaria à diminuição de preços. Após o seu término, também seria benéfica, pois sobreviveriam apenas os mais eficientes.[115]

114. Esse último requisito é o mais importante deles, sobretudo quando se pode prever que da pesquisa e desenvolvimento de uma determinada tecnologia resultarão benefícios de qualidade e custos para o consumidor (v. *Monopolkomission*, *Hauptgutachten* VIII, Tz. 1.081 e a discussão a respeito em U. Immenga, in *GWB Kommentar*, cit., sub § 1º, p. 177).

115. V., nesse sentido, R. Posner, F. Easterbrook, *Antitrust — Cases, economic notes and other materials*, cit., p. 101.

Essa teoria não leva em consideração alguns fatores importantes. Em primeiro lugar, nem sempre é verdade que a concorrência predatória leva à sobrevivência dos mais eficientes. Freqüentemente o que se nota é que sobrevivem aqueles dotados de maior poder financeiro. A concorrência predatória é, aliás, freqüentemente iniciada e estimulada por eles, como forma de excluir os concorrentes do mercado. A segunda crítica é, de certa forma, conseqüência da primeira. A concorrência predatória leva à formação ou ao reforço de situações de poder no mercado. Esse processo de formação de poder no mercado não encontra (ao menos em muitos casos) justificativa na eficiência, não estando, portanto, isento da aplicação da legislação antitruste (v. art. 20, inc. I, e 21, inciso XVIII).

Assim, a formação do cartel serviria para evitar a ocorrência de um ilícito contra a ordem concorrencial, cuja conseqüência direta seria o prejuízo do consumidor. Isso porque, uma vez eliminados os concorrentes, os preços voltariam a subir, talvez até em níveis ainda maiores que os anteriores ao início da guerra de preços.

O raciocínio dos críticos de Chicago é sem dúvida correto em suas premissas. A concorrência ruinosa freqüentemente interessa aos agentes de maior poder econômico, capazes de suportar guerras prolongadas de preços. Por outro lado, a justificativa de Chicago só seria incondicionalmente admissível em um sistema concorrencial cujo único escopo fosse a defesa dos consumidores.

Como já foi discutido, isso não ocorre no direito brasileiro. A proteção da existência de concorrência é também imperativa e justifica-se pelo próprio interesse dos consumidores. No primeiro capítulo demonstrou-se que os resultados do processo econômico são por natureza incertos. Dessa forma, proteger a competição é abrir ao consumidor a possibilidade concreta de descobertas constantes das melhores opções (Hayek).

Ocorre que dessas premissas corretas não decorre a conclusão. A formação de cartéis de preços não é a melhor maneira de se proteger contra a concorrência predatória. Primeiro porque é impossível garantir e difícil controlar a utilização do acordo exclusivamente para fins de proteção, e não com objetivos estratégicos, ofensivos, objetivando-se a formação de posição de poder no mercado e abuso do consumidor. O controle da concorrência predatória se deve fazer, portanto, através dos dispositivos que regulam a concorrência desleal. Trata-se de um controle comportamental, e não estrutural. Na legislação brasileira esse tipo de conduta é sancionado por dois dispositivos. Em primeiro lugar há a previsão genérica do art. 21, inciso V, que considera ilícito o comportamento que vise a criar dificuldades ao funcionamento de concorrentes. Além disso, caso o instrumento da concorrência predatória seja o preço, como freqüentemente ocorre, é possível enquadrar o comportamento no inciso XVIII do mesmo art. 21 ("vender injustificadamente mercadoria abaixo do preço de custo").

Terceiro objetivo bastante comum dos acordos de cooperação é a especialização da produção. Na verdade, acordos que visem à especialização da produção entre empresas nada mais são do que acordos que indiretamente objetivam a divisão do mercado entre as empresas. Já se viu que a relação indireta com as restrições à concorrência não permite enquadrar tal tipo de acordo na regra de ilicitude *per se*. O simples fato de que o objetivo direto declarado no acordo, a especialização da produção, relaciona-se à forma de produção empresarial permite retirá-lo do campo de aplicação da ilicitude do art. 21, inciso III, da lei concorrencial e submetê-lo à regra da razão do art. 54.

Não é fácil, no entanto, mesmo com base nesse dispositivo, justificar a sua licitude. Os acordos de especialização, ao dividirem os mercados, reduzem as opções do consumidor e são potencialmente danosos a eles. A redução substancial da concorrência é um perigo iminente sobretudo quando as partes, separadamente ou mesmo em conjunto, são dotadas de poder no mercado.

Essas restrições só podem ser abandonadas em presença de fortes eficiências e/ou melhorias tecnológicas (o art. 54, § 2º, permite a desconsideração pelo CADE de uma das exigências contidas nos incisos do parágrafo anterior desde que tal procedimento se justifique "por motivos preponderantes da economia nacional e do bem comum"). Fundamental é, também, que o acordo permaneça nos estritos limites necessários para a obtenção dessas vantagens. Só assim é possível garantir a defesa dos interesses do consumidor.

A inexistência até hoje de uma prática concorrencial brasileira de controle das formas de cooperação econômica impede que se faça uma construção a partir da casuística nacional. É preciso, pois, buscar na experiência estrangeira exemplos que possam ilustrar a forma de análise das causas justificativas da cooperação. A casuística européia, de particular importância comparatística para o sistema brasileiro, dada a clara influência que teve o sistema europeu na nova lei brasileira (sobretudo no art. 54) sugere que dois são os casos em que os acordos de especialização são necessários e podem ser úteis. Em primeiro lugar nas áreas de tecnologia bastante avançada, onde os investimentos necessários para pesquisa e desenvolvimento são particularmente altos. Caso os produtos sejam correlacionados ou complementares e as empresas se vejam obrigadas a produzir ambos para atender ao consumidor, pode parecer interessante a elas especializar-se, dedicando-se cada uma delas à pesquisa, desenvolvimento e produção de um dos produtos, que poderia ser fornecido ao concorrente ou, caso necessário, vendido conjuntamente ao consumidor. O resultado final pode ser um produto de melhor qualidade e eventualmente até mais barato, em função da melhor tecnologia aplicada.

Exemplo bastante ilustrativo das vantagens que esse tipo de acordo de especialização pode trazer é o caso *Bayer/Gist Brocades*, decidido pela Comissão CEE em 1975.[116] Pretendiam, nesse caso, duas empresas de medicamentos, a primeira alemã e a segunda holandesa, a aprovação de acordo que lhes permitiria especializar-se na produção de produtos intermediários fabricados respectivamente a partir da penicilina e penicilina pura. Os dois setores requeriam vultosos investimentos em pesquisa e desenvolvimento. Fundamental para a aprovação foi o fato de que, segundo o acordo, ambas as empresas mantinham plena liberdade de pesquisa e desenvolvimento para ambos os produtos, obrigando-se apenas a transmitir uma à outra informações sobre novos resultados obtidos. A empresa holandesa comprometia-se também a vender à *Bayer* a penicilina pura necessária para a fabricação dos produtos intermediários, mantendo, no entanto, a liberdade de vender seu produto no mercado. Essas ressalvas foram consideradas suficientes pela Comissão para garantir que o acordo se restringiria a impor as limitações à concorrência estritamente necessárias para as melhorias tecnológicas almejadas. O acordo foi, portanto, aprovado por um período de oito anos.

116. [1976] CMLR D98.

Findo esse período e demonstrados os resultados positivos da cooperação para as empresas e para os consumidores, a permissão foi prorrogada até o ano de 1995.

A segunda hipótese de acordo de especialização conhecida e reconhecida pela prática administrativa européia consiste nos chamados *swaps*.[117] São eles alternativas para os acordos defensivos, na hipótese de crise estrutural. Através da troca (*swap*) de posição entre as empresas, com a especialização de cada uma delas naquela área em que podem ser mais eficientes, eles possibilitam eliminar o excesso de capacidade produtiva sem os inconvenientes de um acordo de preços. No caso *Imperial Chemical Industries / British Petroleum Chemicals* foi exatamente esse o raciocínio da Comissão CEE.[118] Ambas as empresas tinham fábricas produzindo PVC e polietileno de baixa densidade. Segundo os acordos firmados entre as empresas, houve a transferência recíproca de unidades produtivas, eliminando excesso de capacidade produtiva em um momento de profunda crise estrutural no setor. O efeito sobre o mercado foi, no entanto, bastante grande, com a virtual eliminação da concorrência em ambos os mercados, ao menos em solo britânico.

A decisão da Comissão, aprovando o ajuste, claramente influenciada por precisos e pré-definidos objetivos de política industrial, relacionados basicamente à proteção daquele setor, não é isenta de críticas. A restrição à concorrência decorrente de um tal tipo de acordo só é aceitável nas hipóteses em que a concentração de empresas é preferível à cooperação (via acordo de preços). Apenas caso a saída de uma das firmas (ou de ambas) do mercado seja realmente inevitável a especialização aparece como alternativa mais conveniente. Com efeito, ocorrendo concentração, a restrição à concorrência seria ainda mais séria, pois ao invés de uma empresa em cada setor haveria uma única para ambos.

A razão para isso é que a especialização muito se assemelha a uma concentração entre empresas. Na verdade, a única fundamental diferença em relação à concentração é que com a especialização permanecem existindo as duas empresas, cada uma com acrescido poder no mercado. Quanto às características intrínse-

117. Cfr. D. G. Goyder, *EC Competition Law*, cit., p. 179.
118. [1985] 2CMLR 330.

cas, no entanto, ela muito se assemelha às concentrações. Não há qualquer acordo para comportamento concertado no futuro, mas apenas uma mudança estrutural inicial, que cria novos pólos de atuação no mercado. O acréscimo de eficiência produtiva tem, como nas concentrações, papel fundamental em sua avaliação. Desse modo, a especialização só deve ser preferida aos acordos de cooperação naqueles casos em que a concentração é preferível à cooperação (via acordo a respeito da quantidade a ser produzida). Isso ocorre, como já visto, quando a crise estrutural deve ser resolvida necessariamente pela saída de uma das empresas do mercado. Daí a solução acima alvitrada.

Finalmente, merece menção um último importante objeto da cooperação empresarial. Trata-se dos acordos visando a compra de insumos e/ou venda de produtos finais em conjunto. Tais acordos são geralmente estruturados através de associações de empresas ou sociedades cooperativas. Seus aspectos relevantes já foram, portanto, estudados sob uma outra ótica quando da análise das associações entre empresas. Aqui vale lembrar apenas que tais acordos implicam indiretamente a fixação de preços comuns. É possível, então, a eles aplicar a regra da razão do art. 54, admitindo-os apenas em caso de relevante eficiência ou de melhorias tecnológicas de monta.

## *4.5 Controle meramente estrutural do poder no mercado*

Até agora discutiram-se as possíveis estruturas jurídicas através das quais o poder econômico no mercado se forma ou ao menos se reforça. Uma análise do poder no mercado não seria completa se não incluísse, também, a disciplina jurídica dos agentes econômicos que detêm poder no mercado. Trata-se de estudar a viabilidade de aplicar-lhes regras de direito concorrencial simplesmente pelo fato de deterem poder no mercado, sem que haja qualquer ato de concentração a controlar ou qualquer comportamento passado impugnável do ponto de vista concorrencial. Por isso se afirma que caracteriza um controle *meramente* estrutural.

Em termos práticos, portanto, deve-se entender como ataque estrutural aos monopólios a tentativa de fragmentação de um agente econômico, tendo como fundamento principal a existência em si de uma posição de dominação onde eventuais comportamentos (abusivos ou não) não são sequer mencionados ou não constituem fundamento principal do pedido.

A sua origem e casuística mais farta estão na jurisprudência americana. A justificativa para isso é histórica. Como visto no capítulo 1 (n. 1.6.1), foram as especiais condições econômicas americanas do final do século passado e o abuso de certos *trusts* que impulsionaram o movimento antitruste inspirador do *Sherman Act*. O forte sentimento social contrário aos *trusts* que na época vigorava levou a caracterizar como ilícito, na famosa expressão da *Section* II do *Sherman Act*, a monopolização (*monopolization*) dos mercados, sem diferenciar em princípio entre as causas de sua criação.

Uma rica casuística desenvolveu-se a respeito da questão. Tão citado quanto pouco estudado é o famoso caso *Standard Oil*.[119] Mencionado como paradigma do ataque estrutural aos monopólios, esse precedente deve ser corretamente compreendido em suas causas e conseqüências.

Ao fazê-lo descobre-se que, na verdade, o *Standard Oil Case* nada mais é do que uma forma indireta de controle das concentrações. Ocorre que à época, a legislação americana não dispunha de regras para o controle das concentrações. A principal acusação no referido caso era exatamente a formação de um *trust* (no sentido econômico) através da compra de participações em diversas empresas. Essas várias aquisições não tinham sido controladas à época em sua legalidade. Era, por isso, possível e necessário à Corte fazer um controle superveniente dessas concentrações e do poder no mercado irregularmente adquirido.

Mas, mesmo em presença dessas circunstâncias mais do que justificadoras, a fragmentação operada foi muito menos eficaz do que se poderia imaginar. A corte determinou apenas a repartição das várias empresas (as várias *Standard Oil* regionais) entre os seus vários acionistas, a maioria membros da família Rockfeller. A conseqüência foi que os laços de influência recíproca mantiveram-se e, não surpreendentemente, os preços de seus produtos até mesmo subiram após o cumprimento da decisão.

119. *Standard Oil of New Jersey vs. United States*, *Supreme Court of the United States* 1911; 221 U.S. 1.

Outro caso rumoroso foi o da *Alcoa*.[120] Nele o governo acusava a empresa de monopolizar o mercado de alumínio. A Corte rejeitou o argumento sob o fundamento de que não havia demonstração de que o monopólio teria sido obtido através de meios ilícitos. Mais uma vez, portanto, recusou-se a admitir a fragmentação com base exclusivamente na existência do poder no mercado. Alguma causa, prevista nos estatutos ou até mesmo sugerida pela lógica econômica, deveria existir para tornar ilegal a situação de poder no mercado.

A partir do chamado *Celler-Kefauver Amendment* de 1950, que alterou o *Clayton Act* para introduzir o controle das concentrações, a atenção central do sistema antitruste americano deslocou-se dos casos de monopolização para o controle das concentrações (que saíram, inclusive, do alcance da *Section* II do *Sherman Act* — que prevê as sanções para os casos de monopolização dos mercados). Assim, os casos de ataque estrutural, que já dificilmente encontravam respaldo nas Cortes, tornaram-se mais raros ainda.[121]

Talvez um dos poucos casos puros de contestação estrutural aos monopólios que levou à fragmentação real dos negócios da empresa seja o caso da *AT&T*.[122] Acusava-se a *AT&T* de dominar não só o mercado de chamadas locais, mas também o mercado de chamadas a longa distância, além de dominar o mercado de aparelhos telefônicos. Isso possibilitava à *AT&T*, segundo seus acusadores, o domínio do mercado, que lhe proporcionava lucros extraordinários e poder de aumentar discricionariamente os preços. Após anos de discussão nas Cortes, as partes chegaram a um acordo, pelo qual foi permitido à empresa manter-se no ramo de chamadas a longa distância e produção de aparelhos, devendo no entanto desfazer-se da maior parte de seus empreendimentos na área de chamadas locais.

Se é verdade que se tratou de um caso de contestação efetivamente estrutural aos monopólios, é importante notar que no

120. *United States vs. Aluminium Company of America* 302 U.S. 230 (1945).

121. Para um estudo estatístico da aplicação da *Section* II *Sherman Act* ("monopolization") desde a introdução desse estatuto (1890) até 1969, v. R. Posner, "A Statistical Study of Antitrust Enforcement", in *Journal of Law and Economics* 13 (1970), p. 365.

122. *United States vs. AT&T* 552 F. Supp. 131 (D.D.C. 1982).

setor envolvido o interesse público é internacionalmente reconhecido (em muitos países é considerado serviço público). Mesmo nos EUA trata-se, ainda, hoje, de setor muito regulado. Tudo isso, sem dúvida, estimulou o governo a operar com marcada agressividade e tornou as Cortes mais receptivas ao argumento estrutural. Importante para o acordo foi, sem dúvida, também, a crença por parte da *AT&T* de que a alternativa à fragmentação seria a crescente regulamentação governamental.

Caso mais recente em que se tentou a fragmentação de monopólios como punição a reiteradas práticas abusivas foi o caso *Microsoft*. Houve reconhecimento das práticas em primeira instância, porém a Corte de Apelação modificou algumas das conclusões adotadas pelo juiz distrital e, por força disso, determinou que as sanções aplicáveis fossem reavaliadas em novo julgamento, ora em curso.[123]

123. O referido caso é, na realidade, a consolidação de duas *civil actions* iniciadas no Distrito de Columbia. Uma movida pelos Estados Unidos da América (*Civil Action* n. 98-1.232 – TPJ) e outra movida por 19 Estados Americanos e o próprio Distrito de Columbia (*Civil Action* n. 98-1.233– TPJ). O mote da acusação era a adoção de práticas anticoncorrenciais pela *Microsoft* para defender seu monopólio no mercado mundial de sistemas operacionais compatíveis com computadores pessoais *Intel*. A empresa teria também tentado dominar o mercado de navegadores para *Internet*, atrelando o seu navegador ao seu sistema operacional de forma indissociável e forçando acordos de exclusividade. Após longo processo, o juiz distrital concluiu que a *Microsoft* efetivamente detinha poder de monopólio no mercado relevante e que manteve tal poder através de práticas anticoncorrenciais. Além disso, o juiz concluiu que ela tentou dominar o mercado de navegadores de *Internet* em violação da Seção 2 do *Sherman Act*. A *Microsoft* também foi condenada por venda casada devido à integração de seu sistema operacional e seu navegador de *Internet* em violação da Seção 1 do *Sherman Act*. Por outro lado, a política e os acordos de *marketing* com outras empresas não foram considerados excludentes ou anticoncorrenciais (*United States vs. Microsoft Corp.*, 87 F.Supp. 2d 30 (D.D.C. 2000)).

Para impedir tais práticas anticompetitivas e restaurar a competição no mercado foi determinado o remédio estrutural segundo o qual a *Microsoft* deveria ser dividida em duas empresas, uma especializada em desenvolvimento de sistemas operacionais e outra em aplicativos. Foi determinado ainda que a *Microsoft* (a) não discriminasse no licenciamento do *Windows*, nem restringisse contratualmente ou tecnologicamente sua livre configuração por empresas revendedoras; (b) deveria prestar todas as informações técnicas necessárias para alcançar a interoperabilidade entre aplicativos concorrentes e o *Windows*; (c) deveria se abster de interferir na *performance* de programas concorrentes ou de ameaçar outras empresas; (d) não poderia realizar contra-

Quase inexistentes são outros sistemas jurídicos que se proponham a um ataque estrutural às posições de poder no mercado. Quando existem regras prevendo tal tipo de sanção, as mesmas são limitadas no tempo, destinadas a sanar situações específicas de crise, e mesmo assim, de aplicação prática limitada. É o caso das já mencionadas *Dekartellisierunggesetze* alemãs. Imaginadas pelas potências ocupantes como forma de desestruturar o poder militar e industrial alemão, sua aplicação efetiva foi logo abandonada. Para isso muito contribuiu o próprio desinteresse das potências aliadas ocupantes em levar adiante o programa de desestruturação industrial alemã. O interesse era restabelecer o poderio econômico alemão, para opor-se ao crescente poderio soviético. Na prática, houve só um verdadeiro caso de fracionamento industrial, o do *IG Farben Konzern*. Altamente envolvi-

tos de exclusividade ou vendas casadas; e (e) deveria se abster de realizar ou sugerir acordos de divisão de mercados com concorrentes (*United States vs. Microsoft Corp.*, 97 F.Supp. 2d 59 (D.D.C. 2000)).

Em sede recursal a Corte de Apelação reexaminou o caso e centrou sua atenção em cinco principais questões: (a) monopolização, (b) tentativa de monopolização do mercado de navegadores de *Internet*, (c) venda casada tecnológica, (d) questões processuais e remédios e (e) suspeição do juiz de primeiro grau. A maioria das condutas anticoncorrenciais que fundamentavam a condenação determinada pelo juiz distrital não foram atacadas e a decisão de primeiro grau foi mantida. A acusação de tentativa de monopolização foi revertida, por ausência de definição específica de mercado relevante ou de existência de barreiras à entrada. A questão da venda casada tecnológica foi enviada para reexame no primeiro grau, pois, apesar de tal prática ser tradicionalmente considerada ilegal *per se*, a Corte decidiu que em casos envolvendo sistemas operacionais se deve aplicar a regra da razão. Com relação às questões processuais a Corte não se deteve muito antes de afastar quaisquer dúvidas sobre sua adequação; em contrapartida, impugnou em sua integridade o decreto que estabelecia as soluções para o caso, por três razões diferentes. Primeiro, pela ausência de uma audiência específica para a elaboração dos remédios em um caso em que havia fatos controvertidos. Segundo, ausência de fundamentação suficiente para as soluções adotadas. Finalmente, tendo revertido pelo menos parte das condenações contra a *Microsoft*, a Corte se sentiu incapaz de mensurar a adequação das soluções propostas e decidiu pelo reexame do caso em primeiro grau. Por essa razão não foi mantida a determinação de cisão da *Microsoft* em duas empresas, uma especializada em desenvolvimento de sistemas operacionais e outra em aplicativos. Por último, devido às declarações dadas à imprensa, o juiz Thomas Penfield Jackson foi considerado suspeito e o caso distribuído a novo juiz (*United States vs. Microsoft Corp.*, 253 F.3d 34 (A.D.C. 2001)). Atualmente o processo está em curso novamente na Corte Distrital.

do e comprometido com o esforço bélico alemão, esse conglomerado, formado por empresas que iam do setor siderúrgico ao químico, exatamente pela variedade das áreas em que estava envolvido, foi facilmente fragmentado, originando empresas que eram monopolistas em suas áreas: *Höechst*, *Bayer* e *BASF*.[124]

Essa resistência à aplicação prática de programas de reestruturação industrial através da fragmentação de empresas é sintoma dos complexos problemas de natureza político-econômica e jurídica que a desconcentração industrial forçada envolve.

Do ponto de vista da política econômica, inúmeras são as considerações que levam à aceitação da existência do poder econômico como tal. Em primeiro lugar, é grande a preocupação com os efeitos que um processo desconcentrativo pode ter sobre a ordem econômica. Essa preocupação deriva do fato de que um processo de desconcentração, exatamente por atacar a existência em si de estruturas de poder no mercado, não é seletivo. Ele possibilita a fragmentação de qualquer estrutura econômica, independentemente da razão de sua constituição. Ora, como já visto (n. 3.4.2, a.4), existem muitas situações, agrupadas sob a denominação genérica de monopólios naturais, em que a manutenção dessas estruturas é economicamente necessária. Essas situações podem ser agrupadas em três categorias básicas: o monopólio decorrente de maior eficiência produtiva, aquele decorrente de características estruturais do mercado, em especial alta proporção de custos fixos e/ou demanda variável, e finalmente aquela decorrente dos chamados retornos crescentes de escala. Em todos esses casos o retorno à situação de competição poderia ter efeitos negativos que eliminariam por completo os efeitos positivos do sistema concorrencial. No primeiro caso haveria perda de eficiência; no segundo, concorrência predatória e eventual retorno à situação de monopólio, com conseqüências sociais negativas. Finalmente, no caso dos retornos crescentes de escala, a conseqüência seria a menor utilidade para o consumidor e o eventual bloqueio de progressos tecnológicos.

124. Na justificativa à medida tomada contra o *IG Farben Konzern* afirmou a *Kontrollratsgesetz* Nr. 9 de 30.11.45: "um jede künftige Bedrohung seiner Nachbarn oder des Friedens unmöglich zu machen, und mit Rücksicht auf die Tatsache, dass die IG — Farbenindustrie sich wissentlich und in hervorragendem Masse mit dem Ausbau und der Erhaltung des deutschen Kriegspotentials befasst hat ...".

Claro está que não é possível determinar o exato impacto de cada medida desconcentrativa sobre o mercado. Praticamente nenhum setor enquadra-se perfeitamente à moldura teórica do monopólio natural. Muitos setores, ou quase todos eles, têm, até um certo grau, características de monopólio natural. Isso torna — e essa é a conclusão mais importante — os efeitos de uma intervenção desconcentrativa absolutamente incertos do ponto de vista de política econômica.

Pode-se concluir, portanto, que a impossibilidade de aplicar uma sanção estrutural seletiva apenas àquelas situações de monopólio irregularmente conseguidas e a conseqüente incerteza quanto aos resultados econômicos da desconcentração inviabilizam qualquer tipo de sanção aos monopólios com base em dados meramente estruturais.

Essa postura adquire, ainda, maior justificativa nos casos em que o ordenamento dispõe de outros meios para evitar que se formem estruturas de poder no mercado sem as justificativas econômicas acima. Por isso é tradicional o duplo controle da formação do poder no mercado. De um lado, controla-se a sua formação artificial, através da concentração ou da cooperação entre empresas. De outro lado, a sua constituição ilícita, através de técnicas tendentes a eliminar concorrentes ou impedir a entrada de novos (os atos tendentes à dominação do mercado, na linguagem constitucional), é sancionada. Finalmente, o quadro se completa com um controle do abuso do poder econômico. Trata-se, no entanto, como já visto no primeiro capítulo, de um controle comportamental, de atos determinados, e não de uma estrutura em si.

A esses argumentos, por assim dizer, político-jurídicos somam-se importantes dúvidas a respeito da constitucionalidade da intervenção estrutural. Dois são os problemas constitucionais mais relevantes. Em primeiro lugar, a fragmentação empresarial pode constituir forma de direção econômica. Em segundo, há o eterno problema do direito de propriedade, que pode ser ferido por uma fragmentação compulsória.

O primeiro dos problemas é também o mais sério deles. Seria a desconcentração industrial uma medida de dirigismo econômico? Poder-se-ia opor a ela o princípio constitucional da livre iniciativa? A resposta parece ser negativa. Livre iniciativa não é sinônimo de liberdade econômica absoluta. Note-se que opor o princípio da livre iniciativa à desconcentração implicaria logicamente dever aplicá-lo também à concentração. Ou seja, se ele é um limite à ação desconcentrativa do Estado, ele também, limita o poder do Estado de barrar uma concentração. O que ocorre é o que o princípio da livre iniciativa inserto no *caput* do art. 170 CF nada mais é do que uma cláusula geral, cujo conteúdo é preenchido pelos incisos do mesmo artigo. Esses princípios claramente definem a liberdade de incitava não como uma liberdade anárquica, porém social e que pode, conseqüentemente, ser limitada.[125]

A questão é obviamente até que ponto essa liberdade pode ser limitada. A resposta a essa pergunta não se encontra, no entanto, no art. 170. A magnanimidade do legislador na inclusão de princípios, muitas vezes contraditórios, faz com que se devam buscar parâmetros em outros dispositivos da Constituição que permitam a sua conciliação. Na matéria que aqui nos interessa, a solução encontra-se no art. 174, *caput*. Ali fixam-se claramente os limites da influência do Estado na ordem privada e, conseqüentemente, os limites da livre iniciativa. Torna-se, então, claro que o Estado pode regulamentar a atividade privada até o ponto em que essa regulamentação não chegue a caracterizar planejamento econômico.

Ora, o planejamento econômico é exatamente a ordenação pelo Estado dos fins da atividade econômica e dos meios mais aptos a obtê-los.[126] Ao determinar a desconcentração, o Estado está sem dúvida definindo o modelo que quer para aquele setor (formado de empresas de uma dimensão determinada) e fixando os meios para que isso possa ocorrer. Trata-se de uma medida de organização industrial compulsória que se encaixa no conceito de planejamento econômico. Não pode, portanto, ser imposta ao setor privado.

125. A expressão é de E. R. Grau, *A ordem econômica na Constituição de 1988*, cit., p. 233.

126. Assim define E. R. Grau o planejamento econômico: "Forma de ação estatal, caracterizada pela previsão de comportamentos econômicos e sociais futuros, pela formulação explícita de objetivos e pela definição de meios de ação coordenadamente dispostos, mediante a qual se procura ordenar, sob o ângulo macro-econômico, o processo econômico, para melhor funcionamento da ordem social, em condições de mercado".

Essa interpretação ganha suporte em um outro dispositivo constitucional. Trata-se do art. 173, § 4º, que prevê a repressão pela lei do abuso do poder econômico. Tendo o legislador se referido a abuso, pode-se inferir, *a contrario sensu*, que a pura e simples existência do poder econômico não pode ser objeto de sanção.[127] Note-se, ademais, que o abuso do poder econômico na Constituição de 1988, diferentemente das anteriores, não é mais *caracterizado por* mas sim deve *visar a* dominação dos mercados. Isso deixa bem claro que a repressão ao poder econômico na nova ordem constitucional tem uma perspectiva precipuamente dinâmica. Reforça-se, portanto, a idéia de que qualquer medida desconcentrativa não tem caráter regulamentador da atividade econômica nem é dotada de respaldo constitucional. Trata-se de uma medida de direção econômica pura e simples.

Não tão problemática é a segunda questão constitucional, relativa ao problema da propriedade. Não haveria qualquer infringência ao direito de propriedade em um eventual processo de fragmentação empresarial compulsória. Não é possível esquecer que, tratando-se de meios de produção, é preciso entender a propriedade em seu aspecto dinâmico, e não estático.[128] Isso significa que a ela se aplica diretamente o princípio constitucional da função social da propriedade (art. 170, inciso III, da CF), o que permitiria em tese a justificação da intervenção. Note-se, ademais, que em um processo de fragmentação compulsória não haveria qualquer expropriação, mas apenas a determinação pelo CADE do destino do patrimônio, que seria vendido regularmente. A verdade é que essa dificuldade de enquadramento demons-

127. Essa interpretação obviamente não exclui a possibilidade de controle das concentrações e dos atos de cooperação econômica. Significa apenas que deve haver sempre um ato no sentido do aumento do poder (dominação do mercado) ou do exercício ilícito do poder (eliminação da concorrência ou aumento arbitrário dos lucros). De resto, mesmo que a locução *abuso do poder econômico* fosse isoladamente interpretada, nada impediria que nela se incluísse o controle das concentrações. A razão é exatamente que, as concentrações que implicam aumento excessivo do poder no mercado podem levar e/ou visar à dominação dos mercados. Esse foi de resto o argumento usado em sede comunitária para justificar o controle das concentrações antes mesmo da entrada em vigor dos Regulamentos CEE (UE) a respeito (em 1989), com base apenas na aplicação do art. 82 do Tratado de Roma (que trata do abuso de posição dominante); v., a respeito, capítulo 1, nota 82.

128. Cfr. F. K Comparato, "A reforma da empresa", cit., pp. 61 e ss.

tra que a questão não pode ser convenientemente entendida ou regulada pelos dispositivos relativos à propriedade, mas sim por aqueles relativos à regulamentação da atividade econômica privada.

O tratamento da questão a partir do direito de propriedade não é apenas teoricamente incorreto. Os resultados de sua aplicação são também inconvenientes. Pensar em solucionar o problema do poder no mercado através da retirada compulsória da propriedade exigiria necessariamente a desapropriação. Ora, isso criaria um problema sério para o Estado que, de um lado, seria obrigado a assumir, ainda que temporariamente, atividade que não está entre suas funções essenciais. Mais grave do que isso, o Estado assumiria o risco econômico da transação. Se a empresa não conseguisse ser revendida ou fosse revendida por preço inferior à justa indenização da desapropriação, o Estado arcaria com o prejuízo. O legislador nacional reconheceu expressamente esse problema ao transformar o processo expropriatório previsto na Lei n. 8.158, de 8 de janeiro de 1991, no processo de fragmentação compulsória do art. 24, inciso V, da atual lei.[129]

Mas não seria, então, esse processo de fragmentação compulsória, previsto pelo legislador brasileiro, inconstitucional em face exatamente da argumentação acima desenvolvida a respeito do planejamento da atividade econômica privada? A resposta é não, e por um motivo bastante simples. Na lei brasileira a fragmentação é uma sanção última a comportamentos abusivos e repetidos, e não a uma determinada estrutura, pela sua simples existência. O art. 24 insere-se no Capítulo III, intitulado "Das penas". Essas penas são aplicáveis, como deixa claro o *caput* do art. 23, como sanção às infrações da ordem econômica, definidas nos arts. 20 e 21. Mais do que isso, as sanções do art. 24 só podem ser aplicadas em caso de infração grave à ordem econômica. Não parece, portanto, que a pena deva ou possa ser aplicada em ausência de certos requisitos estabelecidos no art. 27 para deter-

129. Na exposição de motivos ao Projeto de Lei n. 3.712 de 1993, depois transformado na Lei n. 8.884, assim justificou o legislador a transformação: "Elimina-se a possibilidade do CADE recomendar a desapropriação de empresas, ou de suas cotas ou ações, já que se trata de instrumento de eficácia bastante duvidosa, pelas dificuldades de ser implementada e pelos prejuízos que pode causar ao Estado". V. *Justificativa do relator Fábio Feldman ao Projeto de Lei n. 3.712*, de 1993, p. 16.

minação da gravidade da infração. Assim, por exemplo, com o requisito da reincidência. Não parece razoável aplicar pena tão grave quanto a fragmentação compulsória da empresa em decorrência de apenas uma infração da ordem econômica.

Assim interpretada, como sanção a comportamentos abusivos, a fragmentação empresarial não constitui planejamento econômico. O Estado não fixa objetivos ou dispõe meios para a ordem econômica, apenas reprime situações de abuso que podem comprometê-la, e para as quais uma sanção em termos meramente monetários já tenha se demonstrado ineficaz (em face da reincidência). Sendo assim o centro de interesses se desloca da possibilidade efetiva de fragmentação para as suas formas e para o preço a ser atribuído à empresa.

As formas são, segundo a lei brasileira, exatamente as mesmas aplicáveis no caso de proibição de uma concentração (cfr. n. 4.3.5, letra "c"). Aqui releva apenas discutir uma forma adicional de fragmentação, muito discutida na doutrina estrangeira. Trata-se das chamadas "soluções *pro-rata*", ou seja, a divisão das ações ou quotas da sociedade a ser fragmentada, ou da parte da sociedade a ser fragmentada, entre seus sócios. Esse tipo de solução foi utilizado pioneiramente no caso *Standard Oil* e é até hoje bastante discutido na doutrina americana.[130] Foi empregada, também, na fragmentação forçada da indústria alemã do imediato após-guerra (*Dekartellisierung*), especialmente no setor carbo-siderúrgico. Com essas soluções procura-se, como visto quando da análise de *Standard Oil*, reduzir o impacto da fragmenta-

130. Utilizam-se os resultados da técnica de fragmentação societária estudadas pela ciência administrativa; v. H. Siegel, "When corporations divide: a statutory and a financial analysis", in *Harvard Law Review* 79 (1966), pp. 534 e ss. — três são as formas identificadas de solução *pro-rata*: o "*spin off*" pelo qual constitui-se uma sociedade subsidiária cujas ações são, então, divididas entre os acionistas anteriores. Essa solução poderia obviamente ser de alguma utilidade em uma situação (muito comum no direito americano) de controle gerencial. Caso contrário haveria apenas uma cisão entre as duas empresas que continuariam agindo conjuntamente ou no mínimo cooperando, sem efeito positivo algum para a ordem concorrencial. A segunda técnica é a do "*split off*", a porção a ser fragmentada é distribuída diretamente aos acionistas que dão em troca suas ações na sociedade, que as cancela e diminui o capital social. Finalmente, existe a técnica do "*split up*", pela qual a sociedade é cindida em duas (ou mais) outras sociedades e sua ações dividas entre os antigos acionistas.

ção. Procurava-se dessa forma evitar contestações de ordem constitucional às medidas, baseadas nos argumentos tradicionais (livre incitava e direito de propriedade).

Os efeitos em ambos os casos foram, no entanto, parcos. Como visto, em *Standard Oil* o comportamento cooperativo das várias empresas dominadas pelos membros da família Rockfeller que se originaram da fragmentação da *Standard Oil Trust* (*Standard Oil Company of New Jersey*) levou, na prática, à continuação dos abusos e até ao aumento de preços. Na Alemanha a fragmentação levada a efeito através das soluções *pro-rata* não teve, tampouco, os resultados esperados. A indústria continuou concentrada e a cooperação surgiu entre as empresas fragmentadas. Esse é o motivo, aliás, pelo qual a doutrina afirma ter sido a fragmentação do *IG Farben Konzern* o único exemplo de efetiva desconcentração industrial.[131]

Esse pouco sucesso das experiências passadas faz com que, mesmo nesses países, soluções baseadas na fragmentação *pro-rata* entre os sócios sejam atualmente de pouca utilização prática. No panorama econômico brasileiro, ainda mais que nesses países, tal técnica careceria de real utilidade prática. O altíssimo grau de concentração empresarial do país[132] e a estrutura ainda predominantemente familiar de suas empresas induziriam a que, em muitos casos, a fragmentação *pro-rata* levasse aos mesmos resultados (negativos) apurados no caso *Standard Oil*. Mesmo não sendo a empresa dominada por uma única família, tendo suas ações ou quotas fortemente concentradas nas mãos de uma pessoa ou empresa,[133] a técnica da fragmentação *pro-rata* levaria apenas a uma fragmentação marginal e insuficiente do poder no mercado (sendo o montante dessa fragmentação igual à participação minoritária na sociedade).

Além da pouca utilidade, a fragmentação *pro-rata* também não é juridicamente necessária no direito brasileiro. Como já visto,

131. Cfr. W. Möschel, *Entflechtungen im Recht der Wettbewerbsbeschränkungen*, cit., pp. 19 e ss.

132. V., a respeito, com dados estatísticos N. Eizrik, "O mito do controle gerencial — Alguns dados empíricos", cit., p. 103.

133. E é isso que ocorre na realidade brasileira, pois o percentual médio de controle identificado em 1985 pela Superintendência de Estudos e Projetos da Comissão de Valores Mobiliários era de 69,8%; v. N. Eizrik, "O mito do controle gerencial — Alguns dados empíricos", cit., p. 104.

não reconhecendo o sistema brasileiro a possibilidade de sancionamento *per se* às estruturas, não há qualquer tipo de questionamento constitucional que lhe possa ser dirigido. A fragmentação *pro-rata* não é necessária, portanto, como forma de impedir (ou ao menos amenizar do ponto de vista político) eventual infringência constitucional.

Conseqüentemente, no sistema brasileiro não parece ser conveniente a utilização desse tipo de técnica. É verdade que a lei abre possibilidade ao CADE de utilizar qualquer tipo de "ato ou providência necessários para a eliminação dos efeitos nocivos à ordem econômica" (art. 24, inciso V). Sua pouca utilidade e necessidade jurídica desaconselham, no entanto, seu uso, a não ser naquelas hipóteses em que a venda de ativos, quotas ou ações a terceiros se demonstre impossível.

Mas em que casos isso ocorre? Essa impossibilidade não é necessariamente só física, ela pode ser também jurídica. A possibilidade jurídica é mensurável através do preço de alienação dos ativos. Isso porque os fragmentos da empresa a serem alienados obviamente não devem ser postos a venda a qualquer preço. Mas qual é o preço mínimo, passível de tornar uma alienação de ativos ou de ações possível juridicamente? Obviamente, a determinação precisa desse valor não pode ser feita em sede jurídica. A resposta que o ordenamento pode oferecer é, no máximo, o oferecimento de certos parâmetros gerais.

O primeiro deles é também o mais óbvio. Exatamente por não se tratar de um sancionamento em si de uma determinada estrutura de mercado, esse preço não deve ser necessariamente o preço de mercado. Se é possível ao CADE combinar a multa do art. 23, inciso I, com a fragmentação compulsória do art. 24, inc. V (o art. 24, *caput*, admite expressamente a possibilidade de cumulação), é também perfeitamente possível determinar que a venda se faça abaixo do valor de mercado. Isso muitas vezes é necessário para evitar delongas excessivas na venda dos ativos ou das ações, que implicariam a perpetuação da situação estrutural que deu origem aos abusos e que se quer eliminar.

Por outro lado, o preço não pode ser insignificante ou vil. Aqui também a análise jurídica é capaz de fornecer parâmetros gerais para determinação do valor mínimo a ser fixado. Obviamente, as sanções administrativas tanto quanto as sanções penais devem obedecer ao princípio da estrita legalidade.[134] Não pode haver, portanto, pena ou sanção administrativa sem prévia cominação legal (CF, art. 5º, inc. XXXIX, segunda parte). Se assim é, não pode haver qualquer venda por preço inferior ao preço de mercado menos o valor da multa máxima prevista no art. 23, inc. I e parágrafo único, pois isso significaria imposição de multa pecuniária aos acionistas da empresa excedente àquelas previstas na Lei n. 8.884/94.

### *4.6 Disciplina das estruturas e disciplina dos comportamentos*

O tópico anterior pôs em especial destaque uma questão central do presente trabalho: a análise das estruturas. Ao fazê-lo, no entanto, aparentemente revelou uma contradição. Uma análise meramente estrutural do poder no mercado levou à conclusão de que não é possível sancionar o poder no mercado em si e por si.

Por outro lado, quando da análise das concentrações e de seu controle já se tinha observado que muitas vezes o controle estrutural deve ser transformado em um controle comportamental para ter maior utilidade e eficácia aplicativa (v. n. 4.3.5, letra "b"). Demonstrou-se como os compromissos de desempenho são instrumento eficaz para garantir que essa transformação se opere, desde que respeitados os limites constitucionais.

Esses fatores conjugados poderiam levar até mesmo a duvidar da existência de um controle verdadeiramente estrutural do poder no mercado, claramente distinguível do controle comportamental.

Não é essa, no entanto, a conclusão correta. É inegável que esses elementos indicam no sentido de uma relativização da separação entre controle estrutural e comportamental. Mas é exatamente essa relativização que demonstra a necessidade de uma análise específica das estruturas.

134. V., a respeito da aplicação do princípio da legalidade no campo administrativo, H. L. Meirelles, *Direito administrativo brasileiro*, cit., p. 82. A aplicação dos princípios penais ao campo administrativo, absoluta em matéria de sanção, não é tão direta quando se trata da própria definição dos ilícitos; v., a respeito, *supra*, capítulo 1, nota 89.

A existência de um controle comportamental mais efetivo com relação a muitas empresas com poder no mercado só é possível graças ao controle estrutural. É o caso, por exemplo, das concentrações sujeitas a compromisso de desempenho. Nesses casos, a existência de um controle comportamental mais agressivo só se torna possível em função da existência de um controle estrutural. Note-se também que esse controle dos comportamentos proporcionado pelo compromisso de desempenho é mais efetivo exatamente porque, sendo baseado em dados estruturais colhidos no momento da análise do ato de concentração, é um controle preventivo. Visa não a coibir abusos, condutas desleais ou tendentes à dominação de mercado, mas sim a garantir o cumprimento de objetivos que evitem que esses fatos venham a ocorrer.

Existe ainda um último dado de política concorrencial que torna extremamente sadia a existência de um controle estrutural. Trata-se da já mencionada preferência pela atuação preventiva em comparação com a atuação sancionatória. Especialmente em um campo como este, em que da prevenção em campo microeconômico podem derivar importantes efeitos positivos macroeconômicos.

Finalmente, o controle das estruturas, exatamente por ser preventivo, reforça e põe em especial destaque a idéia da razoabilidade, tão cara ao direito concorrencial. O critério da razoabilidade, fundamental para a análise das concentrações e cooperação entre empresas, supera com vantagem a intervenção mais severa das regras *per se* que geralmente acompanham o controle comportamental. Não existem critérios formais a caracterizar o ilícito, mas apenas critérios de razoabilidade econômica, talvez de compreensão para a mentalidade formalista do jurista e para o raciocínio lógico-matemático de muitos economistas (que leva, por vezes, à formulação de teorias unifocais, como é a dos neoclássicos de Chicago), mas que seguramente melhor refletem as necessidades empresarias e sociais relacionadas ao direito concorrencial.

# BIBLIOGRAFIA

*(Obras consultadas)*


G. Akerloff. "The market for lemons: quality uncertainty and the market mechanism", in *Quarterly Journal of Economics*, 89, 1970.

P. Areeda. *The rule of reason in antitrust analysis: general issues*, Educational and Training Series, Federal Judicial Center, 1981.

P. Areeda, D. Turner. *Antitrust law*, vol. I, Boston-Toronto, Little, Brown and Company, 1978; vol. IV, Boston-Toronto, Little, Brown and Company, 1980.

P. Areeda, H. Hovemkamp. *Antitrust law*, Supplement 1994, Boston, New York, Toronto, London, Little, Brown and Company, Appendix A.

P. Areeda, J. Solow, H. Hovenkampf. *Antitrust law – An analysis of antitrust principles and their application*, vol. II A, Boston, New York, Toronto, London, Little, Brown and Company, 1995.

T. Ascarelli. "Cooperativa e società: concettualismo giuridico e magia delle parole", in *Rivista delle Società*, 1957.

______. "O negócio indireto", in *Problemas das sociedades anônimas*, 2ª ed., São Paulo, Saraiva, 1969.

______. *Teoría de la concurrencia y de los bienes inmateriales*, Madrid, Bosch, 1970 (tradução espanhola do original *Teoria della concorrenza e dei beni immateriali*, 3ª ed., Milano, Giuffrè, 1960).

E. Bailey, W. Baumol. "Deregulation and the theory of contestable markets", in G. Burgess Jr., *Antitrust and Regulation*, Cambridge, Cambridge University Press.

D. Baird, R. Gertner, R. Pickner. *Game theory and the law*, Cambridge-Massachusetts-London, Harvard University Press, 1994.

C. A. Bandeira de Mello. *Curso de direito administrativo*, 4ª ed., São Paulo, Malheiros Editores, 1993; 14ª ed., 2002; 22ª ed., 2007.

R. Bechtold. "Die Änderung der Fusionskontrolle durch die 5. GWB – Novelle", in *Der Betrieb-Berater*, 1990, p. 357.

G. Becker. *The economic approach to human behavior*, Chicago, The University of Chicago Press, 1976.

P. Behrens. "Rechtpolitische Grundsatzfragen zu einer europäischen Regelung für Übernahmeangebote", in *Zeitschrift für Unternehmens und Gesellschaftsrecht* 1975, p. 449.

R. Blair, J. Harrison. *Monopsony – Antitrust law and economics*, Princeton, Princeton University Press, 1993.

R. Bork. *The antitrust paradox: A Policy War with Itself*, 2ª ed., New York, The Free Press, 1993.

P. Bos, J. Stuyck, P. Wyntick. *Concentration control in the European Economic Community*, London, Graham and Trotman, 1992.

Victor Bulmer-Thomas. *The economic history of Latin America since independence*, Cambridge, Cambridge University Press, 1994.

L. Cabral de Moncada. *Direito económico*, 2ª ed., Coimbra, Coimbra Editora, 1988.

G. Calabresi. "Some thoughts on risk distribution and the law of torts", in *Yale Law Journal* 70, 1960, p. 499.

______. "The pointlessness of Pareto: carrying Coase further", in *Yale Law Journal* 100, 1991, p. 1.211.

______. "About law and economics: a letter to Ronald Dworkin", in *Hofstra Law Review* 8, 1979-1980, pp. 553 e ss.

J. Caldeira. *Mauá – Empresário do império*, São Paulo, Companhia das Letras, 1995.

W. S. Campos Batalha. *Comentários à Lei das Sociedades Anônimas*, vol. III, Rio de Janeiro, Forense, 1977.

L. L. Cantidiano. "Alienação e aquisição de controle", in *Revista de Direito Mercantil* 59, julho 1985, p. 57 (59).

F. Henrique Cardoso e E. Faletto. *Dependency and development in Latin America*, Berkeley, University of California Press, 1979.

N. T. P. Carvalho. *As concentrações de empresas no direito antitruste*, São Paulo, Resenha Tributária, 1995.

M. Carvalhosa. *A nova Lei das Sociedades Anônimas – Seu modelo econômico*, 2ª ed., Rio de Janeiro, Paz e Terra, 1977.

R. Coase. "The problem of Social Cost", in *Journal of law and economics* 3, 1960, p. 1.

______. "The nature of the firm", in *Economica* 4, novembro de 1937, p. 386.

______. *The firm, the market and the law*, Chicago-London, The University of Chicago Press, 1988.

W. Comanor e R. Smiley. "Monopoly and the distribution of wealth", in *The Quarterly Journal of Economics* 89, 2, 1975.

F. K. Comparato. *O poder de controle nas sociedades anônimas,* Rio de Janeiro, Forense, 1983.

______. "A reforma da empresa", in *Revista de Direito Mercantil* 50, abril-junho 1983, p. 68.

______. *Aspectos jurídicos da macro-empresa*, São Paulo, Ed. RT, 1970.

P. Dasgupta, J. Stiglitz. "Industrial Structure and the nature of innovative activity", in *The economic journal*, n. 90, 1980.

H. Demsetz. "Why regulate utilities", in *Journal of Law and Economics* 11, 1968, p. 55.

D. Denoon. *Settler capitalism: the dynamics of dependent development in the southern hemisphere*, Oxford, Clarendon Press, 1983.

R. Dworkin. "Why efficiency: a response to professors Calabresi and Posner", in *Hofstra Law Review* 8, 1979-1980, pp. 563 e ss.

N. Eizrik. "O mito do 'controle gerencial' – Alguns dados empíricos", in *Revista de Direito Mercantil* 66, abril-junho 1987, p. 104.

R. Ely. *Outlines of economics*, New York, MacMillan, 1937.

V. Emmerich. *Kartellrecht*, München, Beck, 1988.

W. R. Faria. "Disciplina constitucional da concorrência", in *Constituição econômica – Liberdade de iniciativa e de concorrência*, Porto Alegre, Sérgio Antônio Fabris Editor, 1990, pp. 149 e ss.

. "O controle das concentrações de empresas", in *Revista do IBRAC* 7, n. 7, São Paulo, pp. 5 e ss.

T. S. Ferraz Junior. "Lei de defesa da concorrência – Origem histórica e base constitucional", in *Revista dos Mestrandos da Universidade Federal da Bahia*, n. 2, p. 65.

J. I. G. Franceschini, J. L. A. Franceschini. *Poder econômico: exercício e abuso*, São Paulo, Ed. RT, 1985.

C. Furtado. *Formação Econômica do Brasil*, 21ª ed., São Paulo, Companhia Editora Nacional, 1986.

D. G. Goyder. *EC Competition Law*, 2ª ed., Oxford, Clarendon Press, 1993.

E. R. Grau. *A ordem econômica na Constituição de 1988 (interpretação e crítica)*, 2ª ed., São Paulo, Ed. RT, 1991; 7ª ed., Malheiros Editores, 2002; 11ª ed., 2006.

. *Planejamento econômico e regra jurídica*, São Paulo, Ed. RT, 1978.

B. Grossfeld. *Aktiengesellschaft, Unternehmenskonzentration und Kleinaktionär*, Tübingen, Mohr, 1968.

J. A. T. Guerreiro. "Formas de abuso de poder econômico", in *Revista de Direito Mercantil* 66, abril-junho 1987, p. 41.

L. Hasenclever. *O Mercado de Medicamentos Genéricos no Brasil*, Simpósio Franco-Brasileiro "O Novo Direito da Propriedade Intelectual no Domínio da Saúde e dos Seres Vivos: Implicações para o acesso aos tratamentos anti-retrovirais", Brasília, 23-24 de junho de 2004, disponível por meio eletrônico em www.aids.gov.br

______. *Diagnóstico da Indústria Farmacêutica Brasileira*, Rio de Janeiro/Brasília, UNESCO/FUJB/Instituto de Economia/UFRJ, 2002.

F. A. Hayek. *Individualism and economic order*, Chicago, The University of Chicago Press, 1948.

______. "The use of knowledge in society", in *American Economic Review*, XXXV, 4, 1945.

E. Hoppmann. *Wirtschaftsordnung und Wettbewerb*, Baden-Baden, Nomos Verlag, 1988.

H. Hovenkampf. *Federal Antitrust Policy,* St. Paul, West Publishing Co, 1994.

T. W. Hutschinson. *A review of economic doctrines, 1870-1929*, Oxford, Clarendon Press, 1953.

U. Immenga. "Der Preis der Konzertierung", in *Festschrift Böhm*, Tübingen, Mohr, 1975.

______. *Die europäische Fusionskontrolle im Wettbewerbpolitischen Kräktefeld*, W. Eucken Institut-Vorträge und Aufsätze, n. 141, Tübingen, Mohr, 1993.

U. Immenga, E. J. Mestmäcker. *Gesetz gegen Wettbewerbsbeschränkungen – Kommentar (GWB Kommentar)*, München, Beck, 1992.

W. Jagenburg. "Aktienrecht als Organisationsrecht", in *Die Aktiengesellschaft*, 1965, p. 158.

A. E. Kahn. *The economics of regulation: principles and institutions*, vol. II, New York, Wiley, 1971.

M. Keller. "Regulation of large enterprise: the United States experience in comparative perspective", in G. Burgess, *Antitrust and Regulation*, Cambridge, Cambridge University Press, 1994, p. 69.

B. J. Klebaner. "Potential competition and the American antitrust legislation of 1914", in G. Burgess Jr., *Antitrust and Regulation*, Cambridge, Cambridge University Press, p. 69.

H. G. Koppensteiner. "Faktischer Konzern und Konzentration", in *Zeitschrift für Unternehmens und Gesellschaftsrecht,* 1973, p. 4.

J. Kwoka. "The effect of market share distribution on industry performance", in *The review of economics and statistics* 61 (1979), p. 107.

R. H. Lande. "Wealth transfers as the original and primary concern of antitrust: the efficiency interpretation challenged", in E. T. Sullivan, *The political economy of the Sherman Act*, New York-Oxford, Oxford University Press, 1991, p. 71.

W. Landes, R. Posner. "Market power in antitrust cases", in *Harvard Law Review* 94 (1981), p. 937.

K. Larenz. *Methodenlehre der Rechtswissenschaft*, 6ª ed., Berlin, Springer Verlag, 1991.

L. G. P. B. Leães. "O *dumping* como forma de abuso do poder econômico", in *Revista de Direito Mercantil* 91, julho-setembro 1993, p. 5.

D. M. McGavock. "Licensing practices, business strategy and factor affecting royalty rates", in License Law and Business Report, n. 205, 1991.

N. T. Mallard. "Integração de empresas: concentração, eficiência e controle", in *Revista do IBRAC – Caderno de Textos*, vol. 1, n. 4, p. 57.

B. Marion, W. Mueller, R. Cotterill, F. Geithman, J. Schmelzer. "The profit and price performance of leading food chains: 1970-1974", in *Joint Economic Committee Print*, 95º Congresso, 1ª Sessão, 1977.

M. Matsushita. *International Trade and Competition Law in Japan*, Oxford, Oxford University Press, 1993.

H. J. Mestmäcker. *Markt-Recht -Wirtschaftsverfassung*, in *Zeitschrift für das gesamte Handelsrecht und Wirtschaftsrecht* 137, 1973, pp. 97 e ss.

______. *Europäisches Wettbewerbrecht*, München, Beck, 1974.

______. *Das marktbeherrschende Unternehmen im Recht der Wettbewerbsbeschränkungen*, W. Eucken Institut-Vorträge und Aufsätze, Tübingen, Möhr 1958, Seção n. 2, pp. 15 e ss.

______. "Maintaining Competition", in *International Harmonization of Competition Laws*, Dordrecht, Boston, London, Martinus Nijhoff Publishers, 1995, p. 4.

W. Möschel. *Entflechtungen im Recht der Wettbewerbsbeschränkungen*, Tübingen, Mohr, 1979.

______. *Recht der Wettbewerbsbeschränkungen*, Köln-Berlin-Bonn-München, Carl Heymanns, 1983.

______. "Competition policy from an ordo point of view", in *German neo-liberals and the socialmarket economy*, New York, St. Martins Press, 1989, p. 142.

______. *Die Auflösung vollgezogener Unternehmenszusammenschlüsse nach dem GWB*, Heidelberg, Müller, 1982.

C. E. Mueller. "Monopoly power as the cause of inflation: an introduction to the one-shoot affair", in *Antitrust & Macroeconomics Review*, vol. 1, n. 1, 1975, pp. 81 e ss.

D. North. *Structure and change in economic history*, New York-London, Norton, 1981.

F. de Oliveira. *A economia da dependência imperfeita*, 5ª ed., Rio de Janeiro, Graal, 1989.

J. Panzar. "Regulation, deregulation and economic efficiency: the case of the CAB", in G. Burgess Jr., *Antitrust and Regulation*, Cambridge, Cambridge University Press, 1992, pp. 415 e ss.

W. Peluso Albino de Souza. "A experiência brasileira de constituição econômica", in *Revista Brasileira de Estudos Políticos* 67/68, janeiro-julho 1989, pp. 93 e ss.

______. *Apontamentos de economia aplicada ao direito*, Belo Horizonte, Centro de Estudos Econômicos de Minas Gerais, 1954.

R. Pitofsky. "The political content of antitrust", in *University of Pennsylvania Law Review* 127, 1979, p. 1.051.

______. "New definitions of the relevant market and the assault on antitrust", in *Columbia Law Review* 90, 1990, p. 1.805.

______. "Proposals for Revisited United States Merger Enforcement in a Global Economy", in *Georgetown Law Journal* 81, 1992, p. 195.

K. Polanyi. *The great transformation*, Boston, Beacon Press, 1957.

K. Popper. *Die offene Gesellschaft und ihre Feinde*, vol. I (Der Zauber Platons), Bern, 1957.

R. Posner. "The Chicago School of antitrust analysis", in *University of Pennsylvania Law Review* 127, 1979, p. 925.

______. *Economic analysis of law*, Boston, Toronto, London, Little, Brown and Company, 1992.

______. "The ethical and political basis of the efficiency norm in Common Law adjudication", in *Hofstra Law Review* 8, 1979-1980, pp. 487 e ss.

______. *The law and economics of antitrust*, Chicago-London, The University of Chicago Press, 1976.

______. *Antitrust law – An economic perspective*, Chicago, The University of Chicago Press, 1978.

______. "The appropriate scope of regulation in the cable television industry", in *The Bell Journal of Economics and Management Science* 3, 1972, p. 98.

______. "Theories of economic regulation", in *The Bell Journal of Economics and Management Science* 5, 1974, p. 335.

______. "A Statistical Study of Antitrust Enforcement", in *Journal of Law and Economics* 13, 1970, p. 365.

R. Posner, F. Easterbrook. *Antitrust – Cases, economic notes and other materials*, 2ª ed., St. Paul, West Publishing Co., 1981.

I. Powel. "The effect of reduction in concentration in income distribution", in *The Review of Economics and Statistics* 69, 1, 1987.

R. Prebish. *The economic development of Latin America and its principal problems*, New York, United Nations, 1949.

G. Priest. "Will Argentina simply replace one monopoly with another", in *The Wall Street Journal*, 22 de setembro de 1989, p. A13.

______. "The origins of utility regulation and the 'theories of regulation debate'", in *Journal of Law and Economics* 36, 1993, p. 289.

W. Rathenau. "La realtà delle società per azioni – Riflessioni suggerite dall'esperienza degli affari", in *Rivista delle società*, 1966, p. 912, tradução italiana do livro *Von Aktienwesen – eine geschäftliche Betrachtung*, Berlin, 1917.

D. M. Raybould. *Comparative law of monopolies*, vol. 1, London, Graham and Trotman, 1994.

S. Rhoades, J. Cleaver. "The nature of the concentration price/cost margin relationship for 352 manufacturing industries", in *Southern Economic Journal* 40, 1973, p. 90.

N. Rosenberg. *Schumpeter and the endogeneity of technology*, London, Routledge, 2000.

R. Sacco. *Introduzione al diritto comparato*, 4ª ed., Torino, Giappichelli, 1990.

C. Salomão Filho. *A sociedade unipessoal*, São Paulo, Malheiros Editores, 1995.

______. *Direito concorrencial: as condutas*. São Paulo, Malheiros Editores, 2003; 1ª ed., 2ª tir, 2007.

______. "Direito Industrial, Direito Concorrencial e Interesse Público". *Revista de Direito Público da Economia*, Belo Horizonte, ano 2, n. 7, 2004, pp. 29 e ss.

______. "Sociedade cooperativa e disciplina da concorrência", in *Revista de Direito Mercantil* 90, 1993, p. 27.

J. Samtleben, C. Salomão Filho. "O mercado comum sul-americano – Uma análise jurídica do Mercosul", in J. Grandino Rodas, *Contratos Internacionais*, 2ª ed., São Paulo, Ed. RT, 1995, p. 239.

F. Scherer. *Industrial market structure and economic performance*, Chicago, Rand McNally, 1970.

J. Schumpeter. *Capitalism, socialism and democracy*, New York, Harper Perennial, 1976.

______. "The *Communist Manifesto* in Sociology and Economics", in *Journal of political economy*, n. 57, 3, 1949.

W. Sharkey. *The theory of natural monopoly*, Cambridge, Cambridge University Press, 1982.

B. Shieber. *Abusos do poder econômico*, São Paulo, Ed. RT, 1966.

H. Siegel. "When corporations divide: a statutory and a financial analysis", in *Harvard Law Review* 79, 1966, p. 534.

H. Snell. "Annual style change in the automobile industry as an unfair method of competition", in *Yale Law Journal* 80, 1971, p. 567.

M. Spence. "Signaling in retrospect and the informational structure of markets", *Nobel Prize Lecture*, 8 de dezembro de 2001.

G. Stigler. "The origin of the Sherman Act", in *The political economy of the Sherman Act*, New York-Oxford, Oxford University Press, 1991.

______. *The organization of industry*, Chicago-London, The University of Chicago Press, 1968, p. 59.

______. "The theory of economic regulation", in *The Bell Journal of Economics and Management Science* 2, 1971, p. 3.

J. Stiglitz. *Whiter socialism*, Massachusetts, MIT Press, 1997.

______. "The contributions of the economics of information to twentieth century economics", *The Quarterly Journal of Economics,* November 2000.

M. Streit. "Economic order, private law and public policy the Freiburg School of law and economics in perspective", in *Journal of Institutional and Theoretical Economics* 148, 1992, p. 677.

J. Stuart Mill. *Principles of political economy*, London, Longmans, 1926.

D. Stutsman. "A theory of inflation and recession: monopoly power and resource immobility", in *Antitrust & Macroeconomics Review*, vol. 1, n. 2, 1975, pp. 41 e ss.

E. T. Sullivan. *The political economy of the Sherman Act*, New York-Oxford, Oxford University Press, 1991, p. 71.

E. L. Teixeira, J. A. T. Guerreiro. *Das sociedades anônimas no direito brasileiro*, vol. I, São Paulo, Bushatsky, 1979.

H. B. Thorelli. *The federal antitrust policy*, London, George Allen and Unwin, 1955.

______. "Trustbusting in Japan: cartels and government-business cooperation", in *Harvard Law Review* 94, 1981, p. 1.064.

D. Turner. "The definition of agreement under the Sherman Act: conscious parallelism and refusals to deal", in *Harvard Law Review* 75 (1962), p. 655.

______. "Conglomerate Mergers and Section 7 of the Clayton Act", in *Harvard Law Review* 78 (1965), p. 1.326.

A. Wald. "Do descabimento da oferta pública de compra em relação às ações preferenciais", in *Revista de Direito Mercantil* 45, janeiro-março 1982, p. 7.

J. Williamson. "Land, labor and globalization in the third world, 1870-1940", in *The journal of economic history*, n. 62 (1), março 2002.

______. "Globalization, convergence and history", in *The journal of economic history*, n. 56 (2), junho 1996.

O. Williamson. "Economics as an antitrust defense: the welfare tradeoffs", in *American Economic Review* 58, 1968, p. 18.

______. "Economics as an antitrust defense revisited", in *University of Pennsylvania Law Review* 125, 1977, p. 699.

______. *The economic institutions of capitalism*, New York, The Free Press, 1985, p. 326.

L. White. "Searching for the critical industries concentration ratio: an application of the 'switching of regimes technique'", in S. Goldfeld, R. Quandt, *Studies in non-linear estimation*, Chicago-London, University of Chicago Press, 1976.

# ÍNDICE REMISSIVO

# ÍNDICE ONOMÁSTICO

# *ÍNDICE DE JURISPRUDÊNCIA*

***

1396

GRÁFICA PAYM